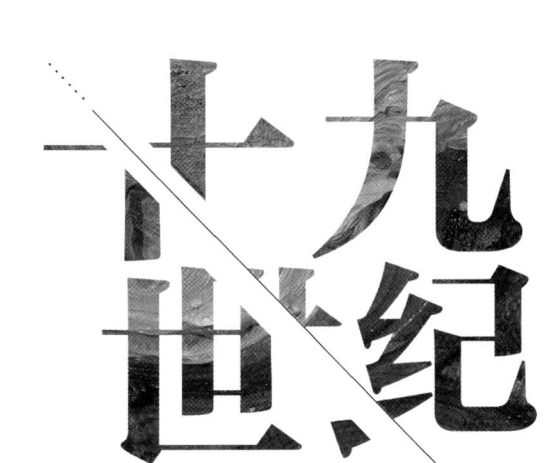

中国社会科学院创新工程学术出版资助项目

十九世纪

西部非洲圣战运动研究

李维建 著

中国社会科学出版社

图书在版编目(CIP)数据

十九世纪西部非洲圣战运动研究/李维建著.—北京：中国社会科学出版社，2018.4
ISBN 978-7-5203-2316-1

Ⅰ.①十⋯ Ⅱ.①李⋯ Ⅲ.①伊斯兰教-研究 Ⅳ.①B968

中国版本图书馆 CIP 数据核字(2018)第 073314 号

出 版 人	赵剑英
责任编辑	李庆红
责任校对	李 莉
责任印制	王 超

出　　版	中国社会科学出版社
社　　址	北京鼓楼西大街甲 158 号
邮　　编	100720
网　　址	http://www.csspw.cn
发 行 部	010-84083685
门 市 部	010-84029450
经　　销	新华书店及其他书店
印　　刷	北京明恒达印务有限公司
装　　订	廊坊市广阳区广增装订厂
版　　次	2018 年 4 月第 1 版
印　　次	2018 年 4 月第 1 次印刷
开　　本	710×1000　1/16
印　　张	23
插　　页	2
字　　数	373 千字
定　　价	89.00 元

凡购买中国社会科学出版社图书，如有质量问题请与本社营销中心联系调换
电话：010-84083683
版权所有　侵权必究

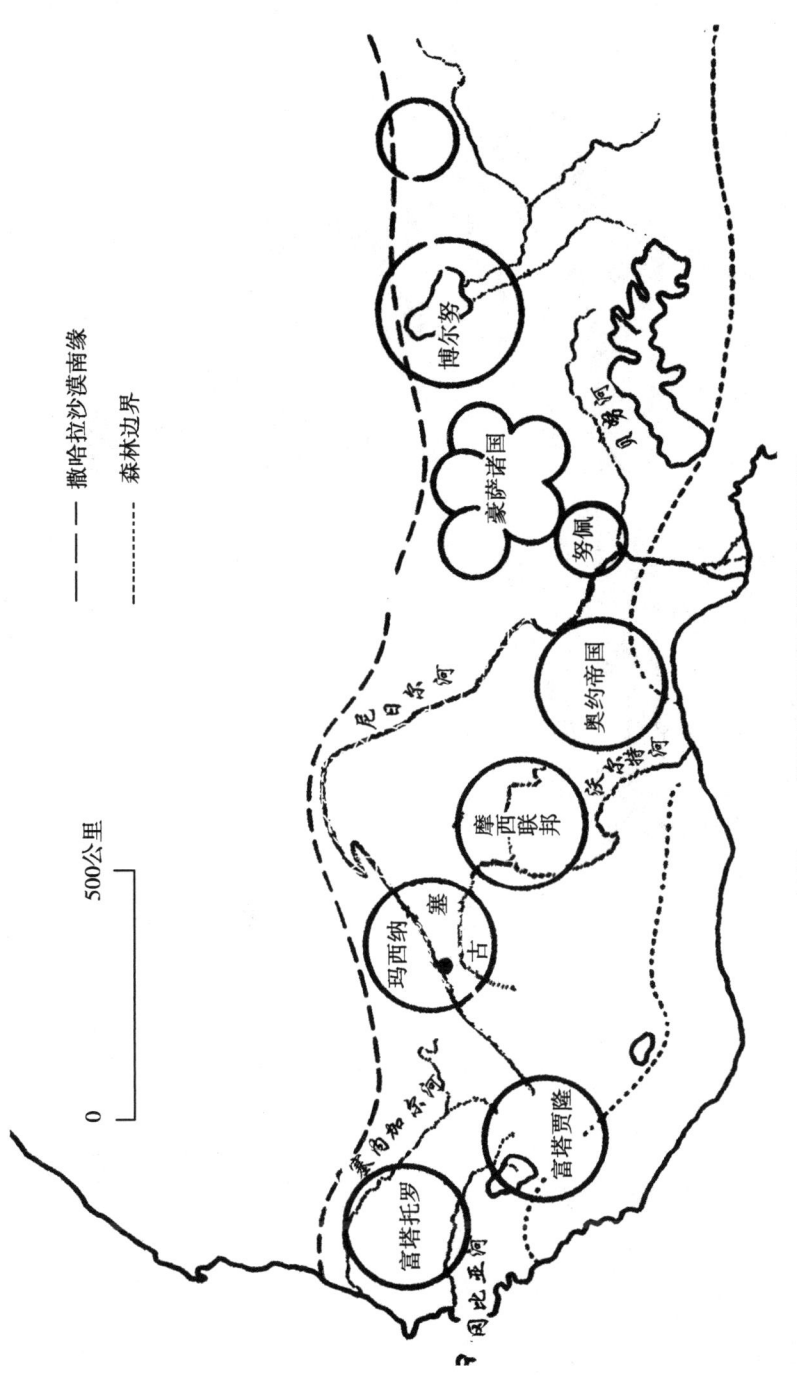

地图1 18世纪前后西部非洲的主要国家

注：本图参考如下地图："Major kingdoms of the Sudan in 1800", in J. B. Webster, A. A. Boahen, Michael Tidy, co-ed., *the Revolutionary Years West Africa since 1800*, p.3; "States of the Sudan and Guinea in the 18th century", in Peter B. Clarke's *West Africa and Islam*, Edward Arnold, 1982, p.97.

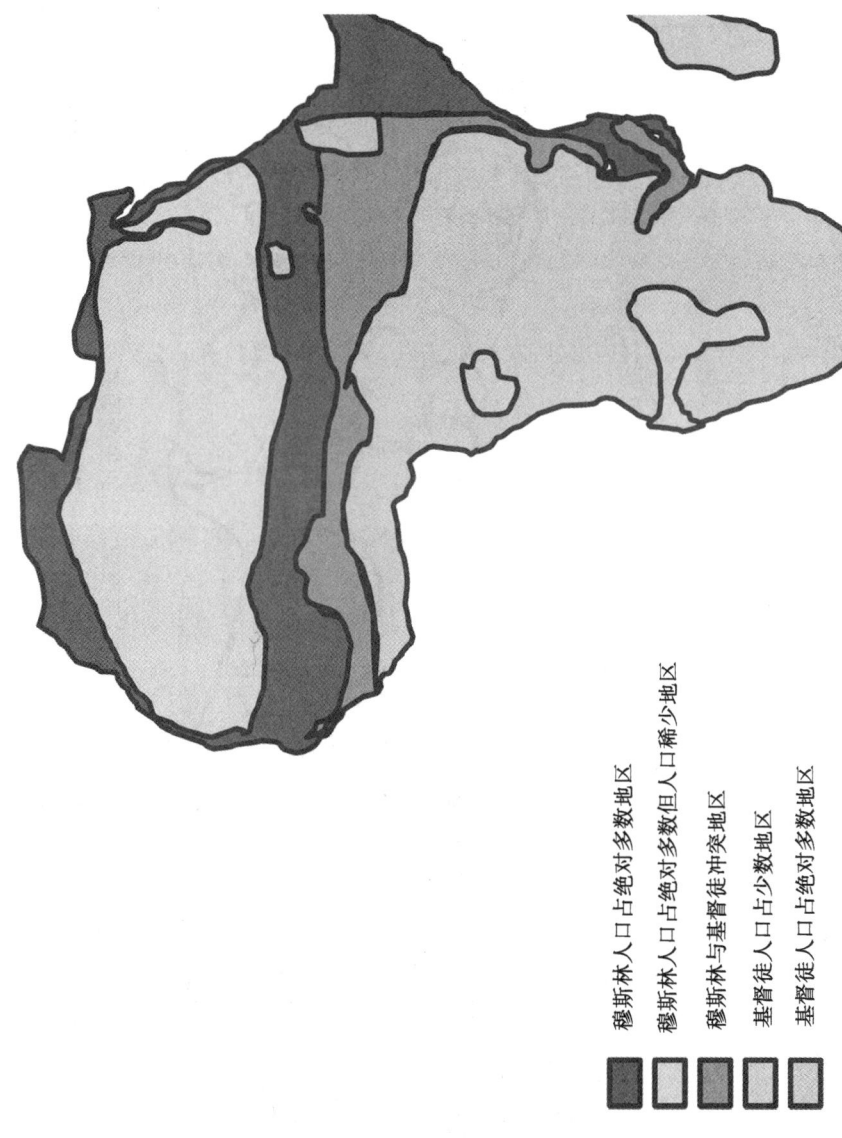

地图2 非洲穆斯林人口分布图

■ 穆斯林人口占绝对多数地区
■ 穆斯林人口占绝对多数但人口稀少地区
■ 穆斯林与基督徒冲突地区
■ 基督徒人口占少数地区
■ 基督徒人口占绝对多数地区

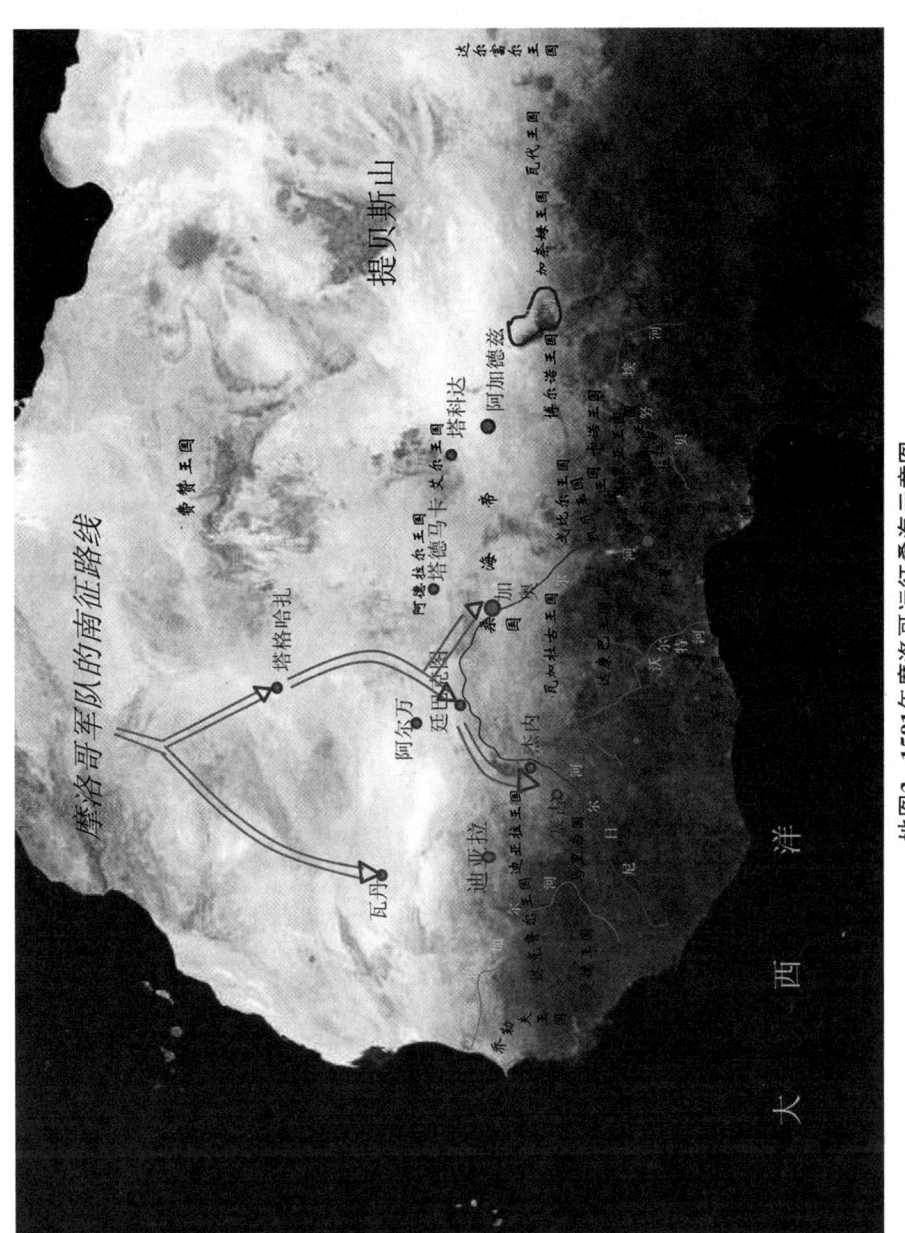

地图3　1591年摩洛哥远征桑海示意图

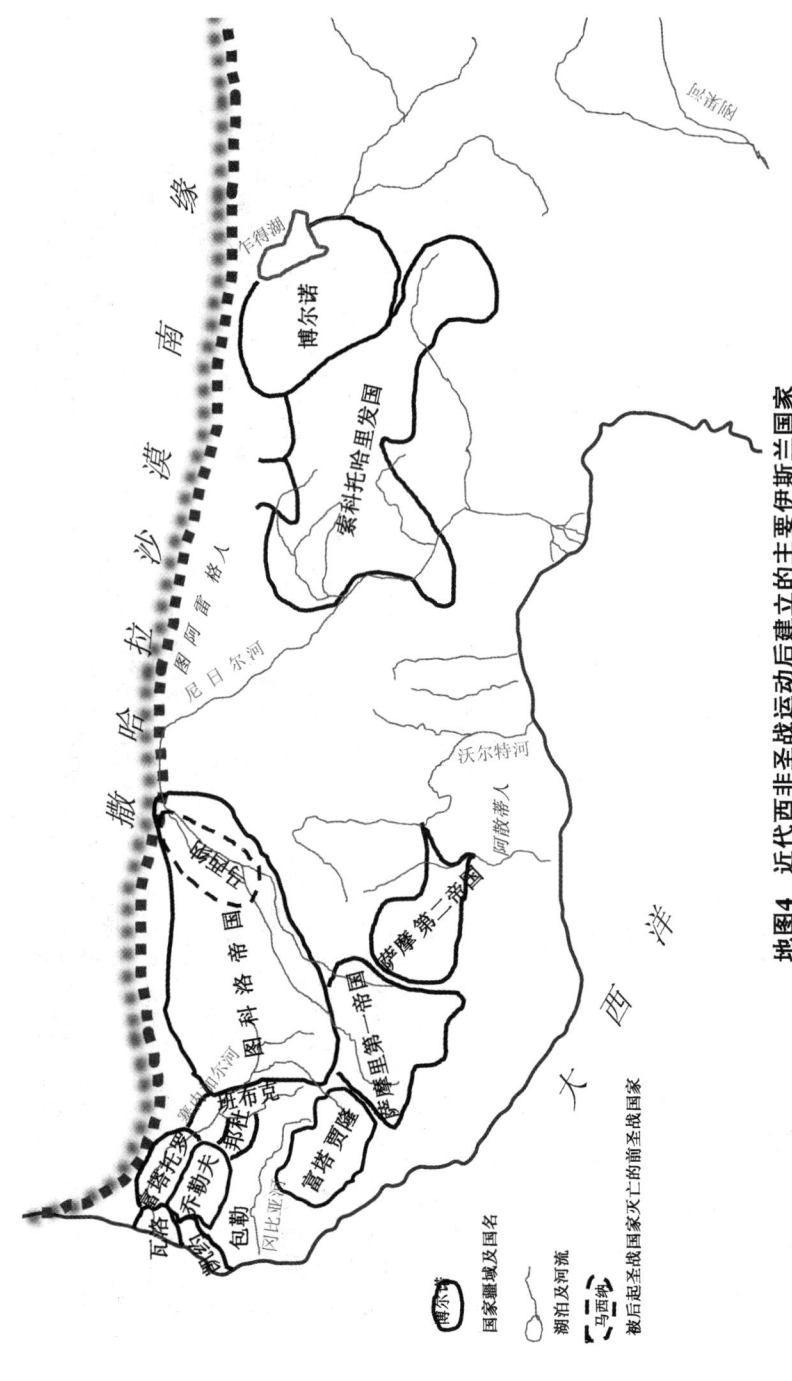

地图 4 近代西非圣战运动后建立的主要伊斯兰国家

注：本图参考如下地图："States of the Sudan and Guinea in the 19th century", in Peter B. Clarke's *West Africa and Islam*, Edward Arnold, 1982, p. 113.

序　一

吴云贵

伊斯兰教广泛流行于西亚、北非、中亚、南亚、东南亚、东西非洲等地，形成了具有地域差别、各具特色的伊斯兰文化板块。全面了解伊斯兰教的历史和现状，需要对世界各地的伊斯兰教进行深入系统的研究。这是一个巨大的工程。改革开放以来，我国宗教学术界出自学科建设的需要，克服了种种困难，对中国和世界伊斯兰教的理论、现状和历史，进行了初步的调查研究和论述，相继出版了一批基础性的著作。从世界伊斯兰教研究角度看，我们对西亚、北非（中东）伊斯兰教研究更为重视一些，而对中亚和东西非洲伊斯兰教的研究可以说是刚刚起步。近几年来，我的年轻同事李维建博士从积累资料、不断深化认识做起，潜心研究非洲伊斯兰教，取得了很大的进展。六年前，他出版了一部西非伊斯兰教史学著作，如今又完成了一部学术专著，就西非伊斯兰圣战运动的始末进行专题研究和著述。看到他的成长进步，作为一个年长的专业学者，我由衷地感到高兴和欣慰。

初读这部书稿，我觉得这是一部具有一定开拓性的严肃的学术著作。据我所知，迄今为止，中国学者不论是在宗教学领域还是在世界史领域，都未就19世纪西非圣战运动做过深入系统的研究，本书是这方面的开拓之作，难度很大，做到现在这个样子，虽然谈不上"完美"，但很不容易。本书资料翔实，框架设计合理，言之有据，立论较为客观公正，有较强的说服力。从字里行间可以看到，作者力图以马克思主义宗教观为指导思想，用实事求是的态度来研究宗教现象、宗教问题，树立良好的学风和严谨的学术规范。

本书的主题词是"圣战运动"，而如何界定和看待所谓圣战问题，国内学术界有两种不同意见，因此我想借此机会谈一点个人的看法。有学者认为，"圣战"一词系阿拉伯文"吉哈德"（jihad）一词的意译，而该词语一词多义，"圣战"一词不足以体现"吉哈德"一词的多种含义，为此应当用"吉哈德"的音译来代替"圣战"意译。上述观点，如果仅指词典等工具书中如何界定和解释"吉哈德"一词，当然是言之成理的。但作为一个学术词语概念，特别是在汉语表述中，需要思考的就不只是译名的问题了。这是因为"一词多义"在世界各种语言中都是常见的现象，"多义"中的每一种含义，在特定的文脉、语境下都是可以使用的。当下我们讨论的，是在伊斯兰教语境下，是否可以将"吉哈德"解释为"圣战"的问题。1995年牛津大学出版社出版的《现代伊斯兰世界百科全书》，是世界各国公认的权威工具书之一。该书对"吉哈德"词目给出的解释，一方面肯定"吉哈德"一词多义，而不限于仅指"动武"，但同时指出，在《古兰经》和伊斯兰教法文献著作中，针对非信仰者（非穆斯林）的"武装斗争"是"吉哈德"一词的通义。据此，我们有理由认为，在伊斯兰教特别是在中世纪伊斯兰教语境下，将"吉哈德"解释为"圣战"，是符合实际的。关于这种"动武"，《古兰经》中使用了"自卫反抗"（22：39）、对不信道者"战斗"（3：157，158）、"抗战"（4：77）、"讨伐"（9：5，6）等词语，甚至明确宣布"战争已成为定制"（2：115）。尤其值得注意的是，为弘扬主道而献身的行为，是值得嘉奖的"善功""义举"，而无故逃避"圣战"的行为，则必将在末日审判时受到严惩。《古兰经》中至少有20多节经文论及"吉哈德"。既然对真主的信仰和崇拜是神圣的"天命"，那么把"为主道而奋斗"称之为"圣战"，可以说是不言而喻的。而所谓"大圣战""小圣战"之说，即把净化个体心灵、抵制邪恶、私欲的行为称为"大圣战"（或口、舌、笔圣战），而把教法教规中界定的与异教徒、不信道者、"以物配主者"进行斗争贬低为"小圣战"的说法，实际上主要是轻视教法教规的苏非主义的说法。以宗教学者为代表的"建制伊斯兰"与以苏非导师为中心的苏非神秘主义信仰，本来就是伊斯兰教两种不同形态，用一个去质疑另一个，是宗教界内部的事情，不属于学术研究的范围。伊斯兰"圣战"之说，与苏非主义无涉，是主流的逊尼派建制伊斯兰历史传统的一部分。

自然，随着时间的推移，传统的伊斯兰圣战观念也在不断地发生变化。概而言之，传统圣战思想的发展演变，有以下几点值得关注。其一，伊斯兰教初创时期所谓"圣战",主要是指为了传播、弘扬伊斯兰正教,必要时可以"自卫反抗"的方式对反对派势力"动武",但不宜"过分"。其二,8世纪强大的阿拉伯帝国兴起后,"圣战"的行为主体由穆斯林个体转变为国家,伊斯兰"圣战"成为国家对外扩张的工具与手段。而圣战思想的解释主体主要是精通经训的宗教学者,相关规定和论述成为伊斯兰教法的一部分,称为"律例""律令",发布"圣战"命令成为国家元首哈里发的专权。其三,近代以后,由于统一的伊斯兰哈里发国家不复存在,伊斯兰圣战基本上不再是国家的行为,对传统"圣战"思想的解释出现了多样化趋势。具有现代思想观念的一些宗教思想家们认为,只有在信仰宗教的权利遭到外部势力的压制而无法维持正常的宗教生活时,才可以举行"自卫反抗"性质的"圣战"。而以国家名义举行"圣战",不属于伊斯兰圣战观的范围。与此相反,许多持有传统思想观念的派别组织和人群坚持认为,传统的伊斯兰圣战思想不仅没有过时,而且应当身体力行地付诸实施,借以伸张正义、弘扬正道、复兴伊斯兰教。由此人们再次在世界一些角落听到伊斯兰"圣战"的呐喊声。例如,18世纪发生于阿拉伯半岛的瓦哈比运动,19世纪印度西北部的圣战者运动、印尼苏门答腊的巴德利运动、北非的赛奴西运动、东北非苏丹的马赫迪运动和西非尼日利亚等地的圣战者运动,都是在传统圣战思想激励影响下发生的内容各不完全相同的宗教社会运动。

传统是巨大无形的力量。回归传统是世界各大宗教一再重复的宣教主题。回归中也有超越传统、改革传统的形式和内容。研究和讨论19世纪西非部分地区的"圣战"运动,自然而然地会使我们联想到伊斯兰世界其他地区的情势,因为传统是相通的,也是互有差异和不断发展变化的。西非伊斯兰教的案例,也使我学到不少东西,并借此机会谈一点个人的读后感。是为序。

2017年12月5日

序 二

周燮藩

19世纪发生在非洲西部的伊斯兰教"圣战"运动，无论是在非洲伊斯兰教史还是在世界史上都是一件影响深远的历史事件。但是对于这一重大历史事件，国内研究者寥若晨星。因为，无论是非洲研究，还是伊斯兰教研究，在我国学术界都只是刚刚起步的新领域，而且难度很大，收获很小，令人望而却步。现在摆在我们面前的这部《十九世纪西部非洲圣战运动研究》则给人以意外之喜。这是一部有关非洲伊斯兰教的专题研究的学术著作，内容充实，资料丰富，结构严谨，论证深入，在这一领域是一部难得一见的开拓性的前沿学术著作。

对于这部著作的特点，在粗粗读了一遍后，起码可以谈以下几点：

一是这部书的写作，全面系统地汇总了学术界，主要是国际学术界对于19世纪西部非洲圣战运动的研究成果。这是专题研究的基础和前提。我以前说过，现在的学术研究要从研究史入手。从研究史入手，就可以梳理该专题学术研究的成果积累和路径演变，知道前人的研究已走到了哪一步，存在的不足在哪里，在此基础之上，我们可以研究的方向和发展的空间在哪里。本书前言的"研究综述"，从19世纪的西方探险家关于圣战运动的记述，和法国殖民的官员学者对西非伊斯兰教的调查起，到20世纪中叶著名学者崔明翰、摩温·黑斯克特、尼赫米亚·莱扶济昂等人的专题研究，以及20世纪末21世纪初新的专家学者和新的学术成果，还有西非本土学者的著名学术成果，都有条理清楚的介绍。此外，书后附录五"摩温·黑斯克特关于奥斯曼·丹·弗迪奥及其圣战的资料"和附录六"'黑人伊斯兰教'——殖民时期法国学者的西非伊斯兰教研究"，也是对"研究综述"的详尽补充。这些都有利于作者对19世纪西部非洲圣战运动的多视角、多层次的理解和探究，有利于更加全面地展现圣战运动的历史全貌，以及运动背后的思想基础、历史结果和现实影响，并保证该项专题研究处于学术前沿和与国际学术界接轨。

二是西部非洲的伊斯兰教历经千年的传播和发展，至 19 世纪初圣战运动爆发前已经有了较为深厚的基础。早期的西非商人在进行贸易活动中传播伊斯兰教，并在西非的本土民族中培育了专门从事伊斯兰教学术活动的传统。因此，历史上不仅出现了一些如廷巴克图、杰内那样的伊斯兰教学术中心，还逐渐形成了托罗贝人这样的宗教职业阶层。托罗贝（富尔贝语 Torodbe），豪萨语称托罗卡瓦（Torokawa），意为托罗人，即 11 世纪塔克鲁尔穆斯林王国所在地的富塔托罗人。大约从 14 世纪起，一些游牧的富尔贝人信奉了伊斯兰教，逐渐形成毕生学习和传播宗教知识，但仍以游牧为生的专业阶层。后来，扩展到了豪萨人、图科洛人等其他民族，成为西非伊斯兰教基层教职人员和学者的特殊培训方式，于是由此形成了一批扎根民间的伊斯兰教教职人员和宗教学者。正是这批本土化的宗教学者和教职人员，成为 19 世纪西部非洲伊斯兰教圣战运动的领导者和骨干力量。也正是他们，西部非洲的伊斯兰教成为西部非洲人民的伊斯兰教，他们是西部非洲伊斯兰教本土化的基础。

三是苏非主义在圣战运动中的主导地位。西非的伊斯兰教在现代以前主要是苏非教团的伊斯兰教。苏非教团在西部非洲的传播，有利于伊斯兰教在民间的发展，有利于在当地的社会环境中扎下根来。至 19 世纪初，伊斯兰教在西非已有千年的积累，有了深入的发展。18—19 世纪的新苏非主义，是当时伊斯兰教世界复兴主义思潮的一部分。新苏非主义一是向正统伊斯兰教靠拢，重视《古兰经》和圣训，强调实施伊斯兰教法；一是由追求个人的精神修炼转向积极参与社会和宗教的改革。在新苏非主义思潮的影响下，传统的卡迪尔教团也转向宗教复兴和社会改革，而提加尼教团则是在近代于北非成立的改革型苏非教团。19 世纪圣战运动的著名领袖，如奥斯曼·丹·弗迪奥是卡迪尔教团的舍赫，而哈吉·乌玛尔·塔勒则是提加尼教团在西非的首领。他们也都是托罗贝人，即起自民间的宗教学者。正因为他们与民间下层的血肉联系，使他们了解民间疾苦，关注社会弊端，对保留特权的信奉"混合"伊斯兰教的统治者的横征暴敛、骄奢淫逸深恶痛绝。他们倡导的宗教改革也蕴含着社会改革的内容，因而得到富尔贝、豪萨等族的商人、农牧民的响应和拥护，也获得非穆斯林民众的拥护和参与。这种宗教—社会改革，虽然在性质上属于传统主义倾向的改革，但在当时的西非社会仍然具有明显的进步意义。当然，其中的历史局限性在该书中也有明确的说明。

从总体来看，本书在系统分析了圣战运动兴起的历史背景后，对历次大小圣战运动的历史作了简洁明了的叙述，然后，从传统视角下的西非圣战运动、全面的社会改革运动、反殖民主义与反基督教运动、民族主义运动和新文化运动等多维视角分析了圣战运动的性质，并就圣战运动的结果及其历史意义与地位，作了多层次的深入论证。这样使我们能以更宽阔的视野和更深广的层次来认识和理解西非圣战运动的起因、性质、结果和影响，将这本书的学术价值和现实意义有所提升。六年前，作者的《西部非洲伊斯兰教历史研究》出版时，曾嘱我作序，我在序中说，该书是作者认真坚持在这一"充满魅力的研究领域"中辛勤耕耘的结果，为今后的发展"铺就了一块质朴的基石"。六年前的那本书，作者自嘲有些"残缺"，指的是碎片化研究，而今日的这本书，则是完整系统，全面深入的专题研究，在六年前的基石之上，提升了一个台阶，着实可喜可贺。作者嘱我写序，我不揣浅陋，奋力写上几句，希望作者能不改初衷，继续努力，为"一带一路"的建设和构建人类命运共同体，奉献更多更好的学术成果，以期不负我们的时代，不负学者的使命。

2017 年 12 月 16 日

目　录

前言 ……………………………………………………………… (1)
　　非洲伊斯兰教：复杂的话题 ………………………………… (1)
　　圣战 …………………………………………………………… (15)
　　19世纪西非主要的圣战运动 ………………………………… (21)
　　研究综述 ……………………………………………………… (27)

第一章　当"蛮荒"遭遇"文明"：圣战运动兴起的背景 …… (36)
　第一节　超越想象：非洲的宗教与文化 ……………………… (37)
　　基督教 ………………………………………………………… (37)
　　巴哈伊教 ……………………………………………………… (39)
　　犹太教 ………………………………………………………… (39)
　　印度教 ………………………………………………………… (40)
　　佛教 …………………………………………………………… (41)
　　耆那教 ………………………………………………………… (43)
　　锡克教 ………………………………………………………… (44)
　　非洲传统宗教 ………………………………………………… (45)

　第二节　"兵临城下"：资本主义与殖民主义 ………………… (48)
　　早期接触 ……………………………………………………… (48)
　　法国的入侵备战 ……………………………………………… (49)
　　英国的计划 …………………………………………………… (50)
　　早期基督教的传教活动 ……………………………………… (51)

　第三节　遏制与混合：运动前夕的西非伊斯兰教 …………… (53)
　　18世纪的伊斯兰世界 ………………………………………… (53)
　　18世纪前后的西非伊斯兰教概貌 …………………………… (54)

  "混合"伊斯兰教 …………………………………………………… (56)
第二章　"为主道而战"：圣战运动的战争史 ……………………………… (60)
 第一节　奥斯曼·丹·弗迪奥：豪萨地区的武装圣战 ………………… (61)
  豪萨 ……………………………………………………………………… (61)
  豪萨地区的伊斯兰教与穆斯林社会 …………………………………… (62)
  圣战运动初战告捷 ……………………………………………………… (64)
 第二节　阿赫马杜·洛博：马西纳地区的武装圣战 …………………… (67)
  马西纳 …………………………………………………………………… (67)
  阿赫马杜·洛博筹备圣战运动 ………………………………………… (68)
  建立马西纳的伊斯兰神权国家 ………………………………………… (69)
  马西纳帝国的灭亡 ……………………………………………………… (70)
 第三节　哈吉·乌玛尔·塔勒：塞内冈比亚的武装圣战 ……………… (71)
  塞内冈比亚 ……………………………………………………………… (71)
  哈吉·乌玛尔·塔勒 …………………………………………………… (73)
  哈吉·乌玛尔·塔勒建立图科洛帝国 ………………………………… (75)
 第四节　萨摩里·杜雷：几内亚的武装圣战 …………………………… (76)
  19世纪中期的几内亚与伊斯兰教 ……………………………………… (76)
  萨摩里·杜雷及其早期的立国战争 …………………………………… (78)
  萨摩里的反法斗争及其失败 …………………………………………… (80)
 第五节　加涅米：博尔诺和加奈姆的武装圣战 ………………………… (82)
  博尔诺、加奈姆及其伊斯兰教 ………………………………………… (82)
  博尔诺与索科托的宗教战争 …………………………………………… (84)
  加涅米及其伊斯兰圣战 ………………………………………………… (84)
  博尔诺的内部分歧 ……………………………………………………… (85)
  豪萨富尔贝穆斯林在博尔诺的失败及其原因 ………………………… (88)
  博尔诺伊斯兰教进入殖民时代 ………………………………………… (90)
 第六节　其他小规模伊斯兰武装圣战 …………………………………… (90)
  卡里与布塞的玛卡人伊斯兰国家 ……………………………………… (92)
  马巴·迪亚胡·巴的圣战运动 ………………………………………… (96)
  阿马杜·巴的伊斯兰革命 ……………………………………………… (99)
  哈吉·穆罕默德·艾敏的圣战 ………………………………………… (105)

第三章 宗教运动：传统视角下的西非圣战运动 (109)

第一节 "真理之剑"：伊斯兰教的扩张运动 (109)
真理、真主与哈里发 (110)
"为主道而战" (111)
圣战运动与比拉德苏丹的扩展 (115)

第二节 穆贾迪德：宗教改革与宣教运动 (117)
塔吉迪德与穆贾迪德 (117)
希吉拉 (118)
马赫迪思想与改革主义 (121)

第三节 苏非主义运动 (124)
卡迪里教团 (125)
提加尼教团 (127)
苏非主义与圣战运动的相互影响 (134)

第四节 剑指"混合"伊斯兰教：与非洲传统宗教的斗争 (137)
"混合"伊斯兰教的具体内容 (137)
以多种方式与非洲传统宗教斗争 (139)
现实主义与拿来主义 (141)

第四章 不只是宗教：多维视野下的西非圣战运动 (143)

第一节 全面的社会改革运动 (144)
政治领域的改革 (144)
经济领域的改革 (153)
奴隶制度的变革 (155)

第二节 反殖民主义与反基督教运动 (170)
欧洲人眼中的西非伊斯兰教 (170)
西非穆斯林眼中的欧洲人 (173)
英法对圣战运动的策略和影响 (175)

第三节 民族主义运动 (179)
"宗教职业部落"与"战争职业部落" (179)
运动的民族因素 (182)
托罗贝人与西非圣战运动 (184)
圣战运动中的民族主义与民族斗争 (186)

第四节 新文化运动 (189)

苏丹地区民众世界观的改变 …………………………（189）
　　对妇女权利的推进 ………………………………………（190）
　　穆斯林学者群体的扩大 …………………………………（192）
　　行政法律制度的改革 ……………………………………（194）
　　书面语言的发展 …………………………………………（195）

第五章　分水岭：运动前后全然不同的伊斯兰景观 ………（197）
　第一节　从被动到主动：西非伊斯兰教的历史性跃进 …（197）
　　豪萨圣战运动对西苏丹伊斯兰教的影响 ………………（197）
　　马西纳圣战运动与伊斯兰教 ……………………………（203）
　　卡里的圣战运动与上沃尔特地区的伊斯兰教 …………（204）
　　哈吉·乌玛尔·塔勒的圣战运动与伊斯兰教 ……………（206）
　　阿马杜和马巴的圣战运动对伊斯兰化进程的推动 ……（208）
　　从被动到主动的转变 ……………………………………（210）
　第二节　从"混合"阶段到改革阶段：与传统伊斯兰
　　　　　世界接轨 …………………………………………（212）
　　关于西非伊斯兰教发展阶段的讨论 ……………………（212）
　　改革的实质 ………………………………………………（216）
　第三节　从出世到入世：新苏非主义的盛景 ……………（218）
　　新苏非主义 ………………………………………………（218）
　　提加尼新苏非主义 ………………………………………（222）
　　卡迪里新苏非主义 ………………………………………（222）
　　穆里德新苏非主义 ………………………………………（223）
　第四节　保守主义与精英伊斯兰教 ………………………（227）
　　伊斯兰保守主义的遗产 …………………………………（228）
　　伊斯兰教法至今仍是尼日利亚北部的标志 ……………（231）

第六章　历史意义与地位：从伊斯兰教史与非洲史看 19 世纪
　　　　西非圣战运动 ………………………………………（234）
　第一节　同与异：从伊斯兰教史看圣战运动 ……………（234）
　　19 世纪的伊斯兰世界 ……………………………………（234）
　　同步性 ……………………………………………………（237）
　　非同步性 …………………………………………………（239）
　　非洲新宗教运动的起点 …………………………………（240）

第二节　从世界史与非洲史看圣战运动 …………………（242）
     19世纪的非洲 …………………………………………（243）
     非洲反专制、改革运动和社会动荡的一部分 …………（244）
     世界反殖民主义运动的一部分 …………………………（244）
结语：起因、性质与结果 ……………………………………（246）
     西非伊斯兰圣战发生的原因 ……………………………（246）
     19世纪圣战运动的性质 …………………………………（253）
     19世纪圣战运动的结果和影响 …………………………（257）
附　录 …………………………………………………………（261）
     附录一　西非伊斯兰教大事年表 ………………………（261）
     附录二　非洲苏非主义道统图 …………………………（264）
     附录三　非洲的苏非教团分布图 ………………………（265）
     附录四　撒哈拉以南非洲的伊斯兰教 …………………（266）
     附录五　摩温·黑斯克特关于奥斯曼·丹·弗迪奥及其
            圣战的资料 ………………………………………（280）
     附录六　"黑人伊斯兰教"
            ——殖民时期法国学者的西非伊斯兰教研究 ………（334）
参考文献 ………………………………………………………（345）

前　言

非洲伊斯兰教：复杂的话题

就人口而言，伊斯兰教与佛教、基督教、印度教并称世界四大宗教。自公元7世纪上半叶产生于阿拉伯半岛西部以来，伊斯兰教以惊人的速度扩张，对世界政治与文化格局产生深刻影响，在人类的哲学、文学、艺术与科学等诸领域都留下自己的烙印。伊斯兰教有16亿的庞大信仰者，且仍在快速增长中。正统伊斯兰教属绝对的一神论，穆斯林信仰唯一的、万能的主宰者：真主（阿拉伯语称安拉）。伊斯兰这个词，阿拉伯语的意思是"投降、臣服"，后引申为"和平"，即"臣服于真主，会带来和平"。伊斯兰教兴起不久，即传入非洲，现在约1/4的穆斯林，也就是至少4亿穆斯林生活在非洲，伊斯兰教已经融入半数非洲人的生活中。伊斯兰教成为观察非洲的重要窗口，也是理解非洲必不可少的工具。理解伊斯兰教不能忽略非洲，理解非洲也不能无视伊斯兰教。

非洲到底有多少穆斯林人口，不同的人有不同的回答，各种统计数字相差比较大。网络版《不列颠百科全书》2010年给出的数字是4亿2200万，约占非洲总人口的40.9%。相比之下，非洲基督徒为4亿8900万（47.3%），非洲传统宗教徒1亿900万（10.6%），其他信仰者1260万（1.2%）。虽然非洲穆斯林人口多，但对非洲伊斯兰教的研究不够重视。一种观点认为，非洲穆斯林人口伊斯兰化的程度不深，非洲许多地区，仅仅是一二百年前实现了初步的伊斯兰化，故未引起学者的足够关注。整个非洲穆斯林约4亿，基督徒约5亿，具体到撒哈拉以南非洲，穆斯林人口仅为基督徒的一半。北非由穆斯林主导，南部非洲由基督徒主导，而中部地带，从大西洋岸边的塞内加尔到非洲之角的索马里和东非海岸的肯尼亚与坦桑尼亚，绵延6000多公里的广阔地区，是穆斯林与基督徒交错分布地区。这里被塞缪尔·亨廷顿称为文明的断层线，事实上这里也是非洲宗教与文化冲突此起彼伏的地区，是极端的基督教与伊斯兰教组织的理想空间。尤其是近年来伊斯兰激进主义的崛起，马格里布"基地"组织、博科"圣地"、索马里青年党等伊斯兰极端组织给这一地区带来巨大的社会震荡。

伊斯兰教从其最初的产生地向周围扩张，是世界历史上最重大的事件之一，它将亚、欧、非三大洲广阔地域的人口卷入其中，这些地区的居民、社会与文化因此而发生巨变。这种巨变不仅仅是宗教信仰的转变，穆斯林征服、商业活动、越来越强的宣教活动，改变了当地的各种社会子系统，其中包括宗教混合主义。

随着早期大规模军事扩张的结束，穆斯林世界的地理疆域的大规模扩张大致于1450年稳定下来。总结1450年以后伊斯兰教向各地的扩张规律，伊斯兰化过程大致分三个阶段，即隔离（遏制）、混合（融合）与改革三阶段，任何一地的伊斯兰化过程，都可以用这个三阶段论来解释。第一个阶段，穆斯林商人初到某地的城市经商，通常与周围非穆斯林分开，单独居住。当地政府也禁止穆斯林向本地居民宣教，遏制伊斯兰教发展。穆斯林商人一般比较富有，与当地的非穆斯林的社会下层很少有宗教上的联系，也不向其传教。同时，个别的穆斯林学者，通常也是商人，也与穆斯林商业阶层一起生活在相对隔离的穆斯林社区内。撒哈拉以南非洲，在10个世纪的漫长时期内，穆斯林商人就是这样生活在独立的穆斯林城镇中。穆斯林城镇通常位于距"异教徒"城镇不远的地方，因穆斯林商人聚居而自发形成的。这样的穆斯林城镇中，逐渐形成特定的与周围非穆斯林共处的传统。例如，在16世纪的西部非洲，所谓的"苏瓦里传统"，就是这样的特定共居传统。哈吉·萨里姆·苏瓦里（Al-Hajj Salim Suwari）是西非一位有影响的穆斯林宗教学者，他主张穆斯林与非穆斯林应和平共处，对非穆斯林发起圣战，强迫皈依伊斯兰教，不可接受。异教徒是因为无知才不信伊斯兰教，只有交往交流才能让异教徒改变无知的状态，走向伊斯兰教。在穆斯林居于少数派地位的情况下，和平共处是现实的选择，所以主张宗教间和平共处的苏瓦里传统，在西非的丛林与草原地带流行了数百年，直到近代的圣战时期才趋于没落。

第二阶段，即混合（融合）阶段，穆斯林开始突破原来的自我隔离状态，向周围异教政权的上层社会发展，比如向皇室贵族传播伊斯兰教，所以这一阶段又称宫廷阶段。通常情况下，当地皇室贵族邀请穆斯林学者到宫廷任职，皇室贵族也开始皈依伊斯兰教，尽管只是名义上的穆斯林。14世纪非洲东部沿海的拉穆，或者是西非马里帝国的首都尼亚尼（Niani），或者18世纪中期的布干达王国，都处于混合（融合）阶段。混合（融合）阶段的特征是，伊斯兰教仅限于当地的穆斯林学者家族和贵族，主要是宫廷贵族当中，未向社会全面扩张。伊斯兰教与非洲本土宗教相混合（融合），以期被地方社会所接纳，这时的伊斯兰教，也被学者们称为"混合"伊斯兰教。西非的加纳帝国、马里帝国、桑海帝国、加奈姆—博尔诺帝国的伊斯兰教，大致都属于这个阶段（见地图1）。1324年，马里帝国皇帝曼萨·穆萨，作为一位穆斯林统治者，去麦加朝觐，这次朝觐之旅持续一年，穆萨带去了大量的黄金，在开罗大肆消费，致使开罗金价暴涨，造成严重的通货膨胀。这次朝觐加强了西非与中东、北非的商业与宗教联系，也引起欧洲商人好奇的目光。

第三阶段，即改革阶段，越来越多的异教徒皈依伊斯兰教，宗教学者的权威也逐渐上升，学者们越来越认为普通穆斯林的伊斯兰信仰不够正统，是掺杂了太多地方传统的"混合"伊斯兰教，越来越让他们难以容忍，需要改革。西非的伊斯兰宗教改革，主要由苏非教团推动，其中最主要的是卡迪里教团和提加尼教团。宗教改革最激烈而影响深远的方式就是宗教圣战。18—19世纪席卷西非的穆斯林圣战运动，就是对这种改革的最好诠释。改革的主导者是穆斯林宗教学者，他们向所谓"腐败的穆斯林商人和统治者"发起挑战，指责他们只是名义上的穆斯林，只是将伊斯兰教作为谋权敛财的工具，必须推翻这种政权，建立真正的伊斯兰政权。

通过早期的阿拉伯征服运动和后来的"三阶段"传播，在15个世纪的时间内，伊斯兰教传遍全球，这种速度是惊人的，不过大部分时间里，伊斯兰教的传播是渐进而缓慢的。具体而言，伊斯兰教的传播方式有两种，一是武力传播，一是和平宣教。伊斯兰教兴起之初，帝国的扩张与征服运动中，武力传播的作用比较大。当然穆斯林的扩张运动主要不是为了宣教，而是出于政治与经济利益，也很少强迫皈依。但是武力征服运动为伊斯兰教的传播创造了良好的外部环境，伊斯兰政权下，非穆斯林要比穆斯林多承担人头税，所以皈依伊斯兰教通常成为非穆斯林在经济上权衡之后的理性选择。和平宣教的作用也不可低估。与同时代的其他宗教相比，伊斯兰教义与礼法简洁明了，易于底层社会的民众理解和遵守，而死后进天堂的许诺，也是贫困民众精神救赎的期望。伊斯兰教的商业理念与慈善制度，也让富有的穆斯林商人阶层为贫困阶层带来实实在在的物质帮助，这些都有助于伊斯兰教的稳定扩张。因此，在漫长的历史时期内，伊斯兰教能够战胜基督教等其他宗教，不断拓展生存空间。北非的伊斯兰化与阿拉伯化，就是武力征服与和平宣教的共同结果。早期穆斯林大军的征服战争，在北非建立了松散的穆斯林政权，起初阿拉伯人并不想让当地的基督徒和柏柏尔人皈依伊斯兰教，而希望伊斯兰教成为他们的专属信仰。不过，出于经济、政治的考量，还有一定程度上文化的吸引，埃及的基督徒与马格里布的柏柏尔人选择了伊斯兰化与阿拉伯化，埃及与北非成为阿拉伯世界的一部分。在撒哈拉以南非洲，伊斯兰教的传播最初却是与穆斯林商业活动相联系，以和平传播为主。穆斯林商人很早就越过撒哈拉天险，深入到撒哈拉以南的萨赫勒和萨瓦内地区，与当地非洲黑人发生商业与文化联系。公元9世纪以后，伊斯兰教内部出现了苏非主义，苏非长老担忧伊斯兰教的日趋奢靡之风，主张苦行、禁欲，要求穆斯林更加关注宗教而不是世俗利益。伊斯兰教与希腊哲学与科学思想的接触交融，苏非主义从基督教苦修主义，甚至佛教思想与实践中借鉴了大量内容，也给苏非主义思想与实践的发展注入了新的源泉。苏非主义教团化、系统化之后，苏非长老作为人与真主之间的中介，成为苏非主义的核心人物，苏非主义日益向民间宗教的方向发展，易与非洲传统结合，非洲人皈依伊斯兰教时可以得到所期望的，却不用失去原有的，苏非主义大受欢迎。以苏非长老为精神领袖，有时兼世俗领袖的苏非教团，成为18世纪以后伊斯兰教向外扩张的主要载体。如果说早期穆斯林商人吸引非洲宫廷贵族加入伊斯兰教，那么苏非主义在非洲主要将普通非洲人纳入伊斯兰教。

伊斯兰教向各地扩张的过程中，不可避免地发生了文化融合。不同的地区文化对外来的伊斯兰文化吸纳的程度千差万别。有的比较全面地接受了伊斯兰文化，包括内在宗教思想、哲学理念，外在宗教礼义、宗教禁忌、建筑风格等，有的则接受较少，文化融合的程度较浅，这就是伊斯兰教地方性与多样性的来源，这种地方性与多样性在非洲伊斯兰教中均有充分的体现。现在，世界上1/4的穆斯林居住在非洲，穆斯林人口的出生率是世界主要宗教中最高的，非洲穆斯林人口的增长速度也是惊人的。从古至今，非洲统治者在建设清真寺的问题上总是充满热情，出手阔绰。在北非、西非和东非穆斯林主导的地区，清真寺随处可见，即使在非洲穆斯林居少数的其他地区，清真寺也成为几乎每座城市郊区的特有景观。除北非的阿拉伯国家外，许多非洲国家也自称伊斯兰国家，热情地加入伊斯兰合作组织。尼日利亚、苏丹、索马里还部分地实施了伊斯兰教法。

非洲黑人为什么愿意皈依伊斯兰教？其中一个重要的原因就是伊斯兰教的灵活性与适应性。撒哈拉以南非洲的伊斯兰教，与其他地区的伊斯兰教有着明显的区别，这里的伊斯兰教主要以和平的方式发展与扩张，非洲人接受伊斯兰教，无须放弃非洲的传统宗教，非洲伊斯兰教融合了大量的本土传统，皈依伊斯兰教是一个简单易行的选择，有时候就是再起一个穆斯林名字而已。伊斯兰教特有的组织方式与组织能力，也是伊斯兰教在非洲大发展的一个重要的原因。除了传统的苏非教团强大的组织能力外，现代伊斯兰组织向基督教组织学习宣教经验，在非洲建立起强大的穆斯林组织系统，包括非政府组织。20世纪90年代，非洲伊斯兰组织发展达到顶峰，且许多组织都有政府或中东背景。例如在尼日利亚，政府主导成立了伊斯兰高级委员会，作为全国穆斯林的代言人。除此之外，还有五花八门的穆斯林民间机构。所有这些穆斯林机构，宣教是其重中之重。国际伊斯兰组织也在非洲伊斯兰教扩张中发挥重要作用。沙特的穆斯林世界联盟、利比亚的世界伊斯兰宣教组织等，都在撒哈拉以南非洲非常活跃，资助了大量的伊斯兰非政府组织，以与基督教非政府组织竞争。中东石油富国不惜重金，推动在撒哈拉以南非洲的达瓦（宣教）活动。非洲国家政府普遍财政紧张，伊斯兰非政府组织趁机而起，承担起许多本应由政府负责的社会公共福利，笼络人心，同时也为伊斯兰激进主义发展创造了条件。尼日利亚的伊扎拉（Izala）组织，是一个典型的塞莱菲激进组织，它受中东石油资金资助，在尼日利亚无差别地向穆斯林和非穆斯林贫民发放食物、提供医疗救助等社会资助，伊斯兰非政府组织的救助，远比政府的帮助更能抵达社会底层的贫困人群，许多非洲人因此而皈依伊斯兰教。在当代非洲，现代交通通信的发展，尤其是互联网的发展，为伊斯兰教宣教活动提供了更便利的条件，众多非洲青年加入其中，成为伊斯兰教源源不绝的新动力。因此，伊斯兰非政府组织的宣教运动，是当代非洲伊斯兰化继续推进的一个得力工具，这些组织通过建立伊斯兰宗教学校，培训穆斯林学者和意见领袖，出资建设清真寺，或者出资送非洲穆斯林青年到中东的伊斯兰机构和大学深造，主要是到沙特等海湾国家的机构去学习，瓦哈比激进思想也因此得以在撒哈拉以南非洲渐成气候。

撒哈拉以南非洲与伊斯兰教的联系久远悠长。据说，早在公元615年，一批早期的穆斯林，为逃避麦加非穆斯林的迫害，前往基督教的埃塞俄比亚避难，受到埃塞皇帝的热情接待，这一历史事件的影响，对于当前非洲之角基督徒与穆斯林之间的相对和谐关系，有一定的贡献。在伊斯兰教初兴之时，就有非洲黑人皈依伊斯兰教。在615年之前，一批在麦加的非洲奴隶，就已皈依伊斯兰教。其中一位叫比拉勒的埃塞俄比亚奴隶，皈依伊斯兰教后，成为伊斯兰历史上第一位唤礼员。这些早期的历史片段，被非洲穆斯林视为珍贵的历史文化遗产，来说明非洲人与伊斯兰教的友好关系，不但是现实的需要，而且是历史形成的。不过，历史并不总是按人们的良好愿望发展。后来，穆斯林大军仍然靠武力征服了埃及，并以此为基地，向非洲腹地以多种方式推动伊斯兰教的扩张。在北非，伊斯兰教跨过红海，通过埃及、突尼斯、阿尔及利亚，直达摩洛哥。再从摩洛哥向南，沿着西撒哈拉中的商路，伊斯兰教到达塞内加尔河谷，马里、几内亚、豪萨等西非地区逐渐伊斯兰化。尼罗河也是伊斯兰教的天然通道。穆斯林从埃及沿尼罗河逆流而上，直达东苏丹腹地，通过努比亚，穿过东撒哈拉，抵达中苏丹乍得湖地区的博尔诺、加奈姆，甚至尼日利亚的约鲁巴、努佩地区。印度洋是另一个重要的通道。从阿拉伯半岛南部开始，伊斯兰教到达非洲之角的索马里，然后传播到东非海岸桑给巴尔、坦桑尼亚、马拉维、科摩罗、马达加斯加，再从沿海向西扩展到内陆的东非大湖地区的乌干达、赞比亚等地。非洲的大漠、海洋、高山不但未成为阻碍，反而成为伊斯兰教传播的渠道。

宗教传播的背后，通常是物质与文化的吸引力。北非的伊斯兰化与阿拉伯化，主要靠武力征服后实现的。而撒哈拉以南非洲的伊斯兰教，则主要是穆斯林商人的物质刺激与伊斯兰—阿拉伯文化的吸引。穆斯林商人是富有的阶层，而他们又掌握着书面文字，会书写阿拉伯语，这对非洲统治者有巨大的吸引力，所以撒哈拉以南非洲最早皈依伊斯兰教的人，通常是当地的宫廷贵族。早期的穆斯林社区，吸引北非的穆斯林宗教学者前来宣教，最终培育出充满宗教热情的一代代非洲本土学者。18—19世纪，学者们的宣教热情最终以伊斯兰圣战的形式表达出来，以武力的方式扩张伊斯兰教，彻底改变了撒哈拉以南非洲的宗教生态格局。

早期的西非大帝国，加纳帝国、马里帝国与桑海帝国，号称穆斯林帝国，其实只是帝国的皇室贵族声称是穆斯林，而且是名义上的穆斯林。帝国的统治者仅是想利用穆斯林商人（主要是柏柏尔商人）来发展经济，增加税收，或利用穆斯林的文化，加强帝国的管理。最典型的是松迪亚塔皇帝。皇室贵族皈依伊斯兰教很大程度上只是一种向北方阿拉伯世界示好的姿态，并不想让整个帝国伊斯兰化，所以他们严格禁止穆斯林向帝国臣民宣教。尽管如此，帝国仍与北非和西亚的阿拉伯政权保持着良好的关系，商业、宗教往来频繁。1324年，曼萨·穆萨的朝觐就是在这种情况下发生的，朝觐的商业意义远大于宗教意义。苏非主义兴起后，成为伊斯兰扩张最好的载体，伊斯兰教日复一日缓慢地推进，但仍受制于热带疾病的困扰，向南扩张非常有限。当时，西非的各国皇室，虽有穆斯林名字，通常仍自称传统宗教信仰者，即使当地的穆斯林宗教学者阶层，也仍保持了大量的非洲传统习惯，无人真正遵守伊斯兰教法。当时，妇女们不但不戴面纱，而且仍按非洲传统赤身裸体。

在东非，穆斯林商人（主要是阿拉伯商人），仍是早期伊斯兰教传播的主力。穆斯林商业文明与东非的黑人土著文明长期交融，形成了东非沿海特有的伊斯兰文明——斯瓦希里文明，斯瓦希里语（以阿拉伯字母拼写的非洲语言）成为东非沿海及东非内陆的通用语。如西非一样，在东非，伊斯兰教仍是文明与财富的象征，尽管受到各种形式的限制，非洲人仍争相皈依伊斯兰教，以图改变自身命运。16—17世纪，葡萄牙殖民者的到来，并控制东非沿海200多年，突然打断了斯瓦希里文明的发展。葡萄牙人退出后，伊斯兰的阿曼苏丹国兴起，伊斯兰教得以在东非沿海及内陆继续发展。

长期以来，穆斯林商人是向撒哈拉以南非洲传教的主力，西非主要是皈依伊斯兰教的柏柏尔商人，东非主要是阿拉伯商人，在尼罗河苏丹，则是商业与武力征服并行。贸易的商品主要是食盐、铜、象牙、铁器、黄金与奴隶。殖民时代之前，撒哈拉以南非洲盛行奴隶劳动，东非沿海的种植园经济主要靠奴隶劳动才得以发展。穆斯林商人是撒哈拉南北奴隶贸易的主力。捕奴运动给非洲社会带来巨大的冲击，远离家乡的奴隶命运悲惨，远离自己的部落与传统宗教，心理上的创伤更为深重。在此情况下，许多奴隶选择伊斯兰教，求得心理安慰与文化依托，这也是东非迅速伊斯兰化的原因之一。

15世纪开始在撒哈拉以南非洲寻找发展空间的苏非主义，到19世纪时迎来了大发展的时代，成为伊斯兰教在撒哈拉以南非洲扩张的另一个主要动力源泉。西非主要是卡迪里教团和提加尼教团，东非主要是卡迪里教团和沙兹里教团，中苏丹的乍得湖区与达尔富尔，则主要受利比亚赛努西教团南扩的覆盖。苏非教团组织性与系统性极强，它超越家族、血缘、部落、阶级、职业的限制，将非洲各色人等统合到苏非组织中来，形成一种平等合作的氛围，这就是苏非教团的优势所在。当苏非教团力量足够大，通常会向政治实体发展，赛努西教团在利比亚建立了伊德里斯王朝，至今仍影响着利比亚的政治；或者挑战现存的政权，19世纪西非与东非的一系列圣战运动，以及苏非教团反抗殖民政权的斗争，就属苏非教团势力对现存政权的挑战。在这种斗争中，伊斯兰教继续扩张。以苏非教团为组织形式的圣战运动，是近代撒哈拉以南非洲苏丹地带的普遍现象，从西非经中非到尼罗河苏丹、索马里再到东非肯尼亚，苏非圣人领导的伊斯兰圣战此起彼伏。圣战剑指当地"伪穆斯林"政权，或压迫穆斯林的殖民者，苏非圣人的感召力，及其发起的圣战，成为撒哈拉以南非洲伊斯兰教再一次大规模扩张的重要因素。

欧洲殖民者一般着力推动基督教在非洲的扩张，但吊诡的是，殖民时期恰恰是撒哈拉以南非洲伊斯兰教迅速扩张的时期。殖民政权给伊斯兰教的传播带来了前所未有的便利条件：相比以前，殖民统治下的社会更加安定；殖民政府修桥补路，交通更加便利；现代通信技术，电话、电报传入非洲，通信更加便捷；现代媒体，如广播、报纸、杂志也成为伊斯兰教宣教的工具。英法殖民政府均不同程度地保留了伊斯兰制度，尤其是英国人，原封不动地保留甚至加强穆斯林精英的传统治理架构，让穆斯林精英为英国人服务。这种做法强化了穆斯林宗教学者的权威，变相地为伊斯兰教扩张创造了条件。殖民时期伊斯兰教的迅速发展，还有一个重要的原因是，伊斯兰教不像基督教，是入侵者的宗教，伊斯兰教没有这样的"政治负担"。在非洲人看来，伊斯兰教不是外来宗教，一旦非洲人想表达对殖民者的不满，通常以皈依伊斯兰教来曲折地表达。因此，殖民时期，原来已初步伊斯兰化的地区，伊斯兰化程度进一步加深；原来穆斯林未曾涉足的非洲内陆和雨林地区，也开启了伊斯兰化的进程。民族独立后，伊斯兰教在撒哈拉以南非洲继续发展，人口增长是一个重要原因。除此之外，还有其他复杂的因素，比如在卢旺达大屠杀期间，胡图族没有进入穆斯林居住区和清真寺搜索图西族，在穆斯林保护下的图西族得以幸免。对于这一现象，卢旺达人认为，这是因为穆斯林和清真寺受伊斯兰巫术和非洲神灵的保护。这种传说的直接结果是，大屠杀之后，大批的卢旺达人皈依伊斯兰教。

同时，伊斯兰教在非洲的扩张也遭遇到一些困难。比如，伊斯兰历法是纯阴历，而非洲的农业发展需要的是阳历，这给人数众多的非洲农牧民带来不小的麻烦。再如，伊斯兰社会是父系社会，许多非洲部落则是母系社会，结果非洲男人多愿意接受伊斯兰教法，而非洲女性则坚定地拒绝，仍坚持非洲传统信仰。再如，祖先崇拜是非洲社会的普遍现象，伊斯兰教禁止祖先崇拜，这也是许多传统的非洲人难以接受的。

非洲伊斯兰教具有多样性的特征，这种多样性表现在许多方面。就教法而言，非洲穆斯林多遵循马立克派和沙斐仪派，少数穆斯林遵守罕伯勒派。北非穆斯林受马立克派教法影响最大，而西非和中非的伊斯兰教，又是北非南传而来，所以西非和中非的穆斯林以遵守马立克派教法为主。而非洲之角和东非的伊斯兰教，由于是从阿拉伯半岛越过阿拉伯海传播过来的，因此这里的穆斯林受阿拉伯半岛伊斯兰教法的影响而遵循沙斐仪派教法。最近几十年，随着赛莱菲主义在非洲的崛起，越来越多的非洲穆斯林，不论是在北非、西非或东非，都选择接受更为严格的罕伯勒派教法的约束。与马立克派教法和沙斐仪派教法相比，尽管罕伯勒派教法影响下的非洲穆斯林人口仍然算不上多数，但这种影响有不断加强的趋势。

就教派而言，逊尼派、什叶派、易巴德派，在非洲均有分布。绝大多数非洲穆斯林属逊尼派。早在公元 8—9 世纪，易巴德派商人曾经广泛活跃在撒哈拉地区，开拓沟通南北的商路，也是第一批到达西非的穆斯林。易巴德派也曾在马格里布建立过地方政权；在东非的阿曼苏丹国之后，曾一度在桑给巴尔居于主宰地位。但是在漫长的历史过程中，北非和西非的易巴德派逐渐同化于马立克派中，东非的易巴德派由于坚决拒绝地方化，顽固地保持阿拉伯身份，不但未能扩大，影响力还有所收缩。易巴德派的失意，给什叶派在东非的崛起提供了机会，波斯人将什叶派带到东非沿海后，什叶派延续至今，在桑给巴尔等地的影响比较大。

最近半个世纪，受中东的影响，赛莱菲派也逐渐扩张到非洲，在一些国家的影响逐渐扩大，同时也给当地带来了不小的社会动荡。

非洲伊斯兰教是复杂的、多样的，各种教法、教派、思潮在非洲都存在或曾经存在过，在不同的非洲地区或国家，伊斯兰教的组织、形态、思想、观念，伊斯兰教与社会的关系，都有所不同，有时差异巨大。在大多数伊斯兰国家中，伊斯兰教法以各种方式影响、渗透到国民的传统和国家的法律中。穆斯林占少数的非洲国家或地区，教法的影响取决于穆斯林的自愿选择，与公共生活无关，但仍在穆斯林的私人生活中影响巨大，婚姻、财产、继承、子女教育、社会交往等都自觉或不自觉地受教法的规范。但大多数非洲国家中，世俗主义仍占主流，伊斯兰复兴运动仅是对穆斯林社会产生冲击，对穆斯林社会之外的世俗主义，很难撼动。整个非洲，穆斯林与非穆斯林和平共存，仍是大趋势。

但是在非洲局部地区，穆斯林内部的或穆斯林与其他宗教之间的冲突，有愈演愈烈之势。在撒哈拉以南非洲，尼日利亚的穆斯林人口最多，也成为非洲伊斯兰教内部或外部冲突的典型地区之一。1999年，尼日利亚北部各州全面实施了伊斯兰教法，一度在这个国家引起不小的动荡。不过现在来看，受现代主义的制约，教法的实施仍大打折扣。虽然也有几十位穆斯林妇女因通奸被判石刑，但在国际国内的一致声讨下，很难实施，最后不得不释放。即使在非洲穆斯林大国埃及，伊斯兰教法也不占主流地位，埃及的刑法和民法，仍主要以法国的法律为蓝本而拟定并实施的。不过，在当前瓦哈比主义在非洲日益大行其道的背景下，伊斯兰教法在非洲部分地区对世俗生活的威胁，仍处在不断加强的过程中，一些伊斯兰宗教极端主义组织，甚至恐怖主义组织，以全面实施教法为其目标之一，给埃及、索马里、苏丹、尼日利亚、马里等非洲国家带来了社会灾难。

非洲伊斯兰教的多样性，最突出的表现可能在于苏非主义及其运动。苏非教团仍在撒哈拉以南非洲的苏丹地带，占据着主导地位，在北非，苏非主义也仍有巨大的影响力。在非洲各地，不管是逊尼派还是什叶派，穆斯林对苏非神秘主义的仪式和神秘的体验，可以说是趋之若鹜，非洲人天生的节奏感、律动性、对音乐的热爱，与苏非主义的音乐、舞蹈天衣无缝地结合在一起，共同构成非洲苏非主义经久不衰的魅力。15—16世纪，苏非主义就开始在撒哈拉以南非洲传播，目前不论是东非或西非，苏非教团随处可见。西非的苏非教团，主要是提加尼教团、卡迪里教团，塞内加尔和冈比亚则受穆里德教团的影响比较大。东非主要是沙兹里教团、哈尔瓦提教团，近年来随着提加尼教团的东扩，提加尼苏非主义在东非的影响也不容忽视。

非洲主要有三种宗教：基督教、伊斯兰教与非洲传统宗教。对非洲而言，基督教与伊斯兰教都是外来宗教，对当代大多数非洲人而言，基督教与伊斯兰教已是非洲宗教。历史上，伊斯兰教与非洲传统宗教曾经历过血雨腥风的战争，现在非洲传统宗教已所剩无几，伊斯兰教与基督教的关系，成为非洲大陆的主要宗教关系。

历史上非洲伊斯兰教与非洲基督教的关系，很难说是和平与友好的，其间的冲突、斗争，乃至战争可谓此起彼伏。在宗教冲突的悲剧不断发生的同时，基层社会的穆斯林与基督徒，总体上仍能够和平地生活在一起，争论与斗争主要是宗教上层挑起的。排他性是两大宗教的共有特征，从口诛笔伐到刀光剑影，两教的冲突的结果是，谁都未能主宰非洲大陆，基本维持势均力敌的态势，伊斯兰教在大陆北部占主流，基督教在中南部非洲占主流。

可能是由于势均力敌，短期内谁都难以取胜；也可能是在民族独立后发现了新的解决问题的方式；还可能是双方厌倦了长期的传统冲突与斗争，而希望发现新的解决之道，20世纪中叶以来，非洲伊斯兰教与基督教之间的关系，出现了一些转折性的变化。其中最主要的变化有两个，一是宗教间的对话与交流。对话与交流主要由基督教一方发起，希望通过对话与交流，实现宗教间的理性沟通、理解与和平共处。一方面穆斯林对对话表示欢迎，另一方面也有穆斯林上层对基督徒的对话姿态表示怀疑，视之为一种更加隐蔽的新型宣教方式。二是原教旨主义与极端主义的兴起，这种趋势在非洲的基督教与伊斯兰教中都比较明显。这一趋势可能与战后非洲经济与社会发展的失败有关，独立后满怀期望的非洲人，迎来的却是社会动荡与广泛的贫困，逐渐滋生了对世俗主义与现代主义的幻灭感，希望以宗教的方式解决非洲人面临的困境。当然伊斯兰教与基督教的原教旨主义者，都希望以各自的宗教方式解决问题，敌视、对立、冲突由此而生，排他性不断强化。尤其是伊斯兰极端主义的发展，已严重威胁到非洲穆斯林社会稳定，也让基督教与伊斯兰教之间的对话与沟通的倡议，受到更加普遍的质疑。

非洲伊斯兰教与基督教的冲突，背后的原因很多，有宗教的，更有现实的因素，不过，一方总是把责任推给另一方，指责对方制造矛盾，挑起冲突。宗教本身的冲突是非常重要的，穆斯林与基督徒都极力扩张在非洲的地盘，同时又担心对方的扩张，争夺非洲人的心灵成为旷日持久的战争。经济、政治与社会因素也同样非常重要。在非洲，除了原苏丹之外，通常基督徒被视为富有的、右翼的政治力量，而穆斯林则是贫困的、左翼的力量，左右政治的角力在非洲成为常见现象，尤其是沿撒哈拉南缘与东非所谓的"文明断层线"，两教之间的冲突更是司空见惯。近年西方各种宗教背景的非政府组织遍布非洲大陆，同时中东石油经济的崛起，沙特、利比亚以石油资金支持宗教的输出，更加剧了这种冲突。

在撒哈拉以南非洲，两教关系的复杂性、多样性体现得更为充分和突出。在有些国家，两教关系总体和谐，冲突仅是偶发现象；在另一些国家，两教始终处于高度紧张的状态，冲突成为家常便饭。安哥拉政府曾一度宣布伊斯兰教为非法宗教，摧毁全国所有清真寺。基督教与伊斯兰教中，宗教极端主义都有潜滋暗长的趋势，如何看待对方竟然成为一个颇有争议的话题，在某些国家，两教之间的和平共存与互相尊重，竟成奢望。这很可能是目前乃至往后相当长的一段时期内，非洲伊斯兰教与基督教之间的真实处境。

伊斯兰教是一种普世性的宗教，强烈的普世主义贯穿于伊斯兰教不断扩张的历史当中，而这种伊斯兰世界边界的扩张，反过来进一步强化了伊斯兰教的普世情节。穆斯林同属于一个"乌玛"，在当前网络时代背景下，发生在伊斯兰教世界的任何事情，都牵动着非洲穆斯林的神经。非洲伊斯兰教同世界其他地区的伊斯兰教保持着密切的联系。同时，在普世主义的大幕之下，地方性也是伊斯兰教的突出特征，世界各地的伊斯兰教，包括非洲伊斯兰教，本土化总是与伊斯兰化同步推进。非洲的伊斯兰教从未形成过统一的伊斯兰国家，地方自治是非洲伊斯兰教的历史传统，非洲各地的伊斯兰教都有鲜明的地域特色，宗教思想、仪式、组织方式各不相同，以至于有学者认为根本不存在所谓的"非洲伊斯兰教"，只有东非伊斯兰教、西非伊斯兰教、北非伊斯兰教等。但是，在如何实践伊斯兰教的问题上，非洲穆斯林陷入争论。地方派认为，非洲穆斯林应遵循传统的方式，以非洲人的方式实践伊斯兰教，温和、宽容是非洲穆斯林的特征；而普世派则认为，世界上只有一种伊斯兰教，一种教法，所谓的非洲传统，是对伊斯兰教法的篡改，非洲穆斯林应改邪归正，严格遵守《古兰经》和圣训的规定，让公共生活和私人生活都接受伊斯兰教法的规范。

当前，普世主义与一元论的极端实践方式，在非洲伊斯兰教中形成了极端主义，尤其在撒哈拉南缘地区和索马里，伊斯兰极端主义已构成对当地社会的严重威胁。处于社会边缘化的非洲人，期待在复兴主义中实现生活理想，极易受极端主义思潮的蛊惑。不过，伊斯兰教的地方性与普世性并非总是对立的，相互促进的可能性是存在的，非洲的伊斯兰极端主义正是当代伊斯兰思潮与非洲地方社会的一种"不幸的合谋"，它兼具普世主义与地方性的双重特征。一方面是伊斯兰普世主义的极端实践方式造就了极端主义的兴起，另一方面，非洲极端主义及其运动有鲜明的非洲特征，尤其在社会运动的意义上，它是非洲社会环境的产物，是非洲地方社会矛盾的反映。因此，西方大国对非洲极端主义或恐怖主义的干预，如果不能从产生的根源解决问题，单纯的武力干涉，终将难以奏效，非洲仅是或仍是域外大国的练兵场与武器倾销地。中国的"一带一路"倡议在非洲落地，从极端主义产生的经济根源入手，发展经济，改善非洲人的生活条件，对非洲宗教极端主义的抑制作用值得期待。

正是在这种地方性迎合普世性的前提下，以极端方式所呈现出来的普世性，即非洲伊斯兰极端主义的蔓延与肆虐，让非洲撒哈拉南缘地带的苏丹地带，近年来日益陷入极端主义的泥沼。马里的安萨尔迪尼组织、尼日利亚的博科"圣地"、索马里的青年党，都曾占领了大片的土地，俨然国中之国。极端组织与政府军之间的暴力冲突，乃至战争频繁发生，自杀爆炸、袭击平民的现象连续不断，而这些以伊斯兰宗教极端主义为底色的现象，之前在撒哈拉以南非洲从未发生过。极端主义者还系统地实施伊斯兰教法，石刑、断肢、鞭笞的刑罚，在伊斯兰法院的审判中付诸实践，苏非圣墓遭到破坏、摧毁，圣人崇拜被视为非法。在有些情况下，这些国家脆弱的经济遭受打击，国家建设面临困境。幸运的是，在国际社会的一致努力下，极端主义部分地被遏制，但长期来看，若条件允许，或者极端主义采取更加隐蔽的方式，或者走合法的政治渠道，伊斯兰极端主义在非洲仍有卷土重来的可能。

对于这一波方兴未艾的非洲伊斯兰复兴和极端主义运动，通常的理解是，将其归咎于非洲的经济困境，普遍的贫穷、失业、文化与政治权利的剥夺等社会痼疾。但是反过来看，非洲其他以基督教为主的国家，这些社会痼疾也同样存在，即使有所改善，也基本上好不到哪里去，这些国家为什么没有那么普遍的基督教极端主义和恐怖主义？这可能与以阿拉伯地区为中心的伊斯兰极端思想的输入有密切关系，也与伊斯兰教特有的宗教组织形式与宗教教育体系密切相关。事实上，非洲伊斯兰极端主义的拥趸，并非仅是社会下层民众，大批穆斯林职业中间阶层，如医生、教师、商人、大学生等也加入其中,许多人都是有文化的社会中坚,或青年精英,他们不只是一般的积极分子,甚至是狂热分子。因此,对伊斯兰教极端主义的兴起与发展,非洲社会现实固然难辞其咎,但非洲穆斯林精英也应该反思伊斯兰教本身的因素。为什么穆斯林社会各阶层都有人希望从极端思潮中寻求个人价值和非洲社会问题的解决之道,而视现代主义、世俗主义与男女平权为洪水猛兽?以军事主义体现的赛莱菲极端运动与以达瓦宣教运动体现的赛莱菲极端运动,虽然在非洲实践的时间已经不短,但非洲的问题并未解决,尤其在伊斯兰极端主义的统治区,问题更加严重。伊斯兰教极端主义者以真理的唯一掌握者为骄傲,可能会获得一种"众人皆浊我独清"的优越感,对伊斯兰教历史的无限美化与崇拜,可能也能找回一部分文化自信,但这种优越感与文化自信,并未带来经济的自主与社会制度的改革,盲目排外和排拒任何非伊斯兰的传统,其结果是进一步丧失了自尊、自信与自主。因此,伊斯兰极端主义、伊斯兰极端运动或其派生的军事主义,使非洲仍然看不到和平的未来。

自伊斯兰教产生之初,穆斯林就踏上了非洲大陆,伊斯兰教在非洲有漫长而跌宕起伏的历史,穆斯林在非洲建立过众多的王国、帝国,还有部落政权;穆斯林开拓了撒哈拉商路,以商业沟通撒哈拉南北及东苏丹和西苏丹;穆斯林的商船在东非沿海游弋,将东非与阿拉伯半岛纳入共同的西印度洋商圈;穆斯林国王与奴隶、宗教学者与苏非圣人、普通村民与商人等,共同演绎了波澜壮阔的非洲伊斯兰历史,在非洲大陆留下不可磨灭的伊斯兰文化。清真寺建筑、伊斯兰文化艺术、音乐与舞蹈,精美的书法、韵律十足的《古兰经》诵读、特色鲜明的穆斯林服饰、伊斯兰的制度文明等,都是非洲文明的组成部分,大到国家制度,小至个人生活,亿万非洲人的生活中都可发现伊斯兰教影响的痕迹。即使在西方世俗主义在非洲大行其道的当代,伊斯兰教仍在顽强地生存,成为非洲本土传统、基督教文明与伊斯兰文明共同构成的非洲文明的一部分。

在非洲,伊斯兰教从一种外来的宗教,逐渐本土化,由"伊斯兰教在非洲"变成"非洲伊斯兰教",非洲人以自己的独有方式信仰伊斯兰教,实践伊斯兰教。伊斯兰教的非洲化,苏非主义功不可没。非洲各地的伊斯兰教,从外来的仪式到内在的思想,都明显不同,苏非主义就是这种本土化的中介。非洲人以多种方式将外来的伊斯兰教嫁接到非洲社会与文化中,使非洲穆斯林感觉到自己是世界穆斯林的一分子,同时没有脱离非洲各地的穆斯林社会。苏非教团曾经主宰非洲的伊斯兰教，即使现在，苏非主义仍是撒哈拉以南非洲伊斯兰教的主体。法国殖民学者将撒哈拉以南非洲的伊斯兰教称为"黑人伊斯兰教"，并总结出黑人伊斯兰教与其他地区伊斯兰教的诸多不同之处。苏非主义将非洲部落传统、家族崇拜与苏非教团的圣人崇拜相结合，成为非洲人身份的象征，甚至对当代的非洲民族主义有深刻的影响。

在与基督教和殖民主义的斗争中，非洲穆斯林从伊斯兰教中找到了皈依感、存在感与个人价值所在，并通过遵守伊斯兰教的教法规定，主要是多妻制、割礼、男女隔离、清真饮食、政教合一等，来表达与基督教文明的不同，以证明非洲伊斯兰教是一个与基督教平等的存在，甚至高于基督教的一个道德价值与文明体制。

同时，在世俗化阔步前进的历史大潮中，非洲穆斯林也面临着难解的困惑：曾经威震欧、亚、非的伊斯兰教，为何沦落为基督徒的臣民？殖民时代以来的非洲伊斯兰教史，就是一部非洲穆斯林寻找这一问题答案的历史。普通穆斯林、宗教学者、穆斯林国王、总统、军事冒险家等，都在以自己的方式寻找调和伊斯兰教与现实社会的方式，只是始终未能达成共识，这也是非洲穆斯林社会严重分裂的根本原因。谁的伊斯兰教？什么样的伊斯兰教？穆斯林如何对待非穆斯林？如何以传统诠释现代，或者以现代诠释传统？对非洲穆斯林而言，亦如对所有穆斯林一样，仍是一个古老而常新的复杂话题。

圣　战

伊斯兰教中的"圣战"一词，源自阿拉伯语"جهاد"（Jihād，吉哈德），英语的意译通常是"HOLY WAR"（圣战）。学者们对如何翻译这个词，一直争论不休。有人认为将جهاد译为"HOLY WAR"（圣战），也许并未能全面反映这个词在伊斯兰教中的含义。这个词在阿拉伯文中的原意是"尽力""奋斗"。伊斯兰教经典用其引申意为"为主道而奋斗"。《古兰经》（61：11）说："你们信仰真主和使者。你们以自己的财产和生命，为真主而奋斗，那对于你们是更好的。"这里的"为真主而奋斗"或"为主道而奋斗"即"圣战"。因此，有一种观点认为，这个词最主要的含义，是指积极传播伊斯兰教教义的宣教行为，有时则指反抗迫害的军事斗争，甚至为宗教、为穆斯林自觉施舍财产，也是一种圣战。更多的时候则没有具体意义指向。

但是，为扩大伊斯兰疆域而进行武装斗争，是"圣战"最基本的含义。圣战是一项义务，这一思想蕴含在所有的伊斯兰教的基本文献中。《古兰经》中多处对此有明确的规定，尽管这些规定有时是自相矛盾的。根据规定，圣战大致可分为四类：劝诫行为，如对方罪行较轻，忏悔后劝诫其皈依伊斯兰教的行为；抵御侵略，捍卫伊斯兰教的战争；在四个圣月之外发起的主动攻击；任何时间、任何地点发起的攻击。这些圣战的类型，既与伊斯兰教的先知穆罕默德思想的发展过程相对应，也与穆罕默德在不同的情况下对政策的调整相对应。麦加时期，穆罕默德以道德和宗教劝诫为主；麦地纳时期，穆罕默德成为一名政治—宗教领袖后，有能力对不服从他的人或团体发起斗争。因此，当前后的经典文字发生矛盾时，解决的办法就是以后经否定前经，即所谓"停经"理论。因此，关于圣战是穆斯林的义务之说，可总结成如下一句话：圣战是穆斯林强制性的义务，即使异教徒一方未主动发起攻击，穆斯林也有义务主动出击。①

在宗教上，圣战对穆斯林成年男性的个人意义重大。圣战有扩大伊斯兰教影响的功能，被视为真主和先知的定制，穆斯林投身于圣战，犹如基督教中的修士投身于对上帝的服务，因此，有几段圣训说："圣战是伊斯兰教中的修道主义"；圣战是"纯粹的献身行为"；圣战是"通向天堂的大门"；投身于圣战的人必得真主重赏；死于圣战的穆斯林是伊斯兰教的殉道者等说法。因此，有"圣战也是伊斯兰教的功课"之说，圣战与礼拜、斋戒等一样，在伊斯兰教中具有同等的地位。圣战是每一位自由、健康的男性穆斯林的义务。

圣战既可以是穆斯林的集体责任，也可以是个人责任，这要视具体情况而定。集体责任，就是被视为一个整体的穆斯林集体应承担的责任。只有集体中的个体在为现实法律所规定的目标的过程中，个体责任成为必要的前提时，集体责任才成为个人责任。因此，只要某个穆斯林团体的规模能够满足某种冲突的需要，圣战的责任就不再是别人的责任，这个穆斯林团体应承担圣战的责任。一般的理论是，圣战的责任首先是在距离上最靠近敌人的穆斯林的个人责任。同样，一个被敌人围困的城镇中的居民，圣

---

① E. Tyan, "Djihad", *The Encyclopaedia of Islam*, Volume II, Ed. By B. Lewis, Ch. Pellat and J. Schacht, p. 538.

战也是其中每位穆斯林的个人责任。但是，就具有组织性的国家而言，圣战何时转换为个人责任，完全由统治者来决定。因此，在全民动员的情况下，对每位穆斯林而言，圣战就失去了集体责任的特征，而成为个人责任。所有这些都说明，对手握重权的人而言，尤其是对一国之君而言，圣战总是一项个人责任，因为在任何情况下，统治者的个人行为都是必要的。在同时有数个伊斯兰国家的情况下，圣战的责任属于离敌人最近的国家的统治者。并且，圣战的责任也有相对性和关联性，视情况而定。一方面，只有当环境有利，穆斯林有获胜的可能时，才会发动圣战；另一方面，如果敌人为求和而付给穆斯林的物资价值达到某一数量，圣战的责任也可能撤销，因为撤销圣战符合当时穆斯林的利益。

理论上，只要伊斯兰教仍未主宰全世界，圣战的责任就仍然存在。正如穆斯林的格言所说，圣战的责任"直到末日审判的那一天"，"直到世界末日"。因此，伊斯兰国家与非伊斯兰国家的和平，只能是有条件的、暂时的和平，穆斯林所处的具体时局与环境决定着这种和平的合理性。并且，伊斯兰教与非伊斯兰国家不存在真正永久的和平协议，只有暂时的停战协议，这种停战协议的期限，原则上也不应该超过10年。但是，即使这样的临时停战协议也是不确定的，只要穆斯林认为冲突的继续更加有利于伊斯兰教，那么穆斯林随时可以单方面取消协议。但是，穆斯林应当将取消协议的决定告知非穆斯林一方，并给他们足够的机会让所有的敌人都知道这一点。①

关于圣战的对象的问题，伊斯兰教的规定也是比较明确的。既然圣战仅仅是推动非穆斯林皈依伊斯兰教，或者是促使非穆斯林臣服于伊斯兰政权的方式，那么发动圣战的唯一对象，就是那些已经被邀请过一次皈依伊斯兰教而仍是异教徒的人。问题是，在这种情况下，正式邀请敌人皈依伊斯兰教，到底有无必要？穆斯林一般认为，既然伊斯兰教在全球传播如此之广，就可以假定所有非穆斯林都应该知道，伊斯兰教已经向他们发出过邀请。但是，再一次向这些人郑重地邀请一次，仍是更为理想的事，除非被邀请者把邀请当警示，利用这段时间更充分地备战，防备穆斯林的进攻，使圣战的成效打折扣，这种情况下的邀请就没有必要了。

---

① E. Tyan, "Djihad", *The Encyclopaedia of Islam*, Volume II, Ed. By B. Lewis, Ch. Pellat and J. Schacht, p. 539.

圣战的思想源自伊斯兰教普世性的基本原则，即伊斯兰教终将囊括全球，成为全世界所有人的宗教。为达此目标，必要时可使用武力。不过，这一原则必须要与另一原则"部分地结合，共同付诸实践"，即伊斯兰社会中必须要容许"有经人"的存在。所谓有经人，就是基督徒、犹太人和袄教徒等有自己的宗教经典的人。也就是说，只要有经人接受穆斯林的统治，并愿意缴纳人头税和土地税，穆斯林就不应该干涉他们的信仰。而对于无经典的人，如偶像崇拜者等其他信仰者，则不享受有经人的权利。历史上穆斯林的主流观点认为，无经典的人要么皈依伊斯兰教，要么强迫为奴，要么被处死。①另外，阿拉伯半岛作为伊斯兰教的发源地，被视为禁地，有经人在阿拉伯半岛也不能享受与穆斯林同样的权利。

8世纪中期开始，穆斯林早期的统一政权结束后，逐渐形成一些独立的伊斯兰国家，如何对发生在这些独立的国家之间的战争进行定性和分类，成为一个棘手的问题。不过，穆斯林学者从不将这些发生在伊斯兰国家之间的战争定义为圣战，甚至，根据逊尼派教法的观点，发生在分属不同伊斯兰宗教派别的国家之间的战争，也不属于圣战。多数穆斯林学者认为，有人称这些战争为圣战，纯属对圣战一词的滥用，这些战争只能称为"冲突""战争"，而不是圣战。即使对于叛教的穆斯林群体的斗争是否属于圣战，也有争论。也就是说，穆斯林之间的战争不是圣战，圣战只能发生在穆斯林与非穆斯林之间。

以上关于圣战的理解，仅是逊尼派中传统的认识，是对圣战的一般理解，在《古兰经》和圣训中均有据可查。伊斯兰教中的其他派别，对圣战也有自己的理解。在什叶派中，圣战分成两种：精神的圣战，即强调灵性的修养与道德的提升，称为大圣战；物质的圣战，强调外在的行为，称为小圣战。伊斯兰教中最常用的圣战的含义，是小圣战，即行动意义上的圣战。在伊斯兰教苏非主义中，苏非学者又将"圣战"的宗教义务的履行方式概括为心、口、手、剑四种圣战。"心之圣战"指向个人的肉体欲望，通过净化灵魂来抵制诱惑，履行圣战责任。"口之圣战"和"手之圣战"要通过实践《古兰经》的教导，抑恶扬善来实现。"剑之圣战"则指公开向非穆斯林和伊斯兰教的敌人发动战争。伊斯兰法学家们认为，"心之圣战"和

---

① E. Tyan, "Djihad", *The Encyclopaedia of Islam*, Volume II, Ed. By B. Lewis, Ch. Pellat and J. Schacht, p.538。

"口之圣战"是要战胜自己的心理欲望和生理欲望,是非常困难的,此为"大圣战";"手之圣战"和"剑之圣战"乃是在不得已的情况下才诉诸武力,是为"小圣战"。能用"大圣战"解决问题就不用"小圣战"。

根据什叶派的一般理论,由于伊玛目是唯一有资格决定是否圣战的人,因此在伊玛目隐遁期间,圣战必须暂停,直到伊玛目再现,或者在隐遁的伊玛目临时指定代理人的情况下,才能决定圣战与否。什叶派中的宰德派,则不承认这一教义,反而认可逊尼派的观点。

对于何种战争为圣战,什叶派和哈瓦利吉派的观点与逊尼派也不相同,比如穆斯林内部的战争是不是圣战?逊尼派认为不属于圣战,而什叶派和哈瓦利吉派都认为,只要拒绝接受他们各自派别的教义,就是异教徒,对这些拒绝者发起的斗争或战争,就是圣战。也就是说,在伊斯兰教中,不同的解释主体,对圣战的定义是有差别的。

当前关于圣战的看法,有一种完全辩证的、否定圣战经典理论和含义的观点。根据这一观点,伊斯兰教的扩张应该完全以劝诫等和平的方式来实现,只有在"自卫时",或者在"支持没有防卫能力的盟友或兄弟时",圣战才是合法的。这一观点完全不顾此前的教义和历史传统,以及传统圣战理论赖以形成的《古兰经》和圣训的规定,并且坚称这种观点仍处在正统伊斯兰教的范畴之内。①

可以肯定,圣战也有明确的暴力含义与特征。但是,在伊斯兰教中,绝不能将"圣战"理解为武力的同义语,尤其是在现代伊斯兰教中,通常将其定义成"为传播和捍卫伊斯兰信仰而奋斗的诸多行为的统称"。正是在这个意义上,圣战一词才成为每个穆斯林的宗教义务。在汉语的语境下,圣战一词可能过于突出其武力的一面,不能全面反映这个词的本义,尤其不能反映出什叶派和苏非派对圣战的定义。就19世纪西非伊斯兰圣战运动而言,前期的圣战,显然属于战争性质,圣战服务于伊斯兰教的扩张,但在穆斯林政权建立之后的和平时期,也在进行圣战运动,不过此时的圣战,已非完全是武力战争,而是和平宣教、宗教改革、宗教教育等意义上的圣战。长期以来,一直有部分学者建议,将جهاد直接音译为"吉哈德"最为适当。这样的话,在不同的语境下,便可体现不同的含义。既

---

① E. Tyan, "Djihad", *The Encyclopaedia of Islam*, Volume II, Ed. By B. Lewis, Ch. Pellat and J. Schacht, p. 539.

可以极力避免"彰显"并"放大"伊斯兰教关于"圣战"武力的教义，也可以避免为了"强调"伊斯兰教的"和平"与"非暴力"，而极力"淡化"甚至不惜曲解"圣战"一词和平宣教的含义。①但是，也有学者对此表示异议，认为جهاد一词有明确的武力斗争含义，在伊斯兰教历史上，这个词更多地以战争示人，为人熟知，译为"吉哈德"，有抹杀其武力斗争含义的嫌疑，不够尊重历史实际。可以尊重جهاد一词的和平宣教解释，但关键还要看历史发展中的实际作为，相比于文字阐释，史学研究应重视历史事实。历史上西非的穆斯林吉哈德运动，在武力、战争的层面，远大于其后期和平宣教的层面，没有前期的武装吉哈德，后期的和平吉哈德几乎无从谈起。人们关注这段历史，研究这段历史，不是因为和平的吉哈德，更多的是因为武力的吉哈德。因此，综合考虑，本书在论述西非吉哈德运动时，仍将جهاد译为圣战，称这次运动为圣战运动。

但同时，我们也不应忽视جهاد一词的和平宣教与个人努力的含义。

在伊斯兰教早期反抗麦加多神教徒的暴力迫害的斗争中，在后来伊斯兰阿拉伯帝国的征服运动中，"圣战"对于穆斯林的生存和伊斯兰教的发展，发挥了至关重要的作用。近代以来，伊斯兰世界内受各式各样问题的困扰——阶级矛盾、民族矛盾尖锐；外受西方的殖民侵略，国家主权和民族生存面临危机。这种情况下，作为重要宗教文化资源的"圣战"被怀有各种目的的各方人士广泛应用，甚至被滥用。②极端主义者通常属于逊尼派，逊尼派没有什叶派关于"小圣战""大圣战"的区分，也不承认后来苏非主义关于心、口、手、剑的四种圣战分类，所以极端主义者只用"小圣战"意义上的"圣战"而拒绝"大圣战"意义上的"圣战"。当前，伊斯兰激进主义与极端主义，将جهاد一词的小圣战含义推向高潮，伊斯兰圣战成为全球的热词，对主流伊斯兰教造成一定的伤害。

本书所用的"圣战"概念，在不同的语境下，既有"小圣战"的意义，又有"大圣战"的含义。19世纪西非轰轰烈烈的伊斯兰运动，前期基本上以武力为主要的表现形式，尽管有些运动的领导人也把"心之圣战"和"口之圣战"作为斗争的手段，但纵观所有这些运动的战争阶段，"大圣战"并不是主要的斗争方式，后期的改革与宣教运动，更多的则是"大圣

---

① 沙宗平：《"圣战"与"圣战"辨析》，http://www.2muslim.com/home.php?mod=space&uid=52372&do=blog&id=61623。

② 吴云贵：《试析伊斯兰圣战观的演变》，《西亚非洲》1999年第4期。

战"。本书所用"圣战"虽然指穆斯林以"武力"作为斗争方式，但并非"暴力"的含义。"武力"不等同于"暴力"，更不等同于"恐怖"。西非伊斯兰运动的性质与内容有太多的意义指向，虽然不能否认其中有纯"暴力"的行为，但是这次运动也有宗教改革的性质，有社会改革的性质，有反抗阶级压迫的性质，有反抗民族压迫的性质，还有反抗殖民侵略的性质等等，绝对不是"暴力"一词所能概括的，就更不用说"恐怖"一词了。

"圣战"是穆斯林对西非伊斯兰运动的称呼，这个称呼有很强烈的宗教情结。除了"伊斯兰运动"这个称呼之外，本书也出于行文需要，尤其在表达伊斯兰运动的宗教取向的语言环境下，也经常采用，或者只采用"圣战"这个词才能准确表达笔者的写作意图。同时，本书根据不同的语言环境，在需要时也大量运用"伊斯兰革命运动""伊斯兰改革运动""宗教战争""反殖民斗争""反侵略战争""民族斗争"等词汇。相应地，在运用"圣战者""圣战战士"的同时，也使用"改革者""革新者""起义者"等提法。事实上，现在西方学者在论述西非伊斯兰运动时，也基本上是这样各种提法混合使用的，因为他们也基本上认同这次伊斯兰运动的多重意义指向。

19 世纪西非主要的圣战运动

19 世纪西非圣战运动是由一系列单独而又彼此联系的、与伊斯兰教相关的运动或战争组成的，形成一个延续百年的宏大历史图景。其中的每一个运动规模不一，发生的时间早晚也各不相同，延续的时间长短各异，对当地伊斯兰化的推动，对非洲地方传统的冲击，对民族国家建构，都各不相同。这次系列运动的各支运动，与殖民主义的关系，也颇为不同。也就是说，这些运动对西非当地的社会诸多层面的影响，对西非外部的影响，在许多方面都不一样。同时，它们在许多方面又是相同或相似的，运动的领导者都是有权威的伊斯兰宗教领袖，运动的目标是建立伊斯兰政权；运动的结局也很相似，基本上都被欧洲殖民者或者殖民者与地方统治者的联合力量所打败。除了发生在 19 世纪的一些规模比较大、影响比较广的圣战运动之外，18 世纪也发生了一些小规模的圣战运动，其实这些运动与 19 世纪的圣战运动，在性质与内涵方面，很多地方是相似的，只是规模与影响比较小，特别是从影响伊斯兰教在西苏丹的存在来说，它们的意义显然没有 19 世纪发生的圣战运动大，但是这些运动为后来发生更大规模的圣战运动打好了基础，开启了序幕。

19世纪的伊斯兰圣战运动最先发生在豪萨地区。豪萨地区大致相当于今天的尼日利亚和贝宁的北部，以及尼日尔的南部和东南部地区，喀麦隆北部地区。奥斯曼·丹·弗迪奥（Uthman dan Fodio）作为一位富尔贝人的穆斯林宗教和政治领导人，从四处游学传教的苏非生活开始了他的传教与宗教革命的生涯。宗教学者的身份和光环，为他赢得了大批信徒和追随者。1804年，他走上武力推动豪萨伊斯兰化、建立伊斯兰国家的道路。弗迪奥首先武力征服豪萨的戈比尔王国。此后在短短的7—8年内，他的穆斯林军队占领了豪萨的大部分地区，甚至把豪萨以东博尔诺的一些地方政权也纳入他的伊斯兰政权之下。最终，奥斯曼·丹·弗迪奥建立了索科托（Sokoto）哈里发国，穆斯林学者第一次在豪萨掌握了政权。他死后，他的弟弟和儿子作为宗教学者，继续掌握哈里发国的政权。索科托哈里发国的领导人在与国内外各种敌对势力作斗争的同时，一直把伊斯兰化、宗教改革和扩大宗教影响作为政权的首要任务。这期间豪萨地区的伊斯兰化取得了重大进展。1903年，英国军队占领索科托城，哈里发国灭亡。索科托哈里发国生存约一个世纪之久。

马西纳城位于今天的马里共和国南部的尼日尔河流域。豪萨地区的圣战运动为西苏丹其他地区的穆斯林树立了榜样，伊斯兰学者们看到了索科托政权所取得的成就，可谓备受鼓舞、欣喜若狂。马西纳的富尔贝穆斯林学者阿赫马杜·洛博（Ahmadu Lobbo，1775—1844）也同样从奥斯曼·丹·弗迪奥身上看到了希望，谋划在马西纳发起圣战运动。1818年，他首先征服当地非穆斯林的班巴拉王国。随后，穆斯林军队横扫尼日尔河内陆三角洲地区，建立了一个新的马西纳穆斯林帝国。阿赫马杜·洛博在全国建立了六百座马德拉萨，① 传播伊斯兰教知识。他禁止喝酒、舞蹈等非伊斯兰行为。1845年，阿赫马杜·洛博在占领尼日尔河上游的重镇廷巴克图后去世，其子继位。1862年，马西纳帝国被同为穆斯林征服者的图科洛人②哈吉·乌玛尔·塔勒所灭。马西纳哈里发帝国存在约44年。

曼丁哥人萨摩里·杜雷（Samori Ture）在尼日尔河上游到沃尔特河中游之间的广袤区域内领导伊斯兰运动，建立了曼丁哥帝国（1870—

---

① 伊斯兰宗教学校。
② 富尔贝人的一支。

1898）。1867—1881年，萨摩里开始建立独立的穆斯林王国。他认为真主特选他传播伊斯兰教，有强烈的宗教使命意识。萨摩里·杜雷首先征服了尼日尔河上游的一些曼丁哥人小国，他残暴地对待非洲传统宗教信仰者，强迫被征服者信仰伊斯兰教。当时，由于法国人从塞内冈比亚不断东侵，对曼丁哥帝国步步紧逼，萨摩里·杜雷只得向东南败退，在沃尔特河中游，也就是今天的加纳、多哥和科特迪瓦北部，布基纳法索南部，建立了第二曼丁哥伊斯兰帝国。但是法国人继续推进，1898年6月18日法国军队占领了曼丁哥帝国的最后一个定居点锡卡索。萨摩里·杜雷的这场圣战运动最终被法国人扼杀。曼丁哥伊斯兰帝国存在约30年。

在马西纳以南，沃尔特河上游的达非纳地区，即现今的马里东南部和布基纳法索的西北部，也在豪萨和马西纳圣战运动的影响下，发起了类似的运动。曼丁哥人卡里（Al-Kari）在1892—1894年领导了一场短暂的伊斯兰武装运动，向达非纳的非穆斯林以武力方式传播伊斯兰教，在布塞（Bousse）建立了玛卡（Marka）人的伊斯兰政权。1894年，这一短命的伊斯兰国家，被法国殖民军队镇压。卡里领导的圣战运动，极大地促进了达非纳地区的伊斯兰化。

西非下一个圣战运动的热点地区是塞内冈比亚。塞内冈比亚位于西非大西洋沿岸的塞内加尔河和冈比亚河流域，由北到南主要分为富塔托罗、富塔邦杜和富塔贾隆及临近地区。塞内冈比亚大致相当于现今的塞内加尔、冈比亚和几内亚比绍的全部，以及几内亚西部、毛里塔尼亚南部和马里的西南部地区。19世纪，塞内冈比亚地区发生了很多次圣战运动，其中哈吉·乌玛尔·塔勒（1797—1864）领导的圣战运动影响最大，这是一场席卷塞内加尔河上游、冈比亚河上游，以及尼日尔河中游三角洲地区的规模宏大的圣战运动。哈吉·乌玛尔·塔勒是一位图科洛穆斯林宗教学者。1852年，他领导提加尼苏非教团的弟子向班巴拉异教徒发动征服战争。不久，哈吉·乌玛尔·塔勒的图科洛帝国与法国殖民者发生了冲突，1857—1859年他与法国人进行数次战争，失败后被迫向东发展。哈吉·乌玛尔·塔勒的军队击败了卡迪里教团的马西纳帝国，陆续占领了塞古、马西纳和廷巴克图。1864年，哈吉·乌玛尔·塔勒在镇压富尔贝人的反叛中战死。他的后人因争夺权力，帝国衰弱。1890年，法国军队占领了图科洛帝国。乌玛尔领导的圣战运动加速了尼日尔河上游的伊斯兰化进程，并且他在阿赫马杜·洛博之后，第二次占领了马西纳和廷巴克图地区，巩固了尼日尔河中游的伊斯兰化成果并将其进一步加深。图科洛伊斯兰帝国生存了约 40 年。

塞内冈比亚地区，除了哈吉·乌玛尔·塔勒领导的圣战运动之外，还有一些规模比较小、存在时间比较短的圣战运动。首先起事的是图科洛人马巴·迪亚胡·巴（Maba Diakhou Ba）。1861 年，马巴在冈比亚河谷的巴拉·巴底布（Barra-Baddibu）地区发起圣战运动，向曼丁哥人的"混合"伊斯兰教①和朱拉（Jola）人的非洲本土宗教发起挑战。法国虽然有一段时间承认马巴为巴底布地区伊斯兰教的阿玛米②，但是在 1865 年和 1867 年发动了两次殖民战争。第一次战争以失败告终，第二次却大获全胜，马巴战死，圣战运动失败。经过这次宗教战争，除了朱拉人之外，冈比亚地区的沃洛夫人、曼丁哥人及其他民族或部族都彻底地实现伊斯兰化。马巴的伊斯兰政权存在了 6 年。

塞内冈比亚第二个小规模的圣战运动是由阿马杜·巴（Amadu Ba）领导的，他是塞内加尔富塔托罗地区的一位图科洛穆斯林马拉布特。③ 1869 年，他开始向富塔地区及临近地区的沃洛夫人国家传播伊斯兰教，号召人们回归纯正的伊斯兰教，加入提加尼教团。不久就有大批的图科洛人和沃洛夫人被他吸引过去。1869 年末，阿马杜发起了武装斗争，却遇到来自塞内冈比亚地区各式各样当权者的反对，还面临圣·路易斯的法国人的侵略。1870 年，阿马杜通过对乔勒夫（Jolof）④的沃洛夫人王国的征服，获得了一块根据地，坚守在这里，建立起短暂的伊斯兰政权，直到失败。1875 年，阿马杜被塞内冈比亚各统治者的联军打败，最终被杀。阿马杜·巴的伊斯兰政权存在了 6 年。

塞内冈比亚第三个小规模的圣战运动发生在塞内加尔河上游地区。哈吉·麦哈默杜·拉米内（？—1887/9）是 19 世纪塞内加尔的苏非派提加尼教团的一位马拉布特，他领导了一次反对法国殖民统治的起义，以失败告终。1864 年，哈吉·乌玛尔·塔勒去世，拉米内想继承乌玛尔做图科洛帝国的皇帝，却被驻塞古城的乌玛尔之子阿赫默杜投入监狱。由于拉米

---

① "混合"伊斯兰教，即吸收了西苏丹土著宗教信仰成分的伊斯兰教，与中东、北非的伊斯兰教有相当大的差异。
② 即伊玛目，富尔贝语叫"阿玛米"（Almami）。
③ 法国人所称的苏非学者。
④ 乔勒夫位于现在的塞内加尔。乔勒夫王国居民为沃洛夫人，所以也称沃洛夫王国。

内到麦加朝觐过,又在图科洛人的圣战运动中发挥过重大作用,他在塞内加尔很有威望。出狱后不久,拉米内就到塞内加尔河上游地区,以伊斯兰教为旗帜招收了许多弟子,以聚集力量。1866年2月,拉米内领导弟子发动武装斗争,反抗法国人的入侵。穆斯林军队占领了富塔邦杜和古伊(Guoy),并逼近当地法国的军事要塞麦地纳。拉米内阻击法军的援助部队,包围法军的贝克勒要塞。不久,法军破解贝克勒要塞之围,拉米内率军退往冈比亚边界,沿途不断袭击当地村庄。在更多法军的打击下,1886年年底,法军占领了拉米内的首都迪阿纳(Diana),但拉米内本人成功出逃。几个月之后,拉米内重整旗鼓,于1887年7月又向法军发起攻击。法军反击,1887年12月8日占领了拉米内的军事据点吐巴库塔(Toubakouta),这次拉米内没能逃脱,被捕后很快被法军杀害,这次圣战运动因此而结束。拉米内的伊斯兰政权存在了20年左右。

由于乍得湖地区的伊斯兰教与西苏丹其他地区的伊斯兰教千丝万缕的联系,研究西苏丹的圣战运动如果缺少乍得湖地区的圣战运动,显然是不完整的。所以,本书最后探讨了加奈姆—博尔诺地区的圣战运动的历史与影响。19世纪初,由于博尔诺的塞法瓦(Sefawa)王朝的"混合"伊斯兰教信仰者,在与豪萨圣战运动者的斗争中处于劣势,博尔诺的麦伊(国王)邀请卡迪里教团的苏非长老加涅米来领导与豪萨富尔贝穆斯林的战争。加涅米趁机掌握了博尔诺的世俗与宗教大权,得以按他的伊斯兰模式建立博尔诺伊斯兰国家。在他掌权期间,博尔诺的伊斯兰化继续加深。1837年加涅米去世后,由于塞法瓦王朝的卡努里人与加涅米家族之间争权夺利的斗争,博尔诺的伊斯兰政权逐渐衰弱。后来,虽然军事强人拉贝赫的伊斯兰帝国短暂兴起,继承了加涅米圣战运动的成果,但是法国殖民者的到来,最终扼杀了博尔诺的圣战运动。1900年,博尔诺沦为法国的殖民地。博尔诺的伊斯兰政权存在约一个世纪。

19世纪西非的一系列圣战运动,旨在建立伊斯兰政权——埃米尔国、伊玛目国或哈里发国,把伊斯兰学者阶层推向政治领导层,让他们来推行伊斯兰化。这次运动的精神领袖即伊斯兰学者多为富尔贝人。这次运动构成西非伊斯兰教史和西非历史乃至非洲历史上的重要章节。对西非的伊斯兰教而言,这一系列伊斯兰武装运动及随后的和平宣教运动的作用是史无前例的:它们推动了伊斯兰教的传播,伊斯兰教以苏非教团为中介,从城镇渗透到乡村,从精英传播到普通大众。他们创立了西非的伊斯兰教育体系，主要以阿拉伯语为载体，有时还以富尔贝语和豪萨语等西苏丹土著语言为载体，为人们理解并实践伊斯兰教法提供帮助。

总之，近代西非的圣战运动，具有复杂的多样性，在发生的时间、地点、背景、表现形式、结果与影响等方面，都不具同一性。"现在回望18—19世纪西非圣战运动后建立起的伊玛目国、哈里发帝国等，会发现这些圣战运动没有一个统一的模式，而是有多种多样的表现形式，因此而形成的政治统治也同样没有统一的模式，而是多样化的政治表达。每个圣战运动都有自己的特征，每个伊斯兰国家都有自己独特的政权结构与管理形式，既有马西纳那样的具有宗教理想主义的伊斯兰国，也有萨摩里·杜雷那样的帝国，只是在圣战过程中才逐渐'穆斯林化'。处在二者之间的是更多类型的伊斯兰国家，如索科托和博尔诺的哈里发国，哈吉·乌玛尔·塔勒的图科洛帝国等。这些穆斯林伊玛目国或帝国，都是早期一系列规模宏大的圣战运动的结果，有些圣战运动发生在殖民入侵之前，有些在殖民入侵之后。此外，后来还有一些规模更小的圣战运动，建立了一些短命的小规模的伊玛目国家，如马·巴、阿马杜·巴、马马杜·拉敏、弗德·卡巴（Fode Kaba，1901年去世）等建立的伊斯兰国家。只有这些后发的圣战运动，才与欧洲殖民入侵直接发生关系。不过这些后发的小规模圣战，主要发生在塞内冈比亚地区。"①

表0-1　　　　　　　　19世纪西苏丹历次伊斯兰运动概况

	豪萨地区	马西纳地区	沃尔特地区		塞内冈比亚地区				乍得湖地区
运动的领导者	奥斯曼·丹·弗迪奥	阿赫马杜·洛博	萨摩里·杜雷	哈吉·卡里	哈吉·乌玛尔·塔勒	马巴·迪亚胡·巴	阿马杜·巴	哈吉·穆罕默德·艾敏，又名麦哈默杜·拉米内	加涅米
建立的政权	索科托哈里发国	马西纳帝国	曼丁哥帝国	玛卡人伊斯兰政权	图科洛帝国	马巴伊斯兰政权	阿马杜·巴伊斯兰政权	拉米内伊斯兰政权	博尔诺帝国
持续时间	1804—1903	1818—1862	1870—1898	1892—1894	1848—1890	1861—1867	1869—1875	1866—1887	1800—1900

---

① Roman Loimeier, "Africa south of the Sahara to the First World War", *The New Cambridge History of Islam*, Vol. 5, Cambridge University Press, 2011, p. 270.

续表

	豪萨地区	马西纳地区	沃尔特地区		塞内冈比亚地区			乍得湖地区
运动主导民族（部族）	富尔贝人（其中的托罗贝人为领导核心）	富尔贝人	曼丁哥人	曼丁哥人（其中的一支玛卡人）	图科洛人	沃洛夫人迪尤拉人、曼丁哥人等	图科洛人、沃洛夫人	索宁克人	加奈姆人
运动的目标	纯化伊斯兰教、传播伊斯兰教	纯化伊斯兰教、传播伊斯兰教	纯化伊斯兰教、传播伊斯兰教	纯化伊斯兰教、传播伊斯兰教	纯化伊斯兰教、传播伊斯兰教	纯化伊斯兰教、传播伊斯兰教	纯化伊斯兰教、传播伊斯兰教	纯化伊斯兰教、传播伊斯兰教	纯化伊斯兰教、传播伊斯兰教
领导人所属苏非教团	卡迪里教团	卡迪里教团	提加尼教团	未加入但受提加尼教团影响	提加尼教团	提加尼教团	提加尼教团	提加尼教团	卡迪里教团
运动结局	被英国殖民军队扼杀	被哈吉·乌玛尔所灭	被法国殖民军队所灭	被法国殖民军队所灭	被法国殖民军队所灭	被法、英殖民军队所灭	被法国殖民军和本土统治者联合绞杀	被法军所灭	被军阀拉贝赫所击溃
运动发生地所对应的现代地区或国家	尼日利亚北部和尼日尔南部	马里中部和布基纳法索的北部地区	几内亚共和国东部和南部	马里东南部和布基纳法索的西北部	几内亚比绍和几内亚北部，以及马里西部部分地区。	冈比亚	塞内加尔	塞内加尔	乍得共和国
对当地伊斯兰化的作用	不但极大地推进豪萨地区的伊斯兰化，而且对整个西非的伊斯兰运动具有示范作用	推进当地的伊斯兰化进程	推进当地的伊斯兰化进程	推进当地的伊斯兰化进程	推进当地的伊斯兰化进程	推进当地的伊斯兰化进程	推进当地的伊斯兰化进程	推进当地的伊斯兰化进程	推进当地的伊斯兰化进程

注：西苏丹大致相当于西非，苏丹地带是撒哈拉南缘自大西洋到印度洋、从沙漠到雨林的过渡地区，分西苏丹、中苏丹和东苏丹，东苏丹大致相当于现在的苏丹共和国。

研究综述

中国学者对19世纪西非圣战运动的研究，首先在非洲史的研究领域，以历史学的视角为切入点展开。

1973年，苏联学者德·亚·奥耳迭罗格所著的《十五至十九世纪的西苏丹》翻译出版，这是一部历史散论，属当时的内部读物。该书用两章介绍了奥斯曼·丹·弗迪奥所领导的豪萨圣战运动和索科托国家的性质，这可能是使中国学者接触这段历史的最早读物。该书的观点显然受苏联时期最流行的"五种社会形态"史学理论的影响，作者将圣战运动定义为起义，并将索科托国家定性为封建国家。①但是，作者对这次运动的宗教性质显然认识不足，如对苏非主义的理解，教条地理解无神论史学，未能理解宗教对西苏丹前伊斯兰时代非洲本土传统的破坏作用和对国家、社会的建构作用。

1984年，杨人楩的《非洲通史简编》出版。这是中国首部非洲通史，是填补空白的作品。但是因篇幅所限，该书没有对西非伊斯兰圣战运动的专论。不但西苏丹，东苏丹的圣战运动也没有涉及。显然，除了北非的伊斯兰教史，该书对撒哈拉以南非洲的伊斯兰教历史及其在非洲史中的地位，重视不够。②

中国学者对19世纪西非圣战运动的介绍、研究，开始于艾周昌、陆庭恩主编的《非洲通史·近代卷》③，此书专设"西非伊斯兰圣战运动"一章，这是对《非洲通史简编》的重大突破，说明中国非洲史学者认识到这次运动在非洲历史中的不可或缺，也是对长期以来中国学术界重视东非的伊斯兰教运动，如苏丹马赫迪起义，而忽略西非同类运动的现象的补充。本章对豪萨地区、加奈姆、马西纳和塞内冈比亚的几次规模比较大的圣战运动，从历史的角度进行了开拓性的探讨。这是中国学者第一次较细致、全面、客观地展现西非圣战运动的历史。但是，该书把西非伊斯兰圣战运动的结束时间定位在1870年，对此后发生的若干次小规模的圣战运动没有涉及，也未将后期穆斯林新政权对殖民侵略的对抗纳入圣战运动之内。

中国对外翻译出版公司和联合国教科文组织联合翻译、出版，由阿德·阿贾伊主编的《非洲通史》第六卷《十九世纪八十年代以前的非洲》，全景式地展现了19世纪西非伊斯兰圣战运动的历史。该书有五章基本上以讨论这次圣战运动为主要内容。"十九世纪西非伊斯兰革命"一章，是对运动的宏观论述。其后的四章"索科托哈里发国和博尔诺"

---

① ［苏］德·亚·奥耳迭罗格：《十五至十九世纪的西苏丹》，上海新闻出版系统五七干校翻译组译，上海人民出版社1973年版，第174—210页。
② 杨人楩：《非洲通史简编》，人民出版社1984年版。
③ 艾周昌、陆庭恩主编：《非洲通史·近代卷》，华东师范大学出版社1995年版，第246—263页。

"1878年前的马西纳和托罗德贝帝国""塞内冈比亚和上几内亚的国家与民族""尼日尔河湾和沃尔特地区的国家和民族",则分别探讨了发生在西苏丹和中苏丹地区的主要圣战运动的改革、内战、影响等方面的历史。总体上而言,作者认可19世纪西非圣战运动的多重性质和意义的指向,尤其是宗教和政治意义,包括对后来民族国家的初步建构作用。①

此外,也有少量的学术论文论及这次运动。李忠人的《论豪萨圣战的性质》认为,这次运动有宗教运动与社会革命两重意义。②在他的另一篇文章《论豪萨圣战与北尼日利亚的社会变迁》中,探讨了整个圣战运动期间,包括战争时期与和平时期的战争的冲击,政治、经济与宗教改革等对豪萨社会制度与文化内容的再创造。圣战之后,社会制度实现向伊斯兰制度的根本改变,经济实现了大发展,伊斯兰教迅速传播。③

到目前为止,中国学者对19世纪西非圣战运动中最主要的几次圣战运动的历史,应该是基本清楚的。并且,我们现在已经着手,对这次运动的性质与影响开展比较细致的研究。这样走下去,中国学者会逐渐拉近在该研究领域与西方学者的距离。

近几年,也有中国学者以宗教史学的视角研究这次圣战运动。周燮藩在与吴云贵合著的《近现代伊斯兰思潮与运动》中,以专论的形式,设"新苏非主义和新苏非教团"一节④,以伊斯兰教新苏非主义为切入点,从伊斯兰教史和宗教学的视角,对西非伊斯兰圣战运动进行了宗教史和宗教学层面上的解读。周燮藩在另一篇文章中首先追溯了新苏非主义及其运动的起源与发展,再通过论述非洲提加尼教团、塞努西教团和卡迪里教团历史,来说明新苏非主义及其新苏非教团,以宗教思想、教团体制、宗教和政治改革等为媒介或手段,推动19世纪西非的伊斯兰圣战运动。⑤笔者在新著《西部非洲伊斯兰教历史研究》一书中,讨论了这次圣战运动的

---

① 阿德·阿贾伊主编:《非洲通史》第六卷《十九世纪八十年代以前的非洲》,中国对外翻译出版公司1998年版,第400—521页。

② 李忠人:《论豪萨圣战的性质》,《西亚非洲》1989年第3期。

③ 李忠人:《论豪萨圣战与北尼日利亚的社会变迁》,《史林》1994年第3期。

④ 周燮藩、吴云贵:《近现代伊斯兰教思潮与运动》,社会科学文献出版社2000年版,第146—168页。

⑤ 周燮藩:《新苏非主义和新苏非教团》,参见《伊斯兰文化论集》,中国社会科学出版社2001年版,第90—107页。

重要发起人之一,奥斯曼·丹·弗迪奥的宗教思想,及其在豪萨圣战运动中的作用。该书还讨论了圣战运动对西非伊斯兰教的推动作用,在圣战运动中起重要作用的提加尼教团和穆里德教团。宗教史学的研究视角,加深了中国学者对这次圣战运动的理解。①

西方学者对近代西非伊斯兰圣战运动的研究,起步早,研究较为深入。西方学者对这次圣战运动的研究,是建立在他们对撒哈拉以南非洲伊斯兰教长期跟踪、观察、思考的基础上的。早在19世纪圣战运动尚在进行之际,圣战运动就已引起法、英和德等国学者的关注。在欧洲人兴起的对非洲进行探险的热潮中,一些有人文和历史眼光的探险家,把一部分精力用在了非洲伊斯兰教上,把他们所观察的那个时代的非洲伊斯兰教生动地记录下来。其中有两位探险家到过西非,考察了当地的伊斯兰教。海因里希·巴萨(Heinrich Barth,1821-1865),德国探险家。1849年,正是西非圣战运动如火如荼的时期,他在英国政府的资助下,到非洲苏丹地区进行科考和探险活动,见证了这次运动给西非社会带来的巨变。他考察了西非富拉尼人社会,走遍了豪萨地区和乍得湖地区,到过卡诺、索科托和关杜(Gwandu)。由于他对西非伊斯兰教特别感兴趣,他还专门到过西非的伊斯兰文化中心廷巴克图,并在那里停留了8个月之久。1857—1858年,他以英语和德语两种语言出版了5卷本的《在北非和中非的旅行与发现》。② 书中用很大的篇幅记述了他所看到的19世纪的西非伊斯兰教圣战运动的情况。除了海因里希·巴萨之外,19世纪还有欧仁·马热(Eugène Mage)等探险家,考察过西苏丹,留下了一些关于那里的伊斯兰圣战运动的文字资料。这两位学者对西非伊斯兰教和圣战运动的记述,基本上谈不上研究,只是以一个局外人的视角把他们所看到的现象生动地记录下来。这些记录对后人对非洲伊斯兰教的研究弥足珍贵。

20世纪初,法国殖民政府开始对这次刚刚结束的运动进行大规模的调查研究。尤其在法属西非成立之初,出于殖民管理的需要,殖民政府根据阿尔及利亚的殖民经验和对伊斯兰教的初步认识,来管理西非的伊斯兰教。殖民官员逐渐发现,阿尔及利亚模式使他们日益陷入困境,整日生活

---

① 李维建:《西部非洲伊斯兰教历史研究》,社会科学文献出版社2011年版,第139—205页。

② Heinrich Barth, *Travels and Discoveries in North and Central Africa*. London: Longman, Brown, Green, Longmans, and Roberts, 1857-1858.

在伊斯兰教恐惧阴影的笼罩之下。将治理北非的经验用于西非，显然"水土不服"。殖民官员发现唯一的破解之法，就是加强对西非伊斯兰教的调查研究，以客观的研究结论指导殖民管理。为此，殖民政府开始将研究构想付诸实施。首先建立相关体制，成立调查研究机构。1906 年，达卡尔的殖民地总督要求各地的副总督必须定期或不定期地以政府公报的形式汇报当地的伊斯兰教情况。1913 年，殖民政府内部成立了"穆斯林事务服务局"（Serive des affaires musulmanes），其重要任务之一就是收集伊斯兰教相关信息、资料，进行分析研究。巴黎政府内部也增设了"穆斯林事务部际委员会"，以"决定穆斯林政策，寻求各部之间有关穆斯林问题的共同解决办法"。[①]其次，组织大量对伊斯兰教的调查。总督要求各级殖民官员负责在本管辖区域内的调查研究，另外政府还组织专项调查，如组织对冈比亚地区伊斯兰教的调查。为确保资料真实有效，这次调查由殖民官员监督，调查员全部由当地穆斯林充任。再次，殖民政府重用一批法国的学者型官员，巴黎政府也故意任命相关学者为殖民地高官。在殖民政府内部，不论是达卡尔的总督府，抑或各殖民地的副总督府，都有伊斯兰研究学者被委以重任。多位殖民时期的学者型官员就是在这种环境下成长起来并推出其相关研究成果的。这些学者中最具代表性的有弗朗索瓦·克洛塞（François Clozel）、莫里斯·德拉夫斯、保罗·马帝（Paul Marty）、罗伯特·阿诺德（Robert Arnaud）等人。代表性的学术观点多为殖民政府中的官员型学者所提出。其中罗伯特·阿诺德提出"黑人伊斯兰教"的观点，以解释苏丹伊斯兰教与阿拉伯伊斯兰教的联系与区别，希望能够缓解和减少殖民政府对因圣战运动而造成的对西非伊斯兰教的误解；此外，还有学者用苏非主义的观点来解释西非伊斯兰圣战运动。现在看来，这些观点在目前仍有深刻的学术价值。

20 世纪，可能是出于西方国家对非洲殖民的需要和教会传播基督教的需要，共同推动了对西非伊斯兰教的研究。20 世纪 50—80 年代，西方学者对西非伊斯兰圣战运动比较关注。西方学者通过对 19 世纪探险家们留下的资料，结合圣战运动的领袖和宗教学者们留下的阿拉伯文手稿或豪萨语手稿，再与西非民间的口传资料的记录进行比较、分析，进行缜密的

[①] Christopher Harrison, *France and Islam in west Africa*, 1860-1960, Cambridge University Press, 1988, p. 95.

思考、研究、讨论,经过近半个世纪的积累,到 20 世纪中叶出现了一些高质量的研究成果,对西非伊斯兰圣战运动的研究出现了一个小高潮。其中崔明翰(J. Spencer Trimingham)是这一时期的集大成者。崔明翰是研究非洲伊斯兰教的专家,他出版了 8 部关于非洲伊斯兰教的研究著作,其中以西非伊斯兰教为主题的著作有两部:《西非伊斯兰教》(Islam in West Africa),1959 年第一次出版;《西非伊斯兰教史》(A History of Islam in West Africa),1962 年出版。在《西非伊斯兰教史》中,崔明翰分别对豪萨圣战运动、马西纳圣战运动和塞内冈比亚的圣战运动作了比较详细的记述,并提出了自己的看法。他认为,奴隶制和捕奴运动在西非伊斯兰圣战运动和伊斯兰化中起着重大的作用。战争与捕奴运动的残酷性史无前例,破坏了原来的社会秩序和基本的土著宗教信仰的基础,使人们无所适从。在无法恢复原来正常的社会生活,包括宗教生活的情况下,人们发现伊斯兰教是一种新的保护力量,于是皈依伊斯兰教也就成为顺理成章的事情。①不过,有学者批评崔明翰过多依赖此前西方学者的研究成果,而对于圣战运动领袖们留下的丰富的阿拉伯文和西非其他语言的原始资料利用不足。因为崔明翰精通阿拉伯文,却不利用阿拉伯语资料,学者们表示不能理解。

摩温·黑斯克特(Mervyn Hiskett,1920-1994),英国人,20 世纪研究豪萨历史和文化的专家,特别擅长于豪萨阿加米语(ajami)②和豪萨圣战运动的研究。关于豪萨伊斯兰圣战运动,他的代表作有:翻译奥斯曼·丹·弗迪奥的作品《著作的再研究》(Tazyın al-waraqat)。学者们认为,这部译著是研究豪萨伊斯兰圣战最重要的作品之一;1973 年他出版了《真理之剑》(The Sword of Truth),这是一本研究奥斯曼·丹·弗迪奥圣战运动的经典之作,它的写作完全基于圣战时期遗留下来的阿拉伯语和豪萨语第一手资料。《真理之剑》从历史的角度记述了奥斯曼·丹·弗迪奥的圣战运动和他所处的那个时代。20 世纪 80 年代,摩温·黑斯克特发现当代穆斯林思想家中有一种对文化多样性的不容忍态度,他对此种倾向很担心。基于此,他强烈批评尼日利亚某些年轻的穆斯林学者对希望回归

---

① J. Spencer Trimingham, *A History of Islam in West Africa*, Oxford Universty Press, 1962, pp. 193-194.

② 卡诺和卡齐纳的一种用阿拉伯语字母拼写豪萨语的文字。据说阿加米字体曾经作为卡诺国王穆哈曼·拉姆法时期的官方用语。

19世纪圣战时代那种对所有事物持两种截然不同的判断的倾向：要么符合伊斯兰教，是好的；要么不符合伊斯兰教，就是坏的。他认为，时代已经不同了，19世纪的观念不适合于20世纪80年代。[①] 1984年他出版了另一本西非伊斯兰教研究领域的扛鼎之作：《西非伊斯兰教的发展》（*The Development of Islam in West Africa*）。在这本书中，作者把西非伊斯兰圣战运动作为西非伊斯兰历史的重要组成部分，该书共18章，作者用4章的篇幅专门研究圣战运动。摩温认为，西苏丹的圣战运动，不但是一次伊斯兰宗教运动，还是一次文化运动和政治运动，它传播了阿拉伯伊斯兰文化，促进了西非国家的形成。[②]

尼赫米亚·莱扶济昂（Nehemia Levtzion，1935–2003），以色列人，是一位杰出的非洲历史学家，尤其擅长非洲伊斯兰教史。他的作品很多，其中关于19世纪西非圣战运动的著作，主要有《西非的穆斯林与酋长》《殖民时期之前沃尔特河中游的伊斯兰教研究》《西非伊斯兰化的模式》《富塔贾隆地区伊斯兰圣战起源的几点说明》《18世纪：西非伊斯兰革命的背景》。他还与派沃斯（R. L. Pouwels）合作主编了《非洲伊斯兰教史》。关于西非伊斯兰圣战运动的历史作用，尼赫米亚·莱扶济昂认为，这次运动"是伊斯兰历史和西非伊斯兰化这个重要阶段的标志。圣战使西非居民感觉他们属于伊斯兰地区，使更多的人成为穆斯林"[③]。可以看出，尼赫米亚·莱扶济昂不但肯定了西非圣战运动在西非伊斯兰教史上的地位，还把它们放在世界伊斯兰教史的坐标上，并给它们确定了位置。但是他还认为，在充分估计圣战运动促进西非伊斯兰化的同时，也不应该忘记"那些更加坚持传统而不是采用圣战手段的穆斯林宣教者在西非伊斯兰化中的作用"，西非的伊斯兰化其实是和平方式与战争手段共同作用的结果。

同一时期，还有学者马丁（B. G. Martin）等人，也在西非伊斯兰圣战运动的研究领域做出了贡献。马丁关于圣战运动的作品主要有：《富塔贾隆的马赫迪档案》（*A Mahdist Document from Futa Jallon*）、《北尼日利亚

---

① Mervyn Hiskett, *Sudanic Africa*, Vol. 5, Brill, 1994, pp. 1–6.

② Mervyn Hiskett, *The Development of Islam in West Africa*, Longman Group Limited, London, 1984, pp. 302–310.

③ Nehemia Levtzion & Randall L. Pouwels, *The History of Islam in Africa*, Ohio University Press, 2000, p. 144.

穆斯林的政治宣传品：穆罕默德·贝洛的〈政治学原理〉（*Usul al-Siyasa*）》（英文名为：*A Muslim Political Tract from Northern Nigeria: Muhammad Bello's Usul al-Siyasa*）、《十九世纪非洲的穆斯林兄弟会》等。

20世纪末以来，西方学者仍在主宰着西非圣战运动的研究。约翰·胡威克（John O. Hunwick，1936-2015）主持了对西非伊斯兰教阿拉伯语历史文献的整理与研究工作，出版了四卷本的系列著作（*Arabic Literature of Africa Vol. I-IV*）。其中第二卷和第四卷分别收入中非和西非的阿拉伯语文献。书中所列文献并非全文，而是目录、作者、主要内容、写作年代等信息。这两种资料的出版，对研究西非圣战运动有极大的促进作用，属于近年来这方面研究的奠基性工作。目前这项文献收集与整理工作，并未因胡威克教授的去世而停止，仍由美国西北大学非洲伊斯兰思想研究所（ISITA）继续主持推进。大卫·罗伯逊（David W. Robinson）在西非伊斯兰教研究方面的成果中，包含了对西非圣战运动的研究。大卫·罗伯逊主要研究西非伊斯兰教，特别是西非高原地区的法语国家的伊斯兰教。他关于西非伊斯兰教的主要作品有《非洲历史上的穆斯林社会》（*Muslim Societies in African History*），该书对索科托的伊斯兰圣战运动和塞内加尔的伊斯兰圣战运动分别进行了个案研究。他的另一部著作《法国与西非伊斯兰教，1860—1960》（*France and Islam in West Africa, 1860-1960*），再现了19世纪后半叶法国殖民者与圣战运动后新政权之间的历史，研究了二者之间的复杂的历史关系。

西方学者的西非圣战运动研究，重点在于圣战运动的战争内容，除了"混合"伊斯兰教、苏非主义等少数领域外，应该说，他们对和平时期的圣战运动关注不够。这显然与西方学术界对圣战概念的理解有密切关系。

近年来，关于西非圣战运动的研究，最引人注目的当数西部非洲本土学者的加入。这些学者凭借非洲本土语言和文化背景的优势，有些人已跻身国际学术界的主流，如美国西北大学非洲伊斯兰思想研究所的前所长穆罕默德·萨尼·乌玛尔（Muhammad Sani Umar）教授。他的代表性作品《伊斯兰教与殖民主义：北尼日利亚穆斯林的文化反应》（*Islam and Colonialism: The Intellectual Responses of Muslims of Northern Nigeria*），其中涉及豪萨圣战运动后期，穆斯林宗教学者阶层对殖民入侵的文化反应和现实行为选择。这是一项关于西非伊斯兰教与殖民主义关系的细腻而深入的专题研究，其中有关圣战运动和苏非主义的内容，对研究圣战的历史很有启发。另一位杰出的非洲本土学者是易卜拉欣·苏莱曼（Ibraheem Sulaiman），他有两本专门研究索科托圣战运动的著作：《历史上的革命：奥斯曼·丹·弗迪奥的圣战》（*Revolution in History：The Jihad of Usman Dan Fodio*），该书全景式地展示豪萨圣战运动，从思想启蒙到战争，从哈里发国的建立到治理及其灭亡，本书提供了大量的第一手资料。他的另一著作《伊斯兰国家与历史的挑战：理想、政策与索科托哈里发国的运作》（*The Islamic State and the Challenge of History：Ideals，Policies，and Operation of the Sokoto Caliphate*），接续前一著作的研究，重点研究索科托哈里发帝国的文化与政治发展。最近，他又出版一本专门研究奥斯曼·丹·弗迪奥的著作《非洲的哈里发：奥斯曼·丹·弗迪奥的生平、著作与思想》（*the African Caliphate：the Life，Work and Teachings of Shaykh Usman Dan Fodio*）。但是，易卜拉欣·苏莱曼的著作，有明显的伊斯兰情结，他的有些观点应该辩证地看待。

在伊斯兰教中，圣战并不只是战争，宣教、伊斯兰改革也是圣战。正是出于这种理解，西非本土学者相比于在欧、美文化环境中成长的学者，最主要的区别在于，他们不只重点关注圣战运动的战争内涵，也同时关注和研究和平时期的圣战运动，即伊斯兰宗教改革与宣教方面的内容。应该说，这种理解和研究，有利于更加全面地展现圣战运动的历史全貌，以及背后的思想基础、历史结果与现实影响。

第一章

当"蛮荒"遭遇"文明"：
圣战运动兴起的背景

在人类文明史上，非洲曾经是一个"分裂"的大陆。撒哈拉沙漠南北的巨大差异不仅仅是地理地貌，文明形态更是截然不同。撒哈拉以南是原始部落和简易王国政权的世界，即使中世纪曾经建立的帝国，也建立在部落政治和奴隶劳动的基础之上。以部落为基础的文明，包括宗教文化，虽然总体上呈现独特的非洲特点，似乎仍相对比较分散，信仰上也未形成统一的制度性宗教。至上神的观念虽然已经出现，但缺乏深入发展，未形成像犹太教、基督教和伊斯兰教那样的系统的一神教。而在北非，文明的形态更接近欧洲和西亚，这里的宗教与文明曾经更多地融入犹太教和基督教世界，现在则是伊斯兰世界的一部分。总之，人们在谈及撒哈拉以南的非洲，头脑中就会闪现"落后"与"蛮荒"这样的字眼（尽管这种观点并不完全正确），相比而言，北非则属于更为发达的"文明世界"。

人类的本能之一是交往，北非与撒哈拉以南非洲的交流并未因沙漠而中断。伊斯兰文明以北非为基地，不断向撒哈拉以南非洲探索。欧洲近代文明的兴起，不断激起人们探索撒哈拉以南非洲的冲动。许多情况下，"文明社会"更具有进攻性，扩张方式比"蛮荒社会"更野蛮。伊斯兰文明和欧洲基督宗教文明对撒哈拉以南非洲的觊觎，在19世纪前后达到前所未有的高峰。而19世纪正是西非圣战运动风起云涌的时代。圣战运动正是发生在这三种文明史无前例地在撒哈拉以南非洲深入地交往、交汇之际，它看似是西非地域内独立的事件，实际上却与西非之外的世界紧密相连，也与代表"更发达的文明"，即伊斯兰文明和基督教文明，在西非地区内部与非洲所谓"落后"文化的相遇密切相关。在详细考察这次圣战运动之前，有必要从宏观的视角，对运动发生的时代与文化背景予以简单的交代，这将更有利于理解这次圣战运动。

第一节 超越想象：非洲的宗教与文化

宗教为人类创造天堂，非洲却为宗教创造天堂。只不过，二者的区别是，前者是虚拟的乐园，后者却是实际存在。非洲人对宗教的向往与炽热，超越多数人的想象。一种宗教，如果想到非洲拓荒，总会在那里找到适合自己的土壤。除了多种多样的非洲本土传统宗教，目前世界上名目众多的宗教，其中许多都现身于非洲大陆。亚伯拉罕宗教系统中的伊斯兰教、基督教、巴哈伊教、犹太教，印度宗教系统中的印度教、佛教、耆那教、锡克教，都在非洲有数量不菲的信徒。甚至中国的道教和儒教，日本的神道教思想，也在非洲特定人口中较受欢迎。宗教文化背景作为非洲社会活动的土壤，也是19世纪西非伊斯兰教运动的重要社会背景，它深刻地影响着这次运动的每一个细节。在本书的前言中，非洲的伊斯兰教已有专门的阐述，下面就其他宗教在非洲的情况作简要介绍。

基督教

公元1世纪中期，基督教传播到埃及，这是基督教到达非洲的最早记录。2世纪末，基督教传播到北非的迦太基。公元4世纪，东非的埃塞俄比亚在阿克苏姆王国的统治下。在国王埃扎纳时，阿克苏姆王国进入极盛时期，埃扎纳统一埃塞俄比亚北部，并西渡尼罗河攻灭麦罗埃王国，还征服南阿拉伯的一些王国。埃扎纳自称"万王之王"，改奉基督教，将其定为国教，以统一各部落的信仰。因此，公元4世纪，埃塞俄比亚已是以基督教立国的国家。在伊斯兰教征服之前，埃及、苏丹、埃塞俄比亚、地中海沿岸等非洲地区，都已完成基督教化。

基督教形成的最初几个世纪，非洲产生了诸多基督教历史上的知名人物。《上帝之城》的作者，希波的圣·奥古斯丁（St. Augustine）主教、科普特正教会的圣人圣·莫里斯（St. Maurice）、迦太基的神学家特土良（Tertullian）、亚历山大的神学家奥勒金（Origen Adamantius），都是非洲人。非洲还产生了早期基督教历史上的三位罗马教皇：圣维克托一世（St. Victor I, 189–199）、圣密欧提阿德（St. Miltiades, 311–314）、圣杰拉斯一世（St. Gelasius I, 492–496）。

公元 7 世纪，穆斯林开始侵入埃及、马格里布，穆斯林征服运动彻底改变了非洲基督教的命运。非洲的基督教只剩下埃及科普特教会、埃塞俄比亚的台瓦西多正教会和厄立特里亚的正教会。除此之外，目前非洲的基督教，尤其是撒哈拉以南非洲的基督教，都是近代以来欧洲殖民主义的遗产，以及当代非洲基督徒宣教的结果。《圣经》在非洲大量发行，除了英语、法语等版本外，还有大约 500 种非洲语言版本的《圣经》在非洲各个角落流通。

当前，基督教，包括新教和天主教，是非洲最具影响的两大宗教之一，两教信徒的总人口与穆斯林人口在非洲分庭抗礼，难分伯仲，均自称约为 5 亿人。但在撒哈拉以南非洲，基督教占绝对的优势。大多数中非和南非国家，以及部分西非和东非国家，基督教是多数人的信仰。除埃及、埃塞俄比亚、厄立特里亚外，非洲其他各国多信奉天主教和新教。此外，还有拿撒勒浸信教会、耶和华见证教会、基督再临教会等等。非洲最早的基督宗教教派是埃及的科普特教会和埃塞俄比亚的台瓦西多正教会，以及各东方正教会。

在北非，科普特教会约占埃及 10% 的人口。2002 年，基督徒约占非洲总人口的 40%。①根据皮尤公司的调查报告，2006 年，全非洲约有 3 亿 8 千万基督徒。按照目前的发展速度，到 2025 年，非洲将有 6 亿 3 千万基督新教徒和天主教徒（见地图 2）。②

就宗教神学而言，非洲自 20 世纪以来在基督教神学思想发展上出现了质的突破，涌现出大批非洲本土的神学家，其理论立意及其研究方法不仅与欧美神学截然不同，而且还与曾作为统治者、殖民者的"白人教会"形成区别，表现出鲜明的"黑人教会"特色。③非洲基督教的巨大活力和影响力，恰恰源自它的非洲化，宗教神学、组织、仪式等各方面与非洲的融合，共同形成非洲人独特的"黑色的上帝观"。在当代非洲，宣教的主力通常并不是传教士，而是普通的非洲基督徒，尤其是妇女，是撒哈拉以南非洲宣教的中坚力量。④

---

① World Book Online Reference Center, *World Book Encyclopedia* 2012, http：//www.worldbook.com/component/content/? wbredirect=1&Itemid=206World book, Inc.USA.
② 世界宗教委员会：《世界宗教委员会报告》，2004 年 8 月。
③ 卓新平：《当代亚非拉美神学》，上海三联书店 2007 年版，第 434—435 页。
④ Geoffrey Parrinder, *Africa's Three Religions*, Sheldon Press, London, 1969. p.164.

非洲的基督教呈现出丰富的多样性。在埃及、埃塞俄比亚和厄立特里亚，古老的东方正教会流传至今。而在西非的尼日利亚，众多的基督教派则是晚近非洲人皈依的结果。如前所述，非洲大陆还有许多弥赛亚式的基督教信仰，以及一些混合信仰，如南非的拿撒勒浸信教会。此外，基督复临安息日会和耶和华见证会也在非洲有广泛分布。

巴哈伊教

作为一种新兴宗教，非洲巴哈伊教历史较短。20世纪中叶前，非洲的巴哈伊信仰者很少。1952年，整个非洲大陆的巴哈伊信仰者还不到200人，现在已经超过100万。北非为阿拉伯—伊斯兰国家，因为正统伊斯兰教视巴哈伊教为宗教异端，巴哈伊教在北非很少有发展空间。巴哈伊人口主要分布在撒哈拉以南非洲。现在撒哈拉以南非洲各国几乎都有比较活跃的巴哈伊社团。但是相对而言，东部非洲诸国的巴哈伊人口较为集中，包括肯尼亚、坦桑尼亚、乌干达等国。肯尼亚、乌干达、刚果（金）、赞比亚、南非、坦桑尼亚等国家的巴哈伊人口都在15万以上。[①] 以乌干达为例，巴哈伊教在乌干达仅有60年的历史，但已发展至一定的规模，体现出包容性、现代性、国际性、社会参与性等特点。在对外交往中，其非宗教性参与显著地大于宗教性参与，乌干达社会也从中受益。在巴哈伊教社区内，则弥漫着浓厚的宗教气氛。总体而言，乌干达巴哈伊教试图探索一条与基督教和伊斯兰教不同的发展道路与模式，在宗教性与世俗性、国际性与本土性等方面进行着与众不同的尝试。

目前看来，非洲巴哈伊教展现出了充沛的活力和强大的适应能力。巴哈伊教有系列完备的非洲大陆发展计划，并能够与整个巴哈伊世界的宏大规划相协调和沟通。撒哈拉以南非洲，已成为继印度之后巴哈伊人口最多的地区，其未来发展前景比较可观。

犹太教

犹太教是进入非洲最早的亚伯拉罕系统宗教，非洲犹太教有2700多年的历史，因此，非洲许多犹太人聚居区都可视为世界上最古老的犹太人

[①] 李维建：《乌干达巴哈伊教考察》，《世界宗教文化》2011年第2期。

社区之列。埃及被视为早期犹太教向欧洲和北非传播的中转站。①古代犹太人居住在北非、东非和中非各地,尚未到达南部非洲。早在基督教和伊斯兰教兴起之前,北非诸国、西非诸国、埃塞俄比亚和索马里等,都有规模不等的犹太社团。中世纪,犹太人继续向非洲各地迁居,并达到南部非洲各地和非洲内陆,分布区域更加广泛。现在,非洲许多国家都有比较活跃的犹太人聚居区,继续他们的宗教传统。

当前,非洲的犹太人可分为如下几类:①自古以来就作为独立的犹太人社区而存在,很少与其他犹太人发生联系。但是这类犹太人社区自古以来从未完全丢失犹太宗教传统,仍保留部分宗教仪式,并声称其族源为古以色列的犹太人。这类非洲犹太人典型的代表如埃塞俄比亚境内数万黑皮肤的法拉沙犹太人,津巴布韦和南非的部分犹太人等。②北非的犹太人,主要居住在摩洛哥、阿尔及利亚、利比亚、突尼斯、北苏丹和埃及。历史上这些国家曾居住大量的犹太人,20世纪以来大都迁往以色列、法国、巴西、加拿大和美国等地。留下的犹太人现在主要居住在摩洛哥和突尼斯。③南非的犹太人,主要是在20世纪欧洲大屠杀前后迁居南非的立陶宛犹太人的后裔。

非洲的犹太人不论是宗教还是民族,都呈多样化和地方化的特色。民族和种族方面,有白色犹太人和黑色犹太人。宗教上的变迁更是复杂,虽然都声称是犹太人,但所遵循的宗教传统和仪式中,已渗入了许多非洲的文化成分。

印度教

非洲与印度一衣带水,隔印度洋相望,是印度教外传较早的目的地。但是,与犹太教、伊斯兰教和基督教相比,非洲印度教的历史算不上悠久。19世纪末开始,由于印度与非洲多国均沦为英国殖民地,殖民地经济特色和殖民地之间的交通,促使大批印度人迁移到非洲,特别是迁移到南非、毛里求斯、乌干达、肯尼亚等国。殖民统治结束后,这些印度人的后裔多数仍选择留在非洲,印度教也因此保留下来,直至现在。20世纪后半叶,非洲一些国家,如尼日利亚、南非和乌干达等国,曾禁止印度人入境,或驱逐印度人出境,对印度教在这些国家的存在与发展造成一定的

---

① 黄陵渝:《非洲的犹太人与犹太教》,《西亚非洲》2003年第2期。

负面效应。

非洲的印度教基本上限于印裔非洲人口中，不谋求对外宣教，一定程度上限制了它的发展。不过，后殖民时代的非洲印度教中，也的确出现过向非印度裔非洲人宣教的运动，如西非加纳的个别印度教组织。但是这种宣教运动影响非常有限，不能改变印度教主要限于印度裔非洲人的总体态势。当前的非洲印度教，是殖民时期和非洲民族独立后印度人向非洲移民的共同结果。

总体上而言，印度教在非洲各国的人口都非常少，难以与主流的基督教和伊斯兰教相比。毛里求斯是印度教在非洲占主导地位的唯一国家，印度教徒约占其总人口的58%。同时，印度教也在走本土化的路线，它吸收了一些非洲本土宗教的因素，并因此遭到基督徒和穆斯林的批评。

在当前的非洲印度教中，斯瓦米那罗延派（Swaminarayan Hinduism）较有影响，该派在东非诸国，如肯尼亚、乌干达、坦桑尼亚和赞比亚等，建有规模较大的神庙。

如今，印度裔人口在这些国家的信仰坚守和宗教生活，则依赖于移民团体日益增强的适应性和兼容性，同时也深受印度与这些国家外交关系的影响。[1]

佛　教

佛教最早何时传入非洲尚不可考。据传印度阿育王曾派人到埃及传播佛教，没有成功。17世纪，曾有佛教徒以暹罗使节的身份前往南非，也未留下影响。据今所知，南非佛教的历史相对较长，而在东非，佛教只有约100年的历史；非洲其他地区，佛教的历史更短。直到20世纪末，佛教在非洲传播的局面才得以改观。现在，几乎撒哈拉以南非洲的所有国家，都有佛教存在。佛教存在的形式也各不相同，既有"印度教型的佛教"，也有"西方化的修行方法及佛教隐修中心""亲亚洲佛教传统的组织"，还有佛光山佛教在南非的迅速发展。[2] 南亚佛教是非洲佛教的主体，尤其是斯里兰卡移民，对非洲佛教的传播出力最多。近年来，东亚佛教向

---

[1] 邱永辉：《印度教概论》，社会科学文献出版社2012年版，第351页。
[2] 杨健著、魏道儒主编：《世界佛教通史：亚洲之外的佛教》，中国社会科学出版社2015年版，第436—441页。

非洲传播的趋势也非常明显。

南非是佛教最早落脚的地区。1911年，南非已有近400个佛教徒。1921年，增长到一万多人。20世纪90年代，佛光山在南非的发展引人瞩目，在南非各地成立许多地方佛教组织和佛教道场，并在布隆霍斯特市建立了宏伟的"南华寺"。除南非外，佛光山还面向全非洲，在许多非洲国家建立了组织。南非是非洲佛寺最多的国家。

南亚佛教对东非和南非的影响最大，主要是斯里兰卡佛教。20世纪20年代，锡兰（斯里兰卡）商人将佛教带到东非，坦桑尼亚也有锡兰商人于每年的浴佛节浴佛的传统。1927年，有佛教组织在非洲传播，并印赠佛教书籍，但无设立僧团的记录。坦桑尼亚、博茨瓦纳、肯尼亚、乌干达、马拉维等国，都分别有多座佛寺。此外还有一些佛教修持中心和佛教组织，在东非传播各派佛教。1920年，斯里兰卡人有组织地到坦桑尼亚传教，购买土地，种植菩提树，建立佛教修持中心和佛寺，并获得政府登记。1927年，坦桑尼亚成立了"僧伽罗佛教协会"，当时，大约有400名斯里兰卡佛教徒在坦桑尼亚活动。目前，坦桑尼亚有非洲已知最早的佛寺。同时，来自泰国、缅甸、中国等国的佛教徒，也到坦桑尼亚宣教，非洲本土的皈依者也日渐增多。1960年，"僧伽罗佛教协会"改名为"佛教协会"，以便将来自世界各地的佛教徒纳入进来。1956年，坦桑尼亚建立第一座佛塔。早期在坦桑尼亚活动的佛教徒，都是俗家弟子。1960年，坦桑尼亚出现了首位僧人，不过并未久居。1983年，坦桑尼亚才迎来首位常住寺僧。当时，非洲其他国家很少有驻寺僧。坦桑尼亚的佛教中心可谓非洲大陆的佛教中心，这里的僧人经常到非洲其他国家举行佛事活动。1980年，斯里兰卡佛教徒在南非的德班郊区，建立了佛教中心。此后，佛教各派很快在南非各地建立了数十处佛教中心。1970年前后，斯里兰卡人开始到博茨瓦纳传教。1990年，一对斯里兰卡夫妇登记成立"博茨瓦纳佛教协会"，成为博茨瓦纳事实上的佛教中心。1993年，博茨瓦纳第一座佛塔建成，佛寺佛像也相继落成。除了斯里兰卡人，缅甸人也是博茨瓦纳佛教发展的重要力量。1999年，肯尼亚也成立了佛教中心，位于内罗毕市郊，为上座部佛教中心。乌干达的佛教中心，成立于2005年，位于恩德培市。这个佛教中心成员主要为乌干达人，此外还有泰国人、缅甸人、斯里兰卡人等。赞比亚、斯威士兰也成立了以斯里兰卡人为主的佛教协会。埃及也有少量佛教徒，仍以斯里兰卡裔为主，根据地方法律，这些人只能在斯里兰卡驻埃使馆举行宗教活动。此外，卢旺达、桑给巴尔、莱索托、利比亚等国家和地区，也有佛教徒在活动。

在东亚佛教进入非洲之前，主要是印度佛教在东非和南非活动。20世纪70年代起，日本佛教，主要是创价学会，开始在南非和尼日利亚出现，并建立了日本的佛教机构，对非洲传统文化和精神领域有一定的影响。①

中国佛教也开始迈向非洲。如前所述，当前中国佛教得以在非洲初步立足，得益于台湾佛光山会在非洲的努力。1992年，台湾佛光山应邀前往南非，兴建"南华寺"，并陆续在约翰内斯堡、开普敦等地宣扬佛教。由此，佛光山佛教得以在非洲其他国家传播。斯威士兰、刚果（布）、莱索托等国陆续成立佛教的组织。1994年，南华寺成立非洲佛学院。在南华寺的带动下，同年10月，十位刚果（布）青年请求剃度出家，这是非洲的第一次剃度典礼，也是佛教史上第一批非洲黑人出家。不久，南非祖鲁族酋长率领十余万人皈依佛教。刚果（布）也有数千人皈依佛教。斯威士兰有300余人皈依佛教。2001年，中国台湾佛教徒在马拉维建立了佛教中心，位于布兰太尔市。现在，中国台湾佛教徒、斯里兰卡和非洲佛教徒共同维持着佛教中心的正常运转。

耆那教

耆那教是起源于古代印度的宗教之一，有其独立的宗教哲学和实践。素食与苦行，是耆那教比较突出的特征。创始人为筏驮摩那（前599—前527年），耆那教徒尊称其为"大雄"。该教目前有400万—600万信徒，大部分生活在印度。

目前，东非的肯尼亚、坦桑尼亚和乌干达，都有人数比较可观的耆那教群体。20世纪60年代，肯尼亚的蒙巴萨建立了一座耆那教的寺院，这是印度之外的首座耆那教寺院。在东非的许多城市中，都有耆那教的学校、医院和宗教中心等设施。但是，由于东非一些国家自20世纪70年代兴起的"非洲化运动"，排挤亚洲人，耆那教徒由于多从印度迁入，也受连带伤害。许多耆那教徒因此被迫迁居到澳洲、欧美等地区。现在，耆那

---

① Peter B. Clarke, "African Religion: New Religious Movements", from *Encyclopedia of Religion*, Lindsay Jones, Editor in Chief, the first volume, Macmillan Reference USA. p. 109.

教在东非的生存环境已大为改善。

南非的耆那教发展也比较快。1901—1903年，六个耆那教家庭陆续迁居到南非。今天，南非的耆那教群体参与到当地的商业、金融、教育等领域，影响日益扩大。

非洲的耆那教是印度人向非洲移民的结果，因此非洲的耆那教与印度耆那教联系密切。非洲耆那教在宗教实践上已与印度耆那教有一定的距离，出现一定的非洲化现象。不过，许多非洲耆那教徒虽然加入了非洲国家的国籍，但仍保留着印度籍。他们不愿意失去"亚洲人"或"印度人"的身份，这也许会成为耆那教在非洲本土化的一种障碍。

锡克教

锡克教是15世纪产生于印度的一神教，尊崇十位上师并以上师们传授的《阿底格兰特》为经典，《阿底格兰特》象征第十一位上师；以公平正义、扶贫济弱和宗教自由为基本教义。"锡克"一词，来源于梵文，意思是"学生""弟子""信徒"。锡克教徒被称为锡克人，长发、梳子、钢箍、匕首、短裤是锡克教徒的五大信仰标识。圣城是印度的阿姆利则市，朝圣地是被称为"神之所在"的阿姆利则金寺。

19世纪90年代，锡克教徒开始从印度向东非迁居。1947年的印巴分治，导致旁遮普一片混乱，印度成为一个印度教主导的国家，锡克教徒不适应这种新环境，开始大规模地移居境外。其中包括非洲，尤其是东非。锡克教徒在东非属于技术性群体，有木匠、铁匠、建筑工人和火车司机。许多人参与了早期非洲铁路的建设与运营。因此锡克教对东非诸国的工业化进程有一定的推动作用。20世纪70年代兴起的"非洲化运动"也同样对东非的锡克教造成比较大的伤害。[①]

全球有2300万至2700万锡克教徒，其中60%以上的锡克教徒居住在印度的旁遮普。在非洲，锡克教也有比较广泛的分布。东非的三个国家，肯尼亚、乌干达和坦桑尼亚，有5万至10万锡克教徒。南部非洲的马拉维、毛里求斯、南非共和国和赞比亚分别约有3千、4万、4千和3千锡

---

① Jane Bingham, *Sikhism*, Arcturus Publishing limited, 2008, p.40.

克教徒。西非的尼日尔约有 3 千锡克教徒。[①]非洲各地的锡克教人口与当地居民总人口如表 1-1 所示。

表 1-1　　　　　　　锡克教在非洲各地区的分布[②]　　　　单位:%、人

地区	地区总人口	锡克教人口	锡克教所占总人口比例
中非	83121000	14000	0.017
东非	193741000	50000—100000	0.0005
北非	202151000	0	0
南非	137092000	47700	0.035
西非	268997000	3000	0.0011
汇总	885103000	64700	0.0531

非洲传统宗教

传统宗教是非洲独具特色的信仰和文化。有一种说法，"非洲是宗教人类学的博物馆"，就是指非洲传统宗教而言的。在伊斯兰教和基督教传入非洲之前，非洲有自己的宗教体系，构成其社会和文化生活的基础。

现在讨论非洲传统宗教，首要的问题是，非洲传统宗教在哪里？一种耳熟能详的观点，即伊斯兰教和基督教分别占据非洲大陆居民一半的心灵，这不得不让人疑惑：非洲还有传统宗教吗？

非洲传统宗教不但真实存在，而且在深刻地改变着作为外来宗教的伊斯兰教和基督教等其他多种宗教。从地理位置上而言，人们讨论非洲传统宗教，通常指撒哈拉以南非洲的传统宗教。因为，自 7 世纪以来，北非的伊斯兰化相当彻底，且该地区自古就与撒哈拉以南属于两个不同的文化系统。

根据皮尤研究中心 2010 年的调查报告，在撒哈拉以南非洲各地区选取的 19 个国家中，其中有 4 个国家，有一半或超过一半的人口认为，通过献祭，或者通过信仰祖先的神灵或其他精灵，能够免于受到伤害。在其中的 11 个国家，有超过 1/4 的人口相信"究究"神灵。在塞内加尔，对

---

① Johnson, Todd; David B. Barrett. "Quantifying Alternate Futures of Religion and Religions". *Futures* 36 (9), pp. 947-960, 2004.

② 本表只反映大致情况。非洲各地区总人口为近年来非洲各国人口资料的大致汇总。

圣物的信仰者多达人口的75%，卢旺达最低，也达5%。[①]献祭、祖先崇拜、究究、圣物崇拜等，都是典型的非洲传统宗教表现。

非洲传统宗教有至少两种存在方式。一是独立存在。独立存在的非洲传统宗教，有自己单独的寺庙和神职人员。至于其宗教人口，争论比较大。学者的观点主要集中在传统宗教信仰者占非洲总人口（包括北非）的2%到10%的区间内。二是依附于其他宗教存在。主要依附对象为伊斯兰教、基督新教和天主教。或者说，非洲传统宗教通过外来宗教找到了新的生存方式。当穆斯林正统神学家激烈批评非洲伊斯兰教已经脱离了正统信仰时，就等于在说，非洲传统宗教已经深刻地改变了伊斯兰教，并通过伊斯兰教延续传统信仰。

这说明，非洲传统宗教的生命力非常顽强。自殖民时代以来，非洲传统宗教必须认真对待两个"敌人"：外来宗教和现代化潮流。传统宗教已经成功地将伊斯兰教和基督教本土化。至于现代化的冲击，研究非洲宗教的学者发现："在现代思想和现代教育中仍存在着许多传统的信仰，因为宗教是难以消灭的，即使在表面上消失了几个世纪也还能复兴。"[②]当前，传统宗教与伊斯兰教和基督教并行存在，仍在非洲人的生活中起着重要作用。

非洲传统宗教与非洲民族关系密切，不同的民族有不同的宗教。因为非洲民族、部落众多，因此宗教与神灵也多种多样。但是，宗教与非洲各地的部族社会之间的关系，看似纷繁复杂，仔细考察却有亲缘关系，非洲各部族、民族之间的相似点比不同点更重要。非洲社会这种较大的同质性也明显地呈现在宗教领域。[③]非洲传统宗教有自己的共同特点。根据学者的最新研究，总结出非洲传统宗教的特点大致如下：

其一，缺乏重视至上神观念的普世性的宗教。非洲的许多宗教一定程度上局限于民族与部族内部，造成神灵众多，各司其职，彼此独立，不干涉其他神灵的职权范围。虽然有至上神的观念，但非洲人更注重至上神下面的众多小神。像上帝这样的至上神，在非洲的日常宗教生活中，并不重要。因此，非洲宗教缺乏像亚伯拉罕系统宗教那样的普世性宗教。在阿拉

---

① Pew Research Center, *Tolerance and Tension: Islam and Christianity in Sub-Sahara Africa*, Pew Research Center, 2010. p. 33.

② ［英］帕林德：《非洲传统宗教》，张治强译，商务印书馆2004年版，第1页。

③ 同上书，第5页。

伯人和欧洲人到来之前，撒哈拉以南非洲没有本土的文字，缺乏宗教成文经典。非洲传统宗教没有经典可查，它通过口头方式，师生相承，把礼仪代代相传，致使其传播与发展有一定的局限性。这也可能是造成非洲宗教未向普世性宗教发展的原因。于是我们看到，非洲黑人传统宗教的基本内容主要包括自然崇拜、祖先崇拜、图腾崇拜、部落神崇拜，至上神崇拜并不占主流地位。

其二，重今世而不重来世：重点关注人类的缺点、痛苦根源与解决办法。非洲宗教有一些共有观念，其中最常见的是"人类具有弱点，并不完美"这一观念。正因为人类不完美，才会遭受疾病、痛苦、灾难、死亡等惩罚。但人类可以通过宗教信仰来减轻这种惩罚。这正是非洲宗教中充斥着千奇百怪的仪式的原因。非洲人不注重个人拯救，不太关心来世，而更重视今世和当下的个人生活，期望通过宗教仪式免遭惩罚，安享和平，延年益寿。所有仪式、献牲，包括神职人员的参与，目的只有一个，那就是改变人类的不完美本性，从而降低或免于惩罚，包括死亡。但是，非洲人认为神灵和祖先所代表的道德与社会价值，可以作为美好社会的指导原则。人类同样可以通过仪式重申和强化这种道德和价值。因此，非洲人不但敬神，而且法祖。

其三，至上神、一神论与多神论并存。非洲传统宗教中既有一神观念，也有多神观念。在伊斯兰教和基督教到来之前，非洲人已有成熟的至上神概念。大多数非洲宗教都将至上神置于终极性和决定命运的至高地位。但是，非洲人认为至上神距离人类太远，与神—人相互关系无关，因此非洲宗教中的至上神，没有寺庙，没有形象，也不用仪式和神职人员侍奉。相反，那些小神由于直接管辖着人类的生活，在神—人关系中与人类对应，与人类关系更为密切，从而更受尊重，享受各种待遇，有庙宇和神职人员及各种复杂的仪式。①

非洲人的宗教观念既有多神论也有一神论，两种观念并行不悖。在关涉个人或集体终极性的问题上，他们将决定权交给至上神；在关涉日常生活事务时，他们则认为众神和祖先更为直接，作用更大。

总体而言，当前非洲传统宗教可概括为：信仰至高神是非洲传统宗教

---

① Lindsay Jones, Editor in Chief, "African Religion", *Encyclopedia of Religion*, the first volume, Macmillan Reference USA. pp. 84 – 91.

的一部分，现在仍然存在；祖先崇拜仍在非洲人当中根深蒂固；法术信仰仍在适应当前非洲多变的生活环境。那种以为基督教和伊斯兰教已经统治非洲人的信仰世界的观点，显然不符合非洲人的信仰现实。

有人曾经发出疑问："为什么无知的非洲人能够构想出上帝？"显然，以所谓"文明人"的视角观察非洲传统宗教，恐怕永远也找不到问题的答案，因为问题的出发点就是错误的。用进化论的观点解释非洲宗教，将生物学领域的理论简单应用到宗教领域，不完全适用。观察并理解非洲传统宗教，已经到了转换视角与方法的严峻时刻。

上述对非洲宗教的简单描述，当然并不足以展示非洲宗教的全貌。不但许多宗教根本没有涉及，即使提及的那些宗教，其本身的复杂性与丰富多彩也足以让人眼花缭乱，多种多样的本土宗教信仰似非洲原始热带丛林中的植物一样丰富多彩。非洲宗教并非简单的巫术信仰（虽然我们并没有理由歧视巫术），同样有许多细腻的思想、丰富的宗教观念和系统仪式。这超出许多人的想象。伊斯兰教作为非洲宗教家庭的一员，必然与其他成员发生各种联系。我们在考察西非圣战运动时，必须要考虑其他"家庭成员"。后文我们将了解到，伊斯兰教与非洲传统宗教和基督教之间的互动，成为19世纪西非圣战运动中的重要构成部分。

第二节 "兵临城下"：资本主义与殖民主义

欧洲近代资本主义的兴起，使欧洲的知识、技术、财富迅速积累，同时对外扩张的欲望也在膨胀。与欧洲的进步相对应，它的邻居伊斯兰世界却在衰退。如果说欧洲人发起的十字军东征的失败，说明穆斯林还有力量抵挡来自欧洲的进攻，那么17世纪以后，特别是到19世纪初，穆斯林国家已经虚弱到少有还手之力了。风水轮流转。对欧洲而言，穆斯林已经从早期占领西班牙、东南欧和拜占庭的战略进攻，转入战略防御。本来，北非强大的伊斯兰政权，一直是撒哈拉以南非洲阻挡欧洲人的强大屏障。一旦伊斯兰世界衰弱，这一屏障随即消失。欧洲人在收回了西班牙之后，迅速将目光越过北非的沙漠，投向撒哈拉以南的非洲。

早期接触

欧洲与西非并不遥远。欧洲与西非的接触最早可追溯至15世纪。葡萄牙商人首先与西非沿海居民发生商业联系。在此之前，欧洲人通过撒哈拉商路与西非居民接触，了解到在撒哈拉以南存在一片广袤而神秘的西非大陆。随着远洋航行技术的提升，15世纪后半叶，西班牙、荷兰、英国与法国，都相继在西非建立商站或考察站。除了商业利益，宗教扩张的需要也刺激着欧洲人谋求在西非拓展空间的兴趣。在撒哈拉以南的非洲，西非在地理上与西欧更为接近，首先成为欧洲军事、经济、政治、宗教的扩张地。

欧洲人与西非的最早接触发生在葡萄牙人与西非居民之间，之后法国人、英国人、德国人接踵而至。15至16世纪初，欧洲人的活动集中在西非沿海，以商业经营为主，宣教与科学探险仅为偶尔为之的事情。欧洲人以西非居民从未见过的玻璃制品、火枪等，从当地的黑人统治者手中换购奴隶、食糖、胡椒、象牙、黄金等，其中最主要的是产自加纳的黄金。欧洲对外的商业依赖直接加强了其与西非的联系。

欧洲人通过与西非沿海居民的交往，所了解到的仅仅是西非丰富多彩与复杂多样性的极小一部分，远非西非的全部。在欧洲人到来之前，西非相继崛起了古代加纳、古代马里和桑海帝国，还有豪萨人建立的一系列国家。除此之外，欧洲人逐渐了解到伊斯兰教对西非的巨大影响，是伊斯兰教而非欧洲人将西非大陆首先纳入世界体系之内。自此以后，欧洲人，包括商人、探险家和传教士，开始逐渐深入西非复杂而多样的社会。

法国的入侵备战

奴隶贸易自16世纪后半期兴起，到19世纪中期，西非奴隶以惊人数量被输送到撒哈拉沙漠以北和美洲。欧洲列强不断加强与非洲的奴隶贸易，18世纪奴隶贸易已成为欧洲人在西非的重要赢利手段之一。非洲奴隶主要运往新大陆参与种植园劳动。当时有多种因素刺激奴隶贸易的发展，包括各殖民国家之间的战争、西非伊斯兰教圣战运动的扩张、新大陆的种植园等，都需要大量的劳动力，所有这些因素共同促进欧洲人不断强化贩奴运动，致使贩奴运动成为当时最赚钱的行业。先是葡萄牙人，然后是荷兰人、英国人，最后是法国人相继主宰西非的奴隶贸易。

1659年法国人已在圣路易斯建立了商站，他们大规模地参与西非的商业活动却是在19世纪后半期的事情。法国的商贸结构与其他殖民国家有所不同，它的跨撒哈拉奴隶贸易规模总是落后于葡萄牙、荷兰和英国，主要集中在阿拉伯树胶、花生及其他原材料的"合法性贸易"① 上。17—19 世纪主要经营奴隶贸易的港口都位于现代加纳和喀麦隆沿海,主要由英国、荷兰和葡萄牙控制。由于合法性贸易符合历史潮流,随着对奴隶贸易的限制,法国在西非的影响日益壮大。

19 世纪西非圣战运动大规模爆发之前,法国人已经做好了全面占领西非内陆的计划。殖民初期,法国人的目光主要集中在塞内加尔河沿岸及其邻近的内陆地区,法国庞大的殖民工程首先从圣路易斯开始,这里是法国同化非洲人的试验田。法国人的最终目标是将西非完全纳入法兰西帝国,不仅从地理上,还要从经济上、文化上使西非殖民地彻底成为法国的一个海外省。

英国的计划

17 世纪,英国已开始与荷兰激烈争夺黄金海岸,力图控制西非黄金产地。英国人也学习荷兰人的做法,在西非占领地区大规模地修筑堡垒,建立商站。1672 年,英国创立皇家非洲公司,以詹姆斯岛为基地,同时配合陆上的商站和堡垒,尽可能地掘取商业利益。18 世纪后期对非洲的探险活动,英国表现得较为积极,这源于它对非洲的长期计划。英国在夺取了荷兰的殖民地好望角后,英国海军日益扩大在废除奴隶贸易运动中的角色。海军必须提供一切必要的机会干涉非洲事务。1807 年,英国将弗里敦这个获释奴隶定居地改为皇室殖民地,显示出对非洲殖民地的重视。

1750 年,英国议会通过法令,设立对非贸易商行,控制西非的堡垒、商站和贸易,但商行要受议会和政府有关部门的监督。这就是所谓双重领导。七年战争期间,英国利用海上优势,夺取了果雷埃等法国在塞内加尔的一些主要贸易基地。1763 年的《巴黎和约》确认英国对塞内加尔的权利,并允许它占有阿尔布雷达。为适应领土扩大的形势,英国议会于 1765 年通过法令,将塞内加尔和冈比亚合并为塞内冈比亚省,成为英王管辖下的殖民地。殖民地由一名总督、一个委员会和一名首席法官治理,总部设在圣路易斯。冈比亚则由一名副总督管辖。

到 18 世纪末,英国已在西非的西部和南部沿海或建立殖民地,或建立堡垒和商站,基本上完成了对西非的战略包围,这为英国后来进入西非

---

① 相对于"非法的奴隶贸易"而言。

内陆，尤其是占领尼日利亚做好了准备。

早期基督教的传教活动

如果说法、英等国在西非建立殖民地、商站和堡垒，主要进行政治入侵和经济掠夺的话，那么早期基督教的传播活动，则是西方出于文化和信仰上的考虑，而在非洲推动的一种信仰争夺战和文化战略。基督教的宣教活动，对一千多年来在西非缓慢发展的伊斯兰教而言，带来了前所未有的挑战。对穆斯林宗教学者来说，出于对伊斯兰教前途命运的担忧，基督教的宣教活动比欧洲人的政治入侵和经济掠夺更让他们坐卧不安。

早在15世纪，葡萄牙人来非洲进行探险活动时，就试图在西非培植基督教信仰。但是，葡萄牙人和西班牙人的力量，相对于广袤的非洲大陆而言，毕竟太小了。直到18世纪初，还很难觉察到基督教在非洲留下什么踪迹。真正发生变化的时期是18世纪的最后十年，以及19世纪的前半叶。而这一段时间，正是西非圣战运动即将发生，并达到高潮的时期。随着圣战运动的深入发展，基督教的因素也越来越多，以至于许多圣战运动的领导人，不得不开始认真考虑基督教的威胁了。他们对外来宗教的担忧、对基督教的批评、基督教到来所带来的思想的混乱，都清楚地记在这些人的文献中。

对于早期基督教在非洲的宣教活动，有学者将其与几乎同时期发生的圣战运动相提并论，认为基督教的宣教活动虽不似伊斯兰教在西非的扩张那样采取战争的方式，但也同样具有朝气蓬勃的活力。并且，这次基督教宣教运动的兴起，与圣战运动没有关系，因为圣战运动主要发生在非洲内陆，至少在运动初期，很少与基督徒接触。这次宣教运动的兴起，主要与欧洲基督教内部的宗教复兴有关。以与约翰·卫斯理相关的福音派教会在欧洲的复兴，与当时的反奴主义和人道主义精神相激荡，产生了以美国革命和法国革命为典型的激进思想，促进基督教会试图在非洲培植和传播其信仰。[①]

基督教在非洲的宣教活动不断扩大，参与的宣教机构和组织也逐渐

---

① [尼日利亚] 阿德·阿贾伊主编：《十九世纪八十年代以前的非洲》，《非洲通史》第六卷，中国对外翻译出版公司1998年版，第31—32页。

增多。1800年前后，在整个西非参与宣教活动的只有三个传教会，即福音传教会、卫斯理宗传教会、格拉斯哥传教会。但是到1840年，这类传教会迅速增加到15个，包括圣公会的正教传教会、北德意志的不来梅传教会、瑞士的巴塞尔福音传教会、苏格兰的联合长老会、法国的非洲传教社等。

同西非一样，东非、中非和南部非洲的传教活动，也比较活跃。早期只有圣公会的正教传教会、中非大学传教会、圣灵会等。19世纪70年代以后，更多传教会相继进入中非和东非传教。苏格兰的布兰太尔传教会、探险家斯坦利发起的伦敦布道会，还有天主教白衣神教会等，在布干达王国、坦桑尼亚等地区传教。南部非洲的基督教宣教活动更活跃，也更有效果。先是有摩拉维亚宣教会和伦敦布道会在南非活动，然后从1816年起，英国、欧洲大陆和美国的许多传教会纷纷到南部非洲来开疆拓土，不仅进入开普，还深入到纳塔尔和德兰士瓦。这些传教会主要包括：卫斯理宗传教会、格拉斯哥传教会、圣公会的正教传教会、挪威传教会、联合长老传教会、柏林传教会、莱茵传教会、巴黎福音会、美国赴祖鲁兰和莫塞加传教会、汉堡传教会和瑞士自由传教会，等等。

传教会的活动，并不限于宗教活动，而是广泛参与非洲各领域的社会活动。在修建教堂、争取信徒和翻译《圣经》之外，传教士还将大量精力用于建设实验农场和种植园，传播各种技术，促进农业发展。更重要的是，他们推动贸易发展，开展西方式教育，提高文化水平。传教会的活动，不仅同穆斯林争夺信徒，还通过开办西式教育，直接威胁穆斯林的传统宗教教育。所有传教会都开办小学和专业培训学校，甚至开办中学。西非的圣公会，1827年在塞拉利昂开设了福拉湾学院，之后，该教会又在塞拉利昂开办了20多所学校，包括小学和中学。同时，卫斯理宗传教会也在黄金海岸开设20多所小学，还开办一所卫斯理高级中学。传教会还在内地的一些城镇开办了学校。传教会之所以能够大规模地开展宣教工作和开办教育，与殖民当局的支持分不开，有时甚至直接得到殖民政府的政治护佑和经济资助。除此之外，传教会还参与当地的政治活动，经常受雇充当殖民当局和非洲统治当局之间的谈判人，与其说他们是基督教传教士，不如说他们是外交官。

基督教的宣教活动对非洲社会的影响，有学者认为可能比同时期发生的圣战运动的影响还更加深远。①它部分地改变了非洲人的生活方式。非洲人不但学会了技术，更重要的是接触了新的思想，这种思想与以前的传统宗教和伊斯兰教大不相同。传教会的宣教活动，还使非洲的宗教信仰进一步多元化。各种教派的广泛传播使非洲社会分化为相互敌对或竞争的宗教集团。宣教活动也激起非洲穆斯林的强烈反应。虽然19世纪圣战运动的初期，并没有反基督教的性质，但是到后期，随着殖民征服的开展和基督教宣教活动的普及，两种宗教之间的斗争逐渐浮出水面。伊斯兰宗教力量以各种方式表达对基督教宣教活动的不满与反抗，殖民当局为了缓和穆斯林的反抗，以至于不得不在一定程度和范围内限制或禁止传教会的宣教活动。

第三节　遏制与混合：运动前夕的西非伊斯兰教

18世纪的伊斯兰世界

16世纪初，伊斯兰世界仍不用为自己的安全担忧。强大的奥斯曼帝国可以随时向欧洲发难。阿拉伯世界在诸位埃米尔统治之下，权力异常稳固。穆斯林还统治着印度和东南欧。但是，17世纪中叶以后，东面的奥斯曼土耳其，西面的摩洛哥，都不能再如以前那样自信，应对基督徒的进攻，多以失败告终。此后的200年，颓势依旧，且不断加深。直到1798年法国人占领埃及。

19世纪前后，正是伊斯兰世界多灾多难的时期。伊斯兰国家正如世界上大多数亚非拉国家一样，纷纷沦为欧美的殖民地或保护国，伊斯兰教处于被统治和受压迫的境地。

奥斯曼帝国势力继续衰退，在外部殖民力量和内部改革与革命运动的双重打击下，其在东南欧、北非和西非的土地逐渐脱离帝国统治，实行自治，并逐渐沦为殖民地。英国、法国和意大利，冲在瓜分奥斯曼帝国在西亚和北非土地的前列。印度也被英国占领。拿破仑占领埃及，是阿拉伯世界的标志性事件。对非洲人而言，法国人占领埃及打开了欧洲人通往撒哈

---

① ［尼日利亚］阿德·阿贾伊主编：《十九世纪八十年代以前的非洲》，《非洲通史》第六卷，中国对外翻译出版公司1998年版，第35页。

拉以南非洲的突破口。此后，包括西部非洲在内的撒哈拉以南非洲，对欧洲人敞开了大门。继西非和北非的伊斯兰教之后，撒哈拉以南非洲的伊斯兰教，也迈入了殖民时代。更重要的是，在殖民政府的保护下，基督教宣教活动来势汹汹，让穆斯林感觉陷入深刻的存亡危机。

对于伊斯兰世界的厄运，穆斯林反应不一。有人默默地接受，认为这是真主的意愿；另一些人则奋起抗争，期望能够找到突破困局的方法。穆斯林找到的方法之一是瓦哈比主义及其运动。瓦哈比主义者极端反对苏非，他们认为苏非神秘主义崇拜圣人，在圣墓前礼拜，违反伊斯兰教法。瓦哈比主义不断向整个伊斯兰世界辐射，在穆斯林当中激起一种前所未有的危机感和改革的热情。而反对瓦哈比主义的穆斯林，也在寻找解决危机的方法。

苏非主义者找到的方法，就是复兴苏非主义。在埃及的艾兹哈尔，深受瓦哈比主义伤害的苏非学者们，奋起捍卫他们的信仰与生活方式。哈尔瓦提教团和卡迪里教团居于这次苏非主义复兴的中心，并因此而形成另一个颇具生命力的新教团：提加尼教团。苏非主义的复兴运动很快扩散到整个伊斯兰世界，其中西部非洲的苏非主义复兴运动最为引人注目。

伊斯兰世界对糟糕时局的反应并未止于瓦哈比运动和苏非复兴运动。许多穆斯林将基督徒对穆斯林土地占领视作世界末日征兆，末日审判即将到来。而在这之前，真主将会派遣马赫迪降临人间，主管最后的时光。马赫迪将恢复正义和正信。但是在马赫迪之前，每一百年真主将会派遣一位革新者（穆贾迪德）为马赫迪的到来铺路。恰巧，1785 年正是伊斯兰历法的 1200 年，新世纪即将开始，革新者即将到来，而正义的马赫迪也不再遥远。遭受磨难的整个伊斯兰世界，弥漫着期待马赫迪降临的情绪。于是，从东非到中非、西非，整个非洲苏丹地带，在马赫迪主义或明或隐的启发下，各种形式的武装斗争风起云涌，演绎出一幕幕波澜壮阔的伊斯兰运动的历史话剧。

18 世纪前后的西非伊斯兰教概貌

伊斯兰教自公元 8 世纪传入西部非洲。14 世纪，西非的塔克鲁尔伊斯兰国家，已发展到极盛。到 18 世纪西非伊斯兰教已有千年的历史。18 世纪的西非，伊斯兰教已经初步立足，并扎下根来，但说不上根深蒂固，更非根深叶茂。可以说，当时的西非伊斯兰教，仍面临许多困难。不但基督教的力量隐约出现在地平线上，而且，伊斯兰教与非洲本土传统宗教之间长达千年之久的斗争，正进入白热化阶段，形成彼此妥协而又激烈斗争的新局面。

可以确定地说，18 世纪末到 19 世纪初，相比于非洲传统宗教，西非伊斯兰教仍处于少数派地位。除了撒哈拉南缘的狭长地带，以及西非沿海的塞内冈比亚地区，因与北非伊斯兰教长期接触的地缘因素，伊斯兰化程度较高之外，西非大部分地区仍处在传统宗教占主导地位的形势。只是在西非的城镇或商业中心，穆斯林形成或大或小的居住区。伊斯兰教很少超出这些穆斯林社区。

18 世纪末到 19 世纪初，伊斯兰教已不仅仅如此前那样只限于西非的穆斯林移民当中。在经过漫长而缓慢的传播和渗透之后，西非许多民族和部族全部或部分地接受了伊斯兰教。早期经桑哈贾人（穆拉比特人）等北非族群带来的伊斯兰教，经过长期与当地各族群接触，尤其是经过苏非主义在西非的初步传播，更加为当地黑人居民所接受。昆塔阿拉伯人也在西非伊斯兰教的传播中功不可没。逐渐地，曼德人各支系，包括迪尤拉人、瓦加腊人、图科洛人，还有富拉尼人、豪萨人、卡努里人等民族部分地接受了伊斯兰教。其中一些族群，如富拉尼人的一支托罗贝人中，有许多家庭还成为伊斯兰教职业宣教群体。

18 世纪，伊斯兰教苏非主义已在西非获得初步发展。同一时期，由昆塔阿拉伯人传入的卡迪里苏非教团，已是西非最有影响的苏非教团。该教团极大地促进了伊斯兰教在西非的发展。毛里塔尼亚、塞内冈比亚是卡迪里教团早期的活动区域。18 世纪初，尼日尔河湾和豪萨地区也成为卡迪里教团的发展区域。当时卡迪里教团的著名长老西迪·穆赫塔尔·昆提（1728—1811）进一步确立了马立克派教法在西非的主导地位。同时，另一个在西非影响巨大的苏非教团，即提加尼教团，作为后起之秀也来到西非并迅速发展。苏非思想成为西非伊斯兰宗教革命运动的重要思想资源。

18 世纪前后，西非伊斯兰教中，马赫迪思想和圣战思想迅速传播，并激发起早期的一系列小规模的圣战运动。伊斯兰圣战运动是西非伊斯兰教中的新事物，改变了西非伊斯兰教一千多年来和平宣教的传统。一方面，它是西非穆斯林受"革新者"思想的激励，而为马赫迪即将到来发起的准备运动；另一方面，它也是伊斯兰教思想日益加深与巩固，并与当地传统宗教力量激烈冲突的结果。

"混合"伊斯兰教

按照当前有些学者对西非伊斯兰教历史阶段的分析，伊斯兰教在西非的传播，大致可划分为三个历史阶段。一是遏制阶段。在这个阶段，西苏丹的统治者对穆斯林和伊斯兰教采取控制措施，在有效利用穆斯林文化与商业价值的前提下，尽量阻扼伊斯兰教对西苏丹社会的渗透。加纳帝国规定，不允许穆斯林在加纳的城市中留居超过一天，于是就出现西非著名的"双城制"，也就是西非穆斯林在距黑人城市不远处另立穆斯林城市。二是混合阶段。这一分阶段，西苏丹的统治者对伊斯兰教的态度有所缓和，且统治者开始接受并皈依伊斯兰教，后期，普通百姓也可以是穆斯林。但是，西非居民，不论是统治者还是平民接受伊斯兰教是有选择性的，只接受伊斯兰教中与传统宗教不相冲突的部分，同时保留对传统宗教的信仰，他们所信仰的伊斯兰教其实是一种"混合"的宗教。三是改革阶段。随着伊斯兰教在西非的不断发展，穆斯林力量越来越强大。在内外部因素的共同推动下，17世纪开始，特别是19世纪，西非穆斯林掀起大规模的伊斯兰教改革运动，以剔除西非伊斯兰教中的异教成分，按中东、北非的模式改造非洲伊斯兰教。①

18世纪初，在西非圣战运动大规模爆发前夕，正是"混合"伊斯兰教大行其道的时期。经过长达千年的斗争，伊斯兰教对西非的传统宗教采取最大可能的容纳态度，愿意放弃自己的某些规定，换取与传统宗教和平相处的机会。

伊本·白图泰，中世纪穆斯林著名旅行家，他于14世纪中叶，在马里帝国最为兴盛的时期来到西苏丹，恰好是西非伊斯兰教从遏制阶段向"混合"伊斯兰教转型的时期，他给我们留下当时西非"混合"伊斯兰教存在的真实记录。首次提出"混合"宗教概念的是19世纪豪萨地区圣战运动的发起人、穆斯林学者奥斯曼·丹·弗迪奥，他认为当时的豪萨伊斯兰教，已掺杂了非洲本土的信仰，不是真正的伊斯兰教，需要改革，回归伊斯兰教的本来面貌。而现代学术意义上的"混合"伊斯兰教，则是摩

---

① Margari Hill, *The Spread Of Islam In West Africa*, Stanford University, January 2009. http://iis-db.stanford.edu/docs/235/Islam.pdf.

温·黑斯克特（Mervyn Hiskett）等学者提出来的。①根据黑斯克特的观点，"混合"伊斯兰教，本质上表述的是一种宗教文化交流现象，即与西非土著宗教信仰结合后的伊斯兰教，也就是在吸收西非传统宗教文化的某些成分之后，而实现一定程度地方化的伊斯兰教。伊斯兰教传播到新的地区之后，为了生存下来，不得不有意或无意地接受地方文化的影响，这本来属于一种正常的现象。伊斯兰世界中心地区的伊斯兰教与伊斯兰世界边缘地区的伊斯兰教除了核心信仰相同之外，二者在某些方面呈现出不同的地方。后者由于受到周围土著文化的影响而发生一定的改变，从而使各地的伊斯兰教带上或浓或淡的地方特色。西非的"混合"伊斯兰教，就是如此。但是，在持正统观念的穆斯林看来，这种"混合"伊斯兰教乃是对正统伊斯兰教的歪曲和篡改，是偏离了伊斯兰正道，让他们难以接受。

伊本·白图泰造访马里帝国时，14世纪的西苏丹伊斯兰教正处于高峰期。但是，他在西苏丹的所见所闻并未使他满意。主要原因在于他所看到的伊斯兰教与真正的伊斯兰教相差太大，即"混合"伊斯兰教的现象无处不在。比如在瓦拉塔：

> 尽管他们的妇女坚持不懈地做祈祷，但是她们见了男人不害羞，也不戴面纱。谁想和她们结婚就结婚，但是她们不跟男人走。如果哪一个女子想随丈夫一起旅行的话，她的诸亲好友都会出面来阻拦。②
> 当地妇女社交公开，可以有异国男子做她们的朋友。同样，男子也可以以异国的女性为朋友。当男子回家，发现自己的妻子与她的男友在一起，他是不会反感的。③

再比如在马里城：

> 他们的女仆、女婢、小姑娘们都赤身裸体、一丝不挂地出现在人

---

① Mervyn Hiskett, *The Development of Islam in West Africa*, Longman Group Limited, London, 1984, pp. 73–109.
② ［摩洛哥］伊本·白图泰口述，伊本·朱甾笔录：《异境奇观——伊本·白图泰游记》，李光斌译，海洋出版社2008年版，第606页。
③ 同上书，第607页。

前。这是有伤风化的行为。在斋月里，我曾目睹很多这样的女子。①

14 世纪中叶，西非的伊斯兰教一方面还处在遏制时期，双城制仍然存在。伊本·白图泰也记录了这一现象：

> 我来到白人居住区，前往穆罕默德·本·法基赫家拜访。②

这里的"白人居住区"即穆斯林城。

《伊本·白图泰游记》揭示出 14 世纪中期西非马里帝国"混合"伊斯兰教大行其道的真实历史，以及遏制时期即将结束的真实状况。那么 400 年后，即 18 世纪圣战运动大爆发前夕，西非伊斯兰教与本土宗教的关系如何呢？

关于这个问题，我们可以在 18 世纪的西非穆斯林学者留下的文献中找到答案。奥斯曼·丹·弗迪奥是豪萨（北尼日利亚）圣战运动的发起者，他的文献中有大量关于当时"混合"伊斯兰教的描述。③ 女人不戴面纱、不实行男女隔离、男人娶妻超过四人等，弗迪奥认为，这都是受当时非穆斯林传统的影响。而这种恶劣的影响已经延续一千多年，仍不改变。在末日审判即将到来之时，现在必须予以改变。

豪萨圣战运动的领袖奥斯曼·丹·弗迪奥，对于豪萨穆斯林社会深受非伊斯兰因素的影响而"自甘堕落"的现实，并非仅是一笔带过，而是进行了系统的总结，并开具了纠正的方法。他对豪萨伊斯兰教的诸多"错误"，穆斯林对伊斯兰教的依据非洲传统宗教的众多所谓"革新"（篡改），进行了严厉的批评。这些"错误"和"革新"，是西非伊斯兰教长期受传统宗教"污染"的结果。④奥斯曼·丹·弗迪奥的这些文字，充分证明了当时豪萨伊斯兰教当中仍广泛存在的"混合"伊斯兰教现象，与

---

① ［摩洛哥］伊本·白图泰口述，伊本·朱甾笔录：《异境奇观——伊本·白图泰游记》，李光斌译，海洋出版社 2008 年版，第 617 页。

② 同上书，第 610 页。

③ 转引自 Mervyn Hiskett, *The sword of truth : the life and times of the Shehu Usuman dan Fodio*, Oxford University Press, 1973, p. 127。

④ Ibraheem Sulaiman, *the African Caliphate: the Life, Work and Teachings of Shaykh Usman dan Fodio*, The Diwan Press Ltd., 2009, pp. 121-128.

伊本·白图泰到访时期相比有过之而无不及。

关于双城制，未见当时的学者有明确的记录。但是，穆斯林与非穆斯林分开居住的现象仍然存在。不过二者有所不同。中世纪的双城制，是西非本土统治者，因担心外来穆斯林对自己的宗教和政权带来威胁，而强迫他们单独居住的结果；而18世纪的穆斯林单独居住，则是穆斯林自己的选择：部分拒绝"混合"伊斯兰教的穆斯林，主动选择分开居住，以保持信仰纯洁。由此，我们也可以看出当时"混合"伊斯兰教存在的广泛性，以及双方斗争的激烈程度。

伊斯兰教与西非万物有灵论者之间斗争激烈。当然，留下文献记录的主要是穆斯林，因为非穆斯林很少有人会使用书面语言。在运动大爆发之前，二者之间的斗争主要限于以口诛笔伐的方式进行神学争论。摩温·黑斯克特在他的著作中对这种争论，通过引用争论的参与者奥斯曼·丹·弗迪奥等人的作品，对这场大争论进行了详尽的描述。[①]从这种斗争的激烈程度，以及语言的火药味，我们可以感受到，当时的穆斯林学者急于改变广泛存在的"混合"伊斯兰教，使西非伊斯兰教向"纯正的伊斯兰教"靠拢。

而到18世纪前后，双城制已经消失，说明遏制时期已经过去，而"混合"伊斯兰教正是当前非洲穆斯林所处的现实。瓦哈比主义反对非洲传统宗教对伊斯兰教的"污染"，苏非主义对"混合"伊斯兰教同样持反对态度。苏非主义的反对，一方面基于宗教的理由，更多的则是基于反对非洲本土政权的现实需要。因此，即将发生的西非圣战运动，将"混合"伊斯兰教作为一个重要的斗争目标，已经超越了宗教的界限，而涉及社会革命的范畴。

---

① Mervyn Hiskett, *The Sword of Truth: The Life and Times of the Shehu Usuman dan Fodio*, Oxford University Press, 1973, pp. 116-131.

第二章

"为主道而战":圣战运动的战争史

19世纪的西非伊斯兰圣战运动,主要发生在西方殖民列强瓜分非洲之前。事实上,在19世纪的绝大部分时间里,除了极少数西方探险家和传教士之外,很少有外部人员真正深入非洲内陆。西方列强对非洲大陆虎视眈眈之际,正是西非圣战运动风起云涌之时。当列强真正与圣战运动发生正面碰撞时,通常这些运动也已进入尾声,或者很快被殖民力量所绞杀。从这个角度而言,外部力量,主要是殖民力量对这次圣战运动的接触并不多,了解也不深,他们所留下的关于这次圣战运动的文献(主要是政府公文)相当有限。所以,早期的学者们,如斯潘塞·崔明翰,在研究19世纪西非圣战运动的历史时,缺乏资料,不可能细致、客观地还原历史的真实过程。

进入21世纪,非洲史和非洲伊斯兰教史的研究,相较于20世纪50—60年代,已经极大地向前推进。学者们不断发掘相关资料,不断加深对19世纪西非圣战运动的研究。可以说,目前已经进入"精耕细作"的阶段。目前研究的进步,主要依赖于资料的挖掘。西方和非洲本土学者在这方面贡献巨大。他们所发掘和仰赖的资料,主要有以下诸类:其一,欧洲探险家和传教士的有限记录;其二,殖民者的个人记录和研究;其三,殖民政府的公文、公报等文献;其四,19世纪圣战运动时期穆斯林学者的阿拉伯语、非洲本土语言文献;其五,学者们对非洲口头民间文学,如诗歌等的记录与整理。尤其是后两类文献,因为是非洲自己的文献或口头记录,对深化圣战运动的研究意义重大。

19世纪西非圣战运动,前半部分主要是战争阶段,即西非穆斯林所谓"剑之圣战","圣战"式的武装斗争阶段,或者可称之为武力"圣战"阶段。这一阶段,虽然其中不乏改革措施,但主要表现为残酷而血腥的武装斗争。"圣战"的斗争果实，也是后来推动宗教与社会改革的前提。本章主要探索这次圣战运动中的战争的历史。

本章对19世纪圣战运动战争阶段的记述和整理，并非建立在笔者对文献的研究发掘上，而是完全依据西方、非洲学者对研究文献的发掘和中国学者对非洲历史的研究。这里对圣战运动历史的回顾，力求简明扼要，在最新研究的基础上，尽可能做到客观公正，以作为后文讨论的基础。

第一节　奥斯曼·丹·弗迪奥：豪萨地区的武装圣战

豪萨

豪萨作为一个地区，东起乍得湖畔，西至尼日尔河湾，大致相当于今天的尼日利亚北部和尼日尔南部。豪萨是19世纪西非首场大规模圣战运动发生和演绎的主要场所，并在这里建立了索科托哈里发帝国。

豪萨的居民，历史上曾几经变迁。根据近几十年西方学者对相关文献的发掘，主要是《卡诺编年史》[1]《巴高达之歌》[2]《卡齐纳历史》[3]《豪萨编年史》[4] 这四种文献。研究发现，豪萨地区最早的原住民并非豪萨人，而是达拉（Dalla）人的一支，以狩猎为生，信仰万物有灵论。公元10世纪，受干旱的驱使，来自北方的灾民迁居到豪萨，因其首领为巴高达，而称这些人为巴高达人。巴高达被认为是豪萨人的祖先。巴高达人属定居的农民，他们可能信仰一神论，但还不是穆斯林。经过几代人的混居，巴高达人在文化上被达拉人所同化，也成为万物有灵论者。1345—1358年间，来自马里的穆斯林到达卡诺城，开始传播伊斯兰教。15世纪中期，富拉尼穆斯林也逐渐到达豪萨地区。《巴高达之歌》明确指出，卡诺国王乌玛鲁（Umaru，1410-1421）皈依了伊斯兰教，标志着豪萨王室

---

[1]　*Kano Chronicle*，关于《卡诺编年史》比较详细的研究资料可参见 Hunwick, J. O., "Not yet the Kano chronicle: king-lists with and without narrative elaboration from nineteeth-century Kano", *Sudanic Africa* 4: 95-130, 1993.

[2]　*Wakar Bagauda*，豪萨语史诗，大概成文于1919—1926年。

[3]　*History of Katsina*，根据口述记录而成，内容为卡齐纳王国的历史。

[4]　*Harsa Chronicle*.

阶层的伊斯兰化。15世纪末，西非早期伊斯兰教的标志性人物，穆罕默德·马吉里（Muhammad al-Maghili，1440-1504年），来到豪萨。在此人的努力下，伊斯兰教最终在豪萨站稳脚跟，而不是此前认为的，是马吉里将伊斯兰教传播到豪萨。事实上，豪萨伊斯兰教可能是多种因素共同作用的结果：博尔诺的影响；北非的冲击以及后来跨越撒哈拉沙漠而来的埃及伊斯兰文化的渗透。此后数个世纪，豪萨的伊斯兰教一直在时断时续地发展。直到19世纪圣战运动爆发。

这几种文献带给我们这样的信息：第一，伊斯兰教到达豪萨的时间大概在14世纪中期至15世纪初；第二，伊斯兰教是自西向东传向豪萨，而非传统认为的自北方的撒哈拉或东方的博尔诺渗透而来；第三，豪萨最早的穆斯林并非自西面迁来的富尔贝人，而是更早一些的马里人。目前，这三条结论已基本上被学术界所接受。但是，在19世纪圣战运动期间，豪萨的居民主要是当地的豪萨人，以经营农业为主，和外来的富拉尼人，以经营牧业为主。前者部分伊斯兰化，后者已完成伊斯兰化。

运动前夕，豪萨的伊斯兰化进程虽然已有近5个世纪，伊斯兰化的程度却相当低。除了外来的富尔贝穆斯林学者阶层之外，豪萨当地各地方政权的皇室贵族基本上已皈依伊斯兰教，但人数最多的社会中下层，仍坚守非洲传统宗教。即使如此，豪萨伊斯兰教中仍掺杂了大量的非洲传统宗教成分，"混合"伊斯兰教成为当时穆斯林信仰的常态。人们对伊斯兰教所知甚少，除了一些简单伊斯兰教知识之外，如伊斯兰教是"继承四大哈里发的宗教"，信仰独一真主安拉。根据当时的文献来看，即使完成伊斯兰化的富尔贝人，对伊斯兰教法学派及伊斯兰哲学的内容也所知甚少。而当地的非穆斯林，通常将非洲传统信仰视为宗教，而将伊斯兰教视为外来的"迷信"。

豪萨地区的伊斯兰教与穆斯林社会

在圣战运动之前，豪萨地区政治上并未统一，地方王国或酋长国各自为政。富尔贝穆斯林把圣战运动之前的豪萨诸国称为"黑贝国家"（Habe states）。其中比较大的黑贝国家有七个，即著名的豪萨七国（Hausa Bakwai）：道拉（Daura）、戈比尔（Gobir）、卡齐纳（Katsina）、扎里亚（Zaria）、卡诺（Kano）、比拉姆（Biram）、拉诺（Rano）。这些国家的王室，大多已初步伊斯兰化，王室成员使用穆斯林名字。当然，他们奉行的是"混合"伊斯兰教。

虽然豪萨地区的原住民是豪萨人，富尔贝人虽然是后来者，但在豪萨的穆斯林中逐渐占据多数。在19世纪圣战运动之前，豪萨地区与塞内冈比亚和博尔诺相比，是西非伊斯兰化程度最低的地区。虽然伊斯兰教在1500年就在豪萨站稳脚跟，这并非说明它已被广泛接受。可能的情况是，从周围的北非和埃及过来的穆斯林——到苏丹寻找黄金和奴隶的商人，以及希望到苏丹宫廷挣高薪的穆斯林学者——来到"黑贝"国家定居。他们构成当地小规模伊斯兰社会的核心，然后再逐渐影响周围持万物有灵论的土著居民。首先，一部分酋长和宫廷人员名义上接受了伊斯兰教，并参加某些伊斯兰仪式，如每年的宰牲活动，可能还参加周五的聚礼，他们认为这些与伊斯兰教有关的事务属很高贵的行为。同时这些人仍保留他们的原来的头衔，仍参加传统的宗教仪式，而酋长的臣民们，仍是异教徒。他们并不想放弃自己的传统崇拜，即使酋长希望全盘接受伊斯兰教，可能他们也不能这么做，传统宗教背后是世代承袭的世俗权力，谁也不敢轻言放弃权力。结果，两种文化同时并存，有时合而为一，形成"混合"伊斯兰教。长期以来，伊斯兰宗教实践与万物有灵风俗和仪式同时举行，基本能够互不干涉。尽管豪萨的穆斯林人数很少，但不论豪萨穆斯林还是富尔贝穆斯林，对以非穆斯林为主的贵族统治者都非常不满。这些不满有宗教上的原因，根本上却是政治上的和经济上的原因。在宗教上，作为穆斯林，他们痛恨贵族帮助非穆斯林的军队打击穆斯林兄弟；他们痛恨把穆斯林卖为奴隶的行为；苏丹们名义上自称穆斯林，却并不遵守伊斯兰教法，还信仰异教的神灵并为之献贡，他们鄙视这样的行为。同时，他们也鄙视统治者宫廷生活的奢侈与罪恶，鄙视他们欺压百姓的行为。他们抱怨法庭判决不公，抱怨官员任命中的腐败行为。最为重要的是，商人们痛恨繁重的市场税，而游牧民痛恨养牛税。当地的穆斯林学者指出，这一切都违反了《古兰经》的规定。为此，他们以伊斯兰教的名义，宣传改革，主张剔除这些不符合伊斯兰教法的规定，禁止不合教法的行为，不但吸引了穆斯林，而且不喜欢伊斯兰教的土著宗教信仰者也支持他们的改革主张。至此，豪萨地区宗教、政治变革的条件已经成熟，现在所缺少的只是一个运动领导者。

虽然革命的条件已酝酿成熟，但值得注意的是，甚至在19世纪初，豪萨地区的伊斯兰化的程度还不如博尔诺和西苏丹的塞内冈比亚，那么为什么圣战运动却首先发生在豪萨呢？这其实应该从两个方面来看。一是历史的偶然性，刚好豪萨出现了一位著名的伊斯兰学者奥斯曼·丹·弗迪奥，而其他地区没出现这样能够领导圣战运动的宗教学者。但是偶然性中有必然，弗迪奥以宗教学者和运动发起人的身份出现，显然是长期受其伊斯兰学术家族长期熏陶的结果。二是18世纪的小规模圣战运动主要发生在塞内冈比亚地区，如果把视野放得更远一些的话，其实不是豪萨地区，而是塞内冈比亚首先发生了圣战运动。这刚好印证了塞内冈比亚的伊斯兰化程度更高，发生宗教改革的条件更成熟的判断。

圣战运动初战告捷

在19世纪之前西非小规模圣战运动的影响下，圣战运动链条的下一个环节从19世纪初的豪萨地区开始。戈比尔王国一位名叫奥斯曼·丹·弗迪奥的富尔贝人（具体而言，是富尔贝人中的托罗贝宗教学者阶层），是一位最为著名的穆斯林游学学者。经过长年的持续宣教，他的宗教影响终于传遍了整个西苏丹。奥斯曼的祖先也是从塞内冈比亚迁居到豪萨地区的，他的兄弟阿卜杜拉（Abdullah）也是宗教学者。兄弟二人曾求学于西苏丹众多穆斯林学者门下。他们的最后一位导师是阿加德兹著名的学者吉布里尔·乌玛尔（Jibril b. Umar）。因为吉布里尔在阿加德兹的图阿雷格人中发动了一次不成功的伊斯兰圣战运动，奥斯曼·丹·弗迪奥最终被迫离开阿加德兹。奥斯曼·丹·弗迪奥在20岁时回到豪萨，开始在凯比（Kebbi）、扎法拉（Zamfara）和戈比尔教学与传教。不久他身边就吸引了很多学生，这些学生学成后分别回到自己的家乡，在包括豪萨及其以外的地区，继续宣教。奥斯曼·丹·弗迪奥与他的学生们继续保持书信联系，以提高学生们的知识水平，保持他们的宗教信仰热情。

奥斯曼·丹·弗迪奥认为，为了达到穆斯林的目标，和平的传教与改革不如暴力与血腥更为有效。即使如此，他发现由于"混合"伊斯兰教大行其道，自己的力量还不足以与势力强大的戈比尔王国国王巴瓦（Bawa）直接短兵相接，谈判成为现实的选择。他模仿伊斯兰教先知穆罕默德与麦加贵族的谈判，与戈比尔王室展开谈判。双方经过协商，签订了一项协议。协议规定，对方同意尊重穆斯林宗教信仰的自由，尊重穆斯林女性戴头巾的权利，因为这是伊斯兰教的象征。减轻穆斯林的赋税，被关押的穆斯林也从监狱释放。但是非穆斯林贵族们不赞同这个协议，巴瓦去世后，他们劝说新国王纳法塔（Nafata，1796-1802）取消了这个协议，并且命令所有皈依伊斯兰教的人重回传统宗教。许多穆斯林，其中呼声最高的是奥斯曼·丹·弗迪奥的兄弟阿卜杜拉，希望以武力反抗纳法塔，奥斯曼·丹·弗迪奥没有同意，他在等待时机。

纳法塔死后，他的儿子杨法（Yunfa）继任戈比尔国王，他首先向奥斯曼·丹·弗迪奥诉诸武力。他与穆斯林对抗，试图在戈比尔的首都阿卡拉瓦（Alkalawa）谋杀奥斯曼·丹·弗迪奥，没有成功。1804 年，双方的紧张关系进一步升级，奥斯曼·丹·弗迪奥的一位学生，也是一位穆斯林学者，强行把杨法的一群穆斯林奴隶释放为自由人，这一行为成为战争的导火索。内战终于爆发。这不仅是富尔贝穆斯林与土著信仰的豪萨人作战；也有一些穆斯林，包括富尔贝人和豪萨人站在杨法一边，同时一些信仰当地宗教的富尔贝人和豪萨人也同情奥斯曼·丹·弗迪奥。由此可以看出，这场战争并非全部由宗教因素所致。

奥斯曼·丹·弗迪奥及其战友，包括他的父亲，他的兄弟阿卜杜拉，他的儿子穆罕默德·贝洛（Muhammad Bello）和阿卜德·萨拉姆（Abd al-Salam）以及他的一些弟子和学者都从德吉尔（Degel）撤退到戈比尔西部边境的古杜（Gudu）。这是模仿先知穆罕默德的"希吉拉"，主要目的在于增强这场战争的宗教合法性。此后几个月，奥斯曼·丹·弗迪奥的支持者从戈比尔和西苏丹各地汇聚于此。支持者们尊称奥斯曼·丹·弗迪奥为"舍胡（shehu）"①。奥斯曼·丹·弗迪奥的大多数战友是富尔贝人，其次是图阿雷格人和豪萨人。奥斯曼·丹·弗迪奥在古杜被选为埃米尔·穆米尼（Amir al-Muminin，意为"信士的长官"），然后他像穆罕默德先知在麦地那一样发动了对非穆斯林的战争。因为奥斯曼·丹·弗迪奥本人已人到中年，他不是一个战士而是一位学者，所以由阿卜杜拉和贝洛负责军事行动，他本人退出战争，专心于宗教学术。奥斯曼·丹·弗迪奥的女儿娜娜·阿斯玛（Nana Asmau）及其丈夫吉达杜（Gidado）负责国家的行政管理，吉达杜出任新生的伊斯兰政权的维齐尔（相当于总理）。

在"古杜之战"大败杨法的军队后，奥斯曼·丹·弗迪奥声名鹊起。穆斯林军队挥戈南进，占领扎法拉和凯比。奥斯曼·丹·弗迪奥发布了两个政治宣言：《致苏丹人民》（Whthiquat Ahl al-Sudan）和《稀有动物之

---

① Shehu，尊称，意为教师。

书》（Kitab al-Farq），他在宣言中指出，穆斯林的职责是抵制非洲本土宗教，推翻非穆斯林所领导的魔鬼政权。最终，苏丹杨法在1808年阿卡拉瓦失陷时被杀，旧政权的强力抵抗终结。穆斯林军队占领大部分戈比尔、扎法拉和凯比。1809年，贝洛建立了索科托（Sokoto）作为新首都，对占领区进行管理。

奥斯曼·丹·弗迪奥的圣战运动立刻在豪萨周边地区激起穆斯林革命的热情。"舍胡"给这些人授予革命大旗，表明他们有权在自己的国家以奥斯曼·丹·弗迪奥的名义进行革命。穆斯林军队势如破竹，在豪萨附近的一系列城市国家，包括所谓的"豪萨七国"及其附近的其他国家，相继建立伊斯兰政权：①1809年，"舍胡"的支持者占领了扎里亚、卡齐纳和卡诺这三个城市，扎里亚和卡齐纳的豪萨统治者出逃，分别在阿布贾（Abuja）和马拉迪（Maradi）建立新国家。②马西纳的艾哈迈德·洛博（Ahmad Lobbo）是奥斯曼·丹·弗迪奥的学生，苏非学者。他在富尔贝人和班巴拉人中间传教。在战胜本土宗教的信仰者后，迁居到罕姆杜拉希（Hamdullahi），建立了新首都。有一段时间他听命于索科托的管理，但他最终自称信士的长官，建立了一个独立的穆斯林国家（后文将详述）。③努佩（Nupe）国的国王埃苏（Etsu）的宫廷顾问丹杜（Dendo）是富尔贝人，他将奥斯曼·丹·弗迪奥的伊斯兰革命引入到努佩，将努佩转变为伊斯兰国家。④阿德玛瓦（Adamawa）埃米尔国的建立者是宗教学者阿德玛瓦（Adamawa），他是富尔贝人，在博尔诺接受教育。1806年，他到索科托接受了革命的旗帜。他团结贝奴（Benue）的富尔贝人，征服了曾经被许多小酋长统治的大片地区。1841年，他以约拉（Yola）为首都建立了埃米尔国。⑤伊洛林（Ilorin）越过尼日尔河再向南，有一个曾经盛极一时的由约鲁巴（Yoruba）人组成的约鲁巴国家，当时这个国家因为政局不稳正走向衰落。1817年，奥约（Oyo）国的军事统帅阿芳贾（Afonja）举兵反抗该国的国王阿拉芬（Alafin），在伊洛林自立为王。为了能脱离奥约国获得独立，他向富尔贝人求助，邀请宗教学者阿里米（Alimi）作为自己的顾问。阿里米的儿子秘密地取得圣战运动的大旗。正当阿芳贾试图从富尔贝人的阴影下解放自己时却被暗杀，阿里米的儿子登上了王位。伊洛林并入索科托哈里发国。富尔贝—伊洛林的联军洗劫了奥约的国都，杀死了阿拉芬，并把运动向南推进到约鲁巴人的地区，直到1839年伊巴丹（Ibadan）

人在奥绍博（Oshogbo）的战斗中用先进的火炮才阻止圣战继续向南发展。此后，约鲁巴人进行了一系列战争，试图在奥约国垮掉后重建统一的约鲁巴国，但都无功而返。

到1817年奥斯曼·丹·弗迪奥去世时，哈里发国的疆域大致建立起来。在豪萨周围所有古老国家中，东部的博尔诺是这场战争没能征服的唯一国家。奥斯曼·丹·弗迪奥的去世，标志着圣战运动第一阶段，即武装斗争阶段的结束。

奥斯曼·丹·弗迪奥，这位15世纪豪萨地区富拉尼人定居者的后裔，年轻时虔诚地学习伊斯兰教，成人后不久的一段时间，以传教、教书育人和写作为己任。他本人、他的同道及弟子在追求伊斯兰理想时屡屡碰壁，最终他们利用有利的时局，果断采取武力手段，实现伊斯兰理想。其结果就是富拉尼人的圣战，或者穆斯林的圣战，最终使他们控制了豪萨绝大部分地区。奥斯曼·丹·弗迪奥的一生，很大程度上就是圣战前的一系列事件、圣战本身、圣战的结果等的集合。他的伊斯兰宗教精神及社会治理思想，成为此后豪萨圣战运动的第二个阶段——改革阶段——的指南。

第二节　阿赫马杜·洛博：马西纳地区的武装圣战

马西纳

马西纳位于尼日尔河湾平原西部。尼日尔河湾在豪萨的西面，大致相当于现在的马里中部和布基纳法索的北部地区。这里是尼日尔河中游地区，大河在这里绕了个大弯，由南向北流，然后转向东，再向南流，冲击成著名的尼日尔河中游平原。尼日尔河湾河网密集，湖泊连片，是一块肥沃的土地。它的北部边缘就是一望无际的撒哈拉沙漠，但尼日尔河湾地区却是西苏丹最适于农耕的地区。马西纳城就位于尼日尔河湾的西部，居民主要为富拉尼人和班巴拉人，以农业和捕鱼业为主。

尼日尔河湾西临塞内冈比亚。8世纪伊斯兰教到达塞内冈比亚以后，很快就传播到尼日尔河湾，因此这里也逐渐发展为西非伊斯兰化较早的地区之一。杰内（Jenne）、廷巴克图（Timbuctu）、加奥（Gao）都是中世纪重要的伊斯兰教中心。公元14世纪，到西非游历的伊本·白图泰，曾到过廷巴克图和加奥，目睹了两地伊斯兰教繁荣的景象。西非历史上的伊斯兰教三大帝国，加纳、马里和桑海，都曾占据该地区。河湾的北面沙漠地区，属于柏柏尔人的一支图阿雷格人的活动范围。河湾北缘的伊斯兰名城廷巴克图（现名通布图），就是图阿雷格人的遗产。

1591年，处在桑海帝国下的马西纳，遭受摩洛哥的入侵。入侵导致桑海帝国四分五裂，伊斯兰教失去国教的地位，社会动荡，贸易衰落，给马西纳带来巨大的冲击。但是作为穆斯林的摩洛哥入侵者，带来的一个直接结果，是伊斯兰教继续在尼日尔河湾传播，尽管速度并不是特别快。卡迪里苏非教团在这里稳步推进（见地图3）。

相比于杰内、廷巴克图等城市，马西纳的伊斯兰教色彩要暗淡得多。甚至在19世纪初，马西纳的主要居民富尔贝人和班巴拉人，都不信仰伊斯兰教。马西纳的统治者出自富尔贝人的迪尤拉（Dyola）部族，其中最重要的国王是阿杜（Ardo），19世纪初的马西纳臣服于塞古的班巴拉国王。这里虽然属非穆斯林地区，但也有一些少数的富尔贝人、索宁克（Soninke）人、桑海人和肯拿塔摩尔（Kenata Moors）人信仰伊斯兰教。18世纪末，一位肯拿塔摩尔穆斯林学者穆克塔尔（al-Muktar）在马西纳的非穆斯林中间传教，在他的影响下，很多当地居民加入了伊斯兰教卡迪里苏非教团。当时由于杰内被摩洛哥人占领，又属于中世纪的伊斯兰名城，伊斯兰化程度很高，但马西纳的伊斯兰化程度仍不高，一部分人皈依伊斯兰教，同时也有一部分穆斯林又回归传统的非洲宗教。这大致就是阿赫马杜·洛博发动圣战之前的情况。

阿赫马杜·洛博筹备圣战运动

奥斯曼·丹·弗迪奥的思想和索科托圣战运动的成功，对19世纪马西纳的历史产生了重大影响，激励这里的穆斯林学者也发起圣战运动。穆克塔尔的传教活动为马西纳阿赫马杜·洛博领导的伊斯兰革命铺平了道路。阿赫马杜·洛博也是一位富尔贝人，有时也称之为哈马德·巴里（Hamad Bari）或塞库·阿赫马杜（Seku Ahmadu）。他的父亲是杰内著名的伊斯兰学者，早年，他曾向很多人学习伊斯兰教：先是跟随著名的卡迪里教团苏非长老、阿拉伯昆塔部落的著名宗教领袖西迪·穆罕默德（1826年去世）学习苏非主义；继而，跟随奥斯曼·丹·弗迪奥学习宗教，后者的教育也对他产生了深刻影响。他早期曾在戈比尔参加过奥斯曼·丹·弗迪奥的圣战运动，这使他萌生了改变自己所处的马西纳社会的想法。穆克塔尔及其弟子受索科托学者的影响，运用索科托学者的作品中教导的方法解决他们之间的纠纷，根据伊斯兰教法审判案件。阿赫马杜受西迪·穆罕默德、奥斯曼·丹·弗迪奥苏非思想的影响，也成长为卡迪里教团的苏非长老。

初步成名之后，阿赫马杜·洛博在杰内传教授徒。摩洛哥统治当局认为他的思想并非真正的伊斯兰教，也担心他的势力增强，就将他驱逐出去。阿赫马杜模仿先知穆罕默德的"希吉拉"，迁居到马西纳的国王阿杜管辖下的塞伯拉（Sebera）。这次"希吉拉"，已是他准备发动圣战的前奏。按伊斯兰传统，"希吉拉"实际上属于一种战略撤退，为以后的军事进攻做准备。

在塞伯拉，阿赫马杜以奥斯曼·丹·弗迪奥为榜样，招收弟子，宣传苏非主义。他作为一位宗教学者、改革家和虔诚穆斯林的声誉四处传扬。国王阿杜感觉自己的地位受到威胁，命塞古的班巴拉人国王把阿赫马杜赶走。阿赫马杜再次进行"希吉拉"，迁居到哈姆杜拉希（Hamdullahi）。1818年，他在这里接受了奥斯曼·丹·弗迪奥的命令，宣布发动伊斯兰圣战。阿赫马杜被其追随者推选为埃米尔·穆米尼，以穆斯林领袖的身份揭开了武装斗争的序幕。

建立马西纳的伊斯兰神权国家

宣布圣战之后，阿赫马杜首先剑指塞古。塞古的居民主要是班巴拉人，在西苏丹历史上，班巴拉人以拒绝伊斯兰教而闻名。在穆斯林心目中，班巴拉的代名词就是"卡菲尔"（异教徒）。对于阿赫马杜的穆斯林军队，塞古的班巴拉人做了认真防御的准备。但是面对强大的富尔贝人，班巴拉人也无能为力，阿赫马杜击溃了塞古的军队，这让阿赫马杜作为伊斯兰学者的名声大震。[①]同时杰内的穆斯林学者们邀请他到杰内掌握管理权，却遭到

---

① 把班巴拉人等同于"卡菲尔"的不只是穆斯林，让这种观念得以广为人知的还是法国人。但是，有学者认为班巴拉人虽然非常坚决地抗拒伊斯兰化，但是这并不是班巴拉人的全部，居住在尼日河左岸的 Beledugu 地区的班巴拉人对伊斯兰的抗拒就没有那么强烈，甚至有部分班巴拉人信仰了混合教义特色非常明显的伊斯兰教。详细情况请参见 B. Marie Perinbam: "Islam in the Banamba Region of the Eastern Beledugu, C. 1800 to C. 1900", *The International of African Historical Studies*, Vol. 19, No. 4. (1986), pp. 637-657.

杰内军队的拒绝。杰内军方杀掉阿赫马杜的使者。阿赫马杜决定向杰内进攻，穆斯林军队很快就占领了杰内，收复了这座被摩洛哥人自1591年以来长期占领的伊斯兰古城。接着马西纳的富尔贝人也举兵反抗，推翻了阿杜的统治，邀请阿赫马杜来占领马西纳。其他地方的富尔贝酋长，也宣布支持阿赫马杜。其实这些富尔贝人多为政治上的投机者，并非真正的穆斯林。1820年，阿赫马杜建都于哈姆杜拉希。他为了表明马西纳政权相对于索科托政权的独立性，同时也是为了扩大影响，并证明新政权的合法性，宣布自己是古代桑海帝国阿斯基亚·穆罕默德①之后的第12任哈里发。

1826—1827年，也有人说是1825年，阿赫马杜征服了伊斯兰重镇廷巴克图，在这里建立了一个富尔贝人的军事堡垒，以确保廷巴克图人的忠诚，同时也是为了防御北方图阿雷格人的进攻。此外北部的阿拉伯昆塔部落也对新政权构成威胁。昆塔人对阿赫马杜向黑人传播伊斯兰教极为不满，因为黑人皈依伊斯兰教之后，作为穆斯林不得吸食烟草，这样便损害了他们与黑人之间获利丰厚的烟草生意。廷巴克图的居民主要为桑海人，伊斯兰学者阶层却是肯拿塔摩尔人。1844年②阿赫马杜去世后，因为不满富尔贝人而不是桑海人或者肯拿塔摩尔人占据政府高位，廷巴克图的居民在巴凯（Al-Bakkai）的领导下起义。阿赫马杜的儿子阿赫马杜二世被迫与巴凯签署协议，主要内容为廷巴克图应该向马西纳献贡；在政治上桑海人和肯拿塔摩尔人应优于富尔贝人；富尔贝人的军事堡垒应从廷巴克图撤走。解决了这场民族间的纷争之后，马西纳帝国进入相对稳定期。

马西纳帝国的灭亡

阿赫马杜·洛博的斗争对象主要有两个：一个是富尔贝人的迪库

---

① 桑海帝国阿斯基亚王朝的创立者（1493—1528），桑海帝国创始人桑尼·阿里之甥。1493年，从桑尼·阿里之子桑尼·巴罗手中夺取王位后，在原有水军的基础上，建立骑兵和步兵，进一步扩展了桑海帝国的版图。由于国土辽阔，为巩固其统治，他建立了比较严密的行政制度：把帝国划分为10个省，派亲信治理；任命一些部长负责国内行政管理；在廷巴克图和杰内等重要城市派驻总督，重要港口还派有专门负责交通和税收的官员；完善税收制度，统一度量衡，改良农业，推行伊斯兰教法律，信任并重用伊斯兰学者，赢得了他们的支持。在他统治期间，桑海的政局比较稳定。1496年前后，曾赴麦加朝圣，其排场之盛大，堪与曼萨·穆萨媲美。老年后双目失明，1528年被废黜。

② 有些文献认为阿赫马杜于1845年去世，如Nebemia Levtzion & Randall L. Pouwels：*The History of Islam in Africa*，Ohio University Press，2000. p. 140。

（Dikko）部落，因为迪库人拒绝接受伊斯兰教，阿赫马杜把他们称为"阿杜恩"（ardoen），即"信仰谬误者"；另一个是异教徒的班巴拉人。另外，马西纳运动的发生地有西非两个历史悠久而著名的伊斯兰学术中心：杰内和廷巴克图。这两个城市中的乌勒玛相对于主张战争手段的阿赫马杜，他们的思想比较传统，不愿意用激进的方式改变现状，并且他们认为阿赫马杜的思想比较浅博，缺乏深刻的伊斯兰思想做支撑。所以在马西纳的运动中，激进的伊斯兰教与保守的伊斯兰教两派之间存在着尖锐的冲突。阿赫马杜的圣战运动对杰内和廷巴克图这样的城市影响不大，反而对城镇之外的乡村，包括农民和牧民影响比较大。富尔贝游牧民，甚至最善于反抗的图阿雷格人，也深受阿赫马杜改革热情的影响。这样，在伊斯兰浪潮的推动下，马西纳乡村地区的伊斯兰化取得了重大进展，迪库部落皈依了伊斯兰教，少部分班巴拉人也成了穆斯林。

但是阿赫马杜领导的运动所取得的成就，没有豪萨的伊斯兰化那样深入和持久，大部分班巴拉人仍然没有皈依伊斯兰教，他想让游牧民成为穆斯林的计划，也基本上以失败告终。更有甚者，阿赫马杜二世和阿赫马杜三世已经不像阿赫马杜·洛博那样是伊斯兰学者，而几乎是纯粹的军事冒险家。所以这让那些跟随阿赫马杜·洛博的虔诚穆斯林非常失望，最终，他们不再忠于卡迪里教团的阿赫马杜家族，而转向提加尼教团的改革者哈吉·乌玛尔·塔勒。塞内冈比亚的伊斯兰武装圣战运动的发起人哈吉·乌玛尔·塔勒，因法国人的逼迫，自塞内冈比亚向东撤退时，与马西纳帝国发生矛盾。二者之间立刻发生穆斯林内部惨烈的战争。1862年，哈吉·乌玛尔·塔勒以新占领的塞古城为基地，向哈姆杜拉希发动攻势。1862年3月16日，马西纳帝国国王战死，帝国也就很快被乌玛尔征服。

至此阿赫马杜·洛博所领导的马西纳圣战运动的武装斗争部分结束。

第三节　哈吉·乌玛尔·塔勒：塞内冈比亚的武装圣战

塞内冈比亚

塞内冈比亚，意即塞内加尔和冈比亚的合称，但在研究非洲伊斯兰教历史中的塞内冈比亚，其地理范围要大于塞内加尔和冈比亚，泛指马西纳帝国，即尼日尔河湾以西至大西洋之间的广阔区域，包括几内亚比绍和几内亚北部，以及马里西部部分地区。

塞内冈比亚与西北非的摩洛哥有商道相连，属于撒哈拉南北联系较为便利的地区，交往的频繁使这里成为西苏丹最早接触伊斯兰教的地区，也是西非伊斯兰化比较彻底的地区。有资料显示，早在公元8—9世纪，伊斯兰教就已到达塞内冈比亚。塞内加尔河谷中游地区，是该地区伊斯兰教文化的中心。11世纪，位于这里的塔克鲁尔王国，其王室成员已完成伊斯兰化，国王还号召臣民和邻邦各国皈依伊斯兰教。1056年，摩洛哥的穆拉比特王朝远征西苏丹时，作为伊斯兰国家，塔克鲁尔国家以支持者的姿态对北非军队的到来欢欣鼓舞。12世纪中叶，塔克鲁尔进一步壮大，疆域向东扩展到现在马里的巴马科地区。塔克鲁尔灭亡后，伊斯兰教却没有消失。塔克鲁尔作为地名保留下来，成为阿拉伯人文献中西苏丹伊斯兰国家的代称。11世纪穆拉比特人的入侵，还在塞内冈比亚催生了另一个伊斯兰国家：乔洛夫王国。这个国家在13—16世纪达到极盛，并断断续续地持续到殖民时代之前。当然，加纳帝国和马里帝国都曾控制过塞内冈比亚部分地区，虽然两帝国在这里的权力并不稳固，但是对巩固这里的伊斯兰教仍有一定的正面效应。14—15世纪，苏非主义传播到塞内冈比亚。17世纪，马拉布特一词已被当地居民广泛应用，这说明苏非圣人和苏非修道成为这里的普遍现象。1673—1677年，纳斯尔丁在塞内冈比亚发起一次不太成功的武装圣战，既是抵抗欧洲人的进攻和反抗捕奴运动，也是为了将这里的伊斯兰化继续向前推进。

19世纪圣战运动发生之前，塞内冈比亚的主要居民为沃洛夫人、谢列尔人、曼丁哥人、富尔贝人和图科洛人，这五个民族占塞内冈比亚居民的80%，并且他们都具有大致相似的社会结构和政治组织机构。

在沃洛夫人和谢列尔人中，有四个主要的社会阶层：①统治者的阶层；②自由人（jambur），多为农民；③卡斯提阶层（nyenyo），即世袭的社会职业者，如歌舞艺人、工匠和制革工人等；④奴隶（tyeddo）。其中自由人的人数最多，他们的社会地位高，却并不一定代表富有或者安全。卡斯提阶层经济上比较富裕。王室的奴隶通常掌握着权力。由于奴隶依附于王权，他们是军队的主力，所以经常染指政权。塞内冈比亚的自由人和奴隶之间区别不大，区别最大的地方在于能够接近权力中心的阶层和远离权力中心的阶层。歌舞艺人和王室奴隶最为敌视伊斯兰教。曼丁哥人也有这样类似的社会结构。图科洛人的社会等级则比较严格，社会秩序也比较稳定。在以游牧业为生的富尔贝人中，社会阶层的区分比较简单，只分为自由人和依附者；而定居的富尔贝人的社会等级则类似于图科洛人。从某种程度上说，富尔贝人与图科洛人之间的区别是人为的，他们有共同的语言，彼此认为没有区别。

18 世纪，在塞内冈比亚的富塔地区的伊斯兰国家中，都是选举产生国王，选举制度基本上区别不大，或是通过一个选举委员会，或是由自由人组成的会议等。但是被选举人首先要通过资格认定，一般按父系或母系制度的王室家族才有资格参选。权力竞争经常发生，导致众多的宫廷屠杀或社会动乱。只有图科洛人的王权传承相对稳定。图科洛人的王权一般在两个社会集团中轮换，一是掌握土地的世俗阶层，二是掌握宗教权力的神权阶层。宗教神权阶层通常利用穆斯林的不满情绪发动社会革命。哈吉·乌玛尔就是如此。

19 世纪初，塞内冈比亚的民族、政治地图大致如下：塞古和卡阿塔（Kaarta）是非穆斯林的班巴拉人国家；富塔贾隆、富塔邦杜和富塔托罗是穆斯林图科洛人的国家，每个国家都由一位阿玛米（Almami，国王）统治着；沿海地区还有一些小王国，其中凯约尔（Cayor）的沃洛夫人国家最为重要；离岸小岛上分布着的几个欧洲人居留地，法国占据圣·路易斯（St Louis）岛和戈雷（Goree）岛，英国占领巴瑟斯特（Bathurst）岛。[①]

总之，这就是哈吉·乌玛尔发起武装圣战时的社会、宗教和政治背景。

哈吉·乌玛尔·塔勒

19 世纪圣战运动的领导者，是一位名叫哈吉·乌玛尔·塔勒的图科洛人。乌玛尔 1795 年出生在富塔托罗；1820 年 26 岁时离家朝觐；其后的 20 年，他一直离家漂泊，在外求学，学习伊斯兰教。在游学期间，他目睹了 19 世纪两次影响最为深远的伊斯兰教改革运动：阿拉伯半岛抵抗土耳其的瓦哈比运动；穆罕默德·阿里在伊斯兰国家的埃及，采纳基督教欧洲的工业技术而进行的改革。其间，乌玛尔造访了博尔诺圣战运动的领导者加涅米（al-Kanami），并与加涅米的家族联姻。他也被加涅米这位

---

① 即现在冈比亚的班珠尔。

学者型的改革者所吸引，对他敬佩有加。乌玛尔也在索科托与穆罕默德·贝洛一起生活了7年（1831—1738），阅读索科托穆斯林学者的作品，并参与哈里发国的政治生活。乌玛尔在索科托又娶了两位夫人，一位是贝洛的女儿，她的儿子后来成为乌玛尔的军事统帅；他的另一位夫人，也生了个儿子，取名阿赫默德，后来成为乌玛尔的政治继承人。乌玛尔离开索科托回乡时，许多豪萨人也一起随他而来，这些人后来都在他的帝国中担任重要职位。在回富塔贾隆的路上，他还顺道拜访了马西纳的圣战者阿赫马杜·洛博。

应该说，乌玛尔与同时代的其他圣战运动领导人相比，社会阅历比较丰富，他曾经穿越了撒哈拉沙漠的风沙，足迹远至埃及和阿拉伯半岛。即使在西非范围内，他与当时著名人物都有交往，参与了当时所有的重大事件。他不但学习宗教，更广泛接触社会，对西非的时局虽不能说有清醒的认识，至少有比较认真的观察与体悟。乌玛尔的游历生活，及其观察所得，对他思想的形成至关重要。

其实，对乌玛尔影响最大的是提加尼苏非主义及其苏非教团。18世纪末，提加尼教团由阿赫默德·提加尼长老建立于北非的非斯，该教团向东传到阿拉伯半岛，向南从摩洛哥传播到富塔地区。乌玛尔年轻时就已加入提加尼教团。他在朝觐期间（1825—1828），进一步学习提加尼苏非思想，并被当时的提加尼教团的长老嘎里（Muhammad al-Ghali）[①]任命为苏丹地区提加尼教团的哈里发，也就是该教团在苏丹地区的总负责人。当时，在西非不只有提加尼教团，卡迪里教团的力量比提加尼教团更大，到达西非也更早。但是，卡迪里教团非常强调宗教精神的圆满，而精神的圆满只有达到学者的境界才有可能实现，所以除了那些生活在知识精英家庭的穆斯林学者，普通穆斯林很少有机会实现这样的宗教理想。因此卡迪里教团在普通穆斯林中传播并不广泛，因为他们从来不可能会成为高水平的伊斯兰学者。而提加尼教团则不同，该教团认为，信仰其实很简单，所有人都可以理解。拯救不是通过知识获取，而是通过行动，通过严格地遵循伊斯兰教的道德规范，通过充满热情地为宗教的传播来获取。提加尼教团不强调知识精英的作用，教团的所有成员都是平等的弟兄，只要他们遵循伊斯兰教的道德规范，并传播伊斯兰教提加尼苏非思想，他们的地位比提

[①] 提加尼教团的第四任长老，1829年去世，葬于麦加。

加尼教团外的任何人地位都要高。提加尼苏非主义，将向提加尼教团以外的人展示获得拯救的方法，视为每一位教团成员的神圣职责。这种说教吸引了广大的普通百姓，对青年人和士兵来说，行动比学习更有魅力。乌玛尔也是深受提加尼苏非观念的这种行动主义所吸引，而加入了提加尼教团。乌玛尔认为只有通过"为主道而奋斗"的实际行动，才能达到苏非之道所主张的完美状态。

1839—1848年，乌玛尔从他的基地富塔贾隆开始，在曼丁哥人和图科洛人中间极力扩大提加尼教团的影响。他的大部分信徒是图科洛人和来自富塔地区的曼丁哥人，但是正如后来萨摩里·杜雷的经历所证明的那样，乌玛尔也影响了曼丁哥人。1846年，乌玛尔在他的家乡富塔托罗模仿奥斯曼·丹·弗迪奥和阿赫默德的做法，向人们传递社会改革的信息：你们像异教徒一样饮食喝酒，你们的酋长违反真主的法度，欺压弱小，这都不符合伊斯兰教，所有这些都应该改革！

乌玛尔的名声越来越大，许多穆斯林慕名而来，脱离卡迪里教团加入到提加尼教团。当时，富塔地区的众多穆斯林统治者（阿玛米）都属于卡迪里教团，乌玛尔显然威胁到他们的地位。1848年，阿玛米们把他排挤出富塔贾隆。乌玛尔以"希吉拉"的方式迁居到丁圭雷（Dinguiray，位于现在的几内亚），他的追随者也聚集到这里。乌玛尔用金沙换取枪支弹药，开始准备战争。

哈吉·乌玛尔·塔勒建立图科洛帝国

迁居丁圭雷的"希吉拉"使乌玛尔的运动具有宗教上的合法性与神圣性。图科洛帝国以丁圭雷为基地逐步确立。但是，乌玛尔必须处理好与法国殖民者的关系。1848年，乌玛尔在富塔托罗时，向多年来在塞内加尔沿海港口贸易的法国人建议：只要法国人不向除乌玛尔以外的人销售武器，作为回报，法国人可以在乌玛尔的帝国内进行自由贸易。与法国人的协定，使他不用担心沿海地区的安全。乌玛尔重回内地，1852—1854年，他的军队征服了班布克（Bambuk）和卡阿塔的班巴拉人国家。富塔托罗成千上万的人加入他的军队，其中包括大批从法国统治下的圣路易斯港逃过来的、受过教育的知识分子和熟练工人，这些人帮助乌玛尔建造石头堡垒，修理枪械，增强了他的战斗力。1854年，乌玛尔又重申了对法国人的武器限售建议。乌玛尔力量的增长，使整个塞内加尔的统治阶级开始为自己的地位担忧。他们对乌玛尔的影响高度警惕，对他对法国人的武器禁售建议忧心忡忡。

1854年，乌玛尔邀请马西纳的阿赫马杜三世帮他清除西苏丹的土著宗教，但是遭到阿赫马杜拒绝。因为阿赫马杜属于卡迪里教团，他反对乌玛尔的提加尼教团。于是乌玛尔向塞古信仰土著宗教的班巴拉国王发动进攻。但是阿赫马杜在塞古的国王同意皈依伊斯兰教后，双方联合反抗乌玛尔。乌玛尔认为塞古与非穆斯林联盟是反叛伊斯兰教的行为，应该受到惩罚。1861年，乌玛尔出兵占领塞古。塞古的国王秘密地携带着他曾经对阿赫马杜许诺毁掉的土著宗教神像，逃到马西纳帝国的都城哈姆杜拉希。基于此，乌玛尔有充足的理由，将对马西纳的战争定位为对异教徒的战争。1862年，乌玛尔进军哈姆杜拉希，处决了阿赫马杜。然后，他召集马西纳的所有宗教学者，给他们出示班巴拉国王土著宗教神像，证明他进军马西纳伊斯兰国家和处死叛教者阿赫马杜符合伊斯兰教法。然后，乌玛尔的军队占领廷巴克图，图科洛帝国达到它最强盛之时。

至此，哈吉·乌玛尔·塔勒领导的圣战运动武装圣战的阶段基本结束。此后，图科洛帝国的宗教战争，向抵抗法国殖民入侵的战争转变，直到1898年图科洛帝国被法国殖民军队摧毁。

第四节　萨摩里·杜雷：几内亚的武装圣战

19世纪中期的几内亚与伊斯兰教

"几内亚"一词来源于柏柏尔语，意思大约是"黑人的国家"。还有一种说法是，早期一位法国航海家到达西非海岸，他上岸后问一当地的妇女："这是什么地方？"那位妇女不懂法语，用土语说了声"几内亚"，表明自己是妇女。航海家误认为是地名，因此，几内亚就作为地名而传开了。此处所论及的几内亚，并非几内亚共和国，而主要是中几内亚、上几内亚和几内亚高原。这里是19世纪萨摩里·杜雷领导圣战运动的核心地区。中几内亚为平均海拔900米的富塔贾隆高原，西非3条主要河流——尼日尔河、塞内加尔河和冈比亚河均发源于此，被称为"西非水塔"。上几内亚为平均海拔约300米的台地。现在的几内亚共和国的东南部，为几内亚高原。

几内亚的居民主要为曼丁哥人。曼丁哥人的一支迪尤拉人主要居住在尼日尔河上游与沃尔特河之间的地区，即中几内亚地区。他们擅长远程贸易，也是熟练的工匠——纺织工或者铁匠。迪尤拉人为了贸易而到处迁徙，他们到莫西人①的居住地做生意；与塞内加尔的法国商人和沿海的蒙罗维亚和弗里敦交易。迪尤拉人信仰伊斯兰教。他们大多居住在农村，也有一部分迁居到城镇，但他们不与当地居民混居。迪尤拉人建立清真寺和学校，吸引伊斯兰学者到他们的城镇从事宗教教育。康城（Kong）是迪尤拉人最著名的一个城镇，以商贸而闻名，居民多为纺织工人和染色工人，而且它还以清真寺、学校和宗教学者而闻名。

迪尤拉人城镇周围的居民全部是非穆斯林的曼丁哥人，属于土著宗教信仰者，它只是一个穆斯林孤岛。但是迪尤拉人与周围的邻居友好相处，互相通婚。迪尤拉人虽然为穆斯林，平时也与非穆斯林的邻居们一起举行非洲传统宗教的仪式。迪尤拉人的生活范围包括城镇周围的异教徒，但是迪尤拉人不传教，甚至他们也不热衷于发动圣战运动，因为他们不想唤起周围居民的敌意而影响自己的商业活动。他们其实只是名义上的穆斯林，因为向许多神灵献祭而遭到19世纪伊斯兰改革者的谴责。

19世纪50年代，一些迪尤拉人的城镇逐渐发展为比较大的城市国家。苏丹地区发生的穆斯林改革运动唤醒了迪尤拉人的宗教意识，他们也更加热情地传播伊斯兰教，在非穆斯林中间建立更大的穆斯林居住区。迪尤拉商人发现，建立更大的政治统一体有利于扩大商业利益。康城的势力范围逐渐扩大，控制了北部萨瓦那草原向南的马匹贸易，也控制了从南部雨林地带向北的可可果贸易。到1860年，康城已成为曼丁哥人当中最大的国家。另一个迪尤拉人的城镇康康（Kankan）也发展壮大。另外两个迪尤拉人的城镇奥迭内（Odienne）和锡卡索（Sikasso），到1850年时也发展成比较大的国家。这时候，乌玛尔的一位曼丁哥弟子玛玛杜（Mamadu）开始在康康等迪尤拉人的城镇传播伊斯兰教。

---

① 莫西人（Mossi）：西非的一个民族，现在约有250万人，多为布基纳法索居民。从公元1000年左右莫西人就建立了自己的国家。莫西人与伊斯兰教接触很早并有比较密切的关系，但皈依伊斯兰教者很少，仍保留其祖先崇拜的传统信仰。

萨摩里·杜雷及其早期的立国战争

萨摩里·杜雷，1830年出生在一个信仰非洲本土宗教的曼丁哥人[具体而言，是曼丁哥人的一支马林克（Malinke）人]农民家庭，青年时期他与迪尤拉人一起做生意，用迪尤拉人的产品换取瓦苏鲁（Wassulu）人生产的黄金和来自富塔贾隆的牛。他可能到过弗里敦和图科洛帝国。一位瓦苏鲁人的酋长兼伊斯兰学者让萨摩里皈依了伊斯兰教。萨摩里熟悉哈吉·乌玛尔·塔勒的伊斯兰思想，并且加入了他的提加尼教团。很多迪尤拉人都是提加尼教团的成员。正因为如此，在后来萨摩里建立的伊斯兰帝国中，他把同属提加尼教团的乌玛尔的弟子们安排为帝国的高官。

萨摩里的家乡位于萨斯（Sise）王国①边境上一个叫做康延（Konyan）的地方，萨斯王国是一位名叫摩里·乌勒（Mori Ule）的曼丁哥人的伊斯兰复兴运动者兼商人于1835—1845年间建立的地方政权。1845年摩里·乌勒战死后，其子色雷·伯雷（Sere Burlay，1849-1859年在位）继位，萨斯王国继续发展壮大。1853年，萨摩里加入到萨斯王国的军队。1857年，萨摩里带领自己的亲信脱离了萨斯王国的军队，成为独立的军阀。1857—1867年，萨摩里不断扩军，逐渐赢得自己部族中的本土宗教信仰者和穆斯林迪尤拉商人的拥护。

1867—1881年，萨摩里开始建立独立的王国。建国的动机既有宗教的原因，也有经济方面的考虑。首先，他认为真主特选他去传播伊斯兰教，有宗教上的使命感。作为一名商人，他也希望控制更多的商路，建立稳定的政治秩序以确保商业和伊斯兰教的繁荣。1867年，他首先征服了萨南科罗（Sanankoro），然后逐渐把一些小的曼丁哥国家吞并。曾经权倾一时的萨斯王国也臣服于萨摩里的宗主权。1873年他建都比桑杜古（Bisandugu），1875年占领库姆班（Kumban），把散卡兰（Sankaran）的土著信仰者彻底征服。1870—1878年，征服了尼日尔河上游河谷从库鲁萨（Kouroussa）到锡吉里（Siguiri）的大片领土。1879—1881年，萨摩里镇压了萨斯王国的反叛，彻底征服了萨斯人。1881—1882年，他把统治权扩大到康加巴（Kangaba）。这里是尼日尔河以北班巴拉人国家的一部分，曾经是图科洛帝国的一部分。

---

① 萨斯王国位于现在利比里亚北部。

萨摩里并非总靠武力扩张，有时候也通过联姻的方式，例如对奥迭内的部族；或者通过外交上的联盟，如与丁吉拉伊的提加尼教团的结盟。这里的提加尼信徒由图科洛帝国的皇帝阿赫默德的兄弟阿吉布（Agibu）领导，脱离阿赫默德而独立。

1888年，萨摩里帝国的面积已达298000平方公里，为西苏丹第三大政治体，仅次于索科托哈里发国（466000平方公里）和图科洛帝国（388000平方公里）。萨摩里希望政治的统一，复兴曼丁哥人昔日的辉煌，并且让他的新帝国建立在伊斯兰教的基础之上。实力壮大后的萨摩里，残暴地对待非洲传统宗教信仰者。也许哈吉·乌玛尔·塔勒在曼丁哥人中间传播伊斯兰教为萨摩里铺平了道路。康康镇的情况表明乌玛尔的传教活动是有效果的。乌玛尔和萨摩里都是提加尼教团成员，对传统文化中特别强调男人的尊严与高贵的曼丁哥人来说，提加尼教团强调的平等原则对他们有特别的吸引力。

萨摩里出生在一个普通人的家庭，这一点与19世纪其他的伊斯兰改革者不同，他们都出生在宗教学者家庭。萨摩里在打破统治阶级的地位方面比乌玛尔走得更远。但是他不像乌玛尔和阿赫马杜·洛博那样强迫人们严格遵循伊斯兰教法，从而激起人们的反感。相反他特别强调伊斯兰教育，在每一个新征服的村庄里他最关心的是清真寺建设、学校和教师，他规定政府官员的子女必须接受伊斯兰教育。他可能基于这样的认识：宗教无须强迫，只要一个人思想上真正理解了伊斯兰教的真谛，真正信仰真主，就会自然而然地严格遵守伊斯兰教法。军队也成为传播伊斯兰教的工具，每个士兵都要学习阿拉伯语和伊斯兰教知识。

迪尤拉人的商业城市国家康国和锡卡索都拒绝加入萨摩里的圣战运动，这并不意味着商人阶层反对萨摩里的圣战运动，著名的商业城镇康康和奥迭内就是萨摩里的盟友。萨摩里取消了各小国之间的关税，极大地促进了商业流通。他鼓励向西方殖民者购买武器和弹药，大规模增加出口，商业阶层从中受益很大。不过他对农业和市场的严格控制也招致了商人们的反对。实际上，在那个通信不发达的时代，迪尤拉商人就像是萨摩里的耳目，他们活动在富塔地区的法国人和弗里敦的英国人和尼日尔河岸边的图科洛人中间，向他提供许多重要的信息，使萨摩里在外交政策上游刃有余，获得很大成功。

萨摩里的反法斗争及其失败

1881—1889 年，萨摩里认为法国人忙于与图科洛帝国的作战，无暇他顾，不会侵略曼丁哥帝国。当他认识到法国人力量的强大以及他们企图占领整个苏丹地区的野心时，萨摩里便开始寻求与英国人结盟以自保。

弗里敦的克里奥尔（Creole）人和塞拉利昂的英国人都想与萨摩里结盟。1886 年，萨摩里与法国人签署了一份名为《比桑杜古协议》的边境条约，条约规定：①萨摩里放弃尼日尔河以北的所有土地给法国；②法国尊重尼日尔河以南萨摩里帝国的领土。萨摩里认为这个条约可以消除与法国人的战争，或者至少能够推迟战争的发生，为自己赢得时间。他想与英国人结盟，从弗里敦购买大批武器。法国人签署这份条约是因为他们要为击败北部的图科洛帝国赢得时间，然后腾出力量对付萨摩里。法国人为了中止英国人与曼丁哥人的联盟，法国政府发表声明说，《比桑杜克协议》的签署表明萨摩里已把他的帝国送给法国。

萨摩里以为英国人会与他结盟，这给他一种错误的安全感。然后，他犯了一个战略性的错误：1887—1888 年，萨摩里围攻锡卡索这座西苏丹最坚固的城市达 18 个月之久，为此消耗了大量军事力量。最重要的是他的围攻迫使锡卡索国王迭巴·卓里（Tieba Traore）与法国人签署了保护条约。法国人秘密地命令迭巴·卓里进攻萨摩里的同时，自己也计划进军曼丁哥帝国。萨摩里发现这个问题以后急忙向法国人示好，但是 1891 年法国—曼丁哥帝国之间仍然进行了长达 7 年之久的战争。

萨摩里认识到法国人远比自己强大得多，他努力想与英国人联盟。他对塞拉利昂的克里奥尔人说，他愿意把他的帝国送给英国人，如果英国不派军队占领曼丁哥帝国，法国人就会占领。但是英国人却与法国人合作，把萨摩里扔给了法国。1893 年，在英国控制下的弗里敦市场对萨摩里关闭，曼丁哥帝国的出口通道也失掉了，萨摩里的财政陷入困境。

萨摩里与法国人展开了艰苦的游击战争，沉重地打击了侵略者，但是也被迫不断向东撤退，直到无路可退。萨摩里以达巴卡拉（Dabakala）为首都建立了一个新帝国，史称第二曼丁哥帝国。但是他的力量已大不如前，他失掉了金矿，被切断了与弗里敦的商业联系，只有完全靠自己的工厂生产军需物资。以前帝国南部还有塞拉利昂和利比里亚保护，现在新帝国的南部就是法国人在象牙海岸的军事堡垒。

新帝国的中心是康城，因为与法国签署了保护协议，所以这个城市感觉还比较安全。康城的宗教领袖对萨摩里不感兴趣，他们属于卡迪里教团，鄙视萨摩里所属的没有文化的提加尼教团。1895年萨摩里摧毁了康城，这一行为让所有的穆斯林都大吃一惊，因为在曼丁哥人心目中康城是他们敬仰的伊斯兰学术中心。但因为康城与非穆斯林合作对抗穆斯林兄弟，正如乌玛尔进攻马西纳或者贝洛进攻博尔诺一样①，从伊斯兰教的角度而言萨摩里进攻康城是可以理解的。

萨摩里现在与阿散蒂（Asante）人②拥有共同的边界，而阿散蒂人渴望能够找到对抗英国人的同盟者。但是萨摩里不想再把英国人作为自己的另外一个对手。1896年，英国人在占领阿散蒂之后，挥师北进侵入曼丁哥帝国，占领一些城镇。萨摩里的指挥官为了避免与英国人作战，劝英军撤退，但遭到拒绝。萨摩里的军队把英军打败，活捉英国军官。萨摩里为了缓和与英军的敌对状态，释放了英国军官。1898年，法国军队从北部、西部和南部向萨摩里进攻，英军在阿散蒂阻断萨摩里向东撤退的道路，萨摩里被迫放弃达巴卡拉。双方开始谈判，法国人向萨摩里保证他的安全后，萨摩里投降。后来萨摩里被流放到加蓬，1900年死于此地。

曼丁哥人本来可以在欧洲人征服期间维护自己的独立，但他们向东非的埃塞俄比亚学习，在西非向欧洲人发起了最顽强的抵抗。他们的失败，主要是因为西非的领导者，特别是穆斯林领导者根本不想结成真正的联盟共同抵抗法国的侵略。没有人能认识到法国人的野心到底有多大，等到明白过来时为时已晚。富塔贾隆和锡卡索的领导人对萨摩里既忌妒又怀疑；图科洛人与曼丁哥人彼此相互忌恨；而像康城这样的微小力量又与法国人联合。法国人就是利用穆斯林之间或者穆斯林—非洲本土宗教徒之间的分歧阻止非洲人的联合，然后逐一击溃。

1896年，法军侵入富塔贾隆，杀死阿玛米，后来虽然扶植了一个傀儡，但又借口其同情萨摩里而将其废黜。1893年，锡卡索的迭巴去世，他的兄弟巴·奔巴（Ba Bemba）继位。法国人要求锡卡索接纳法国驻军和法国公使，遭到拒绝后，1898年6月18日，法国军队直接占领锡卡索。

---

① 关于豪萨与博尔诺的关系，后文将会谈到。
② 阿散蒂人：加纳的民族之一。约330万人（1985年）。讲阿散蒂语。信多神教，部分信基督教新教。主要从事农业。

在欧洲人发动大规模殖民战争之前，萨摩里·杜雷有10年的时间做准备去抗击殖民者。他建立了强大的军队、完善的政治体制和军事管理体制，所以当法国殖民者大军压境时，萨摩里的抵抗是最为顽强和持久的，长达20多年。法国殖民者与曼丁哥人之间的战争，是非洲历史上的第一次"现代"战争或者全面战争，萨摩里运用全民皆兵的战略，运用现代战术，包括伏击战、闪击战、焦土政策和人民战争战术。但是结局是悲惨的：人口减少了三分之二，土地荒芜，人民背井离乡。法国殖民战争至少是萨摩里的曼丁哥伊斯兰帝国灭亡的直接原因。

第五节　加涅米：博尔诺和加奈姆的武装圣战

博尔诺、加奈姆及其伊斯兰教

博尔诺和加奈姆，位于西苏丹和东苏丹之间的乍得湖区，它通过费赞与北非伊斯兰教有紧密的联系。博尔诺的统治中心位于乍得湖南岸，加奈姆的统治中心位于乍得湖北岸。因此，乍得湖区也常被称为博尔诺—加奈姆。严格意义上来说，博尔诺和加奈姆属于中苏丹，但是鉴于乍得湖区伊斯兰教与西苏丹伊斯兰教有密切的联系，不研究博尔诺—加奈姆的伊斯兰教，不可能清楚地理解整个西苏丹的伊斯兰教。因此研究西苏丹伊斯兰教的学者通常将博尔诺和加奈姆归于西苏丹。

博尔诺—加奈姆的伊斯兰化，要早于豪萨地区。早在11世纪，伊斯兰教已经在乍得湖地区建立伊斯兰教育机构，加奈姆的穆斯林可以在马立克法学派的马德拉萨中学习伊斯兰教。1068年，萨法瓦王朝的王室成员之一乌枚（Hummay）皈依伊斯兰教。很快，博尔诺的统治阶级都成为穆斯林，尽管他们只是名义上的穆斯林。1571—1603年，麦伊（国王）伊德里斯·阿鲁玛（Idris Aluma）执政期间，他以伊斯兰教法为标准推进博尔诺—加奈姆的社会和行政改革。帝国出资建立了众多的清真寺，鼓励国民到麦加朝觐，伊斯兰化速度加快。18世纪，乍得湖地区已经是西苏丹伊斯兰化程度最高的国家。

18世纪博尔诺帝国比中苏丹的其他任何国家都强盛，西部豪萨地区四分五裂，东部的瓦代也只是达尔富尔的一个诸侯国，都不足以对博尔诺构成挑战。博尔诺帝国由博尔诺国本土和东西部受其控制的酋长国组成，这些酋长国主要有游牧人政权贝达（Bedde）、加奈姆、辛德（Zinder）、博吉米（Bagirmi）；豪萨的卡诺、卡齐纳（Katsina）和扎里亚，其中卡诺和卡齐纳是独立政权，但每年必须向博尔诺进贡。博尔诺本土是帝国的核心，卡努里人的家乡，由麦伊直接管理。其他的小酋长国虽然由自己的酋长统治，但受博尔诺派遣的卡努里人特使监督。

博尔诺的麦伊具有半神圣的性质，他很少抛头露面，大部分时间都藏在帘子后面向人们发号施令，或者在后宫学习和履行伊斯兰宗教仪式，很少参加公共活动。但是当帝国遇到危险时他必须毫不犹豫地出来拯救国家。

博尔诺帝国虽然声称为伊斯兰国家，却显然未按照伊斯兰教的政治理念治理国家。麦伊通过12人国务委员会（State Council of Twelve）管理国家，这个机构由贵族和称作"考克纳瓦"（Kokenawa）的高级官员组成。贵族们拥有军事职位，各负责守卫帝国的一部分疆土。为防止贵族们叛乱，贵族们必须集中居住在首都，并不住在他们的防区。考克纳瓦则负责管理国家、税收、征兵、监督地方酋长。最高法院由12位高级法官组成，他们受地位仅次于麦伊的卡涅迪（Kanendi，大法官）的监督和管理，地方法庭则受制于最高法院。所以，在帝国的政治层面上，仍延续非洲本土的治理传统，而伊斯兰教，仅仅居于帝国政治的表层，并未进入权力中心。

因为有这种良好的政府机构，博尔诺的国内政局非常稳定，塞法瓦（Sefawa）王朝不间断地统治了1000多年。博尔诺历史上王位继承方面的纷争很少，一旦新麦伊掌权，地位就不易受到威胁。麦伊和国务委员会有权决定考克纳瓦的升迁，甚至可以处死他们，所以他们无力反叛，只是国家纯粹的管理工具而已。

19世纪博尔诺也深受周围圣战运动的影响，奥斯曼·丹·弗迪奥和索科托哈里发国对博尔诺的影响，并不亚于其对豪萨地区和塞内冈比亚的影响。对博尔诺产生影响的还有北非的塞努西教团，这个教团传播到苏丹地区，与东方的瓦代（Wadai）军事政权合作，向博尔诺对乍得湖周围的控制权发起挑战。

豪萨地区圣战运动的兴起，点燃了博尔诺地区富尔贝穆斯林的宗教热情。豪萨东部的富尔贝埃米尔国，首先向在博尔诺控制下的豪萨属国发动战争，理由是这些国家容忍"混合"的伊斯兰教。

博尔诺与索科托的宗教战争

博尔诺地处乍得湖区，东有古国瓦代，西有豪萨诸国。历史上，博尔诺—加奈姆与瓦代和豪萨长期竞争。19世纪，三地的伊斯兰力量以宗教运动的形式，试图谋求统一，导致斗争空前激烈。

博尔诺试图对豪萨地区分而治之，而索科托的圣战运动，则以统一豪萨所有的国家组成一个哈里发国，削弱博尔诺为目标。不但豪萨哈里发国的扩张削弱了博尔诺，东部瓦代也威胁着博尔诺。博尔诺主要分为以下五个部分：（1）卡诺、卡齐纳和扎里亚。麦伊向这些豪萨国家派遣军队帮助他们抵抗豪萨穆斯林军队，但是以失败告终，这三个国家最终成为哈里发国的埃米尔国。（2）哈德贾（Hadejia）、卡塔古姆（Katagum）、梅索（Missau）和高姆贝（Gombe）。这些都是博尔诺西部的小酋长国。穆斯林领导人，主要是富尔贝人的伊斯兰学者在这些国家领导人们起义，建立了隶属于索科托的埃米尔政权。（3）博尔诺本土。1808年，穆赫塔尔打着奥斯曼·丹·弗迪奥圣战运动的旗帜，向博尔诺本土进攻，洗劫了博尔诺的首都博尼冈萨嘎穆（Birni Gazargamu），麦伊逃到加奈姆。（4）辛德。因为圣战运动所引起的迷茫，辛德宣布脱离博尔诺而独立。（5）瓦代。东部的瓦代也利用博尔诺衰弱之机，征服了博吉米，并侵入加奈姆。

西有索科托，东有瓦代，博尔诺在东西这两个强大的哈里发政权的夹缝中艰难求生。它们之间的战争，实为非洲统治者之间争权夺利的行为。但是由于三个地区长期以来受伊斯兰教的浸染，伊斯兰教成为斗争的工具，三地的统治者将他们之间的战争冠以伊斯兰教的名义，使战争至少在表面上具有宗教战争的性质。博尔诺在东西两面强国的夹击之下，处境困难。国难当头之时，麦伊阿赫默德召见一位名叫穆罕默德·阿敏·本·穆罕默德·加涅米（Muhammad al-Amin b. Muhammad al-Kanami）的穆斯林学者，让他统领军队，希望通过外来的穆斯林征服者之手拯救危在旦夕的博尔诺帝国。可谓"时势造英雄"，加涅米的出现，使乍得湖地区出现了真正的圣战运动，并使该地区的伊斯兰化进一步向前推进。

加涅米及其伊斯兰圣战

加涅米与奥斯曼·丹·弗迪奥一样，是真正的穆斯林学者，出生于加奈姆一个非常有影响的穆斯林学者家庭，分别在加奈姆和费赞接受伊斯兰教育。加涅米属于卡迪里教团。1790 年，他到麦加朝觐时曾在埃及和阿拉伯半岛留居过很长时间。他与加奈姆的皇室成员结婚，并与乍得湖地区舒瓦阿拉伯人学者阶层保持着友好的关系。加涅米以伊斯兰学者的身份，号召穆斯林加入圣战，抵抗同属于伊斯兰国家的索科托和瓦代的侵略。

穆赫塔尔占领博尔诺首都博尼冈萨嘎穆时，麦伊阿赫默德曾请加涅米拯救博尔诺。加涅米夺回首都并杀死穆赫塔尔。阿赫默德死后，他的儿子杜纳玛（Dunama）继位，1811 年这位新国王又被另一位富尔贝伊斯兰运动的领导者兼乌勒玛易卜拉欣·扎基赶出了首都。杜纳玛也像他父亲一样向加涅米求助，并保证如果加涅米把易卜拉欣·扎基赶走，他将把扎基省一半的赋税送给加涅米。加涅米把富尔贝人赶出博尔诺本土，并迫使扎基回到他的卡塔古姆埃米尔国。

加涅米成为博尔诺的英雄，他要求自己的信徒必须尊重麦伊的权威，博尔诺国家一切都恢复如初，麦伊仍控制着贵族们。但是真正的掌权者不是麦伊而是加涅米，他成为帝国事实上的主宰，麦伊必须听取他的建议。他担任大法官和最高军事指挥官。他为了增强个人影响力，把舒瓦阿拉伯人当作政策顾问，在军事和民事管理方面大力提拔平民和奴隶取代原来的贵族。根据与杜纳玛的协议，他每年从各省得到大量的财富。加涅米虽然没有名号，但还是被人们当作舍胡来尊敬。1837 年加涅米去世。

索科托圣战运动者之所以向博尔诺发起战争，是因为他们认为麦伊放纵非伊斯兰教的行为和迫害富尔贝穆斯林。对此加涅米针锋相对，认为博尔诺虽然并不完美，也是个伊斯兰国家，而富尔贝人是举着伊斯兰教的旗帜，其实所追求的只是权力与财富。加涅米向世人证明，博尔诺并不是一个土著宗教信仰的国家，像索科托的贝洛一样推行伊斯兰教改革。他强制推行伊斯兰教法，加强对考克纳瓦行政管理人员的控制，扩大伊斯兰教育，1850 年在首都学习伊斯兰文化的人就达两三千人。1814 年，加涅米建立了自己的首都库卡瓦（Kukawa），发展成博尔诺最大的城市。这样博尔诺就有两个并存的首都，一个是礼仪上的首都，居住着麦伊及其贵族；另一个是行政首都，由舍胡加涅米和舒瓦阿拉伯人控制。博尔诺帝国成为一个分裂的社会。

博尔诺的内部分歧

1819—1846 年，博尔诺两个领导者之间的分歧，终于导致了两次内战。尽管加涅米对麦伊杜纳玛比较忠诚，但后者还是对他的权力非常不满。附庸国把贡赋送给库卡瓦的加涅米而不是博尼冈萨嘎穆的杜纳玛。于是麦伊对加涅米宣战。但是加涅米处死杜纳玛后并没有自己当国王，而是让杜纳玛的弟弟易卜拉欣做麦伊。1837 年加涅米去世后，乌玛尔继任其父加涅米为舍胡，他减少了麦伊的税负，也并不像他父亲那样忠诚于麦伊。新麦伊与新舍胡之间，以及卡努里贵族与舒瓦阿拉伯人和考克纳瓦之间的矛盾日趋尖锐。

舍胡忙于镇压辛德的叛乱之时，麦伊易卜拉欣与东部的瓦代开始了秘密谈判。乌玛尔得知之后杀掉麦伊，但是却不能阻止瓦代的入侵。瓦代军队在卡努里贵族的支持下，焚烧了库卡瓦，把乌玛尔赶走后，安置了一个傀儡麦伊。瓦代在得到军费赔偿后撤军，可能还得到乌玛尔承认瓦代对博吉米和加奈姆的宗主权。傀儡麦伊作为千年历史的塞法瓦王朝的最后一位代表也在战争中被杀，乌玛尔因此成为博尔诺唯一的统治者。

乌玛尔集麦伊与舍胡的大权于一身，他保留了卡努里人的宫廷礼仪和塞法瓦王朝的深居简出的制度，把国家权力交给维齐尔（宰相）哈吉·巴沙尔（al-Hajj Bashir）。巴沙尔是舒瓦阿拉伯人，曾作为加涅米的顾问。现在巴沙尔成为博尔诺真正的权力中心。但是卡努里贵族们痛恨舒瓦阿拉伯人的主宰地位，特别是贪婪而腐败的巴沙尔。

1883 年，乌玛尔的兄弟阿卜杜·拉赫曼（Abd al-Rahman）在卡努里贵族的支持下起兵反抗乌玛尔和舒瓦阿拉伯人。巴沙尔被杀，乌玛尔被迫放弃王位，但不久乌玛尔又在军队的支持下夺回了王位。乌玛尔死后，他的三个儿子轮流执政。另一位舒瓦阿拉伯人宰相阿卜杜·卡里姆（Abd al-Karim）逐渐专权，所以 1875—1900 年间舒瓦阿拉伯人仍是统治阶级。舒瓦阿拉伯人与卡努里人之间的斗争割裂了博尔诺社会，这也是 19 世纪后半期博尔诺衰弱的一个原因。

博尔诺还面临着严重的外部威胁，它东西两边的强大邻国都企图控制撒哈拉商路。1846 年瓦代焚毁了库卡瓦，显示出其重要性不断增长。19 世纪早期，博尔诺相继失掉其西部的附庸国卡诺、扎里亚、卡齐纳和边境上的一些小酋长国，它们都纳入到富尔贝人的势力范围。19 世纪中期，加奈姆和博吉米又被东部的瓦代强占。

由于跨撒哈拉沙漠商路的重要性，任何一个大国都想控制这种贸易以获取利润。瓦代与博尔诺之间的战争很大程度上也是为商路而战。苏非教团在商业控制中发挥着非常重要的作用，它们不仅是宗教团体，更是商业组织。

博尔诺刚好处在南北和东西两条商路的交汇点上。跨撒哈拉的南北商路的南端就是博尔诺，而由西向东的朝觐兼商业之路，博尔诺刚好处在卡诺和达尔富尔的中间位置。但是由于西苏丹和中苏丹连年的战事，这两条商路都萎缩了。东边的瓦代取代博尔诺成为商业中心。

19世纪，塞努西教团成为瓦代的一个主要宗教团体，1835年瓦代的君主克拉克·谢里夫（Kolak al-Sharif）当政之前就加入了这个教团。19世纪40年代，塞努西教团的活动中心设在昔兰尼加。教团的扎维亚遍布于沙漠各个绿洲，如费赞（Fezzan）、博尔库（Borku）、提贝斯提（Tibesti）和泰达（Teda）等。1874年，瓦代内部出现王位继承的纷争，塞努西的教长被双方请来作为仲裁者，教长趁机选择了一位亲塞努西的国王克拉克·尤素福（Kolak Yusuf）。

1875年，塞努西教团已经建立起一个适合于沙漠地区人们的商贸和宗教帝国，它控制着北从昔兰尼加，南到博吉米的商路。各地的扎维亚就像地方政府一样，传递并执行塞努西教长的命令。扎维亚负责维护地方秩序，实施伊斯兰教法，游牧部落的酋长也要服从扎维亚的命令。在尤素福统治下的瓦代更像是塞努西教团的一个附庸国。由于在塞努西领导下，泰达和瓦代密切地合作以确保商路的畅通，19世纪末，这条本来不为人知的商路成为最有利可图的路线。

在中苏丹，苏非教团与各帝国之间关系非常密切。可能是因为富尔贝人与卡迪里教团关系密切，麦伊和卡努里人选择了提加尼教团。而塞努西教团在瓦代兴起的大背景下在乍得湖区传播。塞努西教团释放奴隶，让这些奴隶在费赞和昔兰尼加的扎维亚接受伊斯兰教育，然后再把他们送回中苏丹建立扎维亚作为商业经纪人。博吉米和加奈姆的扎维亚加强了瓦代帝国的地位。

加涅米之后，舍胡乌玛尔与埃及和伊斯坦布尔建立直接联系，他谦卑地自称是"土耳其苏丹在博尔诺省的代理总督"。[①]乌玛尔统治时期，乌勒玛在博尔诺政治结构中的地位日渐上升，经常就施政方面的问题与舒瓦阿

---

① Mervyn Hiskett, *The Development of Islam in West Africa*, Longman Group Limited, London, 1984, p. 200.

拉伯人的乌勒玛讨论。由于舍胡们重视乌勒玛的作用，伊斯兰文化在博尔诺得以发展。博尔诺的阿拉伯书法艺术达到很高的水平，一幅装帧精美的博尔诺书法艺术品在北非可以卖到很高的价钱。19世纪，圣裔（shurafa）在博尔诺伊斯兰教的地位增强，圣裔维持着对博尔诺广大穆斯林人口的控制，这可能也与乌勒玛政治地位的提升有关系。这一时期博尔诺伊斯兰教发展的另一个特点是塞努西教团成为这里一个非常重要的伊斯兰组织。

豪萨富尔贝穆斯林在博尔诺的失败及其原因

加涅米在博尔诺执政，给豪萨富尔贝人圣战运动的合法性带来了巨大的挑战。加涅米也同样是一位著名的穆斯林学者，掌权后他大力推行伊斯兰教育，对博尔诺的伊斯兰化作用非凡。加涅米与豪萨的富尔贝统治者一样，也同属于卡迪里教团。面对富尔贝圣战运动的改革者，加涅米质问奥斯曼·丹·弗迪奥和穆罕默德·贝洛：同是穆斯林，为什么要自相残杀？富尔贝人给出的理由是：博尔诺容忍"混合"的伊斯兰教存在。加涅米列举了他在博尔诺伊斯兰化方面所取得的巨大成就，认为尽管还存在这样那样的不足，但他们正在努力，战争只会让伊斯兰教的利益遭受损失。穆罕默德·贝洛又给出开战的理由，混合主义的伊斯兰教并非他们进攻博尔诺的根本原因，而是博尔诺支持黑贝政权反对伊斯兰教，迫害穆斯林。双方的争论无果而终。最后，加涅米建议把他们之间的争议提交到北非的黎波里的奥斯曼土耳其法庭，或者开罗的艾资哈尔进行仲裁。穆罕默德·贝洛没有同意。在整个争论中，富尔贝人显得有些语无伦次，理由不太具有说服力。战争的合法性始终困扰着他们。

豪萨富尔贝人在博尔诺圣战运动的失败，综合分析，主要原因有以下几点。第一，来自西部各酋长国游牧的富尔贝人，包括穆赫塔尔和扎基都发现，把自己的军事力量与被征服的博尔诺军队整合到一起是不可能的事情，所以虽然起初获得胜利，富尔贝人最终只能返回家乡豪萨地区。第二，豪萨地区圣战运动的推动者主要是游牧民和伊斯兰学者，力量强大；而在博尔诺，不但舒瓦阿拉伯游牧民与富尔贝圣战运动参与者作战，伊斯兰学者们，主要包括舒瓦阿拉伯人、加奈姆（Kanembu）人和卡努里人都仍然忠于麦伊，使这里的圣战运动失去民众支持和穆斯林学者的智力指导。舒瓦阿拉伯人的支持是非常重要的，他们也像富尔贝人一样，既是游牧民，也是学者和战士。第三，卡努里人的政治制度是很完善而稳定的。

豪萨农民从不关心他们支持谁,而卡努里人则保持着对麦伊的忠诚,并且博尔诺没有竞争对手或者不满者趁麦伊衰弱之机谋取权益。第四,豪萨地区没有像加涅米这样既有军事才能又有管理能力的领导者,加涅米的改革很快就把可能出现不满的因素清除掉,成功地维持着社会的稳定。富尔贝人在博尔诺遭遇滑铁卢只是豪萨穆斯林与乍得湖区的穆斯林内部斗争的结果,这一结局对博尔诺的圣战运动走向影响不大。富尔贝人的失败,使以加涅米为代表的舒瓦阿拉伯人掌握了乍得湖区的圣战运动。

加涅米的努力只是部分地恢复了18世纪的博尔诺帝国,他重新征服了辛德、加奈姆和博吉米,但是在入侵索科托哈里发国失败后,为了博尔诺西部边境的和平,1862年他承认了富尔贝人对西部酋长国的宗主权。此后,虽然哈里发国与博尔诺实现了和平,但彼此之间的仇视与猜忌始终不减。

博尔诺的圣战运动把权力从世俗主义者手中转到穆斯林领导人手中,从麦伊到舍胡手中,从卡努里人到舒瓦阿拉伯人手中,这种情况也与豪萨地区有些类同。另外,博尔诺的圣战运动产生了两个并存的领导者,削弱了这个帝国,而东部的瓦代则变得更加强大。

加涅米年轻时曾周游伊斯兰世界各地,到过北非、东非和阿拉伯半岛,可谓见多识广。他可能看到了圣战运动之外的另一面,即伊斯兰教并非只能用战争来扩大影响。这可能对他在加奈姆执政后的政策有重大影响。他本人作为著名的伊斯兰学者,当然希望博尔诺彻底伊斯兰化,所以他采取了许多措施扩大伊斯兰教的影响,其中偶尔也不乏残酷的手段。但是从根本上来说,他并不是一个宗教改革家。他的主要精力还是用在政治和军事方面,而不是宗教改革。加涅米的成功在于,他利用伊斯兰教来保护博尔诺,他把博尔诺人的矛和穆斯林的剑结合在一起,来对付来犯的富尔贝穆斯林;加涅米的悲剧在于,他的行为没有顺应时代潮流,当伊斯兰激进主义思想在苏丹大行其道的时候,他选择对"混合"伊斯兰教某种程度上的保护,或者至少对"混合"伊斯兰教不太干预,选择了对古老的博尔诺旧体制的保护。但是无论如何,他作为穆斯林学者和苏非长老,他对博尔诺的伊斯兰化和苏非主义的传播所起的作用是巨大的。加涅米增强了伊斯兰教在博尔诺的影响。他加强与北非穆斯林国家的商业和军事联系,特别是与的黎波里和费赞的联系,这样便增加了北非伊斯兰文化和生活方式在博尔诺的影响力。

博尔诺伊斯兰教进入殖民时代

1846 年瓦代入侵博尔诺，揭开了博尔诺衰弱和瓦代强大的序幕。1846 年的危机一方面是内部不同利益集团争夺博尔诺的控制权，另一方面也是博尔诺和瓦代争夺乍得湖区的控制权。1846—1890 年，瓦代在塞努西教团的帮助下，逐渐取得了对加奈姆和博吉米的政治和经济上的控制。博尔诺作为 1800 年前后中苏丹地区最强大的国家，到 1890 年已经沦落为索科托哈里发国和瓦代王朝之间一个微不足道的小国。这时来自东苏丹的穆斯林军事冒险家拉贝赫（Rabeh）趁机攻城略地，几年之内，在博尔诺的废墟上建立了一个伊斯兰大帝国。

拉贝赫出生在东苏丹的一个奴隶家庭，早年在埃及军队服役，后来掌管尼罗河谷中的一位阿拉伯奴隶贸易商祖尔·帕夏（Zubair Pasha）的私人军队。马赫迪起义把苏丹的欧洲人赶走，并沿尼罗河扩张，拉贝赫被迫带兵西进。他打败瓦代王国，于 1893 年占领博吉米和博尔诺，火烧库卡瓦，在迪克瓦（Dikwa）立都建国。拉贝赫的国家与索科托哈里发国、图科洛帝国、曼丁哥人帝国齐名，都是西苏丹非常著名的伊斯兰政权。

法国军队向南与萨摩里作战，向东进军乍得湖。1894 年他们占领廷巴克图和莫西人地区，但是进军乍得湖并不顺利，由于缺水和必须携带大量战利品，进军缓慢。1900 年，三支法国军队分别从马西纳、阿尔及利亚和加蓬到乍得湖边会合，进攻拉贝赫。

拉贝赫的首要目标是组织非洲各种力量联合抗击欧洲侵略者，他曾经支持马赫迪在尼罗河沿岸抵抗欧洲军队，并让自己的军队按照马赫迪军队的装束打扮。但是控制拉贝赫武器供应的索科托哈里发国和塞努西的军队都不想加入他领导的伊斯兰战争。索科托哈里发国拒绝拉贝赫是因为他从瓦代统治下强占了博吉米。博吉米反而与法国人联盟。1900 年拉贝赫战败，被法国人杀害。最终，英国人占领博尔诺，把一个加奈姆王朝的后裔扶作傀儡。博尔诺伊斯兰教迈入殖民时代。

第六节　其他小规模伊斯兰武装圣战

到目前为止，前述的伊斯兰武装圣战，均是 19 世纪西非发生较早、规模宏大、持续时间长、影响深远的圣战运动。这些运动都是在殖民战争大规模开展之前发生的,即使发生最晚的萨摩里·杜雷领导的圣战,也有20多年的时间,为抵抗殖民者的进攻做准备。奥斯曼·丹·弗迪奥和加涅米发起的伊斯兰圣战,在殖民进攻之前,则延续了约一个世纪。因此,前述的伊斯兰武装圣战,在整个非洲历史上,都是不能忽略的重大事件。对于这些事件的详细历史,学术界都有细致的研究。中国的近二三十年来出版的非洲史著作中,也将上述圣战运动作为重点研究对象。本书对这些运动的叙述,只不过更突出强调它们的伊斯兰教特色和性质。

西非还有一些圣战运动的发起者,则没有萨摩里·杜雷等人那么幸运,只有很短的时间应对欧洲殖民者的进攻,没有充足的时间谋划和实施建国理想,就被消灭在萌芽之中。因此在西苏丹的伊斯兰教历史上,它们只是昙花一现。由于运动发生晚,存在时间短,影响的地域有限,仅是在非洲国别史的研究中才被纳入视野,多为研究宏观非洲史的学者所忽略。在19世纪的西苏丹伊斯兰教史上,这种"被部分遗忘"的历史人物和运动并不少见。如,卡里在达非纳地区领导的武装圣战;马巴·迪亚胡·巴在塞内冈比亚领导的圣战运动;阿马杜·巴在富塔托罗领导的伊斯兰圣战;哈吉·穆罕默德·艾敏在富塔邦杜领导的武装圣战;索宁克穆斯林麦哈默杜·拉米内(Ma h madu Lamine)在塞内加尔河上游河谷的圣战运动;塞奴夫(Senufu)① 穆斯林迭巴·巴贝姆巴(Tieba Babemba)及其兄弟在马里东南部的凯内杜古(Kenedougou)的建国运动,② 等等。虽然他们都在法国的侵略下而失败,甚至有些运动的领导者根本名不见经传,但是他们的所作所为对我们理解19世纪后半叶的圣战运动和建国努力,以及理解这一地区的历史和伊斯兰教史,仍是不可或缺的。限于篇幅,本书仅对上述部分小规模的伊斯兰武装圣战历史进行探讨。并且,由于小规模的运动一般并不受史学家们的关注,本书综合各方面的资料,特意尽可能详细地展示历史原貌,以供同行研究。

---

① Senufu人分布在马里南部到布基纳法索西部以及科特迪瓦的部分地区,总人口有150万—270万人。Senufu人大多从事农业。

② 凯内杜古是塞奴夫人建立的国家,在现在的马里南部锡卡索,存在于1650—1898年。19世纪后半期,塞奴夫人受萨摩里圣战运动和法国殖民者的挤压,处境困难。塞奴夫人在迭巴·巴贝姆巴的带领下向萨摩里和法国人反击,尤其在反法的战争中,凯内杜古一直坚持到最后,成为西苏丹小王国中最坚定的抗法力量。1898年4月,法军才把塞奴夫人的反抗力量镇压下去。

卡里与布塞的玛卡人伊斯兰国家

达非纳：玛卡人、萨摩人与伊斯兰教

达非纳地区包括现在的马里东南部和布基纳法索的西北部，具体而言，黑沃尔特河湾内的地区及其主要支流索罗（Sourou）河的两岸谷地，都属于达非纳。卡里的运动主要发生在达非纳北部，即索罗河两岸的土地，所以班巴拉人称北达非纳为索罗杜古（Souroudougou），达非纳中部和南部就是指黑沃尔特河湾内的地区。19世纪末，哈吉·卡里领导的圣战运动就发生在达非纳的布塞（Bousse）。①

布塞的阿赫默杜·达麦（Ahmadu Deme），按照上沃尔特地区的传统，更多的人称他为哈吉·卡里（al-Hajj al-Kari）。他生于达非纳（Dafina）的玛卡人（Marka，曼丁哥人的一支）穆斯林家庭，早年卡里在家乡和杰内（Djenne）接受伊斯兰教育。19世纪80年代去朝觐后回到布塞，开始传教收徒，准备对拒绝皈依伊斯兰教的萨摩人（Samo，曼丁哥人的一支）万物有神论者发动宗教战争。

圣战运动前夕，达非纳的居民和信仰生态都比较复杂。首先是玛卡人、萨摩人、富尔贝人之间复杂的政治与宗教关系。达非纳北部地区，玛卡穆斯林与信仰万物有灵论的萨摩人共同居住在索罗河左岸，从事农业生产；富尔贝游牧民则生活在索罗河右岸比较贫瘠的土地上；索罗河的西边居住着巴瓦（Bwa）人。达非纳的中南部，即黑沃尔特河湾内，主要居民为巴瓦人，但也有少数的玛卡穆斯林，特别是在一些比较大的城镇里。这里很少见到富尔贝人，再向南也很难发现萨摩族的农民。

19世纪90年代，北达非纳的政治形势呈现出紧张关系：一是玛卡穆斯林与萨摩人之间的紧张；二是玛卡穆斯林与富尔贝穆斯林之间的紧张，富尔贝人总是从巴拉尼和拉米纳南下抢劫玛卡人；三是法国人不断向东扩张，达到尼日尔河谷地带，与达非纳的居民关系日益紧张，这里的人们感到一种山雨欲来之势。

萨摩人大都不是穆斯林，他们对伊斯兰教不感兴趣，由于富尔贝人经常袭击萨摩人的村庄，抢人劫物，所以在他们眼中穆斯林就是暴徒的代名词。在此经商的玛卡人采取和平的传教方式，偶尔也能在萨摩人中间取得

---

① 现为布基纳法索中部一城镇。

一些表面上的成功。19世纪早期，一些萨摩人的村庄由于与玛卡穆斯林和马西纳的富尔贝帝国阿赫默德政权的不断接触而皈依了伊斯兰教，但是大部分萨摩人仍然坚守着他的祖先崇拜和万物有灵论。

17世纪，伊斯兰教沿着迪尤拉人开拓的商路，从廷巴克图由玛卡人传播到索罗河流域。此后的三个世纪中，玛卡人持续不断地迁居到索罗杜古，虽然并非所有的玛卡人都是穆斯林，但他们还是在达非纳地区开设了许多古兰经文学校，建立众多的清真寺。很多穆斯林居住在城镇里，其中以兰非拉（Lanfiera）镇最为著名。据说法鲁库·塞纳古（Fariku Sanogo）首先在这里传播伊斯兰教，建设清真寺和开设古兰经文学校，吸引大批学生。法鲁库的儿子玛玛杜·塞纳古（Mamadu Sangogo），又名卡拉玛库·巴（Karamokho Ba），子承父业，继续传播伊斯兰教。他年轻时到过杰内，后在阿赫默德的马西纳帝国学习伊斯兰教。回到达非纳后，他建了一座清真寺，并据此传教授徒，其中就有阿赫默杜·达麦。1890年，法国探险家克罗扎（Crozat）和蒙泰伊（Monteil）见到卡拉玛库·巴，他们是这样描述的："卡拉玛库受过良好的教育，他涉猎广泛，当然主要是阅读阿拉伯语的作品……他对什么都好奇，但主要还是关心伊斯兰历史、天文和地理……他的学生遍布各地，有的去麦加朝觐，回来后仍然对他很尊敬。"①可见，19世纪末伊斯兰教在达非纳个别地方已较有影响。

虽然索罗杜古有几个像兰非拉这样的城镇以伊斯兰文化而著称，但是整个地区基本上对伊斯兰教保持冷漠。卡拉玛库·巴及其他穆斯林贵族深知在这里传播伊斯兰教将会面临的困难。实际上这里的穆斯林大多数是玛卡人和迪尤拉人，而不是萨摩人，穆斯林通常只与商业和城镇有联系。对于玛卡农民而言，伊斯兰教正离他们远去，他们倾向于恢复祖先的传统信仰，伊斯兰教正在丧失信众。一些玛卡人在萨摩人村庄定居，娶萨摩女人为妻，开始信仰萨摩人的神灵，而不是那个抽象的真主。伊斯兰教面临的这种局面引起部分穆斯林忧虑不安，卡里发动的圣战运动，也有这方面的原因。

北部的马西纳伊斯兰政权也将势力扩展到达非纳地区，进一步将这里的局势复杂化。索罗杜古北部是尼日尔河谷的穆斯林政权马西纳帝国，那

---

① Myron J. Echenberg, "Jihad and State-Building in Late Nineteenth Century Upper Volta: The Rise and Fall of the Marka State of Al-Kari of Bousse", *Canadian Journal of African Studies / Revue Canadienne des & Eacute; tudes Africanines*, Vol. 3, No. 3. (Autumn, 1969), p. 539.

里的富尔贝人经常南下袭击玛卡穆斯林。甚至马西纳政权已经在索罗杜古的边境上建立了小规模的穆斯林附庸国。索罗河以西，富尔贝人马立克·萨迪贝（Malik Sidibe）建立了对巴瓦人的统治。1862年，马立克·萨迪贝死于哈吉·乌玛尔·塔勒的侵略战争中，1872年他的儿子迪安（Dian）把新政权南迁到巴拉尼。几年后，迪安的弟弟韦迪·萨迪贝（Ouidi Sidibe）想夺权。失败后，韦迪投靠马西纳的统治者提加尼·塔勒。[①]在提加尼的帮助下，韦迪于1878年击溃了迪安，迪安逃到达非纳中部并最终死在那里。韦迪以布拉尼为基地，把达非纳中部和南部纳入麾下，但是韦迪在达非纳北部的战事并不成功。他虽然宣称拥有索罗杜古的统治权，并不断地抢劫萨摩人的村庄，但并没有对这一地区的实际控制权。提加尼·塔勒与韦迪联合，试图控制索罗河谷地，但是从没有真正成功过。

最后，还有法国殖民力量到来。法国人步步紧逼，让达非纳感到紧张。1876年，法国在西苏丹的政策发生一次大转变，改变了之前20年与乌玛尔的提加尼伊斯兰帝国的接触政策，法国打算占领整个西非，开始大规模扩张。法国军队对马西纳帝国和萨摩里帝国发动了全面进攻。很明显，法国人的下一个目标就是达非纳的卡里。19世纪80年代末，卡里回到索罗杜古，虽然法国人尚未来到，但战争已迫在眉睫。

在进攻达非纳之前，法国人一直想搞清楚卡里这个人的来龙去脉，可是最终法国人连卡里的名字都没有弄明白。其实卡里就是大名鼎鼎的哈吉·阿赫默杜·达麦，卡里其实是西非人对阿拉伯语 Al-Qadi（法官）的讹音。卡里有个弟弟玛玛杜，后来成为圣战运动的将领。奇怪的是，不是卡里而是玛玛杜拥有"阿玛米"的称号，这一点与西苏丹的其他圣战运动不同。卡里和阿玛米玛玛杜共同追求达非纳的宗教和政治目标，显然他们追求宗教和政治目标的动力，部分来自马西纳和塞内冈比亚的圣战运动榜样作用，部分来自达非纳的宗教现实状况。卡里虽然也用阿拉伯语写了一些关于伊斯兰教的宣传手稿，但是事实表明他更倾向于以武力传播伊斯兰教。可能因为卡里在马西纳学习过伊斯兰教，虽然没有证据表明他加入了提加尼教团，但是显然他对马西纳的以提加尼教团为载体的宗教运动是非常熟悉的，从他后来的行为来看，提加尼教团的清教思想还是对他产生了深刻的影响。

---

① 哈吉·乌玛尔的侄子。

圣战运动过程

1887年，卡里从麦加回到家乡布塞，立刻公布了以武力强迫索罗杜古的萨摩人皈依伊斯兰教的计划。他号召布塞的穆斯林加入到运动中来。穆斯林大量求购火枪，甚至还有先进的毛瑟枪。达非纳北部许多城镇的穆斯林都加入进来，一部分萨摩人也听从卡里的号召加入其中，但绝大多数萨摩人抗拒战争。

1892年5月末，卡里发动了战争，穆斯林军队进攻突巴尼（Toubani）首战告捷，没有被打死的萨摩人都被卖为奴隶。接下来的数月中，卡里连下数城。卡里的胜利令萨摩人感到恐慌，许多还没有遭到攻击的萨摩人村庄被迫与穆斯林签署协约。协约基本内容是一样的：穆斯林军队欢迎萨摩人加入进来；对于不想皈依者，必须缴纳人头税；以前不允许穆斯林社团进驻的萨摩人村庄向穆斯林开放。但还是有许多萨摩人被强行征入穆斯林军队。一部分萨摩人选择坚决抵抗，并一直坚持到法军的到来。

1893年5月，法国人进驻马西纳，把哈吉·乌玛尔·塔勒的一个儿子阿圭布扶上王位做傀儡。阿圭布认为卡里是他的危险对手，阿圭布首先向卡里提出和平谈判，但遭到后者的断然拒绝。卡里认为阿圭布受基督徒法国人的保护，是伪信者。卡里对与欧洲人合作的非洲人非常反感。曾经因为班迪嘎拉（Bandiagara）的哈吉·乌斯曼（Al-Hajj Usman）与法国人合作，卡里写信谴责他"忘记了《古兰经》的教导，与伪信者共谋"。①

1894年6月，法军在博纳考希的率领下，进攻布塞。7月1日，法军攻入布塞，卡里在突围中被打死。法军洗劫了布塞，并摧毁了布塞的两座清真寺。

法军打死卡里，意味着达非纳北部玛卡军事力量的瓦解。虽然玛卡人的主力不在布塞，没有遭到法军的致命打击，但是卡里的死亡摧毁了穆斯林军队的斗志。阿玛米玛玛杜得知其兄战死的消息，立刻率军逃出达非纳北部。玛玛杜在黑沃尔特河湾遭到萨摩人的堵截，玛玛杜战死。他的另一个兄弟萨库·达麦（Sarkou Deme）率军成功突围。1896年，萨库率领布塞军队又加入到萨摩里·杜雷领导的运动中。最终，1898年9月，在他

---

① Myron J. Echenberg, "Jihad and State-Building in Late Nineteenth Century Upper Volta: The Rise and Fall of the Marka State of Al-Kari of Bousse", *Canadian Journal of African Studies / Revue Canadienne des & Eacute; tudes Africanines*, Vol. 3, No. 3. (Autumn, 1969), p.553.

们联合与法军的战斗中，萨库被俘，布塞军队被彻底打垮了。圣战运动转入另一个阶段。

玛卡人穆斯林军队被击溃，并非是达非纳北部反法圣战运动的结束，而是开端。因为卡里的死亡，达非纳的穆斯林痛恨法国人，这是理所当然的。但是不久萨摩人也加入了反法队伍的行列，这一点令人不好理解。其实是巴拉尼的韦迪把法国人拖入达非纳北部的泥潭的。卡里死后，韦迪宣布成为索罗杜古的主人。法国驻班迪嘎拉的新任公使代斯泰内韦（Destenave）错误地判断了形势，高估了韦迪的军事能力，低估了索罗杜古人反对韦迪的情绪。代斯泰内韦忽略了一个事实：韦迪以前在萨摩人中间名声极坏。韦迪虽然是名义上的穆斯林，但他却摧毁了布塞的清真寺，所以穆斯林也认为他是个恶棍。1896 年 8 月，沃勒特（Voulet）率领法军开始征服瓦加杜古（Ouagadougou）的莫西人，这时整个索罗杜古的居民已经公开反抗韦迪的统治。1896—1903 年，萨摩人对侵略者的抵抗最强烈，玛卡穆斯林也在后面推波助澜。

1901 年韦迪死后，他的儿子伊德里萨（Idrissa）继位，他仍然像他父亲一样效忠法军，镇压索罗杜古的传统信仰者和穆斯林。但是他对伊斯兰教比其父亲更虔诚。1903 年，由于法国人发现萨迪贝家族根本没有能力帮助他们统治这里的萨摩人和玛卡人，就把伊德里萨赶下了台。

19 世纪的多次伊斯兰圣战运动表明，西苏丹的穆斯林似乎不太关心他们之间的联合，卡里也不例外。圣战运动才刚刚起步，卡里就与周围其他的穆斯林军队发生了冲突，如富尔贝人巴拉齐（Barani）小国的韦迪·萨迪贝（Ouidi Sidibe）和马西纳的阿圭布·塔勒（Aguibu Tal）。他在与这些人的战争中取得了惊人胜利，但对与法军的战斗却并不那么顺利，除了 1894 年 6 月与法国人尼哥特（Nigotte）的战争取胜之外，同年 7 月 1 日与法军上尉博纳考希（Bonaccorsi）在布塞的战斗则以失败告终，卡里也被法军杀死。尽管卡里的穆斯林军队并没有在这次战斗中遭受重创，但是达非纳的军队已经没有士气，很快以失败告终。

马巴·迪亚胡·巴的圣战运动

我们已经看到，豪萨地区奥斯曼·丹·弗迪奥的圣战运动首先影响到阿赫马杜·洛博、哈吉·乌玛尔·塔勒，然后又将热情传递给后来的萨摩里·杜雷，他们进一步向西扩展"伊斯兰疆域"。而阿赫马杜·洛博、哈吉·乌玛尔·塔勒二人的圣战运动,却又对塞内冈比亚地区的迪尤拉人和曼丁哥人的另一次圣战运动产生了链式反应。

冈比亚河谷的穆斯林与伊斯兰教

西苏丹是曼丁哥人居住的地区,西部以富塔贾隆和冈比亚河谷为界,南达热带雨林边缘,北部是图科洛帝国,东部是莫西人和阿散蒂人的王国。19世纪初,这里既没有比较大的国家,也没有统一的中央政权,只有几百个镇和村庄集团,彼此各自为政。但是曼丁哥人还是因为共同的起源和古代马里帝国的伟大历史而自豪。

19世纪50年代,冈比亚河谷的城镇居民大多数都已经是穆斯林,他们的信仰很虔诚。但统治者却是索宁克人,索宁克统治者只是名义上的穆斯林,他们对曼丁哥穆斯林实行暴政,并违反教法饮酒作乐。这些行为引起虔诚穆斯林的反感。

19世纪50年代和60年代马巴在冈比亚河谷领导的圣战运动,与19世纪西苏丹地区其他的伊斯兰圣战一样,都是以纯化伊斯兰教、传播伊斯兰教为目的,同时在伊斯兰教这个普世性宗教的大旗下把各自为政的各个小民族统一起来。

冈比亚地区主要的民族为曼丁哥人,约占今冈比亚共和国人口的40%。他们散居在整个冈比亚河谷地带,但主要聚居在河谷的巴拉·巴底布(Barra-Baddibu)地区。曼丁哥人分成无数的小王国。19世纪40年代,花生是最主要的出口产品,特别是对曼丁哥人的巴底布王国来说花生更为重要。花生经过冈比亚河口英国的殖民地巴瑟斯特港出口到欧洲。

冈比亚地区圣战运动发生的原因与其他地区一样。虔诚的穆斯林称曼丁哥的国王们,包括巴底布的国王,为"索宁克"(Soninke)或者酗酒者。这表明,曼丁哥人与当时西苏丹的其他民族,如奥斯曼·丹·弗迪奥之前的豪萨苏丹们一样,都信仰伊斯兰教和土著宗教的混合教义。穆斯林抱怨国王的重税、非法的奴隶贸易和对穆斯林商人们的欺压。像早期豪萨的戈比尔王国的情况一样,这里逐渐为宗教运动的发生准备了条件。

穆斯林社会从"土著居民中的一系列孤岛"开始伊斯兰教革命,还有一个被迫的原因。因为穆斯林相对当地人来说比较勤劳,善于经商,一般比较富有,自然就成为土著人的抢劫对象。塞内冈比亚的沃洛夫人经常劫掠富有的穆斯林。穆斯林发动宗教运动,从社会和经济的角度而言,也有保卫自身安全和财产安全的因素。这种社会和经济的因素表明,圣战运动不仅是宗教和政治革命，还是社会和经济革命。关于塞内冈比亚的圣战运动，马丁·克林①总结出四种社会和经济方面变革的动力：①跨撒哈拉奴隶贸易的衰弱，导致西苏丹穆斯林商业阶层收入减少。②"合法贸易"（相对奴隶贸易而言）的增加，导致对农产品需求增长，刺激农业发展，农民大量出现；"合法贸易"增长增加了农民的收入，使农民有钱购买枪支，等于间接支援了圣战运动。③大量具有相当高威望的穆斯林领导人出现，并且这些人对袭击他们的土著异教徒越来越不满。④欧洲人的到来，使非洲人的政治体系逐渐融入欧洲人的政治体系当中。②这些情况促进了西苏丹穆斯林政治—宗教精英的觉醒。

跨撒哈拉的奴隶贸易衰落的同时，跨大西洋的奴隶贸易进入繁荣期。塞内冈比亚是殖民者奴隶贸易的重灾区，许多农民和自由人被无理由、无限制地逮捕，然后卖给奴隶贩子，社会经历着前所未有的暴力和血腥，社会的动荡无以复加。穆斯林不满，因为欧洲人抢占了他们过去从奴隶贸易中得来的高额利润；土著人也不满，因为他们时刻可能被变卖为奴。革命的时机终于成熟。

马巴及其圣战

这次圣战运动的领导者为马巴·迪亚胡·巴（Maba Diakhou Ba），一位图科洛人伊斯兰教学者（乌勒玛）之子，1809年出生于巴底布国家。他曾在沃洛夫人的国家受过教育，并跻身于沃洛夫王室阶层。1850年与尚未发动征服运动的哈吉·乌玛尔·塔勒相遇，成为志同道合的战友。乌玛尔告诉他只有按提加尼教团的方式才能拯救这里的伊斯兰教，马巴可能是在那时加入了提加尼教团。起初马巴想通过和平传教的方式实现伊斯兰教的扩张，可是经过10年的努力后收效甚微。于是马巴按乌玛尔的方式在自己的家乡巴底布的基尔（Kir）镇建立了指挥部，准备向索宁克统治者发动圣战，以武力达到宗教上的目标。他在基尔镇招收的学生主要是沃洛夫人。但是与乌玛尔不同，马巴并不是一个军事将领，而是与奥斯曼·丹·弗迪奥一样，主要还是伊斯兰教学者。他整天以教学和祈祷为主，把领导战争的任务交给别人，甚至曾打算完全脱离政治和军事事务。这对他

---

① Martin Klein, *Slavery and Colonial Rule in French West Africa*, University of Toronto, 1998.

② John H. Hanson, "Islam and Imperialism: Martin Klein's Contributions to an Understanding of the History of Senegambian Muslim Communites", *Canadian Journal of African Studies*, Vol. 34. 3, Special Issue: On Slavery and Islam in African History: A Tribute to Martin Klein. (2000), p. 535.

来说根本不可能。1861年，巴底布的统治者对花生贸易的干涉与压榨侵害到欧洲人在冈比亚河谷的利益，英国人派出了一个远征队来示威。英国人撤军之后，巴底布一片混乱，马巴趁机发动伊斯兰战争，把巴底布的统治者赶下台。马巴指责巴底布的统治者"抢劫别人的财富"，不信仰伊斯兰教，应该被推翻。马巴把巴底布变成一个改革型的伊斯兰国家。

伊斯兰宗教运动席卷整个冈比亚河谷，这里的穆斯林纷纷寻求马巴的帮助，冈比亚所有的部族都在圣战的范围内，许多曼丁哥人也加入圣战之中。塞拉胡利（Serahuli）人①是冈比亚河上游最大的部族，现在这个部族占冈比亚共和国人口的7%。面对当时的战争，塞拉胡利人并没有坚定地站在伊斯兰教一边，而是作为雇佣兵为战争的双方服务。冈比亚河南岸的芳尼（Foni）地区居住着另一个大的部族朱拉（Jola）人。目前这个民族也占冈比亚共和国总人口的7%。马巴打算把战争推进到朱拉人当中，但是作为土著宗教的信仰者，朱拉人成功地阻止了穆斯林军队的进攻，保住了自己的信仰。巴瑟斯特的英国人和塞内加尔的费德尔布都期望塞内冈比亚能出现一个稳定的政治局面，以利于他们的商业贸易，但是他们也不希望看到一个伊斯兰教的帝国出现。他们担心这个强大的伊斯兰国家会扩张到大西洋岸边，威胁到他们自己的利益。费德尔布派出三支远征军向马巴及其沃洛夫同盟军发动攻击，穆斯林军队向塞内加尔进军的计划没能实现。

马巴运动的目标旨在彻底实现冈比亚河谷的伊斯兰化，为此他曾寻求与英国人和法国人的合作。英国和法国都把他看作一种威胁。英国军队不断向马巴发动小规模进攻；法国虽然有一段时间承认马巴为巴底布地区的伊斯兰教的阿玛米，但是在1865年和1867年分别向马巴发动两次进攻，第一次进攻以失败告终，第二次却大获全胜，马巴战死，这次圣战运动遂告失败。

阿马杜·巴的伊斯兰革命

阿马杜·巴（Amadu Ba）是塞内加尔富塔托罗地区的图科洛人穆斯林宣学者。1869年，他开始向富塔托罗地区及临近地区的沃洛夫人国家传播伊斯兰教，号召人们回归纯洁的伊斯兰教，加入提加尼教团。不久就

---

① 索宁克人的一支。

有大批的图科洛人和沃洛夫人被他吸引过去。1869年年末，阿马杜发起了武装圣战，却遇到来自塞内冈比亚地区各式各样当权者的反对，还有圣路易斯的法国人也反对他。1870年，阿马杜通过对乔勒夫（Jolof）①的沃洛夫人王国的征服，获得了一块根据地，坚守在这里直到失败。1875年，阿马杜被塞内冈比亚各统治者的联军打败，最终被杀。

乔勒夫王国及乔勒夫的伊斯兰教

19世纪后半叶，是乔勒夫的宗教发生巨大变革的时代，这一时期，伊斯兰教从少数人的信仰转变为这一地区多数人的信仰。促成这种巨大变化的是阿马杜·巴。

乔勒夫及其他沃洛夫人国家的伊斯兰教历史从11世纪就开始了，一直延续到19世纪。这里伊斯兰教受附近穆斯林地区，特别是富塔托罗地区和毛里塔尼亚南部的伊斯兰教的影响。乔勒夫帝国（13—16世纪）的初期，伊斯兰教在这个国家中占有重要地位。15世纪中期，欧洲人首次到达塞内加尔沿海时，他们发现沃洛夫人信仰伊斯兰教。

15世纪末到19世纪初，沃洛夫人中除了苏非圣徒马拉布特②以外，严格践行伊斯兰教法的穆斯林很少，大多数贵族和平民对伊斯兰教即使算不上漠不关心，至少也是淡然处之。马拉布特在这里传授伊斯兰教基本知识和阿拉伯语，他们对伊斯兰教知识的掌握程度不一，有普通乡村的乌勒玛，也有学生遍及整个塞内冈比亚的大学者。他们在当地人当中的名声大多不是因为伊斯兰教知识，而是因为他会制作伊斯兰的护身符（gris-gris），统治者和平民争相购买他们的护身符，希望能趋利避邪。此外，还有少数的马拉布特在统治者的王室做书记员或者顾问，也有一定的影响。

就像西非其他地区宗教运动之前的伊斯兰教一样，伊斯兰教的这种状况持续了几个世纪，向沃洛夫人社会不断地渗透。到19世纪，沃洛夫的本土宗教几近消失。在皇室的登基典礼上，已经很难看到本土宗教的存在。不过本土宗教几乎消失并不表明伊斯兰教真正取而代之，本土宗教已经渗透进伊斯兰教中，伊斯兰教成为混合型的宗教信仰。1855年，有人对此评论说："伊斯兰教法虽然很少有人认真遵守，但伊斯兰教却几乎是

---

① 乔勒夫位于现在的塞内加尔。乔勒夫王国居民为沃洛夫人，所以也称沃洛夫王国。

② 法语对苏非圣徒的称呼。

这里独一无二的宗教。"①这种判断不够准确。因为这时的伊斯兰教具有浓重的宗教混合主义色彩，许多人只是名义上的穆斯林。对于这些人数众多的名义上的穆斯林，因为他们很少认真遵守伊斯兰教法，以至于有些欧洲人仍然把他们看作非穆斯林。

所以，乔勒夫社会的上层居民可以分为马拉布特和世俗统治者，因为沃洛夫人统治者专注于政治事务，而把遵守伊斯兰教法的义务留给了马拉布特。直到19世纪后半叶，马拉布特和统治者的这种关系格局才开始改变。到此地旅行的欧洲人和当地口头传说都没有关于沃洛夫人国王礼拜或遵守伊斯兰教法的叙述，有些国王甚至让宫廷中的马拉布特代行礼拜和斋戒，这说明他们根本不认真对待伊斯兰教法。

马拉布特和世俗统治者之间的区别还不仅仅表现在是否遵守伊斯兰教法上，在生活方式上也有不同的反映。沃洛夫贵族以及他们的士兵都有嗜酒行为，这是他们社会地位的象征；他们还留长发，戴手镯。马拉布特谴责他们的这种不符合伊斯兰教法的行为。国王虽然自认为是穆斯林，但马拉布特则觉得他们与异教徒并无多大区别。

乔勒夫的情况与附近其他国家的情况差不多，统治者与马拉布特的交往多寡不一。有些国王只是为了从马拉布特那里购买护身符，除此之外交往不多；有些国王则把马拉布特奉为上宾，向他们咨询国家大事。19世纪初，乔勒夫的马拉布特似乎也习惯了这种在名义上的穆斯林（也可把他们归为非穆斯林）社会中的生活，不过他们通常与其他人分开居住，以马拉布特为核心，加上他们的弟子共同组成一个独立的小村庄，穆斯林之间相互通婚。1818年，到乔勒夫的欧洲人发现，这里的穆斯林仍然是当地人口中的少数。19世纪中期，情况发生了巨大的变化，穆斯林与非穆斯林和平相处的局面不复存在，双方的关系开始紧张。

占领乔勒夫

乔勒夫穆斯林与非穆斯林统治者之间公开的冲突起源于外部影响。如前所述，1865年马巴在乔勒夫以南地区领导了一次成功的圣战运动，穆斯林军队迅速征服了乔勒夫地区。虽然马巴对乔勒夫的占领只有几个月时间，但是这里的马拉布特们却看到了对待异教统治者不一定必须服从，还

---

① Eunice A. Charles, "Shaikh Amadu Ba and Jihad in Jolof", *The International Journal of African Historical Studies*, Vol. 8. N. 3. (1975), p. 367.

可以选择反抗。五年后，受运动的影响，乔勒夫的穆斯林也举起了圣战运动的旗帜。

阿马杜出生于富塔托罗地区的塔罗省乌鲁玛迪于村，父亲是马拉布特。他的父亲在1828年曾自称马赫迪，要带领穆斯林回归纯洁的伊斯兰教，当时他的这种行为备受争议。1862年父亲去世，阿马杜继承了父亲的思想和行为。父子二人都属提加尼教团，都是哈吉·乌玛尔·塔勒的坚定支持者。1868年，阿马杜50岁时，塞内加尔流行霍乱，到1869年，富塔地区至少有25%的人口死于这场瘟疫。对此，阿马杜的解释是，正是因为穆斯林不关心宗教，不遵守伊斯兰教法，才遭到这样的惩罚。所以他号召回归伊斯兰教，那些忠诚地追随他的穆斯林将免于霍乱的折磨。他像乌玛尔一样，厉声谴责富塔的统治者放任法国人的入侵，让法国人从纳税的商人变成了间接统治穆斯林的统治者。他更不能容忍家乡塔罗省1859年成为法国的保护国。

霍乱在蔓延，殖民者的力量不断侵入，阿马杜的力量也不断增强。他对塞内冈比亚当权者的批评吸引了来自富塔、瓦娄（Waalo）、卡加（Kajoor）等地的穆斯林加入他的队伍，队伍中沃洛夫人超过图科洛人成为他军队的主力。法国人担心圣路易斯的穆斯林也加入到复兴运动中，他们开始逮捕在此地传播伊斯兰教的阿马杜的代表。阿马杜呼吁改革伊斯兰教，严格遵守伊斯兰教法，号召穆斯林加入提加尼教团。

阿马杜作为乔勒夫提加尼运动的中心人物，离不开他两位兄弟的帮助。他的兄弟也是圣战运动中的重要领导人。一位叫巴拉·巴（Bara Ba），阿马杜被杀后，主要由他领导圣战运动；另一位是伊卜拉·潘德·巴（Ibra Penda Ba），他的母亲是考基（Kokki）的沃洛夫人。考基是卡加的商业和宗教活动中心。伊卜拉·潘德凭借母亲的关系在考基活动，很快就有大批穆斯林加入圣战队伍。考基的马拉布特长老接受法国人的统治，招致越来越多穆斯林的反对。1869年中期，冲突公开化，阿马杜派人到考基协助伊卜拉·潘德，马拉布特首领被迫逃往圣路易斯。

法国把不断增强的提加尼运动当作一个潜在的威胁，开始镇压阿马杜的圣战运动。他们焚毁了乌鲁马迪于村，并授意塔罗的酋长没收阿马杜的财产。阿马杜与卡加的独立运动领导人拉特·乔（Lat Joor）联合，组织反抗法国人的镇压。联军在卡加打败了法军。之后，阿马杜带兵回到塔罗，拉特·乔仍留在卡加。

阿马杜在塔罗得到巨大的支持，他却不能控制住塔罗。1870年，法军再次向塔罗进攻，他们破坏了许多村庄，迫使阿马杜及其支持者逃往富塔中部。起初这里的统治者欢迎阿马杜的到来，但不久就开始排斥他们。圣战运动已经持续一年有余，仍然没有稳定的根据地。无奈之下，阿马杜挥师向乔勒夫进军。

阿马杜选择把乔勒夫作为未来圣战运动的根据地。乔勒夫的国王巴坎泰·赫迪（Bakantam Khady）仇恨伊斯兰教，1856年曾与马巴的军队作战，攻击乔勒夫名正言顺；如果占领乔勒夫，阿马杜可以避免与法国人直接冲突，因为法国人不太关心这里的事务，他们只关注塔罗和卡加的事务。所以阿马杜认为乔勒夫是圣战的理想根据地。阿马杜要求巴坎泰·赫迪"真心实意地皈依伊斯兰教，不要只做一个名义上的穆斯林"，[1]遭到断然拒绝。同时他向法国人求救。于是，阿马杜占领了乔勒夫。

阿马杜在乔勒夫取胜，但是他仍不能控制塔罗，这里的酋长们对提加尼教团仍然漠不关心，1870年11月，阿马杜只有重返乔勒夫。国王巴坎泰·赫迪仍控制在他的手里，直到1875年去世。阿马杜成为乔勒夫事实上的国王，乔勒夫成为圣战运动的根据地。

圣战运动的失败

阿马杜把乔勒夫作为根据地有两个目的：一是继续推进乔勒夫的伊斯兰化进程；二是把圣战运动扩大到塞内冈比亚的其他地区，特别是塔罗和卡加两地。他只实现第一个目标，在即将实施第二个目标时，潜逃在外的乔勒夫王子们、法国人和塞内冈比亚的其他统治者共同组成的反对力量，使他的计划落空。

阿马杜征服乔勒夫后，建立起一套政府管理体系。在这个政府中，前政权的贵族在重新皈依伊斯兰教并服从阿马杜的前提下，保留了他们的权力。他没有打破原来的政治结构，保留原来的政治秩序也许是在这种混乱局势下的最好选择。除了致力于传播伊斯兰教之外，阿马杜似乎对乔勒夫的内部事务不太关心，也没有迹象表明他要在乔勒夫建立以他为最高长官的神权国家。在他签署的所有信件和命令中，他的署名都是"长老阿马杜"，没有其他带有政权含义的称呼。他始终都没有放弃向乔勒夫之外的

---

[1] Eunice A. Charles, "Shaikh Amadu Ba and Jihad in Jolof", *The International Journal of African Historical Studies*, Vol. 8. N. 3. (1975), p. 374.

地区扩展圣战运动。他认为乔勒夫的胜利不是他事业的结束,只是事业的开始。

随着流亡在外的马拉布特纷纷回国,提加尼教团在乔勒夫的地位急剧增强。除此之外,阿马杜还不断地向富塔、卡加和圣路易斯派出代表,招收更多的信徒。他像乌玛尔一样,号召那些居住在法国人领地的沃洛夫人加入提加尼教团。1869年,出于对阿马杜声望不断增长的担忧,圣路易斯的法国人开始禁止那里的提加尼教团成员举行宗教仪式。

随着阿马杜的支持者不断增加,他成为乔勒夫事实上的领导人,但是流亡在外的沃洛夫人一直企图把他赶走,给他带来了巨大的威胁。前王室成员萨诺·恩吉(Sanor Njay)和阿尔博里·恩吉(Albury Njay)分别组织力量反抗阿马杜。阿尔博里与卡加的拉特·乔联合,1873—1874年多次攻入乔勒夫境内抢劫,并试图策动乔勒夫国内的贵族造反。除了来自乔勒夫的敌人,阿马杜圣战运动的扩张还与富塔和卡加的统治者,以及法国人发生了冲突。阿马杜从来都没有放弃占领他的家乡塔罗的梦想,1871年,他击败塔罗的国王及其联盟萨诺·恩吉。后来由于法国人的干涉,他又被迫撤离。因为不断地在拉特·乔管辖下的恩加布尔(Njambur)招收弟子,1872年,阿马杜与拉特·乔发生了冲突。尽管1869年二人曾经结成联盟,但是作为卡加国王的拉特·乔始终认为,阿马杜的行为是在一个本来就不稳定的恩加布尔省制造动乱和不满,特别是他认为自己作为一个穆斯林,已经完成了卡加王国的伊斯兰化,阿马杜的行为更加不能容忍。而阿马杜则批评拉特·乔像塔罗的酋长一样,与法国人合作。拉特·乔的力量比塔罗的酋长要强大得多,面对阿马杜的指责他立即把提加尼教团的信徒赶出卡加,并进攻乔勒夫。此后,阿马杜与拉特·乔成为势不两立的敌人。

1873年阿马杜卷入了富塔的内战,这样又使他的敌人增加。第二年,阿马杜的敌人加强了联合,富塔的佬(Law)省和伊尔拉贝斯(Irlabes)省与卡加的拉特·乔一起向乔勒夫进攻。提加尼穆斯林军队在富塔中部的酋长阿卜杜勒·伯克尔(Abdul Bokar)的协助下,历经两次战役,战胜反对阿马杜的联军。虽然取得了胜利,但圣战军损失惨重,被迫退回考基休整。拉特·乔也在法国人的帮助下恢复了军事力量。1874年9月,由于阿卡杜勒·伯克尔率军退回富塔中部,阿马杜的军事力量减弱。1875年2月11日,两军在考基附近进行一场惨烈的战斗。装备精良的法军协助联军进攻提加尼军队，穆斯林军队仍难以挽回失败的命运。拉特·乔四处追击撤退的提加尼军队，阿马杜也被杀害。

阿马杜的圣战运动几乎在当时塞内加尔最强大的卡加取得胜利，可见穆斯林军队力量之大，所以阿马杜之死标志着塞内冈比亚统治者们最大威胁的消失。阿马杜在控制卡加和乔勒夫的情况下，本来应该将圣战运动继续推进。在这个关键时刻，法国人出于阿马杜的胜利可能会危及他们利益的想法，而加入反对他的队伍。本来彼此勾心斗角的塞内冈比亚统治者们，却联合起来对付阿马杜，这说明圣战运动是他们最大的威胁。

哈吉·穆罕默德·艾敏的圣战

哈吉·穆罕默德·艾敏（al-Hajj Muhammad al-Amin），又名麦哈默杜·拉米内（Mahmadu Lamine），是一位索宁克人穆斯林长老。他1835年出生于塞内加尔河南岸的贡迪乌罗（Goundiourou）。年幼时向其父亲学习《古兰经》。其间哈吉·穆罕默德·艾敏与他的母亲一起被非穆斯林的泰达（Tenda）人劫持到加蒙（Gamon），他被卖为奴隶。虽然后来他与母亲一起被赎回，但由于在被劫持期间所受的虐待，他的母亲染疾而死。这件事让穆罕默德·艾敏对加蒙的非穆斯林居民怀恨在心，发誓要复仇。获释后，哈吉·穆罕默德·艾敏继续在贝克勒（Bakel）学习伊斯兰教，并可能在这里受到哈吉·乌玛尔·塔勒的影响。大约在1855年，哈吉·穆罕默德·艾敏开始去麦加朝觐，这次旅行大概经历了漫长的30年。其间他造访了埃及，可能还到过伊斯坦布尔。他在麦加停留7年之久，在这里加入了提加尼教团，并经麦加的提加尼长老任命，允许他在非洲苏丹地区发动圣战运动。

1879—1880年，哈吉·穆罕默德·艾敏朝觐返回的途中经过马西纳，受哈吉·乌玛尔·塔勒的侄子，同时也是马西纳的统治者提加尼（al-Tijani）的款待。他在马西纳停留了一段时间，打算以提加尼教团长老的身份招收弟子，并自称为哈吉·乌玛尔·塔勒的真正继承者。不久他又前往哈吉·乌玛尔·塔勒的儿子阿赫默德的统治中心塞古城，苏丹阿赫默德让他在萨拉姆（Salam）村落脚，作为他的根据地。不久，他与阿赫默德的关系日趋紧张，甚至阿赫默德曾数次谋杀他，可是每次哈吉·穆罕默德·艾敏都幸运地躲过了厄运。多次奇迹般的脱险也让哈吉·穆罕默德·艾敏作为苏非圣人的名声大振，众人都认为他能创造奇迹。阿赫默德担心哈吉·穆罕默德·艾敏不断增长的威望和力量会威胁自己的政治地位；他对哈吉·穆罕默德·艾敏自称为哈吉·乌玛尔·塔勒的继承人也非常痛恨，感觉哈吉·穆罕默德·艾敏不太尊重自己；阿赫默德还怀疑哈吉·穆罕默德·艾敏想建立提加尼教团的分支教团与他竞争，因为哈吉·穆罕默德·艾敏坚持用11颗念珠作为祈祷之用，而哈吉·乌玛尔·塔勒用12颗念珠。这些看似微不足道的仪式上的分歧，其实在许多穆斯林看来非常重要，这可能是哈吉·穆罕默德·艾敏计划另立山头的第一步。这些因素都是造成二人关系紧张的原因。哈吉·穆罕默德·艾敏还公开批评阿赫默德的统治，认为阿赫默德抛弃了当初乌玛尔的宗教理想，图科洛人作为统治阶级剥削、压迫其他的民族和部落。哈吉·穆罕默德·艾敏痛恨图科洛人自封为塞古主人的观念，任意践踏其他穆斯林的权力。所以哈吉·穆罕默德·艾敏开始用宗教的语言表达他对塞古统治者的不满，表达他的社会和政治主张，并开始形成向腐败的伊斯兰政权发动革命的思想。

1885年，穆罕默德·艾敏离开塞古回到家乡贡迪乌罗，受到家乡索宁克人的热烈欢迎。法国人也允许他在法国人的领地上自由行动，法国人把他看作一个与塞古的阿赫默德对抗的合作者，因为他曾经向法国人表达过建立友好关系的愿望，希望在向阿赫默德和塞古的图科洛人发动战争时能得到法国人的支持。由于法国人忙于与萨摩里作战，无暇顾及其他事务，不想卷入与塞古的战争，所以对穆罕默德·艾敏的请求没有表示积极的回应。没有法国人的支持，穆罕默德·艾敏也深知自己无力与塞古作战，所以他只好暂时把塞古放在一边，准备先向加蒙的非穆斯林攻击，不但可以报早年受辱之仇，而且可以通过取得这次战斗的胜利确立自己的地位。穆罕默德·艾敏打算建立一个统一的索宁克人国家，按他本人的理想来确定伊斯兰教在国家中的位置，以与图科洛人统治的塞古相对抗。1885年，在进攻加蒙之前，他先向法国人照会，希望能得到法国人的认可。他不想把法国人看作敌人，也借此表明他对法国人的真诚态度，不想与法国人发生冲突。法国人拒绝了穆罕默德·艾敏的要求。他不明白法国人的真正意图，仍继续准备战斗。穆罕默德·艾敏又向贡迪乌罗西南方的富塔邦杜的统治者提出请求，希望能允许他过境邦杜向加蒙开战，也遭到了拒绝。1886年，他击败了邦杜的酋长，占领了邦杜的七个城镇。现在他放弃进军加蒙的计划，想以邦杜为中心建立索宁克人伊斯兰国家。索宁克人蜂拥而至，不过此时穆罕默德·艾敏还幻想继续保持与法国人的友好关系。

法国人此时对穆罕默德·艾敏已有所警觉，他们怀疑穆罕默德·艾敏属于塞努西教团，这个教团是法国人的死敌。19世纪80年代，遭受塞努西教团沉重打击的法国人神经过敏，几乎把任何一个圣战运动的参与者都看作塞努西的成员。同时法国人也怀疑穆罕默德·艾敏是尼罗河苏丹马赫迪运动的支持者。法国人不想让穆罕默德·艾敏，或者任何一个圣战运动的参与者与法国的保护国作战。但是法国人最不希望看到一个强大的伊斯兰国家矗立在他们从大西洋沿岸通往尼日尔地区的交通要道上，况且由于法国人忙于与萨摩里的战争，已经没有足够的兵力维护这条战略要道。法国人调兵遣将准备向穆罕默德·艾敏进攻。穆罕默德·艾敏觉察到了法军的意图，1886年他先发制人，首先向贝克勒的法军发动进攻。法军击退了穆罕默德·艾敏的军队，但是穆罕默德·艾敏并未就此罢手，在此后的一年多的时间里，他不停地向法国人发动小规模的游击战，直到1886年被法军杀害。

穆罕默德·艾敏的经历基本上与西非其他的伊斯兰圣战者相同：年轻时学习伊斯兰教知识→朝觐→接触苏非主义→修道成为圣徒→形成"为主道而战"的思想→准备圣战运动→领导圣战运动。不过穆罕默德·艾敏的运动以失败告终。但是穆罕默德·艾敏的圣战运动还是有别于奥斯曼·丹·弗迪奥和哈吉·乌玛尔·塔勒所领导的运动。他只是想把图科洛人赶走，以索宁克人取而代之，所以他的根据地是狭小的；他对于伊斯兰教的普世性理解不够，没有奥斯曼·丹·弗迪奥对伊斯兰社会的理解所具有的那种广度，也没有乌玛尔所具有的那种知识水平；他没有留下什么文字资料，也没有思想上的创新。穆罕默德·艾敏从乌玛尔那里继承的唯一有思想性的东西就是关于苏非圣人的力量与作用的理论。可是他的提加尼色彩并不浓郁，虽然他一度声称自己是乌玛尔事业的继承者，他回到家乡贡迪乌罗以后，在圣战运动中却很少提到提加尼思想。事实上他的很多支持者是卡迪里教团的成员，据说在贡迪乌罗他已经不再遵守提加尼教团的仪式。

穆罕默德·艾敏的行为表现出两重性。一方面，他像哈吉·乌玛尔·塔勒一样，有时也像一位民族主义者一样，起到反对殖民主义入侵的作用，他主要与法国殖民者作战。另一方面，他又极力想与法国人合作，如果法国人要求他帮助进攻塞古伊斯兰国家，他肯定会毫不犹豫地接受。纵观他的一生，的确看不出他对法国人有任何因宗教或观念上的不同而产生的分歧与仇恨，相反，倒是在他势力强大时，法国担心危及自身利益而把矛头对准了他。穆罕默德·艾敏不是法军的敌人，而是图科洛人的敌人，他希望带领索宁克人取代图科洛人的主宰地位。由此观之，尽管穆罕默德·艾敏死于法国人之手，但是他与乌玛尔死于同是穆斯林的巴·洛博之手没有根本区别。如果法国人给穆罕默德·艾敏提供帮助的话，他肯定会击败塞古的图科洛人国家，以自己的索宁克帝国取而代之。这里面没有任何反对帝国主义的成分。

第三章

宗教运动：传统视角下的西非圣战运动

19世纪的西非圣战运动，影响深远。至今在西非的乡村，炽热骄阳下劳作的人们，仍在以民歌的形式，纪念那并不遥远的过去。那次运动的回响并非仅限于民间，学术界也围绕它陷入激烈的争论。争论的主题繁多，甚至可称得上千奇百怪。比如最常见的争论是，这次运动是宗教运动还是以世俗性为主的社会运动，甚至是西非各民族的民族运动兼反殖民主义运动？这种争论，自发起此次运动的当事人，比如各运动的领导者之间，就已开始，后来继续扩展到阿拉伯学者、西非本土学者、殖民主义时期的殖民官员型学者、当代非洲研究者之间。随着争论的深入，也得出基本的结论：这次运动首先是宗教性的运动，但不仅仅是宗教性运动。除了部分穆斯林学者严格认定这是一次纯宗教性运动之外，学术界基本接受这一观点。

本书亦认为，19世纪的圣战运动首先是一次伊斯兰教性质的宗教运动，从其发起人是穆斯林学者、运动过程的宗教指向与目标、运动结果即伊斯兰政权的确立与伊斯兰教的发展等方面，都可印证运动的宗教性。这种证明也是多数学者的研究思路，也确实具有说服力。但是，本书希望从另一种思路，即宗教学的思路，从运动之中伊斯兰思想与概念的运用，以及穆斯林与非穆斯林斗争的视角，来进一步阐释这次运动的伊斯兰宗教性质。

第一节 "真理之剑"：伊斯兰教的扩张运动

伊斯兰教的传统理论，将世界分成两部分，一是伊斯兰的土地，属和平的地区；二是异教徒的土地，属战争地区。将异教徒的土地变成穆斯林的土地，是每一个穆斯林的使命，而战争，是实现这一目标的重要途径。19世纪的西非圣战运动，首先是一次伊斯兰教的武力扩张运动与和平宣教运动。扩大"伊斯兰的土地"，成为运动发起者的首要目标之一，也是运动最重要的客观结果之一。其实，不论是改革"混合"伊斯兰教，抑或推翻"伪信者"的现政权，还是推广伊斯兰宗教教育，其最终结果都指向一点：伊斯兰疆域的扩大。主观上，运动的发起者要扩大伊斯兰疆域；客观上，他们实现了这一目标。而这种目标的实现，主要通过武装斗争，而且是具有浓郁宗教色彩的"为主道而战"的武装斗争——圣战——来完成。

真理、真主与哈里发

伊斯兰教是一神论的宗教，信仰安拉（真主）为唯一主宰。真主有许多特质，如无形、无嗅、无处不在、高贵、仁慈等等，称为真主的德性。《古兰经》中有许多称颂安拉种种崇高德性的名称，亦称"真主的尊名"。这些美名也成为穆斯林表达对真主诚信的方式。口诵真主美名也是信仰虔诚的一种表现。中世纪伊斯兰教经注学家根据《古兰经》经文的内容，认为安拉除本名外，还有99个美名，即经文中关于对安拉的种种称呼。其中，真理（al-Haqq），音译为"哈格"，是其中之一。各个美名的用词都有其引申的内涵意义。哈格之意，至少是赞美安拉乃唯一真神，不但是真理、正确、无谬的化身，而且具有唯一性。

哈里发（Khilafah）则有多种含义。在中国伊斯兰教中，有学者和宗教领袖等的含义，但这种含义除了宗教意义之外，其中不具有政治性，如权力的意蕴。哈里发最基本的意义，按《古兰经》中"我必定在大地上设置一个代理人"的规定，却具有明显的政治意义。穆罕默德及其以前的众先知即被认为是安拉在大地上的代理人、代治者。后来，该词被用于指称穆罕默德逝世后继任伊斯兰国家政教合一领袖的人，伊斯兰教初期执政的四大哈里发即属此范围。其后又为伍麦叶、阿拔斯等王朝的统治者所袭用。穆斯林统治者所代表的哈里发，既指宗教领袖，亦指政治领袖，掌握宗教与世俗大权。

在伊斯兰教中，真理、真主与哈里发三个词，相互联系，但真主一词最为核心。由于真主无形的理论，穆斯林不允许以有形之物代称真主，或者用有形之物附之于真主，但真理一词作为无形之概念，却可以用于真主。以"真理之剑"表述在万能的真主指导下的伊斯兰教武力扩张运动,并不违反伊斯兰教的理念。"真理之剑"既表示穆斯林军队所向披靡,也可表示以真主为唯一真神的伊斯兰教所向披靡。所以,奥斯曼·丹·弗迪奥认为,是真主将"真理之剑"赋予自己,领导圣战运动。现在,不但学术界采用这一表述,西非的穆斯林学者也认可并运用这一表述,认为它能够较委婉地表达出19世纪圣战运动的恢宏气势与战无不胜的特征。

于是我们看到,在这次圣战运动中,各运动的领导者所使用的称呼,与真主、真理、哈里发的关系,明显体现出这次运动的宗教性质。首先是直接利用哈里发的称号。这一称号在提加尼教团中使用比较频繁。萨摩里·杜雷和哈吉·乌玛尔·塔勒,都被提加尼教团长老认定为该教团在西苏丹的哈里发。这不仅仅是一种荣誉称号,还是一种宗教权力与世俗权力的授予。有了这个称号,则可以用提加尼苏非主义的名义,发展力量,图谋政权。同样,卡迪里教团也经常使用这一称号。奥斯曼·丹·弗迪奥给他的众弟子分别赋予哈里发的称号,让他们在各地发起宗教运动。而豪萨圣战运动所建立的索科托伊斯兰国家,则直接称之为"哈里发国家"。奥斯曼·丹·弗迪奥被尊称为"舍胡",这个词作为一种尊称,有老师、学者之意,这种意义与哈里发作为学者之意是相通的。从圣战运动中广泛使用的这些伊斯兰教的政治性词汇,就可知道这些运动既是政治的运动,也是宗教的运动。

"为主道而战"

这次西非圣战运动,一方面是西非的伊斯兰教长期受北方阿拉伯伊斯兰教影响的结果;另一方面,也有学者认为,"外来伊斯兰教对西非圣战运动的影响,基本上可以忽略。只有三位圣战运动的领袖——穆罕默德·加涅米、哈吉·乌玛尔·塔勒、马马杜·拉米内——曾经去过麦加和麦地那朝觐。豪萨圣战运动的领袖,奥斯曼·丹·弗迪奥,从未去朝觐过,他仅在艾尔与一位当时著名的穆斯林学者哈吉·吉卜利勒·乌玛尔学习过,并且拒绝接受这位导师激进的宗教思想"。[①]

当然,内因是决定因素,西非的圣战运动理所当然由当地的伊斯兰教

[①] Francis Robinson, ed., *The New Cambridge History of Islam*, Volume 5, Cambridge University Press, first edition, 2010. p. 275.

引领其走向。但是，如果把 19 世纪西非的圣战运动放在一个更为广阔的伊斯兰复兴主义思想的背景下去理解，也许更有助于我们把握这次运动的过程和实质。并且，西非的圣战运动，因为与苏非主义的密切关系，苏非主义关于圣战思想的理解，对这次圣战运动的影响极大。苏非主义关于"大圣战""小圣战"的思想，一定程度上决定着西非圣战领袖对圣战运动发展过程的规划。伊斯兰复兴主义与苏非圣战思想的结合，可以比较清晰地理解西非一系列的圣战运动的过程。总体来看，这些圣战大致都分三个阶段，以对肉体欲望的"圣战"即"大圣战"开始，以对异教徒的军事"圣战"即"小圣战"结束。圣战的这种定义说明，它不仅仅是一种暴力的征服手段。圣战的前两个阶段即"心之圣战"和"口之圣战"阶段，都是非暴力的进攻，只有在最后的阶段即"剑之圣战"阶段，当非暴力的警告无效后，才采用武力的斗争达到最终目标。尽管如此，圣战还是经常诉诸暴力。对此，汉密尔顿·吉布（Hamilton Gibb）的解释也许是对的，他认为所有的清教主义运动"尽管原则上拟采取和平手段，但本质上还是倾向于暴力的方式。复兴主义者从一开始就期望正统宗教领袖对他们表现出敌意，然后他们再不屈不挠地进行反击。一旦世俗力量也加入反对他们的行列，复兴主义者的暴力行动就成为纯政治的手段，这样复兴运动相应地演变为以建立神权政治为目标的革命运动。"[①] 19 世纪西非伊斯兰教运动重新强调《古兰经》和圣训在穆斯林复兴运动中的作用，其中的一个重要结果是，恢复了"为主道而战"（Jihad fi Sabil Allah）思想在穆斯林社会的重要地位。

  伊斯兰教历史上复兴运动反复发生，部分的原因在于穆斯林社会在混乱的状态下没有能力实现从"战斗地区"向"伊斯兰地区"的转化，自从伊斯兰教先知穆罕默德去世以来，这种转化被认为是穆斯林的一种基本宗教义务。[②] 19 世纪西非圣战运动的基本性质应该是复兴主义运动，而同一时期中东的改革主义者则根据当时的中东局势，通过重申伊斯兰教的基本原则，试图应对西方的挑战。西非的复兴主义者也想回归同样的基本原则，但不是为了容忍或调整，而是为了再发现和复兴。西非的伊斯兰教不

[①] Hamilton Gibb, *Mohammedanism*, p. 131.

[②] John Ralph Willis, "Jihad fi Sabil Allah-Its Doctrinal Basis in Islam and Some Aspects of Its Evolution in Nineteenth-Century West Africa", *The Journal of African History*, Vol. 8, No. 3. (1976), p. 414.

像中东那样面对西方的挑战,而是面临着"混合"伊斯兰教和多神教的入侵,所以只有挖掘传统的"为主道而战"的思想。这种三阶段的复兴理论以精神的圣战开始,以世俗的圣战(军事斗争)结束。当时,在西非的穆斯林社会中,人们普遍相信,伊斯兰历13世纪(公元19世纪),将会出现一位救世主,他通过"希吉拉"创造一种有利于复兴运动兴起的社会舆论,最终由救世主领导一场复兴运动实现人们战胜异教徒的愿望。复兴运动能否成功,取决于复兴主义者作为宣教者的名声、神圣性,以及他们的政治组织才能。奥斯曼·丹·弗迪奥和哈吉·乌玛尔·塔勒二人都故意在西非的社会环境下模仿先知的行为,以显示复兴运动的正义性与合法性,从而有利于调动宗教力量"为主道而战"。

19世纪西非的这次圣战运动,背后的理论基础是多元的,有苏非主义,有马赫迪思想,有复兴思想,有"为主道而战"的圣战思想等。其中圣战思想是最核心的。学者们对于这些思想也有不同的看法,并没有完全达成一致。争论之处主要在于复兴思想应用在西苏丹圣战运动当中适合与否的问题。19世纪之前,伊斯兰教在这里影响的广度和深度从来没有达到19世纪的水平,那么伊斯兰教的复兴首先就没有历史依据。以前未曾有过,何以复兴?客观地说,这种说法很有道理。马丁(B. G. Martin)就持这种观点,他认为豪萨的圣战运动不是复兴运动,而是伊斯兰教改革运动。[①]但问题是宗教有时候是不讲客观的,伊斯兰教之所以提出西非的运动也是复兴运动,有它自己的道理。伊斯兰教是普世性宗教,它的视域不限于某一个地区,而是全世界。伊斯兰教要在世界范围内复兴。伊斯兰教产生于公元7世纪,之前没有伊斯兰教,这是唯物史观的看法。但是有的穆斯林学者认为7世纪伊斯兰教不是产生,而是中兴,或者复兴。这与西非穆斯林学者们认为复兴西苏丹的伊斯兰教如出一辙。

关于马赫迪主义在圣战运动中的地位,也是个比较复杂的问题。运动的领导人对马赫迪思想的看法和做法都是很矛盾的。运动的领导人发现,马赫迪思想是一个发动革命很便捷的工具,能在短时间内调动革命的积极性。所以我们看到,在西非的圣战运动中,每一个运动的领导人都在适当的时机,或明或暗地认为自己就是那个即将降临的千年革新者马赫迪。问

---

① B. G. Martin, *Muslim Brotherhoods in Nineteenth-Century Africa*. Cambridge University Press, 1978, p. 15.

题是当时声称自己是马赫迪的宗教人物并非只是奥斯曼·丹·弗迪奥、哈吉·乌玛尔·塔勒等少数几位著名的运动领导者,许多人也以马赫迪的名义聚集力量,与这些著名的领导人进行竞争。在豪萨,奥斯曼·丹·弗迪奥就面临着来自多位自称马赫迪的地方实力派人物的挑战。为了削弱这些人的号召力,把马赫迪身上的神圣光环去掉,奥斯曼·丹·弗迪奥不得不"痛苦地否认他是马赫迪"。①

还有另一个理论上的矛盾要解决:西非圣战运动是否受到瓦哈比运动影响的问题。18—19世纪发生在阿拉伯半岛的瓦哈比运动,本质上是反苏非主义的,那么西非发起和参与圣战运动的穆斯林是苏非主义者,怎么会受瓦哈比派思想的影响呢?其实这个并不矛盾,西非的穆斯林接受的只是瓦哈比主义的圣战思想和宗教热情,瓦哈比主义中的清教思想则没有被西非的穆斯林所继承。一种解释是,当时埃及的哈勒瓦提(Khalwati)教团复兴,起到了对瓦哈比主义的缓冲作用,剔除了其中的极端思想。西非的朝觐者们(也就是未来的圣战运动发起者)从哈勒瓦提教团身上既感受到了宗教运动的热情,又继承了苏非主义的思想。所以有学者认为,严格来说,把瓦哈比思想与19世纪西非圣战运动直接联系起来是不妥当的。西非圣战运动的领导人不是从阿拉伯半岛,而是从埃及继承了发动圣战运动所需的宗教思想资源。②

因此,在西非圣战运动的理论中,苏非主义、复兴主义和圣战思想是固定的,而马赫迪思想只是一个便捷工具。至于瓦哈比主义则无疑间接地推动了西苏丹的圣战运动,这已被许多学者所认同,包括中国的学者已有相关论文对此加以论证③。至于瓦哈比主义是否直接促进了这次圣战运动,还需要辩证地分析。但是无论如何,"为主道而战"的圣战思想则是贯穿于这场运动的每一个环节。

因此,从这个意义上说,西非各个圣战运动之间的联系性与连续性不可否认。有学者认为19世纪西非圣战运动不具有这种关系,"尽管看起来各个圣战运动似乎呈一种线性的历史发展,1673—1674年,塞内加尔

---

① B. G. Martin, *Muslim Brotherhoods in Nineteenth-Century Africa*. Cambridge University Press, 1978, p. 25.

② Ibid., p. 24.

③ 周燮藩:《新苏非主义和新苏非教团》,《伊斯兰教文化论集》,中国社会科学出版社2001年版,第90—107页。

河谷的纳斯尔·丁的反抗,到1680年代邦杜地区的起义,1725年富塔贾隆的圣战,1775年富塔托罗的圣战,再到1804年豪萨和1818年马西纳的圣战,1850年代的哈吉·乌玛尔·塔勒战争,1860年代塞内冈比亚的多起圣战,最后到1875年萨摩里·杜雷组织严密、管理严格的伊斯兰化政策,这期间没有证据表明,这些圣战是一些相互联系的事件。从宏观的视角来看,这些圣战运动的发展,更像是各自独立演变的过程,以及自16世纪以来西非历史特有的社会、经济和政治变革的辩证结果"。①当然,各个独立的运动有自己的特点,有自身发生发展的动因,但是这种观点没有观照各运动的共性,包括伊斯兰思想与组织方面的共性,故意忽略各圣战运动之间的各种联系。伊斯兰教的宗教性,尤其是"为主道而战"的理念,是每位圣战领袖都强调的,尽管彼此之间强调的程度、方式可能有些差别。

圣战运动与比拉德苏丹的扩展

阿拉伯人,特别是中世纪时的阿拉伯人把非洲撒哈拉沙漠以南的地区称为"比拉德苏丹"(Bilad al-Sudan),意为"黑人的土地"。在阿拉伯人的心目中,比拉德苏丹的范围是模糊的,到底是多大的一片地域,他们并不清楚。作为比拉德苏丹的一部分,西苏丹亦是如此。在阿拉伯人的心目中,西苏丹也不是一个固定的区域,它的范围经常发生变化。在19世纪圣战运动发生之前,西苏丹主要局限于塞内冈比亚和撒哈拉沙漠南缘地带,是早期塔克鲁尔穆斯林国家的所在地。这里是穆斯林频繁活动的地区,与北非的交往交流比较广泛,阿拉伯人了解比较多。

经过这次大规模的武装圣战斗争,西非的各种信息源源不断地传向北方,阿拉伯人对比拉德苏丹的理解大大地丰富了。这种丰富理解的基础,在于穆斯林通过圣战,在西非迅速扩展了"伊斯兰的土地"。除了原来的塞内冈比亚和加奈姆-博尔诺这两个伊斯兰化较早的地区之外,豪萨、尼日尔河湾、上沃尔特等广阔地区,都纳入了"穆斯林的土地"。这是伊斯兰教传入到西非1000多年从未达到的高度。短短一个世纪的宗教战争,就将伊斯兰教推进到之前从未到达过的广袤地区。

---

① Francis Robinson, ed., *The New Cambridge History of Islam*, Volume 5, Cambridge University Press, first edition, 2010. pp. 270-271.

判断这次圣战运动的宗教性质，及其对西非伊斯兰教的推动，不能仅从"伊斯兰土地"面积上的扩大得出结论。更重要的是，经历这次圣战运动，伊斯兰教在西非居民当中深入的程度，达到前所未有的深度。圣战运动发起最为重要的推动力，来自虔诚的穆斯林学者不满于"混合"伊斯兰教的无处不在。而"混合"伊斯兰教，则根源于非洲土著宗教对伊斯兰教长达千年的不断渗透，伊斯兰教接受了大量的非洲黑人文化，而变得"不伦不类"。长期以来，西苏丹的穆斯林人口极少，除了远道而来的穆斯林商人，就是因长期与穆斯林商人接触而皈依伊斯兰教的本地商人阶层，以及皇室贵族。而皇室贵族皈依伊斯兰教，纯粹是出于利用的目的。在这种情况下，穆斯林对"混合"伊斯兰教无力纠偏，只能听之任之。19世纪前后，随着西苏丹穆斯林人口长达千年的缓慢增长，势力已今非昔比，穆斯林学者阶层敏锐地觉察到伊斯兰力量的变化，以及即将到来的机会。于是，穆斯林宗教阶层决定不再容忍"混合"伊斯兰教的继续存在。武装圣战，以血与火为手段，强力剔除伊斯兰教中的异教成分，回归阿拉伯伊斯兰教的本来面目，成为必然的选择。可以说，经过这次运动，西非居民对伊斯兰教的理解，对伊斯兰教法的遵守，达到一种前所未有的高度。

另一方面，即使在原来已经伊斯兰化的地区，信仰结构上的变化也是惊人的。例如在塞内冈比亚，这里虽然很早就建立了穆斯林的塔克鲁尔国家，但并不是所有的当地居民都信仰伊斯兰教。塞内冈比亚的主要居民为沃洛夫人、谢列尔人、曼丁哥人、富尔贝人、索宁克人和图科洛人，其中索宁克人大多不信仰伊斯兰教，索宁克统治者虽自称穆斯林，却只是名义上的穆斯林。沃洛夫贵族以及他们的士兵都有嗜酒行为，这是他们社会地位的象征；他们还留长发，戴手镯，与非穆斯林无异。在沃尔特地区也是如此。这里的迪尤拉人信仰伊斯兰教。他们大多居住在农村，建立清真寺和学校，吸引伊斯兰学者到他们的城镇从事宗教教育。而同一地区的曼丁哥人则是非穆斯林，属于土著宗教信仰者。而经过这次圣战运动，上述地区内的居民，几乎全部实现伊斯兰化。土著信仰被逐出了这些地区，即使有些残余存在，也是寄居在伊斯兰教身上。这也说明西非圣战运动对西非伊斯兰化的推动作用，证明这次运动的伊斯兰宗教性质。

第二节 穆贾迪德：宗教改革与宣教运动

19世纪的西非圣战运动，拓展了"伊斯兰的土地"，其实现方式是多样的。除了血雨腥风的武力圣战，还有各种形式的宗教改革运动。以宗教改革的名义而进行的宣教运动，成为重要的实现途径。纵观整个宣教运动的历史，我们发现，穆斯林学者充分利用伊斯兰教中关于宗教改革的思想资源，为圣战运动提供合法性，并采取各种方式，推动伊斯兰宗教教育的发展。穆斯林统治者（大多也是伊斯兰宗教学者）以穆斯林新生政权的力量，开展伊斯兰宣教运动。因此，这次运动是一次伊斯兰宗教改革与宣教运动的判断，具有充分的历史依据。

塔吉迪德与穆贾迪德

塔吉迪德（Tajdid），意为"改革""革新"。塔吉迪德的思想或理论，根植于伊斯兰教的历史传统，成为伊斯兰社会面临转型时的一种重要推动力。该理论认为，人类社会在未达完美之前，始终处于正义与邪恶、正确与谬误等两种截然对立力量的不断斗争之中。换言之，在当前的时代，即处在伊斯兰与非伊斯兰的斗争之中。作为伊斯兰教的力量，代表正义的一方，若希望达到胜利的目标，改革或革新，即通过塔吉迪德实现目标，是重要的途径之一。这一理论认为，改革是社会的常态，人类社会经历一段时间，总会滑向堕落，偏离伊斯兰教，而此时，改革的社会需要就出现了。

有学者认为，伊斯兰教的塔吉迪德思想哲学，被15世纪北非的穆斯林学者穆罕默德·马吉里（Muhammad al-Maghili）在传统观念的基础上所发展，并影响到在19世纪的西苏丹圣战运动的发起者们。[1]马吉里虽生于北非，他的影响却主要在撒哈拉以南非洲。由于马吉里曾有一段时间在西撒哈拉活动，他的思想在西非穆斯林中最受欢迎。随着对马吉里文献的整理和研究，人们对他的思想愈加清晰。他在给西非诸国王的资政建议中，论述了塔吉迪德的思想。马吉里认为，塔吉迪德是历史前进的重要推

---

[1] Ibraheem Sulaiman, *the African Caliphate: the life, work and teachings of Shaykh Usman dan Fodio*. The Diwan Press Ltd. London, 2009. pp.20-25.

动力，社会改革中不可或缺，其最终目标是确立真理，摒弃谬误，推翻专制，建立公正的社会。而建立公正的社会，不可避免地要与专制的当权者产生冲突和斗争。因此，改革的一个重要目标，就是改革政体，恢复和强化伊斯兰秩序。马吉里认为，推进塔吉迪德是一项全面的改革运动，首先应依安拉之命，即伊斯兰教法，建立全新的社会，完全剔除伊斯兰教中的异教成分，即不能给"混合"伊斯兰教留下生存空间。

那么，塔吉迪德如何实现呢？马吉里的回答斩钉截铁：只能由穆斯林学者来实现。

穆贾迪德（Mujaddid），意为"革新者"，即实施塔吉迪德的人。马吉里认为，实施改革，主要是虔诚而博学的穆斯林学者的使命与责任。穆贾迪德首先是穆斯林学者。豪萨的圣战领导人奥斯曼·丹·弗迪奥，在他的著作中用大量篇幅论证穆斯林学者的重要性与责任。他认为，穆斯林学者首先就要具有宗教虔诚，这保证他们能坚持安拉的教导为民众服务；其次，学者应博识，通古晓今，知晓安拉的诫命，明白如何作为；再次，学者凭借其著作，可以播撒思想，唤起民众的宗教意识，推动知识分子的觉醒。学者比官员有优势，学者不会像官员那样忙于世俗事务，不会被地位与名声所累，足以超凡脱俗地思考公共事务而不受个人利益干扰。因此，穆斯林学者是穆贾迪德的不二人选。

弗迪奥认为，穆贾迪德集改革者和学者于一身，是穆斯林社会中特殊的一个群体。他们以复兴宗教和社会改革为己任，通过著作、演讲、授徒等方式，推动伊斯兰教的复兴运动。但是，弗迪奥的这种结论，出自他自身的经验。他本身是一位学者，不理政事。他的弟弟和儿子负责实施他的意见和政策。但是，其他西苏丹的圣战运动发起者，却没有那么幸运。他们事必躬亲，而不像弗迪奥那样可以超然地思考学术问题。不过，弗迪奥的这种思想，仍深深地影响着西苏丹其他穆斯林领袖，尊重学者与知识成为大多数人的共识，在新生的西苏丹的伊斯兰国家中，均给学者留有较高的社会地位，给他们的宗教学术创造活动、宣教的空间。这也是当时穆斯林社会中宗教迅速复兴的原因之一，凸显这次圣战运动的宗教属性。

希吉拉

希吉拉（Hiijrah），又译作"希吉来"，原意为"出走""离开"。后来变为622年伊斯兰先知穆罕默德带领信众离开麦加，迁移到叶斯里卜

（麦地那）这个事件的简称。由于这是伊斯兰教历史上非常重要的事件，以公元622年作为伊斯兰教历的元年，所以伊斯兰教历又被称为"希吉拉历"或"希吉来历"。希吉拉，作为一种行为，最初为穆罕默德先知所为，被穆斯林称为"圣行"。圣行，具有正确性和宗教上的神圣性。在穆斯林社会内部，模仿圣行，是伊斯兰教的一种文化、传统和要求。在19世纪西非圣战运动中，我们看到许多运动的发起人，在战争开始之前，都要模仿伊斯兰教的先知进行希吉拉。甚至有时候，完全没有必要进行战略转移，但圣战者仍要希吉拉，为的是模仿先知穆罕默德的圣行，为自己的战争获取宗教上的合法性。第一位著名的模仿者是豪萨的圣战者奥斯曼·丹·弗迪奥，后来，其他运动发起人也纷纷进行希吉拉。

在运动的准备阶段，哈吉·乌玛尔·塔勒和奥斯曼·丹·弗迪奥的复兴运动遇到了来自内部持不同观点者的强烈抵抗。在豪萨地区的戈比尔城，当地的穆斯林统治者对奥斯曼·丹·弗迪奥信徒势力的增长深感忧虑，准备采取措施，减少戈比尔城中奥斯曼·丹·弗迪奥信徒的人数。于是戈比尔的穆斯林统治者公布新法令，宣布只有父亲是穆斯林的人才能成为穆斯林。接下来，两派发生了冲突，戈比尔城中出现了公开迫害奥斯曼·丹·弗迪奥追随者的事件，于是两派决裂。奥斯曼·丹·弗迪奥决定模仿先知的希吉拉，离开戈比尔，进行自己的希吉拉，进行战略退却，暂时躲避风头，伺机东山再起。

乌玛尔的圣战也有类似的经历。起初乌玛尔在富塔贾隆的迪亚古库从当地阿玛米手中得到一块土地，因为他们志同道合：对附近的异教徒宣教。二者的蜜月期没有持续多久，对于乌玛尔势力的不断增长，尤其是乌玛尔从塞拉利昂进口了大批的现代武器以后，阿玛米开始谨慎起来，最终两人决裂了。乌玛尔立即选择了希吉拉，从迪亚古库迁居到丁圭雷。

当时，因为有人认为希吉拉和圣战只是穆罕默德时代的义务，对此，奥斯曼·丹·弗迪奥和乌玛尔都在他们的著作中严肃地论证现在穆斯林的希吉拉义务与先知时代希吉拉的连续性。实际上二者都有坚实的教义学基础，在《古兰经》、圣训和公议中都可以找到联系。穆斯林不能生活在任意歪曲伊斯兰教法的政权下，比如不能生活在"混合"伊斯兰教流行的西苏丹，也不能生活在容忍任意践踏伊斯兰法律的国家里，或者生活在阻碍穆斯林信仰伊斯兰教的国度。如果穆斯林无力改变现状，那么他们就必须离开，就像先知穆罕默德离开麦加一样。这种离开其实并非真正的永远离开,而是暗含着另一层含义,即一旦穆斯林有足够的力量改变不利于伊斯兰教的现状,他们将会重返故里。

除了宗教经典的依据,乌玛尔和奥斯曼·丹·弗迪奥都还根据西班牙的一则著名的伊斯兰教法判例来证明希吉拉的合法性。在西班牙基督徒收复运动期间,格拉纳达的一位虔诚的穆斯林学者拒绝与大多数穆斯林一起离开,而选择留在格拉纳达的基督徒中间,即拒绝希吉拉。他的理由是,留在格拉纳达的少数穆斯林需要穆斯林学者给他们提供法律的支持,以便与基督教政权作斗争。当时格拉纳达的伊斯兰法官阿卜杜·瓦希德·阿赫默德·旺舍里希(Abd al-Wahid b. Ahmad al-Wansharisi)发布法特瓦,认为这位穆斯林学者留在西班牙,没有经典上的依据。旺舍里希说,这位穆斯林与基督徒经常接触,天长日久不可避免地要受他们的影响;穆斯林妇女和孩子在这种环境下也会不可避免地受到非穆斯林的欺辱;这里的穆斯林也不可能保持伊斯兰教的纯洁,因为没有伊玛目,扎卡特①无法征收,莱买丹月②的开始与结束无法确定;并且,随着阿拉伯语的丧失,伊斯兰教也会步其后尘。只有希吉拉才能避免出现此种结局。这一伊斯兰教法的判例,在西非的穆斯林圣战者中很有影响。

在奥斯曼·丹·弗迪奥的理论体系中,希吉拉不仅是一种应该模仿的圣行,而是将其视为豪萨伊斯兰教复兴过程中的四个必要阶段之一。他认为,伊斯兰教复兴必不可少的四个阶段是:其一,准备阶段,这是制造舆论,唤起民众宗教意识的阶段;其二,希吉拉阶段,从压迫者的土地上撤离到自由的土地上;其三,冲突阶段,自我防护,并与统治者开展武装斗争;其四,建立伊斯兰国家的阶段。由此可以看出弗迪奥对希吉拉的重视,在他那里,希吉拉成为伊斯兰教走向政权的过程之一。

在圣战运动之初,即希吉拉的最后阶段,奥斯曼·丹·弗迪奥和乌玛尔的信徒大量增加,当他们掌握了大量的人力资源后,足以抵抗敌人的任何进攻。但是为了严格仿效先知的行为,增加宗教运动的神圣性和合法性,鼓舞士气,他们并不想打第一枪,而是首先进行希吉拉。这种希吉拉,已失去战争的意义,纯粹是宗教性的行为。

穆罕默德的希吉拉完全是军事上的原因,因为不撤出麦加,穆斯林就

---

① 伊斯兰教的宗教税。
② 莱买丹月:伊斯兰教的斋月。

面临绝境。而西苏丹的宗教运动中所使用的希吉拉则大多没有多少军事战略上的实际意义，进行希吉拉就是为了模仿先知的行为，强调穆斯林在西苏丹的处境与早年穆罕默德的处境是一样的。暂时的撤退即希吉拉，预示着最后的胜利。所以从这个角度来看，对伊斯兰教混合主义采取以退为进的希吉拉，并非单纯意义上对先知穆罕默德行为的模仿，而是为通过模仿希吉拉为发动圣战运动增加宗教上的正当性，吸引更多虔诚的穆斯林加入进来。

西非的各个独立的圣战运动虽然总体上相似，但是在许多细节上还是有很多不同的地方，甚至矛盾的地方。尤其是运动发起者、参与者之间的矛盾，甚至由矛盾发展为武力上的冲突。希吉拉的理论不能解释穆斯林内部的矛盾，如何从理论上对这些区别和内部矛盾予以说明，是他们面临的一个难题。但是，运动的发起者都钟爱希吉拉，因为希吉拉代表宗教上的合法性，可以增强圣战运动的号召力。

马赫迪思想与改革主义

马赫迪（Mahdi），阿拉伯语音译，又译麦海迪，意为"蒙受引导者"或"被引上正道的人"。根据伊斯兰教的经典圣训所言：马赫迪是世界末日来临前的一个有宗教领袖性质的人物，是穆斯林的领袖，他降临世间，根据神圣的教法治理乱世，伸张正义，铲除暴虐，整顿伊斯兰教内部的全部分歧，复兴伊斯兰教的信仰，开创新纪元。在穆斯林社会中，每当社会出现问题，人们总是倾向于出现一位马赫迪，来解决面临的现实问题，带领民众走出困境。19世纪的西苏丹，圣战领袖们同样也以马赫迪自居。

西苏丹伊斯兰复兴主义者的首要任务，就是制造一种有利于实现他们目标的社会氛围，恰巧当时这种社会氛围已经有了某种程度的出现。19世纪早期，西苏丹虔诚的穆斯林期待着先知的预言能够实现。当时这里的穆斯林普遍相信，在伊斯兰教历的第13个世纪（公历1785—1882年），伊斯兰教将会赢得对异教徒的最终胜利。该世纪会出现最后一位革新者和图科洛人的哈里发。先知穆罕默德曾宣布，他之后会有12位哈里发，10位哈里发已经出现了。西非穆斯林认为马里帝国的皇帝阿斯基亚·穆罕默德是第11位，第12位哈里发将会出现在伊斯兰历法的第13个世纪，他的统治将会在世界末日之后出现。这位未来博学多识的革新者有如下特征：他倡行正义，禁止邪恶，改善民生，还公正于民间，与同时代的其他博学多识之人显著不同。①

　　这一预言对未来的复兴主义者们非常重要，影响很大。阿赫马杜·洛博就曾经想拥有第 12 位哈里发的称号。据说，阿赫马杜曾经表示，那位最终的革新者名叫阿赫马杜。②奥斯曼·丹·弗迪奥和哈吉·乌玛尔·塔勒都声称曾经历过神秘的启示，证明真主选择他们来领导宗教运动。奥斯曼·丹·弗迪奥曾经说过，"我 40 岁时，真主把我叫到身边……" 授予他发动圣战运动的任务；真主也把"真理之剑"交给奥斯曼·丹·弗迪奥，让他领导运动反对真主的敌人；哈吉·乌玛尔·塔勒也有类似的说法。③

　　19 世纪初，奥斯曼·丹·弗迪奥和乌玛尔的追随者，都热切地期盼那即将降临的革新者，并把他们二人与人们所期盼的革新者相联系。穆罕默德·贝洛在占领卡诺后，对圣战运动的战士们说：我告诉你们一个好消息，期盼中的马赫迪就要来了，长老（指奥斯曼·丹·弗迪奥）的信徒会增多，权力也会加强，复兴运动会继续扩大，直到马赫迪来临，这是安拉的意愿。其实，许多信徒都把奥斯曼·丹·弗迪奥当作马赫迪，只是奥斯曼·丹·弗迪奥本人拒绝这种说法，他对信徒说：我不是马赫迪，我也从来没有自称马赫迪，尽管有人说我是马赫迪，我曾告诉他们不要这么说。④因为当时豪萨地区自称马赫迪的人很多，出于战略上的考虑他才被迫否认自己是马赫迪。但他的这种劝告作用不大。虽然奥斯曼·丹·弗迪奥明确地声明自己不是马赫迪，但是贝洛还是把他的父亲标榜为革新者马赫迪。

　　哈吉·乌玛尔·塔勒的热心支持者，也试图把他与马赫迪联系在一起，他们认为马赫迪已经来到世间，甚至宣称马赫迪已把乌玛尔任命为他的三位部长之一，让他负责管理马格里布。还有一些人认为乌玛尔就是尔

---

①　John Ralph Willis, "Jihad fi Sabil Allah-Its Doctrinal Basis in Islam and Some Aspects of Its Evolution in Nineteenth-Century West Africa", *The Journal of African History*, Vol. 8, No. 3. (1976), p. 402.

②　Ibid., p. 402.

③　B. G. Martin, *Muslim Brotherhoods in Nineteenth-Century Africa*. Cambridge University Press, 1978, pp. 19-93.

④　John Ralph Willis, "Jihad fi Sabil Allah-Its Doctrinal Basis in Islam and Some Aspects of Its Evolution in Nineteenth-Century West Africa", *The Journal of African History*, Vol. 8, No. 3. (1976), p. 404.

撒（Isa）①的化身，这种传说在西非到处流传。据说，乌玛尔经常在演讲中谈到人们期待的尔撒，他说多数人并不知道，尔撒会化装成黑人秘密地回来。乌玛尔谴责有些人偷偷地去麦加朝觐的行为，这些人在朝觐之前故意散布尔撒要重返人间的谣言，目的是等他们回来时让人们把他们当作尔撒。乌玛尔死后很长一段时期内，人们都认为他就是先知派到黑人中的使者，地位与穆罕默德一样。②无数的民间传说都讲述着关于乌玛尔与使者的故事，其中有一则讲述乌玛尔在麦加朝觐的经历：

> 一天晚上，我在读一本《穆罕默德传》，书中描述当时在先知之前，阿拉伯人生活在水深火热之中。我被这种描述震惊了，现在富尔贝人的状况与当时阿拉伯人的状况简直一模一样。阿拉伯人与富尔贝人一样都有共同的语言，也信仰神灵，但却分裂为众多的部族，彼此之间总是在战争，并且将要放弃拜物信仰。一种想法在我脑中闪现：我要成为苏丹地区的穆罕默德，把富尔贝人联合成一个强大的国家，恢复穆斯林信仰的纯洁。③

整个西苏丹充斥着救世主马赫迪将要降临的社会氛围，复兴主义者利用这种社会环境，鼓吹圣战运动的必要性和紧迫性。运动能否胜利，取决于复兴者们的名声、知识、能力，尤其是作为宣教者的能力和政治组织者的能力。

奥斯曼·丹·弗迪奥和哈吉·乌玛尔·塔勒显然拥有宗教和政治的威望。宗教威望使他们当上了卡迪里苏非教团的长老，政治威望使众多民众聚集在他们周围。乌玛尔的宗教威望分两种：一是巴拉克（baraka），即安拉赐给他的先知和圣人的权威，这是苏非圣人的特殊能力；二是伊斯提哈拉（istikhara），即在艰难的环境下寻求的一种特殊的规则或本领。乌玛尔的巴拉克是他个人的，他的兄弟们不具有这样的巴拉克，但是据说乌玛尔的孩子却天生就有父亲的巴拉克。所以在选择继承人时，他根本没有

---

① 即《圣经》中的耶稣，《古兰经》中叫尔撒。

② John Ralph Willis, "Jihad fi Sabil Allah-Its Doctrinal Basis in Islam and Some Aspects of Its Evolution in Nineteenth-Century West Africa", *The Journal of African History*, Vol. 8, No. 3. (1976), p. 405.

③ Ibid..

考虑兄弟们,而是选择了他的长子阿赫默德,因为他有这种天赋。据说,乌玛尔的巴拉克和伊斯提哈拉包含了所有安拉通过穆罕默德赐给阿赫默德·提加尼(Ahmad Tijani,提加尼教团的奠基者)的特殊能力;乌玛尔在希贾兹、博尔诺、索科托和塞内加尔-尼日尔高原成功地运用他的伊斯提哈拉,为处在饥渴中的人们找到水源。奥斯曼·丹·弗迪奥的威望也来自巴拉克。据说他以及他名字的巴拉克能让困境中的人获得解脱;他还有先知先觉的能力,能直接或者通过精尼(jinns)①与安拉交流,事先知晓战争的成败。奥斯曼·丹·弗迪奥的这些威望都还不足以让他成为圣战运动的最佳领导人选。他还必须借助马赫迪主义这个伊斯兰教中传统的思想资源为伊斯兰教革命制造氛围。当时豪萨的自然灾害也推动了马赫迪主义的流行。连年的干旱使豪萨百姓的生活极其困难,人们都渴望马赫迪能救人于水火之中。正是巴拉克、伊斯提哈拉两种威望,更重要的是再加上人们对马赫迪降临的期待,造就了奥斯曼·丹·弗迪奥和乌玛尔等人的伟大革新者形象。

19世纪西苏丹圣战运动的领袖,充分利用伊斯兰教中的宗教概念与思想资源,塔吉迪德、穆贾迪德、希吉拉、马赫迪等在穆斯林当中具有重要影响的观念,成为他们调动民众、增强穆斯林宗教意识、普及伊斯兰知识的工具。伊斯兰的运动需要伊斯兰教的资源和工具,同时排斥非伊斯兰教的因素,通过所谓的改革,将"混合"伊斯兰教中的非洲本土文化内容剔除掉,让新生的社会呈现出一种全新的、正统的伊斯兰宗教氛围与宗教面貌,这就是这次运动的一个目标。通过对伊斯兰宗教思想资源的利用,达到复兴宗教的目的,这再次说明这次运动的伊斯兰教属性,它是一次以复兴伊斯兰教为目的的宗教运动。

第三节 苏非主义运动

塔沙乌夫(Tasawwuf),即伊斯兰神秘主义,又称苏非主义。"苏非"一词的阿拉伯语词根原意为羊毛,因信奉者身穿羊毛褐衫而得名。苏非主义最初源自《古兰经》的某些经文和穆罕默德的神秘体验。伊斯兰教内的虔信者以此规范自身的宗教生活。伍麦叶王朝时,禁欲主义成为一种反

---

① 一种具有超自然能力的神灵。

伊斯兰奢华的势力，其成员因穿羊毛粗衣而被称为苏非。苏非主义由最初的个人行为，从10—11世纪开始，逐渐发展为以苏非导师为中心，由众多苏非弟子组成的苏非教团。各个教团由于发起人不同，宗教思想的区别，而形成独立且各具特色的苏非教团。16世纪，苏非主义及其教团，以民间宗教的形式，成为伊斯兰教复兴的主要形式。

19世纪的西非圣战运动，同样采取苏非主义的形式，以苏非教团为载体，凝聚力量，发动战争，建立伊斯兰政权。

但是，有一种观点认为，苏非教团并不是西非圣战中伊斯兰教发展的主要方式。[1]这种说法有一定的根据，圣战运动中有大量新穆斯林，并不是某个教团的苏非。但是，这种观点不能解释如下现象：19世纪末的西非伊斯兰教以提加尼教团和卡迪里教团为主体的事实。至少可以认为，苏非主义是这次圣战运动的主导思想和主要组织与动员方式。只能说，圣战运动中的苏非主义仍主要局限于宗教精英阶层，不是大众化的苏非运动，[2]但是苏非思想与组织形式对圣战领导人的启发与指导作用，是不能忽视的。

卡迪里教团

卡迪里苏非主义是伊斯兰教中最古老的苏非神秘主义，最初出现在西亚的两河流域。卡迪里教团从北非越过撒哈拉，由柏柏尔人传入西非。1450年卡迪里教团在摩洛哥出现，然后从北非传到塔克达（Takedda）的柏柏尔人桑哈贾部落。另一个较早接受卡迪里教团的柏柏尔人部落是凯雷斯苏克人，1480年他们已经在阿希尔（Ahir）建立卡迪里教团组织。同时西边的昆塔部落，也在15世纪初接触到了卡迪里苏非主义。15世纪后半期，昆塔部落在西撒哈拉地区扩大卡迪里教团的影响。桑哈贾人、凯雷斯苏克人、昆塔人是柏柏尔人的游牧部落，他们所到之处，卡迪里伊斯兰教也就传播到那里。正是他们把卡迪里苏非主义带到了西非的草原地带，然后再由当地居民传播到整个西非。当然这种由北向南的传播并不是唯一

---

[1] Francis Robinson, ed., *The New Cambridge History of Islam*, Volume 5, Cambridge University Press, first edition, 2010. p. 272.

[2] Roman Loimeier, "Africa south of the Sahara to the First World War", The New Cambridge History of Islam, vol. 5, Cambridge University Press, 2011, p. 270.

的，但由北向南的传播，是西苏丹卡迪里教团主要的路径。除此之外，也还有从东向西的传播路线，甚至通过西非穆斯林的朝觐活动，直接从中东带至西苏丹。19世纪西苏丹的一些穆斯林圣战领袖，就是直接从阿拉伯半岛，或者从埃及的某位苏非长老，获得在西非传播卡迪里苏非主义的传教凭证。

17世纪初卡迪里苏非主义传到尼日尔地区，伊尼斯勒曼人的苏非圣人在这里让卡迪里教团发展壮大。1720年左右，由昆塔人建立的迈卜鲁克镇（Mabruk）成为卡迪里教团向尼日尔地区扩展的中心。玛卡人和富尔贝人在尼日尔地区接触到了卡迪里苏非主义，然后再传播到塞内冈比亚和沃尔特河地区。豪萨的富尔贝人接触苏非主义相对比西苏丹要晚一些，不过传播的路线和模式是一样的，一是由北向南，二是由东向西。19世纪中期，卡迪里苏非主义在索科托帝国发展到鼎盛阶段。奥斯曼·丹·弗迪奥作为卡迪里苏非主义的代表性学者，成为当时西苏丹卡迪里苏非主义的标志，豪萨圣战后建立的索科托政权，将卡迪里苏非主义作为帝国的主导意识形态，让卡迪里苏非主义的辐射范围剧增，西苏丹的其他圣战者，纷纷模仿、继承索科托帝国的做法，以卡迪里苏非主义作为新政权的意识形态，如马西纳的阿赫马杜·洛博等。此时，卡迪里教团的思想主要有两个方面：一是完人思想，伊斯兰教的先知穆罕默德是所有穆斯林的榜样；二是圣人拯救的观念，圣人是信徒与真主之间沟通的中介。乍得湖地区的加涅米，也属卡迪里教团。17世纪时，卡迪里教团在博尔诺的地位可谓已经举足轻重了。这里的卡迪里教团，受尼罗河地区的影响比较大。19世纪，加涅米上台执政，作为一位虔诚的卡迪里苏非主义信徒，他把首都库卡瓦变成了博尔诺的索科托，使卡迪里苏非主义的伊斯兰教成为加涅米政权的官方意识形态。19世纪，西非的卡迪里教团已经发展为新苏非主义教团。

卡迪里苏非主义，对豪萨的奥斯曼·丹·弗迪奥领导的圣战运动影响比较大。现在可以确定，弗迪奥的主导思想是卡迪里苏非主义。平时他离群索居，不直接参与圣战运动，而是作为一位学者，只向圣战者提供宗教和革命的思想与方法论的指导，由此可以看出，苏非静修观念对他的影响之深。西非的其他圣战运动领袖，有多位也继承了弗迪奥的卡迪里苏非主义，其中马西纳的阿赫马杜·洛博继承得比较彻底，其他的运动领袖虽然多属提加尼教团，但也受卡迪里苏非主义的较大影响。

卡迪里教团是一个古老的苏非教团,而提加尼教团则是晚近出现的新兴教团。起初,提加尼教团兴起于北非,除了在摩洛哥有一定发展外,前景并不被看好。但是,该教团在西非却找到了发展的沃土。它在19世纪西非圣战运动中,发挥巨大意识形态与组织、动员作用,并逐渐发展为西非伊斯兰教的一个鲜明特色。

提加尼教团

18世纪,提加尼教团兴起于马格里布,现在它已是一个世界性的苏非教团,除北非的摩洛哥、阿尔及利亚、埃及作为提加尼教团初兴之地外,西非的毛里塔尼亚、塞内加尔、加纳、尼日利亚、尼日尔、乍得湖更是它的兴旺发达之地,另外在苏丹、南非,提加尼教团都很有影响。亚洲的印度尼西亚,甚至北美地区,提加尼教团也比较活跃。据该教团内部的数字,教团人口已近一亿人①,此数字显然有夸张的成分,不过有一点可以肯定,自19世纪以来,提加尼教团已是西非规模最大、非洲大陆最受人瞩目的苏非教团。它已在许多西非国家的宗教、政治舞台上扮演举足轻重的角色,有必要加强对它的研究。这里首先尝试理清提加尼教团的历史、思想、仪式、目前发展状况,并分析其快速发展的原因。同时也是为了说明,提加尼教团在19世纪西非伊斯兰圣战运动中所扮演的重要角色,进而证明这次运动的宗教性质。

提加尼教团在1782年左右开始形成,其创始人阿赫默德·提加尼(Muhammad ibn al-Mukhtar al-Tijani),1737年出生于阿尔及利亚南部,1815年去世。在1782年之前,提加尼的宗教生活与其他苏非学者没有任何区别,他拜师求学、四处游历和苦修,也同时加入过众多其他教团;1782年,他突然提出一些与传统苏非主义截然不同的宗教主张,宗教修持上也同时发生改变,这一引人注目的转变竟然成为提加尼教团形成并迅速发展的契机。事实上,提加尼与众不同的苏非主义思想,来源于他在阿拉伯半岛和埃及的游学经历。

首先,提加尼教团在摩洛哥找到了其发展的沃土,当时摩洛哥统治者

---

① Jamil M. Abun-Nasr, "Tidjaniyya". In *the encyclopaedia of Islam*, Volume X, ed. By P. J. Bearman, Th. Bianquis, C. E. Bosworth, E. Van Donzel and W. P. Heinrichs, Brill, Leiden, 2000. pp. 464-466.

马雷·苏莱曼（Mawlay Sulayman）出于政治上利用的考虑，对提加尼教团提供政治保护，并给提加尼教团的发展壮大，提供各种便利条件。提加尼教团采取极为实用的发展策略，它在不同的时期，根据周围的政治—宗教环境，提出不同的应对办法。在摩洛哥时期，提加尼明白，其他苏非教团都以"圣裔"为中心，强调"圣裔"的宗教地位，如果提加尼教团继续沿这条路走下去，显然难以与它们竞争。于是他反其道而行之，在非"圣裔"穆斯林中发展成员。同时他又主张不要反对执政当局，这为提加尼教团与政府之间建立良好关系奠定了基础，扫清了其发展道路上的政治障碍。提加尼不反对行政当局的思想主张，成为后来北非提加尼教团与殖民主义合作的宗教理论基础。在摩洛哥，提加尼教团吸引了城市中富裕的政府官员、商人及其他有经济和社会影响的阶层。随后，提加尼教团将非斯作为教团发展的中心。殖民时期，在北非，提加尼教团站在法国殖民者一边。1877—1911 年，提加尼教团长老西迪·阿赫默德（Sidi Ahmad）娶一位法国女人奥雷列·皮卡德（Aurèlie Picard）为妻，法国殖民当局也尽一切可能对提加尼教团给予支持。

按提加尼所留的遗嘱，教团的领导权应该在阿尔及利亚的艾茵麦迪（Ayn Madi）绿洲和突尼斯边境城市塔马尔哈特（Tamalhat）两地的提加尼后裔中轮流掌握，但是这种分权制度总是引起内部斗争，削弱了教团的力量。西迪·阿赫默德驻艾茵麦迪绿洲，他掌权期间，教团发展较快。

围绕提加尼的思想虽然有很多争论，但是提加尼教团却传播很快，"提加尼教团是在争论中成长起来的"[①]。它首先在马格里布和西非传播。19 世纪 30 年代，在阿尔及利亚，位于艾茵麦迪绿洲的提加尼教团"扎维亚"，已足以向阿布德·卡德尔（Amir Abd Al-Kadir）发起挑战。阿布德·卡德尔是阿尔及利亚穆斯林反法运动的领袖。因此，阿尔及利亚的提加尼教团与法国殖民当局建立良好的关系。在突尼斯，提加尼教团通过该国著名学者易卜拉欣·里亚希（Ibrahim Al-Riyahi，死于 1849 年或 1850 年）的影响，在突尼斯城的发展呈良好态势。1804 年，易卜拉欣·里亚希与提加尼在非斯会晤，被任命为提加尼教团在突尼斯的长老。提加尼教团开始在突尼斯拓展空间。

[①] John L. Esposito, The Oxford Eencyclopedia of the Modern Islamic World, Volume 4, Oxford University Press, 1995, p. 225.

19世纪中期起，提加尼教团在撒哈拉以南的非洲迅速扩张。首先，提加尼在非斯任命来自毛里塔尼亚艾达乌·阿里（Idaw Ali）部落的穆罕默德·哈菲茨（Muhammad Al-Hafiz）为本教团的长老，由他将提加尼教团引入毛里塔尼亚。穆罕默德·哈菲茨来自富塔贾隆的弟子毛鲁德·阿赫默德·纳基尔（Mawlud Fal Abd Al-Karim B. Ahmad Al-Nakil）再将提加尼教团传播到塞内冈比亚地区，然后他又将提加尼教团的领导权交给著名学者兼圣战运动发起人哈吉·乌玛尔·塔勒（1864年去世）。在哈吉·乌玛尔·塔勒的领导下，在塞内冈比亚发动著名的圣战运动，使提加尼教团发展为西非卡迪里教团的主要竞争者。20世纪初，提加尼教团的扎维亚已遍布于塞内加尔、博尔诺和加纳之间的广阔地域。豪萨商人将提加尼教团带到博尔诺和加纳。殖民时期，提加尼教团在西非的影响继续加强，特别是在塞内加尔。塞内加尔的提加尼教团有两个领导中心：一个是蒂瓦阿内（Tivaouane）的萨伊（Sy）家族，另一个是考莱克（Kaolack）的尼亚斯（Niasse）家族。两个家族均与法国殖民当局合作。因此，提加尼教团不仅能够吸收农民，还将殖民制度下的城市穆斯林中产阶级吸引过来。目前，在占塞内加尔国民94%的穆斯林人口中，约有一半属于提加尼教团。

1929—1930年，易卜拉欣·尼亚斯宣布，阿赫默德·提加尼在他面前显圣，封他为"圣行的渠道"（Sahib Al-Fayda），即提加尼教团成员必须通过他才能获取长老们的指令。随即易卜拉欣·尼亚斯称他的信徒们为"圣行团体"（Djamd'at al-Fayda），自称"时代的救世主"（Ghawth Al-Zaman）。他推广苏非主义教育，使未曾接受过阿拉伯-伊斯兰教育的人也加入提加尼教团，促进了提加尼教团的发展。1937年，易卜拉欣·尼亚斯在麦加朝觐时遇到来自卡诺的埃米尔阿卡杜拉·巴耶罗（Abdullahi Bayero）以后，提加尼教团开始在塞内加尔以外的地区发展。塞内加尔人易卜拉欣·尼亚斯（Ibrahim Niasse，1900-1975），自提加尼教团内部发起一次复兴运动，使提加尼教团自第二次世界大战以来在西非迅速传播。在东非，提加尼教团在苏丹共和国的发展也非常迅速。1945年以后，尼亚斯多次到尼日利亚访问，巴耶罗接受尼亚斯的灵性权威。此后，提加尼教团在尼日利亚城市普通的穆斯林当中迅速发展，并开始在当地的政党政治中扮演重要角色。

提加尼思想相对于其他苏非思想来说，显得特别"另类"。提加尼将本人作为"封印的圣人"，置于除穆罕默德之外所有"圣人"之上，提加尼教团地位高于其他苏非教团，其成员也高于其他苏非教团成员。这种有违常规的"理论"，打破了苏非主义平等地追求与真主"合一"的宗教思想，招致其他教团的极力反对。因此在西非，提加尼教团一直处在与其他教团的争论当中，这种特立独行的宗教思想决定着提加尼教团与西非其他教团的关系不可能十分融洽。

19世纪提加尼教团在西非的传播主要是哈吉·乌玛尔·塔勒发起的圣战运动的成果。哈吉·乌玛尔·塔勒主要在三个层面扩大提加尼教团，一是大量招收其他教团的穆斯林加入提加尼教团，对那些有学养的宗教知识分子更是青睐有加，想方设法将他们拉入本教团，以作为提加尼思想的旗手；其次，他本人作为提加尼教团的宗教学者，也著书立说，宣传提加尼主义。《对敌之矛》是他的一部著名的论战性作品；三是他发动的圣战运动的巨大冲击力，对提加尼苏非主义在西非的扩张具有决定性的意义，它不但是苏非神学上的一次宣传运动，更是政治上的运动。在这种宗教与政治相结合的运动的推动之下，提加尼教团很快在西非建立了宗教性的政权，将丁圭雷、尼奥罗、塞古、邦贾加拉等西非重要城市收入囊中，提加尼政权发展为新生的伊斯兰国家，以政权的力量推动提加尼教团成为该政权的主要任务之一。

自圣战运动开始，提加尼教团的发展呈现出一个特别的现象，它不再如早期那样注重思想层面的阐述与完善，而是越来越政治化，宗教的维度在提加尼政权中的分量逐渐减轻，政治倾向逐步加强。这种发展趋势在推动提加尼教团迅速扩大影响的同时，也带来另外两种后果：加剧教团内部的斗争，恶化了教团与法国殖民政权的关系。教团内部对法国政权的不同反映本身，既是内部斗争的一种表现，也加剧了这种斗争。在法国人的步步紧逼下，乌玛尔的提加尼伊斯兰帝国不断东迁，在此过程中，一部分提加尼教团上层人物随之东迁，一部分选择留下来。法国人将东逃的许多上层人物抓获，留守的人命运稍好，但他们在如何应对法国新生政权，如何保住自己的宗教、社会和政治地位，如何维护个人宗教权威，如何维护伊斯兰教尊严等一系列问题上一筹莫展，陷入内部的混乱。因此不同的人有不同的选择。有人选择抵抗，有人选择合作，还有人选择冷漠对待，对殖民政权不闻不问，专注宗教事务。如瑟诺·伯克尔（Cerno Bokar），他对殖民政权给他的压力置若罔闻，只致力于提加尼教团的内部宗教事务。在提加尼教团中，对于自圣战运动以来的政治化趋势，瑟诺·伯克尔是一个例外，因此，教团内部也认为，只有他才有资格继承哈吉·乌玛尔·塔勒的衣钵。

19世纪末20世纪初，西非提加尼教团没有一个公认的教团长老做精神领袖，这是它面临的最大挑战。但这并未影响它的扩张。提加尼教团发展的主要动力，一是来自人身安危的原因。殖民时代的社会环境动乱不堪，人们在这个朝不保夕的社会中急于寻找一个安身立命的组织，提加尼教团无疑成为一个很好的选择。二是精神上的原因。提加尼主义者声称，提加尼的思想直接来自穆罕默德，能给加入教团的任何人提供绝对的神性保护，彻底的精神拯救，这种许诺成为提加尼教团最吸引信徒的原因之一。缺少公认的教团长老仍不符合提加尼的教导，提加尼强调教团必须有一位苏非长老做精神领袖，以便信徒接受生活指导和精神指导。除提加尼本人是教团公认的长老外，随着教团的日益扩张，声称是提加尼继承人的穆卡达敏（地方长老）很多。19世纪20世纪之交，哈吉·乌玛尔·塔勒为其中最受教团成员公认的一位。他的地位比较特殊，他在朝觐期间就被任命为提加尼教团在西非的长老，并被授权可以任命16位提加尼分支教团的穆卡达敏，而其中每一位可再任命4位更低一层次人的穆卡达敏。这种层级的教团组织结构促使哈吉·乌玛尔·塔勒时期的提加尼教团迅速发展。同样，穆卡达敏的层级结构，也使哈吉·乌玛尔·塔勒的圣战运动显示出极强的组织能力，苏非教团的宗教方面的组织性，凸显出乌玛尔圣战运动的宗教性。

提加尼的穆卡达敏实际上就是地方分支教团的领袖，不同的穆卡达敏所拥有的权力也有所不同。有的穆卡达敏只有权向新成员传播提加尼赞词或提供精神指导，而有的则有权任命新的穆卡达敏。不过，提加尼教团的这种层级结构不是选举的，而是控制在提加尼教团长老一个人手中。在提加尼教团中，个人的作用大于教团组织系统的作用。[1]教团长老的个人权威除了与提加尼本人有明确的道统联系之外，还要依据本人的学识、苏非精神修养、虔诚程度、个人声望等因素来决定。哈吉·乌玛尔·塔勒就是一个这样近乎"完美"的宗教领袖。他的道统清晰无误，他属提加尼教团的第三任穆卡达敏，他的上一任穆卡达敏是穆罕默德·加里（Muhammad al-Ghali），此人是由提加尼本人直接任命的穆卡达敏；乌玛尔的精神品级也很高，他声称在幻觉中被穆罕默德·加里任命为西非提加

---

[1] Louis Brenner, *West African Sufi*, University of California Press, 1984, p.38.

尼教团的哈里发，并从加里那里得到关于教团的密传；乌玛尔的宗教虔诚与功修也都很高。他被公认为西非最合格的教团长老和哈里发。1865年他去世时，任命其子穆塔嘎·阿玛杜（Muntaga bin. Amadu）为继承人。由于缺乏上述作为精神领袖和哈里发的条件，西非的提加尼教团并不认可他。他去世后，教团的精神领袖就更难以确定。20世纪80年代，更没有任何人有足够的条件任西非提加尼教团的长老。不过，此时提加尼教团成员形成一个共识：只有哈吉·乌玛尔·塔勒的后裔才有资格做西非提加尼教团的长老，"哈吉·乌玛尔·塔勒的后裔"于"西非提加尼教团长老"来说，虽非充分条件，却是必要条件。这样便将教团创始人提加尼的后裔排除在教团的继承人之外。这实际上反映了西非苏非主义的一个特点：在西非，苏非长老倾向于地方化，"家族因素"取代"灵性因素"成为教权继承的基础，在家族继承的基础上"择优而授"。于是西非的提加尼教团教权的传承呈现这样一种图景：所有的"穆卡达敏"都是哈吉·乌玛尔·塔勒的后裔。穆塔嘎·阿玛杜驻塞古城；穆尔塔德·乌玛尔（Murtada b. Umar）驻尼奥罗；西都·努鲁·塔勒（Seedu Nuuru Taal）负责塞内加尔；马达尼·阿玛杜（Madani b. Amadu）负责尼日利亚；而哈吉·乌玛尔·塔勒的侄孙瑟诺·伯克尔（Cerno Bokar）则是20世纪20年代西非提加尼教团最著名的长老之一。西非的提加尼教团实际上成为哈吉·乌玛尔·塔勒家族的教团。

在塞内加尔，提加尼教团在沃洛夫人中发展较快，尤其在该国北部的卡乔尔（Kajoor）地区和乔洛夫（Jolof）地区。1902年，哈吉·马立克·萨伊（Al-Hajj Malick Sy）在蒂瓦瓦内（Tivaouane）建立苏非道堂，随后蒂瓦瓦内就成为提加尼教团在塞内加尔的教育与文化中心。1922年，哈吉·马立克·萨伊之子艾巴巴克尔·萨伊（Ababacar Sy）继承教权。1997年阿卜杜·阿齐兹·萨伊去世后，塞里涅·曼苏尔·萨伊（Serigne Mansour Sy）任哈里发。现在，每年都有许多新成员加入位于蒂瓦瓦内的提加尼教团。在塞内加尔的南部，提加尼教团也在发展。1861年，与哈吉·乌玛尔·塔勒同时代的图科洛人马巴·迪亚胡·巴（Maba·Diakhou Ba），依托提加尼教团，发动圣战运动，运动失败后，提加尼教团却保留下来。阿卜杜勒伊·尼亚斯（Abdoulaye Niass，1840—1922）成为塞内加尔南部萨鲁姆地区最著名的提加尼长老。1930年，阿卜杜勒伊·尼亚斯之子易卜拉欣·尼亚斯在麦地纳·巴伊（Medina Baye）地区建立提加尼分支教团，现在该教团成为世界上最大的提加尼分支教团。易卜拉欣·尼亚斯认为，所有的提加尼教团成员，都可以通过学习得到神秘知识，神秘知识不是学者的专利。他的这一主张在提加尼教团内部引起强烈反响。现在他领导的教团已被称为"提加尼易卜拉欣分支教团"，成员遍布塞内加尔、尼日利亚、尼日尔、毛里塔尼亚等国，甚至美国和欧洲也有追随者。现在"提加尼易卜拉欣分支教团"的长老是尼亚斯的孙子哈桑·西塞（Hassan Cisse）。此外，提加尼教团还在塞内加尔的其他地区有活动中心。在塞内冈比亚地区比较有影响的提加尼学者还有谢诺·阿里·德蒙（Cherno Alieu Dem）等。

在马里，以尼奥罗为基地的谢赫·哈玛拉赫（Shaykh Hamallah）建立了哈玛威分支教团，他的成员遍布塞内加尔、科特迪瓦、布基纳法索和尼日尔等国。该分支教团的著名人物是小说家兼历史学者阿玛杜·昂佩特·巴（Amadou Hampâté Bâ）。此人是瑟诺·伯克尔思想的坚定支持者。

提加尼教团扩张速度如此之快的原因何在？这个问题的答案，可以从西非外部和西非内部来寻找，也可以从伊斯兰教的因素和非伊斯兰教的因素两个视角来分析。不过综合起来看，最主要的原因还是19世纪圣战运动对提加尼教团的推动。

圣战运动对提加尼教团有巨大推动作用。西非的圣战运动是伊斯兰世界复兴运动的一部分。在提加尼教团大发展之前，索科托的圣战运动促进了卡迪里教团的大发展，同样，随后发生的以提加尼教团为背景的圣战运动也极大地促进了提加尼教团的扩张。豪萨地区的奥斯曼·丹·弗迪奥、博尔诺的加涅米、马西纳的阿赫马杜等人都是卡迪里教团的长老；相比之下，以提加尼苏非主义为号召的圣战运动在西非更为广泛，数量更多，除了著名的尼日尔河上游的萨摩里·杜雷、塞内冈比亚的哈吉·乌玛尔·塔勒二人领导的圣战运动外，还有上沃尔特的哈吉·卡里、马巴·迪亚胡·巴、哈吉·穆罕默德·艾敏、阿马杜·巴也是提加尼教团长老，这些范围更小的提加尼圣战运动，则在局部地区促进提加尼教团的扩张，使提加尼思想更加深入人心。因此，奥斯曼·丹·弗迪奥在豪萨地区的"圣战"运动成就了卡迪里教团在尼日利亚北部的主导地位，而萨摩里·杜雷、哈吉·乌玛尔·塔勒、哈吉·卡里、马巴·迪亚胡·巴、哈吉·穆罕默德·艾敏、阿马杜·巴发起的一系列圣战运动，则在尼日尔河上游、塞内冈比亚、上沃尔特等地区，也就是除尼日利亚之外的西非萨瓦纳地带，将提加尼教团推上了主宰地位。

苏非主义与圣战运动的相互影响

19世纪西非圣战运动的一个显著特点是，伊斯兰圣战运动基本上以苏非教团为载体。可以说，19世纪的西非圣战运动基本上就是苏非主义运动。西非"绝大多数苏非穆斯林是卡迪里教团或提加尼教团的成员。这两个教团在西非传播最快的时期，特别对提加尼教团来说，都是在19世纪。早期的圣战运动发起人，除了哈吉·乌玛尔·塔勒属提加尼教团之外，都附属于卡迪里苏非教团；后期的圣战运动发起人，除了萨摩里·杜雷属卡迪里教团之外，都附属于提加尼教团。如果不考虑苏非领导人之间的师承关系，就不可能理解伊斯兰教的传播和穆斯林的内部斗争，因为他们的政治影响与宗教影响一样重要"[①]。19世纪之前，苏非主义不是西非伊斯兰教的重要因素，但在19世纪期间，加入卡迪里教团或提加尼教团已经等同于皈依伊斯兰教。

苏非长老和苏非教团的组织形式增强了圣战运动的力量。圣战运动的领导者是权威的宗教领袖，他们无一例外都是苏非长老。豪萨地区的奥斯曼·丹·弗迪奥、博尔诺的加涅米、马西纳的阿赫马杜是卡迪里教团的长老；尼日尔河上游的萨摩里·杜雷、上沃尔特的哈吉·卡里、塞内冈比亚的哈吉·乌玛尔·塔勒、马巴·迪亚胡·巴、哈吉·穆罕默德·艾敏、阿马杜·巴是提加尼教团长老。西非土著信仰以祖先崇拜、神灵崇拜、图腾崇拜等多神信仰为主，这些土著宗教又与部落传统紧密结合。多神信仰以人或物为膜拜对象的特点与苏非主义以对苏非长老为核心的崇拜很容易相契合。苏非教团中弟子对导师的忠诚很快与西非的部落主义和部族主义结合起来，把苏非长老推向权力的制高点，从而产生了奥斯曼·丹·弗迪奥、乌玛尔等具有权威性的领导人物。他们在世时成为周围穆斯林的核心和标志，去世后其墓地成为穆斯林拜谒的圣地，无形中增强了穆斯林的团结，为伊斯兰国家的建立准备了身份认同和组织基础。

西非的苏非主义虽然强调导师的重要作用，但是也要求苏非弟子到北非、中东的苏非圣地，甚至麦加去朝觐，这样便培育了西非穆斯林关于伊

[①] J. Spencer Trimingham, *A History of Islam in West Africa*, Oxford Universty Press. 1962. pp. 158-159.

斯兰普世主义的思想感情。马拉布特在西非各地传播苏非主义和伊斯兰教，他们不仅在萨赫勒和萨瓦纳地区活动，还冒着生命危险到南部的热带雨林地区传教。他们宣传世界上只有一个真主的理念，所以穆斯林只信仰这个真主。这种观念对西非部落性、社区性宗教观念形成巨大的冲击。如果从宗教进化论的角度来看，普世性的伊斯兰教取代西苏丹的部族宗教和民族宗教，应该视为一种宗教观念上的进步。所有的部族和民族都统一在真主的旗帜之下，在伊斯兰教到来之前，这种普世主义思想是西非历史上从未出现过的。伊斯兰教的普世主义有力地推动了西非圣战运动中各民族和部族的联合。可以说，仅凭富拉尼人①的力量完成不了豪萨地区的统一，富拉尼穆斯林、豪萨族穆斯林的合作成就了奥斯曼·丹·弗迪奥的事业。殖民时期，法国和英国的殖民者都感受到了伊斯兰普世主义可能给欧洲人带来的威胁。他们担心在西非出现一个统一的伊斯兰大帝国，所以当法国人看到乌玛尔和萨摩里有统一塞内冈比亚的趋势时，法军毫不犹豫地向这两个圣战者举起了毛瑟枪。不管殖民者怎样干涉，伊斯兰普世主义思想还是直接促进了伊斯兰教在西非的传播。19世纪的西非伊斯兰教，不管是以和平的手段还是以圣战的方式传播，其背后都有普世思想做支撑。因此，苏非导师的崇拜与苏非信徒们传播伊斯兰教所宣传的普世主义，在促进西非伊斯兰圣战方面好像并没有产生矛盾。

但是从另一方面看，苏非主义对西非圣战也起到了一定的分裂和瓦解作用，虽然与它所起的凝聚作用相比，这并不是主要的。马西纳的阿赫马杜·洛博属卡迪里教团，塞内冈比亚的哈吉·乌玛尔·塔勒属提加尼教团，他们之间的斗争因为分属不同的教团而恶化，最终乌玛尔把马西纳的圣战运动的圣火扑灭了。提加尼教团在西非有如此强大的势力，主要应归功于哈吉·乌玛尔·塔勒及其弟子们的宣传与战争。客观地说，提加尼教团的壮大是以卡迪里教团的损失为代价的，图科洛征服者强迫新穆斯林加入提加尼教团。在豪萨和博尔诺，卡迪里教团占据着先入为主的优势，提加尼教团兴起后就自然而然地成为卡迪里教团政治上

---

① 富拉尼人：富拉尼人（Fula people），非洲西部的跨界族群，是尼日尔-刚果人的一支，使用语言为富拉尼语。亦称"菲拉尼人""富拉人""富尔人""颇尔人""富尔贝人"等。分布在西非和中非广大地区，为非洲第四大族，其中西非有2000多万人。富拉尼人中的托罗贝人，是西非专业的伊斯兰学者阶层，是19世纪西非圣战运动的领导核心。奥斯曼·丹·福迪奥是典型代表。

的反对力量。博尔诺的情况更为复杂,这里有三个苏非教团的力量。加涅米属卡迪里教团,萨法瓦王朝的麦伊家族属于提加尼教团,与博尔诺毗邻的瓦代属塞努西教团。以这三个教团为背景的力量相互博弈,萨法瓦王朝的麦伊家族与舍胡加涅米家族的势力明争暗斗,而瓦代的力量也企图向博尔诺渗透。这种纷争削弱了博尔诺地区以加涅米为核心的伊斯兰圣战运动的力量。

苏非主义的内部分裂,也是造成西非各伊斯兰国家无力抵抗殖民侵略的原因之一。非洲内部为了抵抗欧洲侵略者,曾经组建过几个联盟。一是富塔贾隆的联盟,曼丁哥帝国和图科洛帝国联合抵抗法国的侵略,虽然两个帝国都以提加尼苏非主义为国教,但可惜这个联盟还是因为彼此之间的宗教纠纷等矛盾而解体了。对欧洲人来说,用穆斯林联盟中的一方对抗另一方,可谓举手之劳,信手拈来,而且每次都能达到目标。在法国人从塞内加尔进军到乍得湖边的漫长路途中,都不缺少当地的穆斯林同盟者。欧洲的殖民军队往往由非洲人组成,几个欧洲军官带领大批非洲军队打击非洲抵抗者,这是殖民时期特有的景观。在尼日利亚北部,弗里德里克·卢加德(Frederick Lugard)用豪萨人组成的军队,打败了同样主要由豪萨人组成的索科托哈里发国家。

19世纪西非圣战运动与苏非主义的结合,开启了西非伊斯兰教强力参与政治的传统。苏非主义在西非的广泛传播,使苏非教团成为伊斯兰教扩张的最主要的方式,而苏非教团与伊斯兰圣战力量的结合,更进一步促进了伊斯兰教的迅速扩张。随着教团的组织形式与政治的权力结构相结合,苏非教团也就成为政治和宗教活动的中心。以苏非教团为主导的伊斯兰教参与西非国家政治,从殖民时代,到民族国家的建立,一直到现在都表现得非常清晰。

苏非主义的到来,与圣战运动相结合,共同推动了西非伊斯兰文化的发展。在西非,以阿拉伯语为基础,形成了西非的方言,如阿拉伯语豪萨方言和阿拉伯语富尔贝方言等。西非穆斯林用这些语言写出大量的赞美伊斯兰教先知穆罕默德和苏非长老的文学作品。

其实,总体来看,苏非主义与西非圣战是互相促进的,苏非教团增强了圣战的力量,反过来圣战也极大地促进了苏非主义在西非的传播。这种相互作用导致伊斯兰教在西非获得了前所未有的影响。

需要特别强调的是,不管是卡迪里教团,还是提加尼教团,抑或是塞努西教团，都是新苏非主义教团。西非圣战运动是在与传统苏非主义不同的新苏非主义指导下进行的。

第四节 剑指"混合"伊斯兰教：
与非洲传统宗教的斗争

伊斯兰教来到西非的一千多年间，与非洲传统宗教之间，既有和平共处，亦有分歧斗争。非洲传统宗教并非严格体制化的宗教，其信仰内容五花八门，组织上比较分散，多依赖传统的家族和部落而生存。伊斯兰教初来非洲之际，附加在商业行为之中，缺乏强烈的宗教意识。15世纪，穆罕默德·马吉里将伊斯兰教的清教思想，传播到西非，这里的伊斯兰教才开始具有明确的与非洲传统宗教斗争的意识。对于"混合"伊斯兰教，西苏丹穆斯林知识阶层日益不满，19世纪，打倒以各地方政权为代表的"混合"伊斯兰教，成为几乎所有圣战学者的共识。

"混合"伊斯兰教的具体内容

对于何为"混合"伊斯兰教，西非穆斯林学者多有论述。其中以奥斯曼·丹·弗迪奥给我们留下的相关文献最为丰富。他将"混合"伊斯兰教的各种表现，称之为"豪萨社会的错误"，意即豪萨作为一个真正的穆斯林社会，不应该如此。[①]他认为，伊斯兰社会建立在以《古兰经》、圣训和公议为基础的伊斯兰教法之上，而"比达阿"（篡改）[②]就是对教法的篡改，伊斯兰教以自损为代价容纳非洲本土宗教，只能是篡改。他认为，穆斯林社会并非盲目地反对新生事物，但对于有违教法内容的比达阿，不能接受。任何不符合《古兰经》、圣训和公议的创新，都是比达阿。弗迪奥认为，当时豪萨社会中的比达阿主要有三类：其一，善良的比达阿，这类比达阿原则上为教法所鼓励，却并非先知穆罕默德的圣训。这

---

① Ibraheem Sulaiman, *the African Caliphate: the life, work and teachings of Shaykh Usman dan Fodio*. The Diwan Press Ltd. London, 2009. p.121.

② 比达阿，阿拉伯文 bidah 的音译，伊斯兰教法用语，意为"标新立异""篡改"，泛指背离公认的伊斯兰教传统的一切言行。伊斯兰教中不同的教派或教法学派，对比达阿的解释各异，无明确的标准。

类比达阿包括对《古兰经》的编辑、特拉威拜①、设立学校等。其二，可恶的比达阿，教法视这类比达阿为禁止或不支持的行为，为伊斯兰教历史上不曾存在的现象，包括国家不公正的税收政策、任命无知的人而非真正的穆斯林学者为政府官员、任人唯亲而非唯贤等。其三，允许的比达阿，这类比达阿，虽在伊斯兰教历史上未曾存在过，却为教法所允许。比如，使生活更加便利的技术革新，食美食、居华屋等。奥斯曼·丹·弗迪奥认为，各种比达阿之间有本质的区别，并不是所有的比达阿都有违教法，应具体问题具体分析。

弗迪奥认为，豪萨社会的"错误"之一，是要求每一位普通穆斯林群众成为宗教学者那样的知识型穆斯林。其实，不必要求普通穆斯林从哲学的层次上理解伊斯兰教，他们了解基本的伊斯兰宗教知识足矣。而对于穆斯林学者，则必须深入了解伊斯兰教的哲学、教法等诸方面，因为他们要发布法特瓦②，是穆斯林社会许多事务的仲裁者，要依据教法做决断，必须以丰富的知识为前提。弗迪奥特别反对豪萨穆斯林社会对伊斯兰教法的破坏。比如在婚姻领域，男女婚配本应是主命，在双方自愿的基础上，有穆斯林学者作证的婚姻就是合法的婚姻。但是在豪萨，非洲地方传统严重"污染"了穆斯林的婚姻：女子的监护人而并非女孩子本人取得嫁妆；订婚之际，索取"上床费"。上床费，是指男女订婚时，男人付给女人的资金。奥斯曼·丹·弗迪奥认为，收取上床费的婚姻，与卖淫没有任何区别。在商业领域，比达阿也无处不在。不懂教法者充当商业中介，不按教法经商；女人在外经商，而男人在家留守，这也不是伊斯兰教的传统。在司法领域，贪婪的无知者而非穆斯林学者充任法官，法官受家族观念影响，或收受金钱而不能公正裁决等。

此外，在服饰、食物、礼拜、人际交往等方面，奥斯曼·丹·弗迪奥列举了大量不符合教法的比达阿现象，以论证豪萨社会并非真正的伊斯兰社会。这反过来，证明发动伊斯兰圣战运动的必要性与合法性。在奥斯曼·丹·弗迪奥笔下，"混合"伊斯兰教所指的范围非常广泛，囊括了个人与公共生活的几乎所有方面，圣战运动将"混合"伊斯兰教作为打击

---

① 特拉威拜：又译特拉威哈拜，阿拉伯文 Tarawih 的音译，原意为间歇、休息。用于穆斯林礼拜时特指"间歇拜""休息拜"，即穆斯林在斋月内每晚宵礼后自愿举行的 20 拜次的礼拜。穆斯林认为，特拉威拜以清真寺由教长领拜集体举行，意义最大。

② 法特瓦：穆斯林学者根据伊斯兰教法所发布的教令。

的对象，以现在的视角来看，无异于一场深刻的社会革命。但是，以奥斯曼·丹·弗迪奥的标准来看，宗教就是生活的全部，任何反对"混合"伊斯兰教的行动，都是宗教的革命。

以多种方式与非洲传统宗教斗争

一千多年来，作为外来宗教，由于初来乍到，力量有限，西非的伊斯兰教主要通过臣服于本土宗教的方式生存。14世纪以来，伊斯兰复兴思想的传入，以及非洲传统宗教意识的强化，加剧了二者之间的矛盾，甚至在部分地区发展为激烈的斗争。在此过程中，穆斯林积聚了对非洲传统宗教的巨大不满，或者说深刻的仇恨。19世纪的圣战运动，为这种情绪的爆发提供了突破口。在此过程中，暴力与血腥不可避免。但是，由于传统宗教信仰者没有留下自己的文献，此种历史无从查考。在当时穆斯林学者的文献中，仅从留下的相关蛛丝马迹，已可窥见当时双方斗争的恐怖场景。但是，更多的内容，则是圣战运动过程以及后来穆斯林新政权，对伊斯兰化进程各种方式的推动。当然，伊斯兰化的进程，是以非洲传统宗教的萎缩为代价的。

索科托哈里发政权存在了约一个世纪，这期间，穆斯林政权以各种方式强化伊斯兰教，剔除异教成分。贝洛执政时，他采取了许多措施，强化与非洲传统宗教的斗争，为伊斯兰教争取空间。第一，贝洛强调圣战运动中改革的方面要比军事的方面更重要，伊斯兰学者（富尔贝人或豪萨人）比军人重要。这样，地方军事首领逐渐由受人尊敬的宗教学者取代，加强宗教学者在帝国政权中的地位，平息了长久以来宗教学者的不满。这一点很重要，因为普通的宗教学者，最接近穆斯林大众，他们可以为哈里发政权的合法性作论证，收买民心。第二，贝洛把军事据点安排在远离豪萨人居住的地方，在边境上建立军事堡垒，专门用于驻军，鼓励军人与豪萨农民之间建立良好关系。后来这些军事据点也成为穆斯林商人和宗教学者聚居的地方，逐渐发展为边境城镇，起到巩固边防、传播伊斯兰教的作用，同时也抵御传统宗教的反渗透。第三，贝洛鼓励豪萨农民与富尔贝牧民之间建立良好关系，劝说富尔贝牧人在边境的军事堡垒周围定居，教给他们农耕技术，教育其子女学习伊斯兰教。第四，贝洛把伊斯兰教育作为施政要务。鼓励非穆斯林改宗伊斯兰教。鼓励宗教学者要受良好的教育，他的宫廷欢迎学者们造访，因此索科托成为受人景仰的教育和知识中心。新政权避免强力推行伊斯兰教，因为有可能遭遇反抗。根据伊斯兰教法，豪萨农民只要缴纳一定的税赋就可以继续保留自己的信仰。当时卡诺传统宗教的圣地无人打扰，有利于维持伊斯兰教与传统宗教的和平关系。贝洛对传统宗教采取的是稳中求进，而非急于求成的战略。事实证明，到索科托政权后期，传统宗教已大大衰落，而伊斯兰化进程则大步迈进。

在马西纳，阿赫马杜·洛博根据伊斯兰教法管理帝国事务。阿赫马杜·洛博称自己的国家为蒂纳（dina，源自阿拉伯语，意为宗教）。他把马西纳分为五个埃米尔国，每个埃米尔国由一位埃米尔和一位卡迪（宗教法官）共同管理。阿赫马杜根据伊斯兰法律进行统治，建立了由50位宗教学者组成的大议会和枢密院。两院之间的任何纠纷都交由另外50位独立的穆斯林宗教学者来裁决。公共道德检查机构负责道德问题，不允许任何人娶超过4个妻子，禁止饮酒和跳舞，甚至禁止国民穿鲜艳衣服。他认为这些行为按伊斯兰教法的标准属于社会丑恶现象，必须彻底禁止。

在沃尔特地区，萨摩里·杜雷对古老的风俗和制度按伊斯兰教法进行许多重大改革。他建立了复杂的行政管理机构，政治官员由中央政府任命，官员们忠于中央政府，行政机构的效率很高。曼丁哥帝国的统一以伊斯兰教及其法律为基础，宗教领袖与政治和军事领袖一样重要。清真寺和宗教学校取代了以前的祖先的画像和坟墓作为重要的公共活动场所。税收和法律都根据伊斯兰精神实施，一般的案件分别在村级、区级和省级的法庭由伊斯兰法官审理，特别重要的案件则可以直接由萨摩里及其国务委员会审判。

在塞内冈比亚，乌玛尔的主要目标还是非洲的"混合"伊斯兰教和异教徒，扩大伊斯兰教的力量是乌玛尔运动的首要目标。乌玛尔的思想深处是深深的提加尼苏非主义情结，他作为一位苏非圣徒的中心任务，是指导信徒认识真主，获得最后的拯救。

在塞内冈比亚的另一场运动中，马巴的目标旨在彻底实现冈比亚河谷的伊斯兰化，为此他甚至曾寻求与英国人和法国人的合作。马巴政府的长官都是伊斯兰教的宗教领袖。马巴的影响对伊斯兰教的传播作用巨大，使之进一步在塞内冈比亚扎下了根。因为他的影响，凯约国的国王拉特·迪尔·迪奥普（Lat Dior Diop）、乔勒夫的国王阿里·布里·恩迭亚（Ali Bouri Ndiaye）都皈依了伊斯兰教。除了朱拉人之外，冈比亚地区的沃洛夫人、曼丁哥人及其他民族或部族都彻底实现伊斯兰化。19世纪中叶的一次调查发现，冈比亚河谷的索宁克人国家中，80%以上的人口都已经是穆斯林，这主要都是马巴及其圣战运动的结果。现在，冈比亚共和国穆斯林人口占其总人口的90%。

同样，阿马杜的运动，也以非洲传统宗教为打击对象。他把乔勒夫作为根据地有两个目的：一是继续推进乔勒夫的伊斯兰化进程；二是把圣战运动扩大到塞内冈比亚的其他地区。阿马杜呼吁改革"混合"伊斯兰教，严格遵守伊斯兰教法，号召穆斯林加入提加尼教团，摧毁传统宗教的圣像。阿马杜要求乔勒夫王国的统治者巴坎泰·赫迪，要"真心实意地皈依伊斯兰教，不要只做一个名义上的穆斯林"，[①]在遭到拒绝后，他以武力占领乔勒夫，强行推行伊斯兰教法。

总之，西非各圣战运动，在对待非洲传统宗教的态度上，持基本一致的反对立场。穆斯林政权对非洲传统宗教的竞争和斗争，主要采取两种途径：一是要求那些"名义上的穆斯林"，即信仰"混合"伊斯兰教的穆斯林，必须放弃对非洲传统宗教的信仰，比如放弃对传统习俗的遵守、对传统宗教偶像的崇拜，回归真正的伊斯兰教。二是向非穆斯林宣教。武力圣战阶段，主要以武力方式强迫他们放弃传统宗教，改信伊斯兰教。和平（即大圣战）时期，则以宗教教育为主要方式，让非穆斯林学习伊斯兰教知识，然后皈依新宗教。

现实主义与拿来主义

19世纪的伊斯兰"圣战"运动，目标针对豪萨人、班巴拉人、沃洛夫人、曼丁哥人等的异教信仰与传统，以社会革命的方式"横扫一切牛蛇鬼神"。在这种社会背景下，似乎凡是非洲的传统与文化都是反伊斯兰教的，因此新生的伊斯兰政权也有足够的理由对其加以摧毁，甚至不惜武力镇压。但是，战争过后的和平年代，尤其是索科托哈里发国和马西纳帝国，都经历了长期的和平，穆斯林对非洲传统宗教的态度变得更加务实，由原来一味地反对与斗争，逐渐转变为有选择的拿来主义和相当的宽容。这种转变，在索科托伊斯兰政权身上表现得最为明显。

对于早期以社会革命的方式横扫非洲传统宗教的做法，奥斯曼·丹·弗迪奥的武力圣战运动结束后，和平时期的继任者虽然并未留下明确文字

---

① Eunice A. Charles, "Shaikh Amadu Ba and Jihad in Jolof", *The International Journal of African Historical Studies*, Vol. 8. N. 3. (1975), p. 374.

反对这一做法及观念，却以实际行动表明，伊斯兰教可以有限度地接受豪萨的传统文化，其中的关键问题是如何将豪萨文化整合进伊斯兰教文化当中。比如在对待"鼓文化"问题上，索科托后期的当政者，显示出与众不同的思想。非洲人在日常生活中大量用鼓，在日常的娱乐、生活、生产、本土宗教信仰仪式中，击鼓的行为或仪式无处不在。起初，圣战者们对击鼓行为是一概反对的，因为在伊斯兰教中，击鼓没有任何经典根据。但是后期的索科托政权已经改变看法，倾向于认为，伊斯兰教不应该将"鼓文化"完全排斥在外，除了娱乐与宗教场合外，在生产领域和军事领域，比如集会、向军队发号施令，仍然可以用鼓。从这一点可以看出，与其前辈的思想相比，后期的当政者更加现实和灵活。

事实证明，原来急风暴雨式地直接对抗非洲传统宗教，只会制造更大的社会矛盾和社会动荡，必须采取更加灵活务实的策略，才能保持新生的穆斯林政权的稳定与繁荣。因此，如何将豪萨人的本土信仰整合到伊斯兰教中，树立伊斯兰教的核心地位，是索科托后期必须面对的棘手问题。当伊斯兰政权甫定、立足未稳之际，豪萨的本土信仰仍然盛行，伊斯兰教仍面临巨大冲击。豪萨妇女大多信仰鲍瑞（Bori）神灵，这是一种当地的精灵崇拜。妇女们遇到健康、生育等方面的问题，就会举行仪式，拜祭鲍瑞神灵，祈求保护，甚至每逢干旱还向鲍瑞神灵祈雨。据说鲍瑞神灵最擅长治疗妇女们的精神疾病。针对此种"异教"现象，当时著名的女性穆斯林学者娜娜·阿斯玛，也就是奥斯曼·丹·弗迪奥的女儿，专门撰文批评，指出祈求鲍瑞神灵的行为是一种巫术，是受"魔鬼"的指使。对于沉溺于此种信仰的人，等待她的是可怕的地狱。相应地，娜娜为豪萨妇女提供了伊斯兰教的解决方式：利用《古兰经》文祈祷，效果更好。在其著作《先知之药》中，她指出，《古兰经》的许多章节都有特定的医疗功能：56 章可以帮助妇女顺利生育；85 章帮助妇女给孩子断奶；89 章可以让妇女生男孩；90 章可保佑婴儿健康成长等等；她还提出了解决以下疾病的办法：偏头疼、眼炎、疖子、外伤、痔疮、耳聋、痢疾、肝病等；以及一些精神疾病如失眠、健忘、焦虑等的疗法。娜娜的这种做法，"换汤不换药"，巫术的核心未变，改变的只是将非洲传统巫术用伊斯兰教包装起来而已。但是，她的努力有效地扼制住鲍瑞信仰的影响，扩大了伊斯兰教的根基。这种对非洲传统宗教的"伊斯兰式整合"，显示出后期索科托政权已经改变一味对非洲传统的彻底拒绝态度，而走向更加务实和灵活的实用主义道路。

第四章

不只是宗教：多维视野下的西非圣战运动

宗教性是19世纪西非圣战运动的本质特征。不论从运动发起人主观的目标、实施的政策与改革来看，还是从客观的过程与结果来看，这次运动都充满了伊斯兰教的因素与特质。因此，我们说这次运动首先是一次伊斯兰教性质的运动。

但是，如果仅从宗教视角观察这次运动，我们将忽略许多内容。这次运动的内容远比宗教性运动要复杂、深刻得多。马克思主义认为，宗教是社会的反映，宗教就是社会的一部分（或者全部），宗教不可能脱离社会而存在。任何宗教行为，哪怕是似乎纯粹的宗教仪式，本质上都是社会行为，更何况席卷社会各个层面、各个角落的颠覆式的宏大社会运动。

即使在主观层面上，运动发起人也不完全出于宗教目的，而是有许多世俗性的考虑。西方学者已经从当时穆斯林学者留下的文献中清晰地看出这一点。区别在于，运动的发起人将宗教的层面与世俗的层面掺杂在一起，具体地说，他们认为所谓世俗方面只不过是宗教的一部分，就像我们现在认为，现代社会中的宗教只不过是整个社会的一部分一样。所以，他们将世俗性囊括在宗教性之中，将世俗性目标定位为宗教目标，比如，将推翻由名义上的穆斯林统治者掌控的国家政权，视为打倒信仰"混合"伊斯兰教的政权，这是一种宗教纯化行为，属于宗教革命的范畴。但是，这并不能阻碍我们对这次运动世俗性的认识。

在宗教目标之外，这次运动承担了许多任务。只不过，有些任务是运动发起人的主观目标，如，改革"混合"伊斯兰教、与非洲传统宗教的斗争；有些目标则属于不期而遇，甚至是不得已而为之，如对殖民主义的战争；而另一些则是整个宏大运动与各种因素的互相作用，所带来的一种"综合效益"，如文化的革新与民族意识的觉悟等。

本章旨在从非宗教的视角，探讨19世纪西部非洲圣战运动的"另一面"。只有将宗教性与非宗教性结合起来，才能更全面、完整、客观地认识这次运动。

第一节　全面的社会改革运动

政治领域的改革

在19世纪的西部非洲，"混合"伊斯兰教的存在不是孤立的，而是与当地大小不一的"伊斯兰地方政权"结合在一起。当时的伊斯兰教，大致分成两种力量，一是以虔诚的穆斯林宗教学者群体为代表的伊斯兰教，他们是所谓正统伊斯兰教，或者他们称之为"纯洁的伊斯兰教"的代表。这些学者中，许多人曾经去阿拉伯朝觐，或在中东学习过宗教。他们回到家乡后，以正统伊斯兰教的代表自居，对西非伊斯兰教吸收大量当地文化成分持尖锐的批评态度。更加需要注意的是，这些所谓的代表"纯洁的伊斯兰教"的学者，是一种游离在政权之外的力量。另一种伊斯兰力量的代表，是居于掌握权力的西非各地方政权的王室及其贵族们。他们以"混合"伊斯兰教为信仰，或者说他们只是"名义上的穆斯林"，在作为穆斯林的同时，仍不愿意放弃传统信仰，故被民间虔诚的穆斯林宗教学者贬称为"名义上的穆斯林"。当圣战运动兴起后，民间的穆斯林学者举起反对"混合"伊斯兰教的旗帜，理所当然地将各地方的统治者作为斗争的对象。

因此，19世纪的圣战运动，从世俗革命的层面来看，就是以虔诚的穆斯林学者为代表的民间宗教力量，发动的对各地方贵族的社会革命，或者夺权运动。穆斯林学者人数有限，他们自己不足以构成宏大的社会革命的力量，他们只是核心领导层，他们贡献的主要是思想。由于19世纪西非各地方政权的政策，激起底层社会大众的不满，底层社会很容易接受穆斯林学者的改革或革命宣传而群起响应。当社会大众站在穆斯林学者一边时，地方贵族显得势单力薄。穆斯林学者发起的宗教改革运动，演变为一场事实上的世俗政权争夺战。穆斯林新政权一旦成立，肯定不会再延续原来的非洲本土政治的架构，而会按照伊斯兰教的规定，对其进行大刀阔斧的改革。圣战运动过后，西非地方政权的政治组织形式，发生了重大的变化，最主要的是"伊斯兰化"："西非苏丹地带的哈里发国、埃米尔国、伊马目国，分别逐渐发展为两种类型的政治结构。有些国家，如马西纳、萨摩里·杜雷的国家，成为相当集权的政治结构。其他国家，如富塔塔罗、富塔贾隆、索科托、哈吉·乌玛尔·塔勒的帝国，以支离破碎为其历史特征"。①

索科托帝国的政治改革

奥斯曼·丹·弗迪奥的圣战运动，对豪萨地方政治最大的贡献，首先在于实现了政治统一。在豪萨地区的圣战运动中，首先征服了"豪萨七国"，然后又基本征服了"班扎七国"，甚至还在"班扎七国"之一的伊洛林建立了穆斯林埃米尔国。这是豪萨历史上第一次实现真正的政治统一。大的政治单元取代无数小而无序、相互竞争的政治单元，是豪萨政治历史上的重大转变。伊斯兰教传遍整个西苏丹，导致教育和知识水平提升，教育水平的提高又使行政管理更有成效、商业规模扩大和经济繁荣。圣战运动在历史上第一次把豪萨诸国从政治上统一起来，豪萨诸国成为哈里发国的中心，并以此为中心，向豪萨以外的地区扩张。因此索科托帝国并非单纯的豪萨人的政权，哈里发国内也有一些非豪萨人政权，如阿达玛瓦人、努佩人、瓜里（Gwari）人和伊洛林的约鲁巴人。哈里发国是19世纪西非最大的政治单元，由15个主要的埃米尔国组成，面积达466000平方公里，按当时的交通方式，从东到西穿越这个国家需要4个月，从南到北需要2个月。哈里发国与博尔诺的边界，比现在尼日利亚北部的边界还要长。

其次，在圣战运动之后，豪萨的政治体制真正实现了伊斯兰化。对奥斯曼·丹·弗迪奥来说，豪萨的伊斯兰社会，处在断断续续的非穆斯林的独裁者治理之下，处于分裂状态，既无中央哈里发，也无伊斯兰教法权威。这正是他个人及其追随者不满与期望改革的一个主要原因。伊斯兰社会有义务避免异教徒的风俗与实践，完成这项义务的方法是任命一位地位最高的"信士的长官"，其任务是"在不可能万事亲力亲为的情况下，任命某人代他治理城市"。他进一步解释说："信士的长官"的管辖区域分为若干省份，应任命各省长官"负责全局事务……或具体事务"。由此，

---

① Francis Robinson, ed., *The New Cambridge History of Islam*, Volume 5, Cambridge University Press, first edition, 2010. p. 283.

"信士的长官"下的苏丹或埃米尔，将承担省级的各种管理责任，他们最终对最高长官负责，最高长官就是理所当然的哈里发，也就是"信士的长官"。关于法律问题，最高长官必须任命一位"卡迪"（宗教法官）"留守身边，负责监督下属法官的判决"。接着他指出"维齐尔"（阿拉伯语叫 wazir；豪萨语叫 waziri，大约相当于国务总理，或伊斯兰内政首脑）一职的重要性："维齐尔"是伊斯兰政权的特征之一，维齐尔一职在非伊斯兰时期的政权中并不存在，它是阿拔斯王朝的发明。他认为"值得信仰的'维齐尔'可以唤醒睡觉的官员，使'失明'的官员重见光明，使'失忆'的官员恢复记忆。"他继续说，"对政府和民众而言，最大的不幸在于没有诚实的'维齐尔'。"他解释道："政府的第二号人物是法官，受谴责者应接受谴责……"；三号人物是"警察总长，为弱者伸张正义"；四号人物是税务官，"履行义务，不欺压百姓……"应该注意的是，在伊斯兰教的法律体系中，有强烈的司法与行政分离的传统，舍胡及其同事都精心地强调实施司法与行政分离的重要性。正是基于这种伊斯兰式的政权设计，弗迪奥以伊斯兰政治的标准建立新政权，国家定位为哈里发政权体制，除哈里发总揽全局之外，设置维齐尔，负责行政事务，设置大法官（卡迪）负责全国的司法。在各地方，同样按照伊斯兰教的规定设置政权架构。各地政权可以自治，但要成立以埃米尔为首的地方政府，由埃米尔向中央政府的哈里发负责。这只是一种宏观的政权架构。在细节上，哈里发国的政治体制，因中央与地方、豪萨族与富拉尼族、"豪萨七国"与"私生子七国"①之间诸多的矛盾，而更加复杂。

  为了解决这些矛盾，新政权的改革者，将全国的行政管理分成两种行政区：一是富拉尼帝国的核心地区：戈贝尔、赞法拉、凯贝，直接由索科托或关杜管理；二是核心地区以外的埃米尔国，埃米尔国由舍胡的同道者或军事将领管理，忠于索科托。

  核心地区的最高长官是哈里发或伊玛目，第一任最高长官理论上应该是奥斯曼·丹·弗迪奥本人。事实上在圣战之后，弗迪奥很少直接参与政府管理。索科托第一位直接进行行政管理的人是穆罕默德·贝洛，后来时

---

① 私生子七国：是豪萨政权对南部地区非穆斯林小国的贬称，又称班扎七国（Banza Bakwai），包括赞法拉（Zamfara）、凯比（Kebbi）、约里（Yauri）、瓜里（Gwari）、努佩（Nupe）、夸拉拉法（Kororofa）和约鲁巴（Yoruba）。圣战运动基本上征服了这些国家，并部分地使其伊斯兰化。

刻帮助贝洛、成为他政治治理左膀右臂的,是他的维齐尔吉达多·丹·拉马(Gidado dan Laima)。在圣战期间,阿卜杜拉·本·穆罕默德曾是弗迪奥的维齐尔,尽管当时这个职位仍在发展当中。后来,奥斯曼·丹·弗迪奥去世后,贝洛成为哈里发,他放弃该职位给吉达多。由此,这位"值得信任的维齐尔",有责任"唤醒熟睡中的首长",只好在索科托的高级官员身边找个位置了。

弗迪奥在西法瓦(Sifawa)时任命阿布伯克尔·拉丹(Abubakar Ladan)为大法官,其职责是监督哈里发的每位教法官(法官或地方法官)的断案,即作为上诉法院,监督整个帝国行政管理的公正性;他还任命一位警察总长"保障不发生恃强凌弱"的现象;还任命一位总税务官和度量衡监察官(阿拉伯语叫 muhtasib)。弗迪奥还任命了其他官员:多位军事长官(Amir al-jaish),其中一位是阿里尤·杰多(Aliyu Jedo);数位礼拜官员,他们虽为宗教官员,也负责某些行政责任,如保管宗教税和国家的战利品,换句话说,他们就是财政官员。这些都是中央官员。

在地区层次上,弗迪奥也任命"哈吉姆斯"(hakimis,总督,豪萨语,源自阿拉伯语 hakim,"哈吉姆"总督),负责索科托直接管理区域内的地区、城镇和乡村。管理地方官员,包括税务官,使他颇费心思,这些人正是他后来经常提到的反专制、反贪污的对象。

据目前所知,这就是弗迪奥时代索科托的省级管理。这种管理体制背后的理论,如果不能称其为原教旨主义制度,那么至少当时有相当浓厚的伊斯兰经济管理特色,不过后来的哈里发们增加了官员的数量,并将非洲传统的治理方式更多地融进了哈里发政权。

奥斯曼·丹·弗迪奥时代,索科托与其他埃米尔国之间也确立了关系,不过根据不同埃米尔国在富拉尼政权中的地位的不同,这种关系也不一样。例如,关杜,位于哈里发国核心地区的西部,负责监管某些西部埃米尔国。这些小国首先应对关杜忠诚,通过关杜接受索科托的管理。关杜的第一位富拉尼人埃米尔是阿卜杜拉·本·穆罕默德,他与弗迪奥的个人关系非常密切。弗迪奥去世之时,以及在他与穆罕默德·贝洛的矛盾化解之后,关杜的政治地位逐渐稳固。尽管最终权力在哈里发之手,关杜的地位也几乎与索科托旗鼓相当。

其他埃米尔国由军事将领统治,这些将领曾与此前的"黑贝"统治者斗争。帝国立国之初,他们拥有阿拉伯称号"纳伊布"(na'ib,复数形式为 nuwwab），意为上校或代理人，拥有作为穆斯林改革者的制度体系中的相应权力，实际上就是前文所述的代理权。因此，索科托政权对埃米尔（阿拉伯语 amir 意为"长官"）权力的界定并不十分具体，这也许反映出早期索科托的伊斯兰政权完美主义日益流逝，帝国只有采取更为实际的，或者暂时妥协的政策。

埃米尔国对索科托的依赖程度不一，从具有相当程度的行动自由——如卡诺——到接受相当密切的监督——如扎里亚——的情况都存在。然而，任何情况下，最高权力都掌握在哈里发手中，并且哈里发经常使用这一权力。

埃米尔对哈里发的责任包括：征兵；在哈里发需要时派兵驰援；向索科托哈里发每年纳贡，年贡来自本国税收和战利品——实际上就是捕奴、贩奴行动的获利。每个埃米尔国贡品的数量也有所不同，如，扎里亚位于南部异教地区的边界，可以自由捕奴，所付年贡就比卡诺多，因为卡诺附近博尔诺，缺乏可获巨额利润的捕奴区。埃米尔还需负责保护帝国的统一，镇压反叛者，警惕附近"黑贝"国家的进攻，还需支持正统的伊斯兰教，确保本国境内宗教事务的正常运作。另外，他们还有义务向临近的或国内的非穆斯林地区发动圣战，这是伊斯兰教规定的法定权利，战争中的捕奴获利也是他们经济收入的重要来源。

哈里发对埃米尔国行使其权力的工具是维齐尔，维齐尔的职责是代表哈里发的利益与各埃米尔国保持联系，处理相关事务，诸如继承、仲裁埃米尔国之间的争端等。在任命新埃米尔时，维齐尔也要在场，以显示哈里发在任命过程中的权威。维齐尔的这种功能，作为中央与地方埃米尔国之间的联系人，或者作为哈里发的使者，可能比他在索科托内部各省的管理职能还更重要。维齐尔的这种作用起始于弗迪奥时代。首位富拉尼埃米尔苏莱曼奴（Sulaimanu）统治卡诺时（1807—1819），弗迪奥派吉达多·丹·拉马作为他的代表亲临卡诺。当时吉达多并不是维齐尔，但是当他任穆罕默德·贝洛的维齐尔时，他继续履行这一职责，并逐渐演变为维齐尔职责的一部分，直到索科托最后的维齐尔穆罕默德·布哈里（Muhammad Buhari）时，也在履行这一职责。

索科托哈里发帝国后期，政治体制又有一些改变，主要是吸收以豪萨地方政治为代表的非洲政治体制的部分内容，以丰富和改善伊斯兰政治体制。例如，穆罕默德·贝洛后来又在维齐尔办公室安排了一个补充性的职位——考发（k'ofa），这是一个豪萨词，意为"门"。该职位的功能是常驻宫廷，每位考发负责联系某个埃米尔国，使哈里发随时知晓该埃米尔国的事务，并为发展与该埃米尔国的关系提供建议。考发还专门负责源自其所联系的埃米尔国的税收及其管理。所有来自埃米尔的代表都需经由考发上报，考发犹如埃米尔国安排在"宫廷的朋友"。这一制度，可能是以前"黑贝"制度的复活，也许在维齐尔再也无力处理索科托与各埃米尔国之间日益复杂的关系时，才被迫引入这一制度。但是，总体上而言，这并不能改变索科托国家伊斯兰政治体制的性质，况且，这种吸收也是对伊斯兰政治体制的有益补充。

马西纳国家的政治改革

在马西纳，政治改革也同样按照伊斯兰教的标准进行。阿赫马杜·洛博根据伊斯兰的原则管理帝国事务。阿赫马杜·洛博称自己的国家为迪纳（dina，源自阿拉伯语，意为宗教）。他把马西纳分为五个埃米尔国，每个埃米尔国由一位埃米尔和一位卡迪共同管理。阿赫马杜根据伊斯兰法律进行统治，建立了由50位宗教学者组成的大议会和枢密院。两院之间的任何纠纷都交由另外50位独立的学者来裁决。公共道德检查机构负责道德问题，坚决制止非洲人的无限制多妻制，不允许任何人的妻子超过4个，禁止饮酒和跳舞，甚至禁止国民穿鲜艳衣服。这种管理模式纯粹是模仿先知时代和四大哈里发时代，在西苏丹的社会环境下并不太实用，有的学者认为是为了实现"浪漫的伊斯兰理想"[1]而采用这种强硬手段，某种程度上破坏了伊斯兰教在西苏丹长期以来宽容的形象，激起社会基层的强烈不满。这可能也是1862年马西纳帝国很快就被哈吉·乌玛尔·塔勒所灭的原因之一。因为这些行为按伊斯兰教法的标准属于社会丑恶现象，必须彻底禁止。但是在非穆斯林看来这些行为很正常，是非洲人千百年来一以贯之的传统。所以政府的禁令遭到一部分廷巴克图人的反对。廷巴克图位于沙漠边缘，许多人，特别是年轻人，冒险穿越沙漠到这里来，就是为了寻求刺激，进行享乐。阿赫马杜的规定减少了这个城市的吸引力，城市商业利益受损，游客下降，廷巴克图将会丧失其独有的魅力，遭遇廷巴克图商业阶层的强烈抵制。可见，阿赫马杜·洛博实施伊斯兰教改革并非一帆

---

[1] Mervyn Hiskett, *The Development of Islam in West Africa*, Longman Group Limited, London, 1984, p.183.

风顺。

马西纳是一个伊斯兰神权国家。国家根据穆斯林的《古兰经》进行统治，国家政权高度集中，中央政府管理着整个国家。地方埃米尔相当于各省的省长，要听命于中央政府。这与索科托哈里发国不同，索科托的埃米尔国有自治权。但是与索科托相同的一点是，两国都是依靠受过伊斯兰教育的领导者，即穆斯林学者治理国家，有共同的理想和目标及其威望，而不是主要靠武力威胁维持国家统一。

马西纳的圣战运动与豪萨诸国的圣战运动一样，至少是部分地因为其人民对统治阶级的反抗。如果广大的非穆斯林群众忠诚地支持他们的统治者，那么弱小的穆斯林力量是不可能取胜的。大多数普通群众被重税、贪污与不公正司法所压迫，所以他们急切地希望改变这种制度。加入穆斯林队伍就是为了改善生活。马西纳的圣战运动不是外来军队的征服战争，而是各个诸侯国的内战，少数穆斯林赢得的不是军事的胜利，而是赢得民心。正是普通民众的拥护才使阿赫马杜战胜了统治阶级。

但是，马西纳与豪萨的情况有所不同。在豪萨，正是因为穆斯林为了赢得战争胜利而欢迎非穆斯林的富尔贝游牧民加入穆斯林军队，而这些游牧民主要是为富尔贝人而战，而并非为伊斯兰教而战，这必然引起虔诚的穆斯林的反对。豪萨伊斯兰学者和穆斯林群众，对非穆斯林加入圣战运动为世俗目标而战的行为非常不满。

这种事情并没有在马西纳重演。这里的军事力量没有那么强大，所以阿赫马杜没有必要像贝洛那样重申宗教学者的影响。马西纳也没有像戈比尔那样有众多的非穆斯林游牧民加入军队。并且，马西纳的分歧并非像戈比尔那样主要存在于穆斯林的富尔贝人和非穆斯林的豪萨人中间，而是主要存在于非穆斯林的富尔贝人和穆斯林的富尔贝人之间。因此马西纳的分歧不是以民族划界的。这里的富尔贝人不但在宗教信仰上是分裂的，而且在政治立场上也不统一。阿赫马杜领导下的富尔贝人，在少数肯拿塔摩尔人的帮助下推翻了统治者迪奥拉富尔贝人①，即是证明。

总体上而言，马西纳的神权国家不能容忍违反伊斯兰教法的行为和"异教思想"，却能容忍少数民族的存在。起初虽然富尔贝人占据了最好的职位，但是遭到桑海人和肯拿塔摩尔人的反抗后，他们非常大度地对待

---

① 迪奥拉富尔贝人：富尔贝人的一支，不信仰伊斯兰教。

作为反叛者的少数派。马西纳的国家统一是通过富尔贝人、肯拿塔摩尔人、桑海人联合抵抗哈吉·乌玛尔·塔勒领导的图科洛人征服运动，以及支持巴·洛博（Ba Lobbo）反抗乌玛尔的斗争表现出来的。

马西纳人尽管对公共道德审查机构的做法非常不满，但总体上马西纳还是非常稳定的。权力传承平稳地从父亲传给了儿子，即阿赫马杜二世（1844—1852）和阿赫马杜三世（1852—1862）。阿赫马杜三世被图科洛人的征服者哈吉·乌玛尔·塔勒所杀，但仅仅两年后，即1864年，阿赫马杜三世的叔叔巴·洛博举兵反抗乌玛尔，得到以巴凯和杰内的肯拿塔摩尔人的支持，他们杀死了乌玛尔，赶走了图科洛人的军队。但是，乌玛尔的侄子提加尼经过长期的战争，再次把马西纳归入图科洛人的统治下。提加尼及其继承者们维持着阿赫马杜所留下来的政治制度、严格法律与道德戒律，就等于保留了阿赫马杜伊斯兰圣战运动的成果。

萨摩里·杜雷的伊斯兰政治改革

另一位穆斯林圣战领袖、萨摩里帝国的奠立者萨摩里·杜雷，也按照伊斯兰政治的标准，在帝国内部开展伊斯兰政权建设。萨摩里将曼丁哥帝国的行政机构分为省、区、村三级，全国共划分为10个省，162个区，每个区管辖不少于20个村庄。帝国的权力在三种阶层的群体中划分：传统权力集团、军事集团和伊斯兰教权力集团，他们都由阿玛米（相当于哈里发）及其国务委员会控制。每个村庄的酋长都通过传统的方式产生，他们的权力受村里的宗教领袖约束，伊玛目和宗教法官卡迪的权力大于酋长。由萨摩里任命的职业军官索法（Sofa）的权力也高于酋长。索法负责征招军队，筹集军饷。每个村落都有一部分土地直属阿玛米，其生产和管理由村民集体负责，庄稼成熟时由索法负责收获并销售剩余的农产品。每个区由区长、负责该区的军事长官和伊斯兰教学者共同负责，军事长官和宗教学者帮助区长管理全区事务，相当于区长的助手。军事长官下辖200—300名索法。阿玛米是帝国最高的政治、司法、宗教领袖和最高军事统帅。他专门成立一个由各省政治、宗教和军事长官组成的国务委员会帮助他管理国家事务。

曼丁哥帝国可能是19世纪西非比较大的各帝国中行政管理最为高效的一个，国家权力比图科洛帝国更为统一和集中。帝国有两个层次的权力比较重要，一是村级的酋长，二是国家级的官员，后者一般由萨摩里的亲友担任。但是两个级别的官员都要受到同级的宗教领袖和索法的监督和限制。索法的地位特别重要，他们由阿玛米直接任命，阿玛米可以随意任免索法。正是因为负责军事的索法在帝国中地位非同一般，所以有人认为萨摩里的帝国本质上是个军事国家。大部分时间帝国都在与内外的力量作战，所以军队必须强大。萨摩里有权任命最有能力的人担任高级官员，不管他们出自哪个部族，但一般必须是穆斯林。对军人进行教育，强调纪律和对国家的忠诚而非对地方的忠诚，使帝国的官员有比较高的政治素质。

曼丁哥帝国的政权的统一，表现在以伊斯兰教及其法律为基础的法律制度体系的建立，宗教领袖与政治和军事领袖一样重要。清真寺和宗教学校取代了以前的祖先的画像和坟墓作为重要的公共活动场所。税收法等各种法律都根据伊斯兰教的要求实施。一般的案件分别在村级、区级和省级的法庭由伊斯兰法官审理，特别重要的案件则可以直接由萨摩里及其国务委员会审判。

萨摩里对非洲古老的风俗和制度按伊斯兰教法进行许多重大改革。他建立了复杂的行政管理机构，政治官员由中央政府任命，官员们忠于中央政府，行政机构的效率很高。这对一个现代国家来说是必不可少的。为了国家的长治久安，他还有意唤醒国民的民族意识。萨摩里是一位政治和军事天才，对古老的曼丁哥人马里帝国的自豪始终体现于他的语言和行动中，所以他更像19世纪的曼萨·穆萨（Mansa Musa）。[①]不过，纵观萨摩里的政权建设，仍保留了大量的非洲政治传统，明显达不到豪萨的索科托帝国政权的伊斯兰化程度。

西非其他的圣战运动，也大致呈现这种情形，新政权以国家的力量、战胜者的姿态，推动政治变革。经过这次变革，原来以部落和家族为中心的简单的非洲传统政治结构，基本上被伊斯兰教的、更加复杂的政治制度所取代。应该说，伊斯兰政治体制的到来，是西非的政治制度的一次跃升。政治制度的变革，无疑将穆斯林知识阶层送上了统治阶层，而原来非

---

① 曼萨·穆萨（1307—1332年）是靠向北非出口食盐、黄金和奴隶而繁荣起来并在西亚称雄了300余年的曼丁哥人马里王国的国王，其巅峰期是曼萨·穆萨统治时代。继位之后，曼萨·穆萨加强中央集权，继续开疆拓土，打开通向世界其他地区的绿洲大道。凭借西非最庞大的常备军，他志得意满地享受"众王之王"的尊号，而挥金如土的排场，则令他被外国人称为"金矿之王"。1324年开始的撒满黄金的麦加朝圣之行，使欧洲和中东人充分认识到这个西非国家的繁华，大大促进了跨撒哈拉沙漠的贸易和文化交往。而他留下最大的遗产是廷巴克图，这座城市在曼萨·穆萨的经营下成为伊斯兰世界的一大文化中心。

洲政治体制下的旧贵族，则远离了权力中心。

经济领域的改革

圣战运动之前的经济制度

当时的西部非洲，同撒哈拉以南非洲其他地区一样，虽然通过撒哈拉商路与欧洲、北非、西亚有一定的经济联系，但主要限定于特殊的商品，如食盐、奴隶、手工制品等，但从贸易量上而言，基本可以忽略不计，也可以说西非在经济上基本处于世界经济体系之外。非洲经济虽然在融入世界经济体之前，其内部形成了一个独有的贸易网络，但交易量毕竟有限。西非的经济主要仍是自给自足型经济，长期的封闭型经济，使西非发展出自己的独特的经济制度。其中最为突出的是"琼雅"制度，即非洲式的奴隶制度。

琼雅制度是指琼雅作为一个社会经济阶层主要存在于西苏丹、尼日尔和乍得湖地区的非洲社会特有的制度。琼雅是"俘虏"之意。他们均从属于某一个世系，具有世袭性质，不可转让。琼雅可以拥有自己生产的大部分产品。由于琼雅拥有生产资料，可以扩大再生产，最终可跻身于富裕阶层。因此，在琼雅制度发达的社会中，琼雅的社会地位并不低，甚至在国家政治结构中有一定的地位。西非的王室服务阶层中，如类似于王室奴隶的人，就属于琼雅。他属于国家主要统治阶层的一部分，可以行使某些权力，掌握巨额财富，甚至可以拥有自己的奴隶。在19世纪圣战运动之前，琼雅制度广泛存在于塔克鲁尔、马里、加奈姆—博尔诺等地区。

有学者认为，琼雅并非奴隶，琼雅制度不是奴隶制度，并且认为学术界容易将琼雅制度与奴隶制度混为一谈。[①]将琼雅制度视为一种特有的制度，当然对西非而言完全没有问题。但是，琼雅制度是西非一种特有的奴隶制度，这种特殊性就如同伊斯兰教的奴隶制度相比于欧洲的奴隶制度所具有的特殊性相类似。

19世纪之前，西非内部各王国的经济、手工业与农业都比较发达。手工业主要生产皮革、铁器。频繁的战争更刺激了对皮革和铁器的需求，手工业更加繁荣。农业，包括畜牧业、渔业、狩猎也都有发展。但是，社

---

① ［肯尼亚］B. A. 奥戈特主编：《非洲通史》，第五卷。中国对外翻译出版公司、联合国教科文组织2001年版，第17—18页。

会动乱与战争，使西非经济的发展有限。贵族与有钱人住在城市里，享受农业和手工业产品。农村的经济圈与城市的经济圈，通过这种富人与穷人之间的剥削制度联系在一起。在贸易活动中，生产者通常要承担多种赋税，间或还要遭受抢劫，生产成本比较高，间接地抑制了西非内部商业经济的发展。

人们对非洲经济制度的研究，主要关注于奴隶贸易及奴隶贸易之后的发展，而这些内容基本上属于现代经济范畴，而与中世纪非洲经济制度关系不大。因此，19世纪西非内部的经济细节如何，仍是一个待研究的课题。

经济制度的改变

19世纪西部非洲的一系列圣战运动，所导致的社会变革是全方位的，当然也包括经济领域。伊斯兰政权的建立，使西非的经济与北非的阿拉伯经济联系更加紧密，并通过阿拉伯经济与世界经济连为一体。

在西非内部，琼雅制度也发生了变化。随着伊斯兰教制度的强化，伊斯兰教奴隶制度也日益渗入到琼雅制度当中，并在一定程度上取代了琼雅制度。其实这种过渡并不复杂，原因有二。一是二者本质上都是奴隶制度，过渡与衔接并无多大困难。二是伊斯兰教奴隶制度与欧洲残酷的奴隶制度区别很大，穆斯林家庭中的奴隶，社会地位较高，这与西非琼雅的地位比巴黎的失业者还要高具有同样的意义。关于西非伊斯兰教的奴隶制度，下文将单独论述。

税收领域的改革，也在伊斯兰政权确立之后大规模展开。奥斯曼·丹·弗迪奥规定，应该根据规范的伊斯兰实践收税——一般而言，即扎卡特，或者伊斯兰宗教税，一种根据收入自愿缴纳的税收（扎卡特），每位成年穆斯林只要满足条件，都有缴纳的义务。二是土地税（kharaj），所有占有土地的穆斯林和农民都有缴纳义务。三是人头税（jizya），即按伊斯兰教法规定，伊斯兰国家中非穆斯林应该缴纳的税赋。这些就是主要的税赋，当然还有其他一些沙里亚规定的税种，如遗产税等。但是，在当时的西非，伊斯兰的税收制度改革有一定的限度，妥协与折扣不可避免。

事实上，在索科托帝国所发生的变化中，除了名称有所改变，其他方面的变化很少。经济领域也是如此，例如，以前的黑贝政权的简嘎里税（jangali），即从富拉尼人身上榨取的一种养牛税，虽然弗迪奥尤其反对这种税，但在索科托及其他地方都保留了下来，只不过对非穆斯林而言则改称为人头税,对穆斯林而言则委婉地称为宗教税。阿拉伯语喀拉季(kharaj,土地税)则变为豪萨语的哈拉季(haraji)。以前黑贝政权的土地税(kud'in k'asa)仍在继续征收,只不过与沙里亚规定的喀拉季有些不同,其征税额度要根据官方的需要或其贪婪程度而定。尽管弗迪奥对不计其数的其他传统税赋大加挞伐,但也都保留下来。伊斯兰教法律与其他法律体系一样,有许多迂回进路,许多保留的传统将会——或者已经——根据伊斯兰教法的乌尔夫('urf)原则加以确认。所谓乌尔夫原则,是指统治者在处理案件时会参考伊斯兰教之前的习惯法和实践。

不管如何,圣战运动对西非各地的经济制度,影响仍然是巨大的。殖民主义到来后,仍在很大程度上保留了穆斯林的制度,尤其是经济制度,足以说明这种制度的合理性,至少是在西非特殊社会环境中具有相当的适应性。

奴隶制度的变革

前文已对伊斯兰教奴隶制度有一定的涉及,但是,奴隶制度对非洲而言,不仅是重要的经济制度,还是政治制度。因为这种重要性,本部分将具体讨论西非伊斯兰教的奴隶制度,以及圣战运动对奴隶制度的影响。需要说明的是,在论及西非琼雅制度时,统称为奴隶制度,不再称琼雅制度。

伊斯兰教关于奴隶制度的规定

伊斯兰教兴起之前,阿拉伯半岛盛行奴隶制度。伊斯兰教产生的这种历史背景,决定着它与奴隶制度有千丝万缕的历史与现实联系。关于伊斯兰教对奴隶制度的态度与实践,基本上可以用一句话概括:中世纪的伊斯兰教承认并保留了奴隶制度,同时也对奴隶制度做了有限的、进步性的改革。《古兰经》、圣训及其他伊斯兰教法文本当中,对奴隶及奴隶制度都有大量明确的规定。[1]

伊斯兰教兴起后,奴隶与奴隶制度不再仅仅是世俗性的概念,而是被赋予了一定的宗教含义。伊斯兰教中的奴隶制度与异教徒的概念紧密联

---

[1] 以《古兰经》为例,《古兰经》第33:50、23:1-6、56:17、76:19节表明伊斯兰教对奴隶制度的继承;而另外一些章节,如《古兰经》第24:33、90:12-13、2:177节又同时规定,穆斯林应善待和释放奴隶。

系。穆斯林与异教徒是完全相对立的概念。二者之间是"信"与"非信"的区别,有明确的分界。异教徒通常也称为"非信仰者",是指不信仰一神教的人。穆斯林所指的一神教指伊斯兰教、犹太教和基督教,即不信仰伊斯兰教、犹太教和基督教的人都是异教徒。理论上,穆斯林只能将异教徒作为奴隶。穆斯林永远不会做奴隶,因为他们的宗教是最高贵的信仰。换句话说,穆斯林是自由的代名词,而异教徒是奴隶的代名词。奴隶必须是异教徒,不信伊斯兰教和其他一神教(犹太教、基督教)是"被拥有"的前提和原因。

"奴隶是异教徒的一个标志",这是伊斯兰教的奴隶制度当中一个根深蒂固的观念。甚至,在某些人看来,异教徒的命运是固定的,这些人皈依伊斯兰教只会破坏业已前定的社会秩序。对不听从先知教导,不遵守教法者,将其变为奴隶是对他们的一种惩罚。有人认为,奴隶没有意志,他是主人的附属物。皈依伊斯兰教,可以结束个人的异教徒身份。释放奴隶,就等于恢复他们的意志力。穆斯林身份并非能够完全确保个人不被变为奴隶。如果不受宗教与世俗权威管制的穆斯林,例如,所谓"没有埃米尔领导的穆斯林",犹如没有牧羊人的羊群,与动物没有任何区别,也是可以随时被奴役的。

接下来的问题是穆斯林如何获得异教徒,以作为奴隶占有和使用。在以宗教信仰画线将部分人确定为异教徒的前提下,原则上被征服的异教地区的所有居民都是潜在的奴隶。与穆斯林征服密切联系的两个概念是"希吉拉"与"圣战",伊斯兰教的奴隶制度也与这两个概念有密切关系。

圣战运动竭力解放异教徒的"非信"状态(即不信仰一神教的状态),给予他们信仰伊斯兰教的自由,却同时又将他们变为奴隶,剥夺了其人身自由。[①]这种自由与奴役上的矛盾都源于伊斯兰教的宗教观念:信仰的过程就是在安拉之路上的奋斗过程,有不同的阶段。圣战的目标是使伊斯兰教的精神更高贵,打开异教徒的信仰枷锁。皈依伊斯兰教也并不一定能免除地位卑微的状态。如果圣战能够解放异教徒的信仰,剥夺他们的人身自由,那么将他们变为奴隶,使其地位低下并服从穆斯

---

① John Ralph Willis, ed., "Jihad and the Ideology of Enslavement", *Slaves and Slavery in Muslim Africa*, Vol. 1, Islam and the Ideology of Enslavement, Frank Cass, 1985. pp. 16-26.

林，也能够去除他们的"信仰不忠"。圣战征服异教徒，抹去他们的尊严，本质上也就是剥夺他们个人的合法存在。而要重新获得他们的身份和尊严，就必须信仰伊斯兰教，然后再通过"释奴"的方式才能实现。

在中世纪的穆斯林看来，异教徒犹如世界的污物，要通过圣战将其清除。犹太教和基督教属"低等的一神教"，可以允许其存在，但必须承认自己有缺陷，承认伊斯兰教更高的地位。犹太人和基督徒也是在寻求真主启示道路上的行人，他们也追求宗教上的进步，属于"有经人"，所以不能将他们变为奴隶，也不能强迫他们信仰伊斯兰教。但是他们必须向穆斯林缴纳人头税作为服从和地位低下的标志。穆斯林不能强迫"有经人"为奴，但可要求他们释放业已皈依伊斯兰教的奴隶。而穆斯林与异教徒之间并不存在这样的认识。

对于拒绝接受伊斯兰教的异教徒，穆斯林称之为"野蛮人"。野蛮人的居住地成为穆斯林最理想的捕奴地。而在圣战运动期间，奴隶与异教徒完全是一个概念。不论是捕获抑或购得的奴隶，他们进入到"伊斯兰教的土地"，仍只能是奴隶而不能作为公民存在。是否可以役使为奴隶的标准只有一个：如果一个地区的统治者为穆斯林，则该地区的居民可免于役使为奴；如果一个地区的统治者为异教徒，则该地区的居民可以役使为奴。与此相联系的另一个标准是：如果一个地区的大多数居民为穆斯林，则可视为伊斯兰地区；如果一个地区的大多数居民为异教徒，则可视为异教徒地区，可以根据伊斯兰教法将该地区的非穆斯林居民役使为奴。

圣战一旦开始，穆斯林与异教徒的相关新问题也相继产生——如何确定参战各方的地位和性质。在穆斯林内部，圣战是有身份有地位的男人的事务；在参战者的等级方面，不能参战者无地位。圣战是孔武有力的战士之间的冲突。小圣战就是向异教徒开战，杀死男人，俘获女人与儿童，抢劫他们的财产。阻碍战争者无助于改变他们的奴隶地位。异教徒社会中的男人被杀，穆斯林可将他们的女人与孩子作为战利品。伊斯兰教的奴役观念也随之转变为"为在圣战中的损失寻求补偿"的观念。被捕的妇女和儿童是一种补偿，对在圣战中失去生命者的补偿。因此，战利品作为一种补偿，或者作为一种对穆斯林社会有益的担保品，以确保穆斯林社会的安全与健康发展。但是，以女奴为担保的形式，并不能改变女奴的后裔作为战利品之子女的卑贱地位。女奴只是作为主人的小妾，她们及她们的子女并不能与主人的结发妻子及其子女平起平坐。

总之，"本来旨在消除异教徒卑微地位的圣战，却将奴役的耻辱强加于人，然后依次用一系列的法律关系将主人与奴隶之间的从属关系固定下来"。①伊斯兰教的奴隶制度演变为清除异教徒罪责的一种方式，演变为对在圣战中牺牲的穆斯林的一种补偿。奴隶地位成为奴隶身上的沉重债务和深刻的耻辱，唯有还清这种债务和耻辱才能结束。穆斯林就是债主，奴隶与"有经人"就是欠债者。基督徒与犹太人都难以免除耻辱的折磨，只有通过卑微的服从才可能还清罪责。未皈依伊斯兰教是一种罪责，而这种罪责要通过对在圣战中牺牲的穆斯林进行补偿来赎清。主人与小妾之间的关系也可视之为这种债权人与债务人的关系。做妾是对主人在圣战中流血的清偿。

希吉拉是引领皈依伊斯兰教的异教徒迈向自由的道路；圣战是引领拒绝伊斯兰教的异教徒走向奴役的道路。"希吉拉"和圣战是解决穆斯林与异教徒之间信仰冲突的最终办法。从异教徒地区逃往伊斯兰地区的奴隶，可获得自由，这种"逃离"能给异教徒带来新生，而征服异教徒，则会给征服者带来尊严。获得自由与尊严的奴隶便成为自己的主人，才能掌控自己的命运。

那么生活在异教徒地区的奴隶如何获得自由呢？只有在自己的主人皈依伊斯兰教之前逃离到穆斯林土地上的奴隶，才能获得自由。能否获得自由与奴隶本人在希吉拉时是否已是穆斯林无关。如果穆斯林奴隶与信仰多神教的主人在异教徒的土地上被穆斯林捕获，那么该奴隶将获得自由，因为他先于主人皈依伊斯兰教。

根据以上的规则可以得出结论：在圣战胜利后皈依伊斯兰教的自由人，其地位将低于在圣战之前皈依伊斯兰教的奴隶。因此，可能的结果是，原来的奴隶变成了主人，主人则变成了奴隶。

在主人皈依伊斯兰教后才信仰伊斯兰教的奴隶，或者与主人同时皈依伊斯兰教的奴隶，希吉拉都不能改变他们的奴隶身份。奴隶能否获得自由，取决于他皈依伊斯兰教时主人的信仰状态；判断奴隶的宗教忠诚要依据他皈依伊斯兰教与希吉拉时的状况。

关于奴隶的地位，伊斯兰教比它之前的社会有所进步，除了鼓励善待

---

① John Ralph Willis, ed., "Jihad and the Ideology of Enslavement", *Slaves and Slavery in Muslim Africa*, Vol. 1, Islam and the Ideology of Enslavement, Frank Cass, 1985. p. 23.

和释放奴隶外，奴隶通常也被看作家庭成员之一。在家庭之外，奴隶也有一定的社会地位。奴隶是主人的代表，是主人的另一个"自我"，代表着主人的名声、地位和责任。奴隶也因此成为主人的代理人，可以代理主人完成宗教义务，既可以代替主人朝觐，也可以主人的名义作为战士参与圣战。

圣战运动中西非穆斯林学者关于奴隶制度的讨论

在西非伊斯兰教历史上，奴隶及奴隶制度不仅属于教法问题、道德问题，还是经济问题和政治问题，从国王、贵族到学者都关心这个问题。他们经常就关于如何捕奴、贩奴、待奴和释奴等各个层面开展讨论。讨论过程中，既有奴隶主阶层向学者请教的时候，也有学者、宗教法官向奴隶主指导、审查的现象，更有学者之间围绕奴隶制度广泛而深入的讨论。

学者的讨论，典型的代表是前面提及的阿赫默德·巴巴、穆萨·卡马拉、奥斯曼·丹·弗迪奥等人。学者们以著书立说的方式，阐述伊斯兰教中奴隶制度的规定与实践方式，划定正确与谬误的界限。他们急需解决的问题是，如何根据伊斯兰教奴隶制度的一般规定，在西苏丹这片属于伊斯兰世界边缘地区的奴隶供应地上，正确、合法地捕获奴隶。阿赫默德·巴巴的《合法捕获黑奴的标准》，即是作者以教法学者的身份，在面对非法捕奴现象大量存在的情况下，有针对性地回答这一问题而作的指导。

17世纪初，阿拉伯人一向将苏丹地区作为奴隶来源地的传统遭遇现实困境：苏丹的许多地区已经逐步伊斯兰化，政治上层及当地的大多数居民都皈依了伊斯兰教，"伊斯兰的土地"理论上不能作为捕奴地。为此，阿赫默德·巴巴还专门发布法特瓦，规定苏丹的哪些地区可以作为捕奴地，哪些地区为伊斯兰地区，禁止捕奴。按照他的观点，伊斯兰地区有廷巴克图、博尔诺、卡诺、马里、桑海、戈比尔、卡齐纳和加奥，禁止捕奴；异教徒地区则有莫西、古尔马（Gurma）、博博、布萨、多贡、约鲁巴，可以捕奴。阿赫默德·巴巴所规定的这两类地区，并非绝对，苏丹还有一些似是而非的地区，介于两类地区之间，宗教学者们为此陷入长期的争论之中。

但是，在另一些阿拉伯人心目中，苏丹地区是穆斯林通过武力征服的，显然属于异教徒地区，武力征服后才皈依伊斯兰教的地区，这种皈依不能改变他们"可以役使"的奴隶地位。因此，苏丹居民低下的社会地位被固定下来，"苏丹居民可以役使为奴"逐渐成为伊斯兰教奴隶制度的一个原则（至少在马格里布和撒哈拉伊斯兰教中是这样）。阿赫默德·巴巴这样的宗教学者，在这种观念的形成中责任最大，他们援引伊斯兰教法，证明"奴隶制度的原因在于被役使者是异教徒""苏丹地区无论如何不能作为特例而不适用这一原则"等类似的结论。

在19世纪急风暴雨式的圣战运动中，阿赫默德·巴巴的关于苏丹两类地区的分类法被抛弃了。起初，奥斯曼·丹·弗迪奥还比较尊重这两种分类，圣战运动胜利后，他对阿赫默德·巴巴的分类进行了大规模的改动，将一些原来认为不可役使的伊斯兰地区，转为可役使的异教徒地区。奥斯曼·丹·弗迪奥所规定的"不可役使的地区"远比阿赫默德·巴巴所规定的少，他所规定的"可役使地区"则增加了新地区。阿赫默德·巴巴对这两类地区的规定曾流行了两百多年，却被奥斯曼·丹·弗迪奥根据新时期伊斯兰教的需要轻而易举地予以否决。

西非伊斯兰教中奴隶制度的普遍性

奴隶制度是理解非洲历史的一面镜子。"的确，非洲社会中的奴隶制度无处不在，罔顾非洲的奴隶制度问题，就不可能全面理解非洲历史和现实中的社会、经济和政治等诸多领域"。[①]同样，研究西非伊斯兰教，不可能绕开与其紧密联系的奴隶制度。西非历史上的伊斯兰时代，在废奴运动之前，奴隶制度普遍存在。在西非，奴隶制度演变为伊斯兰制度的一个重要组成部分。

在北尼日利亚地区，15世纪豪萨黑贝诸国的捕奴现象已经相当普遍。黑斯克特根据现有不多的文字资料，主要是豪萨地区的各种编年史、颂诗、方言诗和谚语等进行考证，他发现，在1804—1812年富拉尼人发起的圣战运动之前，奴隶制度在豪萨社会中已经确立下来。在《卡诺编年史》首次提到"奴隶"一词时，是在1307—1343年卡诺国王察米亚（Tsamia）统治时期，卡诺国王赏赐给下属酋长200个异教徒奴隶。《卡诺编年史》暗示，此时察米亚已是穆斯林。14世纪中期，伊斯兰教也刚刚传播到豪萨。此后，各种有关豪萨的文献留下了大量关于奴隶及奴隶制度的记录。1450年，卡诺宫廷的一位官员组织了一次对卡诺以南某地区的

---

① John Ralph Willis, ed., "*Preface*", *Slaves and Slavery in Muslim Africa*, Vol. 1, Islam and the Ideology of Enslavement, Frank Cass, 1985.

捕奴活动。这位官员每个月会向卡诺输送上千名奴隶。①

19世纪西非的圣战运动时代，奴隶在尼日利亚北部人口中所占比例急剧增加。1750—1900年，富拉尼各埃米尔国人口中，30%—60%为奴隶。1894年奴隶约占豪萨地区总人口的1/3，在某些地区，如努佩、扎里亚和卡诺周围，甚至达1/2。据1903—1905年在法属西非的调查，出身于奴隶的居民，在萨伊（Say）治理圈②的人口中约占75%，在朱古（Djougou）、多里（Dori）、卡伊（Kayes）、基塔（Kita）、锡卡索、廷巴克图等治理圈各占50%。通过对比发现，在康康治理圈内，穆斯林占多数的地区，奴隶人口的比例通常更高。在万物有灵论者为主的地区，奴隶只占5%，而在以穆斯林为主的贝特（Baté）地区，奴隶占50%；在康康城里奴隶占57%。在非穆斯林的博博（Bobo），奴隶则更少；在卡萨芒斯（Casamance）则几乎没有奴隶。英国开始殖民统治之际，索科托哈里发国及其邻近地区，有200万—250万的奴隶人口。③

再看富塔地区。根据1962年的人口调查，富塔塔罗（塞内加尔河中游）的居民分为三个社会阶层：自由人、艺人、奴隶（或奴隶后裔）。其中奴隶（或奴隶后裔）占总人口的21%。1300—1900年，塞内冈比亚1/3的人口为奴隶。而到19世纪，塞拉利昂的一半人口为奴隶。④

在尼日尔地区，廷巴克图很早即为著名的奴隶贸易中心，大量奴隶在此交易。奴隶多时，价格极低。有一次桑海帝国皇帝达乌德（Askia Dawud，1549-1582）打算出售500名奴隶，由于阿拉伯商人出价太低，他干脆将奴隶免费送给了对方。在西非著名的伊斯兰帝国中，加纳（750—1076）、马里（1235—1645）、塞古（1712—1861）、桑海（1275—

---

① M. Hiskett, "Enslavement, Slavery and Attitudes Towards the Legally Enslavable in Hausa Islamic Literature", *Slaves and Slavery in Muslim Africa*, Vol. 1, Islam and the Ideology of Enslavement, ed. By John Ralph Willis, Frank Cass, 1985. p. 107.

② 治理圈：法属西非时期基层殖民治理机构。

③ Nehemia Levtzion, "Slavery and Islamizationin Africa: A Comparative Study", *Slaves and Slavery in Muslim Africa*, Vol. 1, Islam and the Ideology of Enslavement, ed. By John Ralph Willis, Frank Cass, 1985. pp. 193-194.

④ Constance Hilliard, "Zuhur al-Basatin and Ta'rikh al-Turubbe: Some Legal and Ethical Aspects of Slavery in the Sudan as Seen in the Works of Shaykh Musa Kamara", *Slaves and Slavery in Muslim Africa*, Vol. 1, Islam and the Ideology of Enslavement, ed. By John Ralph Willis, Frank Cass, 1985. p. 160.

1591）等，各国居民的 1/3 为奴隶。①桑海帝国极盛时期，正值著名的苏尼·阿里（Suni'Ali，1464-1492）和阿斯基亚·穆罕默德一世（Askia al-hajj Muhammad Ⅰ，1493-1528）等在位。各位皇帝大肆扩张，在对外战争中掠得数量惊人的战俘，押回首都加奥。这些战俘都被贬为奴隶。许多情况下，帝国发动战争只是为掠夺奴隶，国家战争演变为国家捕奴活动。皇帝伊斯玛仪（Askia Isma'il，1539-1549）在位时，在一次战争中捕获的奴隶之多，足以使加奥奴隶市场的奴隶价格大幅下跌。

乍得湖地区。1600—1800 年，加奈姆人口的 30% 为奴隶；1580—1890 年，博尔诺人口的 40% 为奴隶。②

奴隶制度已经成为西非社会中的根本制度之一，正因为如此，废奴运动的阻力不仅仅来自西方奴隶贩子，也来自西非形形色色的穆斯林奴隶主。殖民时期奴隶制度并未随着西方废奴运动的启动立即完全取消，直到 1935 年左右才逐渐消失。

西非伊斯兰教中的奴隶及奴隶制度

西非的奴隶，主要来自穆斯林的捕奴运动和圣战运动。捕奴者主要是穆斯林商人，包括阿拉伯商人、本地商人、各伊斯兰国家的统治者。统治者可以利用国家的力量捕奴。17 世纪开始的跨大西洋贩奴运动，更加刺激了富塔地区的穆斯林统治者们对奴隶的需求，他们与撒哈拉中的各柏柏尔政权和摩洛哥军队合作，大肆掳掠、贩卖本国居民为奴。结果，约 1/10 的居民被掠为奴。

当时豪萨地区所有阿拉伯人，或者所有会说阿拉伯语的人都普遍参与撒哈拉南北的奴隶贸易。除了宫廷贵族和阿拉伯人，本地的巫师、土匪、商人等也参与到捕奴和奴隶贸易中。捕奴的方式也多种多样，既有规律性、大规模的捕奴运动，也有个人深入到乡村地区以绑架、偷盗、欺骗等形式获得奴隶。

圣战运动表面上可视为宗教革命，背后的经济动因则源于对奴隶的需求。19 世纪西苏丹的圣战运动，最后发展为纯粹的抢劫，抢劫被占领土地上的一切，包括妇女、儿童，将他们变为奴隶。失败的一方，不管是穆

---

① J. O. Hunwich, "Notes on Slavery in the Songhay Empire", *Slaves and Slavery in Muslim Africa*, Vol. 2, The Servile Estate, Frank Cass, ed. by John Ralph Willis, Frank Cass, 1985. p. 21.

② "Slave societies". *Encyclopedia Britannica's Guide to Black History*. Encyclopedia Britannica. http://www.britannica.com/blackhistory/article-24157. Retrieved 8 January 2010.

斯林或非穆斯林，往往都成为受害者。疯狂的抢劫中，阿赫默德·巴巴所谓的"只有异教徒才能作为奴隶占有"的标准被弃置一旁。

西苏丹作为穆斯林的征服地，原则上这里的居民都是潜在的奴隶。苏丹地带伊斯兰化以后，捕奴者就将捕奴区向南部的雨林地区扩展。殖民征服前夕，黑贝国家主要以南方的"私生子"七国为捕奴地区。

阿拉伯商人从西非购得奴隶，运往北非。而西非本地最主要的奴隶商人则是已经伊斯兰化的玛卡（Marka）人。玛卡人为西非专业的奴隶商人集团。其实，各伊斯兰国家的统治者，甚至部分宗教学者，也都是奴隶商人，只不过他们没有玛卡人那样"专业""专营"和"专卖"。

关于西非的捕奴运动，有两点需要特别说明。第一点是"非法"捕奴和蓄奴问题，即将穆斯林变卖为奴，或役使穆斯林奴隶。在经济利益的驱使下，"非法"捕奴、蓄奴在西非某些时期相当普遍。苏尼·阿里的捕奴活动，很少受伊斯兰教法限制，将穆斯林也贬为奴隶。许多地方官员也随意将穆斯林出售为奴。这种现象在桑海帝国长达三四个世纪的时期内都很普遍。帝国的另一个皇帝阿斯基亚·穆罕默德则比较"守法"，他曾经向当时廷巴克图著名的宗教学者阿赫默德·巴巴和马吉里请教，什么情况下可以将穆斯林贬为奴隶。对于"非法"捕奴和蓄奴现象，并非所有的人都保持沉默。奥斯曼·丹·弗迪奥和哈吉·乌玛尔·塔勒都严厉禁止"非法蓄奴"的行为。在欧洲殖民入侵前夕，西苏丹许多地区已彻底完成伊斯兰化，但是"非法蓄奴"的现象仍在增长。宗教学者们也同时在极力批评这种现象，却难以有效制止。奥斯曼·丹·弗迪奥谴责不遵教法的蓄奴行为："将自由人役使为奴隶者，将受惩罚，火狱将是他们作为奴隶的驻地。"①要说明的第二点是，在西非并非捕奴者都是穆斯林，塞古和卡阿塔（Kaarta）的班巴拉人也参与捕奴活动，不过他们通常不保有和使用奴隶，捕到奴隶后很快就会卖给穆斯林。桑海帝国中也有许多非穆斯林捕奴、贩奴和出售奴隶，但规模远远比不上穆斯林奴隶商人。帝国皇帝与各级官员作为穆斯林，以国家的力量从事捕奴活动和奴隶贸易。穆斯林玛卡人要比非穆斯林的班巴拉人持有更多的奴隶。

关于奴隶的用途。中世纪，奴隶的流入地有三个：北非、撒哈拉和西

---

① 转引自 M. Hiskett, "Enslavement, Slavery and Attitudes Towards the Legally Enslavable in Hausa Islamic Literature", *Slaves and Slavery in Muslim Africa*, Vol. 1, Islam and the Ideology of Enslavement, ed. By John Ralph Willis, Frank Cass, 1985. p. 123。

非本地留用。15 世纪中期起，阿拉伯人在豪萨诸国专门设立奴隶收购站，通过撒哈拉商路成批地将黑人奴隶转运到马格里布和埃及，然后再转卖到阿拉伯半岛和伊拉克等地。欧洲人参与进来以后，新大陆成为重要的奴隶流入地。

西非穆斯林贵族用奴隶直接换取奢侈品，如工业布匹制作的衣服、马鞍、火枪等。更多的奴隶被用于农业或商业生产。奴隶是当时农业生产领域的重要劳动力。奴隶主将奴隶组织起来，建立奴隶村庄，从事集体农业。玛卡人不但捕奴、贩奴，更是在他们的城镇周围建立大量奴隶村庄。有学者通过对英国殖民入侵前夕卡诺农业奴隶制度的分析认为，卡诺农业中的奴隶制度，其主要目的是提高农业生产率，增加农业利润，以满足本地消费和商业流通的需要。[①]撒哈拉沙漠南缘的绿洲农业也主要靠来自西非的奴隶作为劳动力。撒哈拉经济严重依赖奴隶劳动。

除农业生产外，奴隶还可用于更多领域。奴隶可以从事家务劳动，即作为主人的"家务奴隶"。在撒哈拉沙漠中，奴隶可以从事放牧、提水灌溉、家务、盐矿晒盐、商队安保等工作。

在桑海帝国内部，奴隶用处非常广泛。女奴隶被皇帝、高官、商人纳为小妾。社会上层人家通常纳妾无数。许多女奴的儿子后来也当上了帝国的皇帝，如，桑海帝国的皇帝中，除了穆罕默德一世，其他皇帝都是女奴所生。女奴还可以做市场销售员，因为她不必戴面纱。还可做矿工、歌手、乐师、织工、铁匠等。

男奴隶则可做禁卫军、侍卫、军队、太监、农业劳动力，军队中奴隶的规模庞大。许多奴隶侍卫成为皇帝亲信，皇帝睡觉时都要奴隶侍卫侍奉左右。正是因为禁卫军与皇帝接触的机会多，关系非同一般，所以经常出现奴隶侍卫干政的事件。帝国的种植园经济也完全由奴隶劳动支撑。奴隶主也经常将奴隶作为礼品赠送。苏尼·阿里在一次成功袭击富拉尼人之后，将大批女奴送给廷巴克图的宗教学者们。[②] 15 世纪后半叶，奴隶在豪萨诸国的用处更加多样化。除了农业生产、家务劳动之外，还可作为宫廷

[①] Polly Hill, "Comparative West African Farm-Slavery Systems (south of the Sahel) with special reference to Muslim Kano Emirate (N. Nigeria)", *Slaves and Slavery in Muslim Africa*, Vol. 2, The Servile Estate, Frank Cass, ed. by John Ralph Willis, Frank Cass, 1985. pp. 33-49.

[②] J. O. Hunwich, "Notes on Slavery in the Songhay Empire", *Slaves and Slavery in Muslim Africa*, Vol. 2, The Servile Estate, Frank Cass, ed. by John Ralph Willis, Frank Cass, 1985. p. 27.

的宦官，某些奴隶甚至被任命为宫廷要职。直到欧洲殖民统治之前，奴隶制度都在发展当中，大批奴隶充斥豪萨宫廷，无论黑贝时代或者富拉尼帝国时代都是如此。奴隶官吏成为统治者倚重的政治力量之一，以至于有些黑贝国家要设立专门官职，管理宫廷中的大批奴隶。

伊斯兰教鼓励释放奴隶，但是桑海帝国的释奴现象并不多见，现有的记录只显示穆罕默德一世和达乌德皇帝有过释奴的经历。被释奴隶由于经济上不独立，通常仍留在原主人家里服务，虽然理论上是完全自由的人，实际上社会地位并无显著的提高。

但是，不能以欧洲和东亚的奴隶概念理解西非的伊斯兰教奴隶制度。西非奴隶的社会地位比欧洲的奴隶要高很多。一方面西非的奴隶继承了伊斯兰教奴隶制度中奴隶社会地位较高的特点，另一方面，西非本土文化中从未形成严格的奴隶等级制度。有学者通过对19世纪豪萨农场奴隶的研究发现，奴隶主有义务给奴隶一定的财产，包括土地、食品、衣服、住房，作为他们的生活必需品；奴隶对这些财产有相对的所有权。奴隶主可以随时卖掉奴隶；奴隶也有赎回自由的权利。获得自由的奴隶立刻享有自由人所拥有的一切权利。[①]

西非的"奴隶制度"比较类似于"契约劳役"：奴隶并不完全依赖其主人，并非意味着终生为奴。奴隶可以要求主人偿付工资，可以拥有自己的私产。他们通常能够赎回自由，然后通过努力，获得很高的社会地位。桑海的许多国王都出身于奴隶。但是，奴隶官员毕竟是奴隶，其地位与权力皆无根本保障，宫廷贵族可任意剥夺他们的权力，迫使他们交出财富，或者参与战争，为贵族卖命。

在西非不同的穆斯林族群中，奴隶的地位也不相同。如，奴隶在班巴拉人与玛卡人社会中的地位就大不相同。班巴拉人的奴隶通常与主人及其家庭成员共同劳动、共同生活，二到三代人之后就会完全融入班巴拉人社会，不再区分彼此。而在玛卡人中，奴隶与作为自由人的主人之间有严格的区分。有些被认为卑贱的职业只有奴隶才会做，主人从不参与。奴隶与主人之间的交流与交往非常少，他们融入玛卡人社会的过程艰难而缓慢。在象牙海岸北部地区的穆斯林居民也如班巴拉人一样，他

---

① Polly Hill, "Comparative West African Farm-Slavery Systems (south of the Sahel) with special reference to Muslim Kano Emirate (N. Nigeria)", *Slaves and Slavery in Muslim Africa*, Vol. 2, The Servile Estate, Frank Cass, ed. by John Ralph Willis, Frank Cass, 1985. pp. 37–38.

们的奴隶在三四代人的时间内就可以融入从事农业的库兰古（Kulango）人的伊斯兰社会，而在从事商业的迪尤拉人穆斯林社会中的奴隶，其社会地位几乎一成不变。尽管伊斯兰教鼓励释奴行为，却很少见到迪尤拉人释奴的记录。在马里的索宁克人穆斯林社会中，自由人与奴隶之间也维持着严格的社会等级。

在西苏丹，奴隶劳动对穆斯林社会的经济至关重要。西苏丹的伊斯兰教有这样一种观念：穆斯林视非穆斯林为潜在的奴隶，他们为穆斯林工作是真主的天命，只有奴隶的劳动才能使穆斯林有更多的时间与精力从事宗教事务与商业经营；奴隶皈依伊斯兰教，或者学习伊斯兰教知识，只会造成与其前定的社会角色背道而驰。

虽然索宁克人、玛卡人和迪尤拉人并不鼓励他们的奴隶融入穆斯林社会，但是豪萨人和中苏丹的卡努里人，却给奴隶进入穆斯林主流社会留有余地。一般三代人之后，奴隶就会融入穆斯林社会，可以参与穆斯林的各种活动及宗教仪式，可以与自由人通婚。豪萨人认为使自己的奴隶皈依伊斯兰教并给予他们一定的宗教教育，是穆斯林的宗教义务。奴隶皈依伊斯兰教被视为个人的重生，主人会给他们举行庄严的皈依仪式。在博尔诺也是如此。奴隶的后代与自由人的后代一起成长，接受宗教教育，成年后自然而然地作为穆斯林融入主流的伊斯兰社会。

西苏丹与中苏丹奴隶融入穆斯林社会的难易不同，也许与两地区严格的社会分层有关。在中苏丹社会中，社会职业决定着社会地位。在豪萨地区和乍得湖地区，豪萨人、卡努里人是穆斯林的同义语，融入豪萨人或卡努里人社会就意味着成为穆斯林。而在西苏丹，社会分层以是否信仰伊斯兰教为划分标准。迪尤拉人、玛卡人与马林克人、班巴拉人、莫西人的区别，就在于前者为非穆斯林，后者为穆斯林。职业分工也决定着穆斯林与非穆斯林的分野，由于奴隶与非穆斯林共同承担更多的社会角色，穆斯林社会不希望他们融入进来。

奴隶制度促进西非伊斯兰教的发展

在伊斯兰教兴起之前，中东就有大量黑奴存在，黑奴贸易不是伊斯兰教的首创，但是穆斯林却积极参与并将黑奴贸易规模进一步扩大。在西方人向新大陆贩奴的同时，跨越撒哈拉南北的奴隶贸易中，大约有 70 万黑奴被销往北非和中东各地。①

在研究撒哈拉以南非洲伊斯兰教的历史时，耳熟能详的一个结论是，撒哈拉南北的贸易促进了伊斯兰教在黑非洲的发展。这其中，奴隶贸易占有巨大的份额。奴隶贸易也同样促进撒哈拉以南地区伊斯兰教的发展。而且由于奴隶贸易的特殊性，它以"人"为商品，而人是宗教的信仰者，奴隶贸易也以特有的方式推动非洲苏丹地区的伊斯兰化。

奴隶贸易对西非各地伊斯兰教的推动方式并不一样。在尼日尔河以西地区、豪萨地区、乍得湖地区，奴隶贸易在当地贸易历史上，及贸易结构中的比重等方面都差别很大，因此各地的奴隶贸易也以自己的方式影响着当地的伊斯兰化。

自14世纪伊斯兰化进程开始以来，阿拉伯奴隶商人就在豪萨地区活动。19世纪之前，豪萨伊斯兰化进程并不显著，甚至在18世纪还有所倒退。这也在一定程度上说明，当时的豪萨奴隶制度对伊斯兰化的促进也是有限的。豪萨地处西非内陆，西方人主导下的奴隶贸易对豪萨的奴隶贸易影响也很有限。但长期以来，阿拉伯人频繁地参与豪萨的捕奴与贩奴活动。而且黑斯克特还发现，豪萨伊斯兰教也容纳并推动当地的"奴隶文化"。在豪萨穆斯林当中，捕获奴隶是一种勇敢和个人能力的表现，也是一种社会地位的象征；伊斯兰教法对使用和善待奴隶的相关规定，经常被穆斯林所忽略，虔诚的穆斯林学者也经常批评这些不遵守教法者，但收效甚微；②豪萨穆斯林认为，奴隶制度的某些内容对伊斯兰教的巩固与发展至关重要；豪萨穆斯林认为奴隶制度不存在道德缺陷，奴隶制度是人类生活中不可避免的正常现象。③捕奴与贩奴活动对豪萨社会的生产力破坏极其严重。"捕奴运动严重减少异教徒的人口。我们看到原来人口稠密的尼日利亚北部诸省，现在人烟稀少。"④阿拉伯人及当地参与奴隶贸易部落酋长的捕奴与贩奴活动，在社会下层积聚了能量巨大的社会颠覆情绪。当不

---

① ［尼日利亚］J. F. 阿德·贾伊主编：《非洲通史》第六卷，《十九世纪八十年代以前的非洲》，中国对外翻译出版公司、联合国教科文组织1998年版，第47页。

② M. Hiskett, "Enslavement, Slavery and Attitudes Towards the Legally Enslavable in Hausa Islamic Literature", *Slaves and Slavery in Muslim Africa*, Vol. 1, Islam and the Ideology of Enslavement, ed. By John Ralph Willis, Frank Cass, 1985. p. 124.

③ Ibid. .

④ C. K. Meek, *the Northern Tribes of Nigeria*, Frank Cass, London, 1971, Vol. 1, p. 290.

曾参与奴隶贸易的富拉尼穆斯林学者发起宗教革命时，捕奴运动所留下的社会伤害被圣战运动发起人所充分利用，使他们顺利地招兵买马，扩充兵源。这与哈吉·乌玛尔·塔勒的宗教革命也有一定的相似之处。圣战运动的军队基本上是"奴隶军队"，奴隶们参与宗教革命与富拉尼学者们出于宗教目的不同，他们纯粹是希望改变社会地位。但他们的结果却相距不远，奴隶参与革命也在推动伊斯兰化进程。

与豪萨地区相比，在尼日尔河与塞内加尔河之间的苏丹地区各国之间的贸易，以黄金为主，很久以来奴隶贸易居于第二位。在乍得湖地区的加奈姆和博尔诺诸国，由于缺乏黄金资源，其贸易则主要依赖与北非的奴隶贸易。这种因黄金和奴隶而造成的不同贸易模式，深刻地影响到伊斯兰教在西苏丹与中苏丹传播的动力与进程。[1]

在西苏丹，自撒哈拉延伸而来的商路，穿过萨赫勒和萨瓦纳地区诸国，到14世纪中期，已达南方的雨林地带。商路沿线的城市国家及附近地区都被纳入巨大的商业网络之中。控制商路及商站的国家、地方酋长收入剧增，然后又利用所掌握的资金促进城市—酋长国的形成与发展。伊斯兰教就在这一过程中向西非内地扩散。

而在乍得湖区，这里的诸多伊斯兰国家由于缺乏黄金，长久以来只与北非保持着奴隶贸易。14世纪末之前，乍得湖北岸的加奈姆王国主宰着乍得湖区的贸易，15世纪以后让位于湖南岸的博尔诺。加奈姆与博尔诺都是早已伊斯兰化的政权。二者与阿拉伯人一起，将乍得湖区更南的博吉米地区作为捕奴地。捕奴活动严重破坏了博吉米居民的生活，当地酋长为了自保，只得皈依伊斯兰教，表面上接受伊斯兰教法的部分内容。刚刚伊斯兰化的酋长马上与北方的穆斯林捕奴者合作，捕捉本地更偏僻地区的居民为奴。而当地居民出于恐惧，为了避免被捕，纷纷迁居到酋长的驻地，以求得保护。由于酋长已是穆斯林，迁居酋长的驻地基本上可以避免被捕为奴的命运。酋长的驻地因大量居民聚集，而逐渐发展为城市。受酋长伊斯兰化的影响，新兴城市也逐渐伊斯兰化。在初步伊斯兰化的基础上，外来的穆斯林学者（主要来自北非和撒哈拉地区）也被吸引到这里从事伊斯兰教育，伊斯兰教也因此得到进一步巩

---

[1] Nehemia Levtzion, "Slavery and Islamizationin Africa: A Comparative Study", *Slaves and Slavery in Muslim Africa*, Vol.1, Islam and the Ideology of Enslavement, ed., By John Ralph Willis, Frank Cass, 1985. p. 182.

固。在奴隶商业经济和伊斯兰化的双重推动下，博吉米日渐崛起，发展为乍得湖区强大的穆斯林政权。

伊斯兰化的博吉米的崛起，意味着已不再可能作为北方阿拉伯人和博尔诺的捕奴地。而崛起的博吉米也要参与到奴隶贸易当中。于是他们共同将捕奴地区再一次向南推进，类似博吉米的伊斯兰化过程在下一片新拓展的捕奴地将再一次重演。

19世纪中叶，英国探险家海因里希·巴尔特（Heinrich Barth）到达乍得湖区，他目睹了上述穆斯林的奴隶贸易推进伊斯兰化的过程。巴尔特发现，曾经作为捕奴地的地区，经历了政治与文化的转变；酋长国政权的出现，与博尔诺和阿拉伯人更密切的政治联系，启动并促进了伊斯兰化的过程。[1]

原来以黄金贸易为主的西苏丹，在1600年前后跨大西洋的奴隶贸易兴起后，当地的穆斯林酋长也参与其中，以奴隶与西方人交易，换取现代工业品和武器。因此，与乍得湖区类似的伊斯兰化过程也发生在西非的萨赫勒、萨瓦纳和雨林地区。

关于奴隶贸易对非洲伊斯兰化的影响，莱扶济昂总结出两种模式。第一种模式是，捕奴活动发生在穆斯林地区之外，穆斯林商人越过边界线深入到异教徒地区捕奴，然后全部撤回。这种情况下，捕奴活动很少对异教徒地区的宗教信仰发生影响，除非穆斯林捕奴者将伊斯兰教的边界向前推进到异教徒地区。捕奴者为了获得稳定的奴隶来源地，通常不希望将异教徒地区伊斯兰化，一般情况下穆斯林商人们很少在伊斯兰化的地区捕奴。但是不管他们怎么刻意保持异教徒地区的传统社会状态，伊斯兰化还是缓慢地发生了。第二种模式是，捕奴者开拓一片新的捕奴地之后，在该地区中央建立据点，作为稳定的捕奴基地。深受捕奴活动困扰的异教徒则蜂拥而来，纷纷皈依伊斯兰教。这些人接受伊斯兰教的生活方式而逐渐伊斯兰化。[2] 其实这两种模式的开端不同，最终结果却是一样的，即异教徒地区的伊斯兰化。

因此，可以得出结论，在西部非洲，奴隶制度的发展与伊斯兰教的发

---

[1] Nehemia Levtzion, "Slavery and Islamizationin Africa: A Comparative Study", *Slaves and Slavery in Muslim Africa*, Vol. 1, Islam and the Ideology of Enslavement, ed., By John Ralph Willis, Frank Cass, 1985. p. 184.

[2] Ibid., pp. 192–193.

展与演变基本上是同步的。奴隶制度促进了伊斯兰化进程。在 19 世纪圣战运动中，这种同步性仍未缺失。本来伊斯兰教的奴隶制度与非洲的琼雅制度区别不大，二者之间的过渡不存在困难。所以 19 世纪各穆斯林政权保存了奴隶制度，使用大量奴隶劳动。奴隶制度成为各政权重要的经济制度之一，并促进了各国经济的发展，以及伊斯兰教的发展。

第二节 反殖民主义与反基督教运动

欧洲殖民者到西非之后，在西非沿海徘徊几个世纪都未敢贸然深入内陆地区。19 世纪中期以后，法国和英国殖民者开始大规模地侵入西非内陆，瓜分西非的土地。法国侵占了西非的大部分地区，从塞内冈比亚一直到乍得湖区。到 1895 年，法国把已占领的塞内加尔、法属苏丹①、法属几内亚、象牙海岸合并为法属西非联邦。达荷美、尼日尔、上沃尔特分别在 1904、1908 和 1910 年并入法属西非殖民地，1912 年沦为法国殖民地的毛里塔尼亚也于 1920 年并入法属西非。英国占领了豪萨、博尔诺、贝宁、塞拉利昂和冈比亚。德国占领了多哥和喀麦隆。殖民征服运动遭到西非伊斯兰圣战运动参与者的顽强抵抗。

但是，在 19 世纪圣战运动爆发的初期，穆斯林与基督徒的正面冲突并不多。只是在后期，殖民扩张的计划与圣战运动直接发生矛盾，殖民者才对西非圣战运动发动战争。同样，基督新教和天主教的宣教运动，在圣战运动期间也并不显著，二者的接触比较零散。尽管如此，一些敏感的穆斯林学者也已认识到西方宗教给伊斯兰教带来的巨大威胁。

欧洲人眼中的西非伊斯兰教

15 世纪，葡萄牙人已到达西非沿海。1450 年，教皇尼古拉斯五世发布《罗马教皇令》（*Romanus Pontifex*），确认葡萄牙人有权以和平的方式占有他们新发现的西非土地。19 世纪之前，除了一些商人，很少有欧洲人进入西非内陆。早期的欧洲人偶尔也有让西非居民皈依基督教的意图，但他们到西非主要是为了经商。17 世纪，职业基督传教士出现在西非沿

---

① 法属苏丹（French Sudan）于 1904 年成为法属西非的一部分。1959 年形成独立的马里联邦以及塞内加尔，1960 年瓦解，之后国名改为马里。

海，不过直到殖民征服之前，尽管传教士的工作小有成绩，但并没有取得实质性的进展。至于尼日尔、豪萨和博尔诺，19世纪之前根本不存在基督教和伊斯兰教的竞争。

由于早期到达西非的基督徒对伊斯兰教缺乏了解，或者穆斯林占领伊比利亚半岛的历史一直让他们耿耿于怀，他们对伊斯兰教存在很多错误的认识或偏见。他们认为只有基督教是真理，是真正的宗教，其他宗教，包括伊斯兰教全是错误的信仰。当然如果单纯从宗教信仰的角度来说这倒也无可厚非，但是如果认为伊斯兰教只不过是基督教的一种极其丑恶的形式，是基督教的变异，显然存在着根本认识上的错误。在军事、经济方面，基督徒一直把伊斯兰教视为巨大的威胁。直到收复了西班牙，欧洲人才重拾了一点自信。

近代欧洲的启蒙运动，剔除基督教会的权力，提倡宗教信仰的个人经验和理性。顺应这种思潮，1788年伦敦成立了"推动发现非洲内陆协会"。该协会资助一系列的非洲探险活动，其中的一位探险家海因里希·巴尔特，考察了西非穆斯林地区。他对这里伊斯兰教的论述持比较公允的态度，为我们提供了当时西非伊斯兰教的宝贵资料。

许多穆斯林参与了1857年的印度大起义，给英国人以沉重打击；英国人侵埃及时也遭到穆斯林的重创；接着苏丹的马赫迪大起义打死了英国的民族英雄戈登；在巴尔干地区，土耳其穆斯林对保加利亚基督徒的血腥镇压，以及穆斯林在东非为争夺奴隶的贸易权而与欧洲人展开激烈的竞争。这些事件都让英国人逐渐对伊斯兰教形成负面印象。尽管其间也有一些公正的学者如理查德·伯顿（Richard Burton）[①]等人，极力以公正、客观的态度把伊斯兰教展示在英国人面前，但还是扭转不了英国公众对穆斯林的偏见与痛恨。19世纪末，一位英国女记者弗洛拉·肖（Flora Shaw）关于西非伊斯兰教的歪曲报道，更给这种情绪和认识火上浇油。1906年她出版了一本名为《热带的依赖》的著作，其中就有从宗教的角度为英国占领豪萨做辩护的内容。

法国人对伊斯兰教的看法也主要是法国国内政治作用的结果，并深受法国干涉国际事务的外交政策的影响，与伊斯兰教本身并无多大关系，更

[①] Richard Francis Burton（1821-1890），英国探险家和东方学家。1853年，他曾化装成阿富汗人，到过伊斯兰教的圣城麦加和麦地那。1858年，他曾试图寻找尼罗河的源头，以失败告终。他最著名的作品是翻译了《一千零一夜》。

与西非伊斯兰教无关。19世纪中期以前，法国政府对西非伊斯兰教的态度一直比较温和，波拿巴政权对伊斯兰教充满同情。1852年，法兰西第二帝国①成立，法皇拿破仑三世强烈的亲天主教倾向使法国政客们对伊斯兰教的态度逐渐转变。1855年，弗雷德里克·卡雷尔（Frédéric Carrére）和保罗·霍利（Paul Holle）共同出版了《法属塞内冈比亚》（De la Sénégambie Frnaçaise）一书，此书对西非伊斯兰教和穆斯林持强烈的贬损态度。此书直接影响了法国在西非的伊斯兰教政策。19世纪法国在阿尔及利亚遭受到穆斯林的沉重打击，法国人看到了伊斯兰苏非教团在组织抵抗运动中所起的作用，也促使法国人视伊斯兰教为"敌人的宗教"。19世纪后半期，一部分法国人主张阿尔及利亚阿拉伯人在法国政权内实现自治，他们对伊斯兰教充满同情。这种情绪可能也影响到了塞内加尔法国总督费尔德布（Louis Faidherbe）的政策。

德国人对伊斯兰教的看法代表了大多数欧洲国家对伊斯兰教的看法。他们对伊斯兰教形成许多不同的道德、宗教和政治等方面先入为主的态度和判断，这些态度和判断却很少直接把伊斯兰教看作一种信仰系统或生活方式。总体而言，德国公众对伊斯兰教的看法即使不能算是非常敌视，至少也是持否定态度的。而德国官方则把伊斯兰教看作殖民领域的一个"问题"。不过与这种立场相反，德国政府在国际舞台上通常把伊斯兰教作为一个潜在的同盟者。

19—20世纪的殖民征服为基督教会向西非渗透提供了大好时机。其实基督教对伊斯兰教的攻击从未停止过，双方的争夺时断时续，具体情况视时代环境而定。19世纪，基督教欧洲的力量达到顶峰，使基督教会重新燃起了向穆斯林宣教的热情。19世纪英国兴起了凯斯威克运动（Keswick Movement）②，为年轻基督徒的传教热情推波助澜。正是在这种情况下，基督教向西非传播，加上殖民政权的保护，两种宗教在西非，特别是在豪萨展开了对当地居民心灵的争夺。

但是，基督教传教士内部在向非洲传教的问题上出现了分歧。少数人认为基督教虽然最终会取得胜利，但是现在并不应该把非洲的穆斯林都变成基督徒，而是应该与之毗邻而居。这种观点在一定程度上影响了卢加德

---

① 法兰西第二帝国（1852—1870）：拿破仑三世建立的帝国。史称第二帝国，以别于拿破仑一世建立的法兰西帝国。

② 英国的年轻基督徒建立的一个具有强烈传播热情的清教组织。

等英殖民官员在西非的政策。

起初，法国传教士也雄心勃勃地在西非向穆斯林布道，可收效甚微。痛定思痛之后，他们改变了策略，只满足于小规模地与穆斯林个人接触，期望能以点带面，逐渐扩大战果。法国的这种策略虽然并未达到目的，但采取这种策略的传教士，的确得到了部分穆斯林的认可与尊重，至少比英国传教士取得的成绩要好一些。总体上看，英、法、德等国传教士对西非穆斯林传教的计划失败了。一是因为如果殖民政府支持教会雄心勃勃的传教计划，担心会与穆斯林发生宗教战争，这是他们不愿意看到的；二是因为伊斯兰教不但是一种信仰，也是一种生活方式，让穆斯林改变信仰和生活不是一件轻而易举的事情。相反，基督教会的传教意图反倒激起穆斯林捍卫伊斯兰教信仰的热情。

西非穆斯林眼中的欧洲人

西苏丹地区的穆斯林与中东、北非的穆斯林不同，他们没有与欧洲人打交道的历史经验，总体上不把欧洲人看作"欧洲人"，而是看作基督徒。他们认为基督徒的态度与穆斯林一样，本质上是宗教性的。苏丹地区的穆斯林不能理解"世俗"这个词的含义，所以他们也不能理解世俗主义精神推动下的欧洲人的探险运动。他们对探险者的行为迷惑不解，探险者艰苦跋涉，寻找河流的源头，或者收集那些没有食用价值的植物或昆虫标本，他们觉得非常可笑。甚至塞努西教团的人认为这些探险者一定是间谍，所以有人主张应该杀死他们。以乌勒玛为首的大多数穆斯林坚决反对这种极端观点，认为只要他们不与伊斯兰教为敌，基督徒的生命与财产安全应该得到保护。

像奥斯曼·丹·弗迪奥和穆罕默德·贝洛这样受过教育的穆斯林，对当时苏丹地区之外的世界也有相当程度的了解，但他们是以伊斯兰教的立场来看待这些问题，与欧洲人的立场大相径庭。奥斯曼·丹·弗迪奥知道法国人占领埃及这一重大历史事件，不过他把法国人与中世纪的"法兰克人"等同起来，法兰克人是十字军时代伊斯兰教的敌人，所以在他看来，法国人占领埃及与历史上双方的冲突一样，只是伊斯兰教与基督教之间的又一次小冲突，不能构成对伊斯兰教的致命威胁。他最担心的还是法兰克妇女不戴面纱的行为可能会扰乱伊斯兰教的道德体系，影响穆斯林家庭生活的和谐。他似乎没有感受到欧洲扩张所带来的严峻局势。

同样，穆罕默德·贝洛也知道英国人占领了穆斯林的印度，对基督徒入侵伊斯兰教的土地非常痛恨，但他以及他周围的人都没有意识到基督徒威胁的严重性，也没有意识到此后基督徒侵略的趋势可能已经不可逆转。其实当时，有些穆斯林，特别是塞努西穆斯林已经体验到了伊斯兰教及其文化所面临的危险有多么严重。所以塞努西穆斯林对基督徒的态度与其他穆斯林相比更现实一些。然而，即使在最后的关头，大多数穆斯林仍对伊斯兰教的力量与能力充满了自信，伊斯兰政权是不可能被武力推翻的。苏丹穆斯林也知道1854—1856年的克里米亚战争，奥斯曼土耳其帝国的穆斯林军队联合法国和英国基督徒与俄国人作战。他们认为英国和法国都是土耳其苏丹的属国，在这场战争中，苏丹命令基督徒帮助穆斯林打击俄国人的叛乱。过分夸大和迷信奥斯曼土耳其帝国的力量，的确是伊斯兰世界形成这种幻想的安全感的重要因素，对非洲苏丹地区的穆斯林来说更是如此。西非穆斯林也知道戈登死于东苏丹的马赫迪军队之手。他们把这件事看作穆斯林的希望，认为战争将会向有利于伊斯兰教的方向转变。

对于当时基督徒和穆斯林都涉足其间的奴隶制度与贩奴行为，双方的观点存在很大分歧。穆斯林认为《古兰经》允许奴隶制度存在，所以真主认可的事情本身不会错。只不过乌勒玛要求穆斯林应该根据伊斯兰道德和法律善待奴隶。欧洲人反对奴隶制度，在穆斯林看来并非人道主义的行为，而是反对伊斯兰教。他们认为禁奴就是干涉穆斯林获得宗教上的救赎，因为当时穆斯林大量依靠奴隶劳动。如果没有奴隶劳动，穆斯林妇女就要自己劳动，这种情况下她们就不可能再戴面纱，回避男人的目光，就会因没有遵守伊斯兰教操守而进火狱。对于那些少数从事捕奴运动的穆斯林来说，他们甚至认为真主故意创造异教徒让他们捕获并变为奴隶，这也是经济上的需要。同时，为了得到欧洲火枪以自卫，也必须用奴隶来换取。再说，异教徒变为奴隶时给他们带来皈依伊斯兰教的机会，从而拯救他们的灵魂，相对于做奴隶所遭受的苦难来说，是非常值得的。

当然不管是穆斯林还是非穆斯林从事捕奴活动，事情本身都是残酷的行为。不过，这中间还是有区别的。穆斯林通常把他们的奴隶看成家庭成员之一，奴隶在家庭中拥有一定的权利；而基督徒对待奴隶则与此不同，他们完全把奴隶当作自己的财产，不把奴隶当人来看待。欧洲的人道主义者和传教士不理解这一点，也许根本不愿意承认这一点。①穆斯林经常提醒奴隶主要根据伊斯兰教法人道地善待奴隶，并有条件地释放奴隶为自由人。

1807 年，英国禁止奴隶贸易，对西非穆斯林，尤其是通过圣战运动而建立起来的新政权，是非常巨大的经济打击。这种打击，并非因为新政权因不能再像以前那样，通过与欧洲人和阿拉伯人的国际奴隶贸易换取外汇，而是因为，各国内部的奴隶制度受到威胁，而奴隶制度下的集体劳动，是西非穆斯林长期以来的重要经济形式。因此，即使不考虑伊斯兰教与基督教对奴隶制度的不同态度，单纯从经济角度而言，19 世纪的西非穆斯林仍然反对禁止奴隶贸易的政策。

西苏丹的许多穆斯林相信，基督徒没有自己的国家，他们永远生活在船上。不然的话他们也不会对别人的国家那么感兴趣，有祖国的人不会莫名其妙地测量与观察岩石、河流和植物。西非穆斯林还认为，基督徒拥有神奇的力量，他们只要呼唤耶稣的名字就能得到巨额财富。尽管穆斯林对到西非的基督徒充满恐惧，他们还是对大多数欧洲人给以热情的接待。有时地方苏丹当局也故意激怒或阻碍基督徒，但通常他们的生命和财产不会有危险。一般来说，塞内加尔的摩尔人、廷巴克图的富尔贝人、博尔诺的塞努西穆斯林对基督徒持最为敌视的态度，不过他们也很乐意与欧洲人建立商业关系。

英法对圣战运动的策略和影响

英国和法国就是在这样的认知背景下开始与西非伊斯兰政权建立关系并逐渐完成殖民征服的。19 世纪早期，豪萨圣战刚刚兴起的时候，英国和法国殖民者都还没有真正踏足这一地区，也就谈不上武力干涉。1824 年，索科托政权与英国签订了外交协议；不久，穆罕默德·贝洛又与英国签订了商业条约，允许英国人在境内经商，后来又相继与法国和德国签订类似的条约。索科托把这些条约作为对外国人友好的一种表示，是对他们的一种单方面恩赐，而西方人则认为这是索科托同意接受他们保护的证据。战争最终不可避免。前文已经述及，英国人于 1903 年占领了索科托，

---

① Mervyn Hiskett, *The Development of Islam in West Africa*, Longman Group Limited, London, 1984, pp. 224-225.

将豪萨置于英国的保护之下。法国也是这样，一步步地把西非的伊斯兰圣战后建立的政权逐个推翻，而后再扶持傀儡政权。法国和英国主宰了西非"伊斯兰教的土地"。

圣战后建立的伊斯兰政权面对咄咄逼人的西方侵略者，反应各式各样。冈比亚的马巴·迪亚胡·巴、乔勒夫的阿马杜·巴、博尔诺的拉贝赫、上沃尔特的哈吉·卡里、塞内加尔河上游的麦哈默杜·拉米内、索科托的哈里发都毫不犹豫地选择了抵抗；萨摩里·杜雷则在反抗与合作之间游移不定；哈吉·乌玛尔·塔勒则想谋求与法国人的合作，并一味顺从法国人的旨意向东退却。不管圣战的领导者是选择了合作还是对抗，最终的命运都是一样的悲惨，因为殖民者占领西非是谋划已久的战略。圣战者的力量与殖民者相比，相差悬殊。

表 4-1　　　　　　19 世纪西非圣战运动多被英法殖民军队绞杀

	豪萨地区	马西纳地区	沃尔特地区		塞内冈比亚				乍得湖地区
运动的领导者	奥斯曼·丹·弗迪奥	阿赫马杜·洛博	萨摩里·杜雷	哈吉·卡里	哈吉·乌玛尔·塔勒	马巴·迪亚胡·巴	阿马杜·巴	哈吉·穆罕默德·艾敏	加涅米
运动结局	被英国殖民军队扼杀	被哈吉·乌玛尔·塔勒所灭	被法国殖民军队所灭	被法国殖民军队所灭	被法国殖民军队所灭	被法、英殖民军队所灭	被法国殖民军和本土统治者联合绞杀	被法军所灭	被军阀拉贝赫所击溃

尽管如此，穆斯林对欧洲人入侵的抵抗，仍是积极而勇敢的，尽管并不太有效。圣战领导人运用各种方式调动民众反抗的激情。常见的手段有两种。其一，将殖民入侵视为世界末日来临的一种征兆，这与西非穆斯林当中长期酝酿的马赫迪主义有关。哈吉·乌玛尔·塔勒、哈吉·穆罕默德·艾敏等人，利用马赫迪情绪，调动穆斯林对殖民者的仇恨，发动反殖民战争。其二，利用基督教宣教运动的威胁，渲染基督教与伊斯兰教之间的宗教冲突。当时，基督教的宣教活动，已经初步开展，并有传教士偶尔深入到穆斯林地区，这些宗教活动激起穆斯林大众的不满。圣战运动的领导人，巧妙地运用这种局势与不满，声称如不行动，积极抵抗，基督教就会取代伊斯兰教。但是，总体上而言，穆斯林新政权并不想与欧洲人对抗，他们的反抗本质上是一种正当防卫，因为欧洲人的进逼，使他们已无退路可走。

19 世纪，英法殖民者对西非伊斯兰教没有固定的既定政策，他们对伊斯兰教的态度是经常变化的，并无多少连续性。之所以会出现这种情况，一是因为19世纪圣战运动期间，两国派驻西苏丹的管理机构中人事变动很频繁，不同的管理者所采用的政策往往有很大差异；二是伊斯兰圣战的情况也在不停地变化，圣战运动不断地出现，并且有的圣战领导人对两国的态度也不断发生变化。哈吉·乌玛尔·塔勒和萨摩里·杜雷起初都想与法国人保持良好关系，后来却转变为坚定的抗法力量。这种情况迫使法国人不断根据时局发展调整对伊斯兰教的策略。尽管如此，法国对西非圣战运动的政策还是有一些相对稳定的因素，有一些规律可循。

18世纪到19世纪前半期，法国没有进入西非内陆，它只希望在西非谋求商业利益。在这种大目标下，法国与伊斯兰圣战者除偶尔的冲突之外，基本上以合作为主。英国也是如此。只要穆斯林在伊斯兰地区保证欧洲人的人身和财产安全，保障货物和人员的自由流动，英法都可以与穆斯林圣战者合作。双方的合作范围很广，英法向圣战者出售武器，换取奴隶、花生、棕榈油、可可果等。总之，合法贸易与非法贸易（奴隶贸易）都在双方的合作范围之内。

19世纪后半期，法国对伊斯兰圣战运动采取非常实用的策略。法国在征服西非的过程中，所遇到的比较强有力的抵抗基本上都是来自那些极力鼓吹圣战的圣战运动领导人，如上沃尔特的麦哈默杜·拉米内、塞内冈比亚的哈吉·乌玛尔·塔勒和尼日尔的萨摩里·杜雷。法国采取分而治之、区别对待的策略，一方面对这些圣战者领导的反抗进行镇压，一方面又支持另一些相对比较温和的圣战运动的力量与他们对抗。有一段时间法国支持乌玛尔的敌人阿赫马杜与乌玛尔作战。由于法国也遭遇到来自西苏丹非穆斯林的强力抵抗，迫使法国与某些圣战力量合作，打击非穆斯林的反抗。在塞内加尔地区，法国为了迅速扑灭谢列尔人的反侵略斗争，特意向圣战运动领导者马巴提供某些帮助，以换取圣战者与法国军队在镇压谢列尔人上的合作。当然法国与圣战力量的合作仅为权宜之计[1]。这是比较实用的政策。

法国和英国对西非政策的一个重要目标是防止这里出现一个力量强大的统一的伊斯兰国家。一旦一个统一的伊斯兰政权出现，英法征服西非的

---

[1] Donal Cruise O'Brien, "Towards an 'Islamic Policy' in French West Africa, 1854-1914", *The Journal of African History*, Vol. 8, No. 2. (1976), pp. 303-316.

梦想可能就要落空，或者至少要付出巨大的代价。而遍布西非的伊斯兰圣战运动已经出现了力量聚合的征兆。为此，法国在塞内加尔河中游岸边构建了军事性质的麦地纳堡垒，像一把匕首一样插入塞内冈比亚腹地。法国要求乌玛尔的国家不能建立在麦地纳以西，迫使乌玛尔的圣战运动向东发展。法国人的做法可谓一箭双雕，一方面阻止强大的伊斯兰政权在西苏丹出现，消除了乌玛尔伊斯兰政权可能对沿海法国人的基地构成威胁，另一方面迫使乌玛尔东移必然使其与马西纳的阿赫马杜伊斯兰政权产生冲突，达到"以夷制夷"的目的。在中苏丹，英法两国也采用同样的策略，利用圣战者彼此之间复杂的利益和教派关系，让豪萨的奥斯曼·丹·弗迪奥与博尔诺的加涅米彼此为敌。可以说，殖民者阻止统一强大的伊斯兰政权出现的目标达到了。因此，西非伊斯兰教革命的进程受欧洲利益的影响和制约。比如，有学者认为，1854年以后塞内冈比亚被纳入了欧洲影响的范围之内，这种制约更进一步增强了。①

西非圣战力量在军事上的弱势有时是政治的原因造成的。许多非洲国家没有明确的王位继承制度，著名的皇室成员往往就是政治反对派的首领。权力斗争非常残酷而激烈。图科洛帝国的阿赫默德在抵抗法国人的侵略之前，必须集中兵力先战败那些觊觎王位的人。西非没有民族主义感情和意识，没有人愿意为民族利益而牺牲个人利益，有些政客甚至为了攫取权力而寻求国外侵略势力的支持，所以欧洲人总能在西非找到合作者。

西苏丹比较大的帝国，包括索科托哈里发国、拉贝赫帝国、图科洛帝国、曼丁哥帝国，都是新建立的国家，其国内人民有时并非真正臣服，如图科洛帝国中的班巴拉人，甚至对新来的统治者充满怨恨，如拉贝赫统治下的卡努里人也是如此。

19世纪，非洲国家没有发展出像欧洲那样普遍的民族主义。但是在西苏丹，取代民族主义起统一作用的是伊斯兰教。可是，一旦欧洲侵略者向非洲人证明他们并不想消灭他们的宗教，那么非洲国家团结抵抗侵略者的根基就被彻底破坏了。②

---

① Martin A. Klein, "Social and Economic Factors in the Muslim Revolution in Senegambia", *The Journal of African History*, Vol. 13, No. 3. (1972), p. 441.

② J. B. Webster & A. A. Boahen, *The Growth of African Civilisation: The revolutionary years West Africa since* 1800, Longman Group Ltd, 1980, pp. 177-222。

西非的快速殖民地化开始于 19 世纪伊斯兰圣战运动风起云涌的时代。因为圣战运动，19 世纪是伊斯兰教在西非传播最为迅速的时期之一，殖民政权的建立突然打断了伊斯兰教快速行进的脚步，不过这种停顿只是短暂的。殖民统治确立之后不久，西非伊斯兰教马上又进入另一个传播速度更快的时期。

总体上而言，19 世纪的西非穆斯林领导人，最初希望与欧洲人合作而不是对抗。他们的敌人是信仰"混合"伊斯兰教的名义上的穆斯林，以及非洲本土宗教信仰者，而非欧洲人。穆斯林对欧洲人的战争，完全是被迫的，是在被粗暴侵略，或者在合作失败后的选择。因此，19 世纪的西非圣战运动有反殖民战争性质，但不是其主要的内涵。

第三节　民族主义运动

民族主义，作为西方人在 18 世纪末首先提出的一个概念，与几乎同时发生的 19 世纪西非圣战运动，不可能很快发生联系。客观地说，当时的西非穆斯林学者并不知道民族主义一词。不过，现在看来，从民族主义的视角观察这次运动，发现它的确有诸多方面符合民族主义运动的标准。所以并不能说，当事人不了解民族主义这个概念，他们的行动就缺乏民族主义的内涵。民族主义在行为的层次上，是一种客观存在的情况，存在于以圣战运动为载体的主观行为及客观结果之中。

"宗教职业部落"与"战争职业部落"

在 19 世纪的规模宏大的圣战运动之前，西非已经有圣战运动的开拓者。西非的圣战运动就像一根很长的链条，由多个单独的圣战运动共同连接成运动的链条。这根链条的最早环节出现在 17 世纪末的撒哈拉沙漠最西端。这次伊斯兰复兴性质的运动被称为沙·巴勃（Sharr Bubba）运动。一个叫作班尼·哈桑（Bani Hassan）的阿拉伯游牧部落持续不断地从西北非向南迁居。从 14 世纪开始，他们一直南迁到塞内加尔河地区，在这里传播伊斯兰教和他们的语言——阿拉伯语的哈桑方言。班尼·哈桑阿拉伯人逐渐超越当地柏柏尔人成为西撒哈拉的主要居民。

最早在西撒哈拉传播伊斯兰教的民族是柏柏尔人而非阿拉伯人。通常认为，西非的伊斯兰复兴运动受北非乃至中东的影响，撒哈拉沙漠中的一些"宗教职业部落"（以传播伊斯兰宗教为职业，富有宗教热情），如扎瓦亚（zwāya）部落是传播伊斯兰教的媒介。这种观点本质上没有错，特别是在强调昆塔部落的作用时更是如此，这个部落在15世纪之前从北向南迁居到廷巴克图附近地区，逐渐掌握了这里的宗教领导权，其影响扩展到撒哈拉以南的非洲：他们的中介作用在传播卡迪里教团时特别重要。昆塔部落先是在塞内冈比亚，接着又在西非的其他地区推动伊斯兰复兴运动。但是昆塔部落不是刺激伊斯兰教复兴的唯一部落。昆塔部落西面的扎瓦亚部落，在今天的毛里塔尼亚，所起的作用更早。

公元10世纪，西撒哈拉的柏柏尔部落桑哈贾（Sanhaja）人和扎纳嘎（Znaga）人已经是穆斯林。11世纪，伊斯兰教扩张的前锋已经到达塞内加尔河谷，1040年，这里至少有一个穆斯林政权存在过。11世纪末，以穆拉比特王朝为代表的穆斯林军事力量向西非发动武装进攻，几乎摧毁了古老的加纳王国。仍留在西撒哈拉的桑哈贾人把伊斯兰文化与柏柏尔文化结合起来，使西撒哈拉地区涂上了一层前所未有的伊斯兰文化色彩。大约在14世纪，阿拉伯人陆续到达西撒哈拉地区。需要注意的是，并非所有的阿拉伯人对西苏丹的伊斯兰教传播都起重要作用。其中只有一个名为巴奴·玛其勒（Banu Maqil）的部落的后裔对伊斯兰教的传播有意义。巴奴·玛其勒分化出巴奴·哈桑（Banu Hassan）部落，巴奴·哈桑又分化出阿瓦拉德·乌达亚（Awlad Udaya）部落，乌达亚部落再分化出阿瓦拉德·玛格法（Awlad Maghfar）部落，最后阿瓦拉德·玛格法部落再分化出特拉扎（Trarza）部落和布拉克纳摩尔（Brakna Moors）人。18—19世纪，特拉扎部落和布拉克纳摩尔人是塞内加尔以北沙漠地区的主要居民，他们在伊斯兰教向西苏丹传播的过程中起着重要或者决定性的作用。

16世纪，西撒哈拉社会和政治生活以及部落分化的演进，出现了"职业宗教部落"和"职业战争部落"（以战争为职业的武装部落）的分化，这种分化其实是宗教与世俗的分野。远道而来的阿拉伯部落的后裔以放牧和抢劫为生，对伊斯兰教并不太热心，而作为新穆斯林，土著居民的桑哈贾人却充满学习和传播伊斯兰教的热情。16世纪末，阿拉伯人的"职业战争部落"在毛里塔尼亚南部建立了霸权，把桑哈贾人置于从属地位，向他们收取保护税。这种保护税并非通常意义上的税收，而是因为桑哈贾人作为爱好和平，掌握伊斯兰教知识的部落，需要阿拉伯人特别的武力保护，本质上是一种对阿拉伯部落武装保护的赎买，一种交易。

这样,毛里塔尼亚的部落就分成两大系统,一是柏柏尔人系统:"宗教职业部落"或者称为扎瓦亚部落;二是阿拉伯人系统,包括哈桑部落、玛其勒部落、玛格法部落等"战争职业部落"。但是我们不能过于强调这两大部落系统之间的区别,他们同样都是以游牧和抢劫为生,同样都信仰伊斯兰教,也都是传播伊斯兰教的中介,所不同的只是孰轻孰重的问题,只不过柏柏尔人传播伊斯兰教的主观意识相对更强而已。

西撒哈拉两大部落系统的产生是从人口迁移的历史视角来分析的。其实对西非社会的分析还有另外的角度,即文化传统、商业经济等角度,由于各部落的文化传统和商业经济模式等的不同而形成两种独立的社会文化和政治单元。一个是和平的、商业的和宗教的社会,另一个是军事的、政治的和世俗的社会。古加纳王国有两个首都,一个由非穆斯林异教徒居住,承担政治功能;另一个由穆斯林居住,承担商业和宗教功能。后来的索宁克社会中也同样存在这种区别,只是这种区别是在穆斯林之间的区别而已。塞内加尔河上游的加迪阿嘎(Gadiaga)在马里帝国的统治下享有自治权,这种宗教—商业城镇与世俗—政治军事城镇的区分一直延续到殖民时代初期。加迪阿嘎位于沙漠的南缘,这里的宗教—世俗区分模式在哈桑人到来之前已经存在。所以,如果认为索宁克人政治中的区分模式与撒哈拉中的扎瓦亚部落和哈桑人之间的区分相类似的话,那么只能解释为这种区分是从南方的萨瓦纳草原向北方的沙漠传递的,而不是相反。[①]这种宗教与政治区分的传统也许可以归因于北非的苏菲主义,但是这种传统也很符合当时人口较少的宗教部落集团的利益。事实上,宗教部落可以用宗教声誉从世俗政权手中换取自治权。在战争时期,拥有自治权就意味着可以选择中立,从而有助于保证长途贸易商路的安全。

在西撒哈拉地区这一特定的历史时期,宗教部落的自治权与世俗统治权之间的平衡,源于双方之间心照不宣的共识:宗教部落仅仅享受用金钱购买的特殊地位,宗教权力不会踏足世俗政治。其实这种平衡非常脆弱,任何一方都能很轻易地破坏它。后来的事实表明,是宗教部落首先谋取世俗权力。宗教势力认为他们道德上的优越性也同样表明他们拥有政治统治权。真主赋予他们神权,也同时赋予了俗权;伊斯兰教的传统表明,称职

---

① Philip D. Curtin, "Jihad in West Africa: Early Phases and Inter-Relations in Mauritania and Senegal", *The Journal of African History*, Vol. 12, No. 1. (1971), pp. 13-14.

的政治统治者都是先知的继承人,即哈里发,集宗教与世俗权力于一身。19世纪西苏丹的一系列圣战运动正是基于这种思维逻辑,运动的领袖通常用战争的方式传播伊斯兰教,但他们的首要目标一般是还没有完全伊斯兰化的国家政权。

伊斯兰教的到来,使从西撒哈拉地区,到西非的萨赫勒与萨瓦纳广袤地区出现了"宗教职业部落"与"战争职业部落",这种区分与柏柏尔人和阿拉伯人两个族群的分野相重合,并非完全的巧合,而是反映出民族背后语言、文化、经济、政治组织方式等多方面的不同,这种区分与自我强调、自我意识,恰恰是西非和西撒哈拉民族主义的起源之一。早期的"宗教职业部落"与"战争职业部落"的区分,一直延续到17—19世纪西非的穆斯林与非穆斯林之间、穆斯林内部宗教学者阶层与其他"名义上的穆斯林"之间。更应注意的是,西非的这种区分,又与民族的分界相重合,如富尔贝穆斯林与西非其他非穆斯林族群,或与民族内部的穆斯林宗教学者阶层与非宗教学者阶层相重合,如富尔贝人中的托罗贝学者群体,使西非19世纪的圣战运动涂上了淡淡的民族主义色彩。

运动的民族因素

与西苏丹伊斯兰教相联系的有关民族、种族最简单的分类可以概括为白人和黑人。前已述及,早期阿拉伯穆斯林很重视这种区分,把撒哈拉以南的东西狭长地区称为"比拉德·苏丹",即黑人的土地。不管是白人还是黑人,双方与伊斯兰教发生关系的民族或部族都非常复杂。再加上柏柏尔人、阿拉伯人和黑人三方之间的混血部族,使西非与伊斯兰教有关系的民族数量众多,彼此之间的关系错综复杂。关于西非伊斯兰教与各种族、民族和部族之间的关系,本身就是一个很大的课题,见不到比较明晰和权威的参考资料,作为以前未曾研究的领域,很多地方本书作者也不十分清楚。只能在这里作一个简明扼要的交代。

就白人而言,相关的民族与部族分为阿拉伯人和柏柏尔人两个系统。柏柏尔人在阿拉伯穆斯林的影响下完成伊斯兰化和阿拉伯化之后,作为新穆斯林,他们的宗教热情反而比阿拉伯穆斯林更高。如前文所述,西撒哈拉的阿拉伯人通常被称为"职业战争部落",与他们的祖先一样,仍以抢劫为生,生活自由自在,没有宣教热情;有些阿拉伯人则深入到苏丹黑人地区,以经商为业。他们对伊斯兰教都不太关心。众多的西非阿拉伯部族中，只有舒瓦阿拉伯人和昆塔阿拉伯人对西非的伊斯兰教影响相对比较大，后者则在早期主导着廷巴克图和阿加德兹的伊斯兰化，后期则与豪萨和博尔诺的卡迪里苏非主义联系紧密。而柏柏尔人则被称为"宗教职业部落"，作为新穆斯林，因为他们把伊斯兰教作为生活的核心，严格践行伊斯兰教法，向西苏丹发动连续不断的伊斯兰征服运动。柏柏尔人中的扎拿塔人、桑哈贾人对西非伊斯兰教的影响非常大，主要对尼日尔河湾以西，包括塞内冈比亚的伊斯兰化有直接的推进作用。此外还有图阿雷格柏柏尔人等。在黑人当中，由于他们在19世纪之前交往范围比较小，各个部族之间联系不多，彼此之间相对比较孤立，形成众多小部族。不过西非萨赫勒地带和萨瓦纳地带的黑人穆斯林主要是塞内冈比亚的曼德人系统、豪萨的豪萨人系统、博尔诺的卡努里人系统。而富尔贝人则遍布整个西非，其中富尔贝人的一支托罗贝人（主要从语言和文化上而言，不是从血统上而言）则成为近代西非圣战运动的发起者和主要领导阶层。

西非的主要民族和部族，都没能置身这次运动之外。各个民族与部族在运动中承担的角色、发挥的作用却千差万别。马西纳的班巴拉人、西非的大部分富尔贝人、豪萨地区的豪萨人、达非纳的萨摩人等，通常一开始居于运动反对者的角色，而大多数情况下，富尔贝人、曼丁哥人、图科洛人、迪尤拉人等，则作为圣战运动的积极参与者和领导者。

表4-2　　　　　　　　19世纪西非圣战运动中的民族

	豪萨地区	马西纳地区	沃尔特地区		塞内冈比亚				乍得湖地区
运动的领导者	奥斯曼·丹·弗迪奥	阿赫马杜·洛博	萨摩里·杜雷	哈吉·卡里	哈吉·乌玛尔·塔勒	马巴·迪亚胡巴	阿马杜·巴	哈吉·穆罕默德·艾敏	加涅米
运动主导民族（部族）	富尔贝人（其中的托罗贝人为领导核心）	富尔贝人	曼丁哥人	曼丁哥人（其中的一支玛卡人）	图科洛人	迪尤拉人、曼丁哥人	图科洛人、沃洛夫人	索宁克人	加奈姆人
运动发生地所对应的现代地区或国家	尼日利亚北部和尼日尔南部	马里中部和布基纳法索的北部地区	几内亚共和国东部和南部	马里东南部和布基纳法索的西北部	几内亚比绍和几内亚北部，以及马里西部部分地区	冈比亚	塞内加尔	塞内加尔	乍得共和国

托罗贝人与西非圣战运动

托罗贝（Torodbe）人是西非一个伊斯兰宗教职业教师阶层，为牧牛的富尔贝游牧民后裔。托罗贝人在西非首先发动了近代圣战运动，并成为这场运动的中坚领导力量，在这场运动的后期，其他民族的领导者才登上圣战运动的历史舞台。托罗贝人的家乡原是塞内冈比亚，他们可能在15世纪由西苏丹迁居到豪萨地区。学者们基本上把他们认定为富尔贝人的一个分支。托罗贝人的生活方式与周围的富尔贝人游牧民有很大的不同。托罗贝人大多为定居者，偶尔也在适于放牧的季节随着他们的牛群四处迁徙。在豪萨，"托罗贝人"一词实际上就等于"富拉尼人"，即富尔贝人。

从词源学的意义上而言，一般认为"Torodbe"一词来自塞内加尔的Futa Toro（富塔塔罗）一词。对这个词的这种解读并没有得到学术界的一致同意，还有学者提出其他的看法。有学者认为托罗贝人是指那些结群乞讨的乞丐。还有学者认为托罗贝人来自社会的各个阶层，包括来自富塔塔罗及其邻近地区的奴隶或者释奴、战争的幸存者、期望改善自身社会和政治地位的人。他们是伊斯兰教的热情传播者，并逐渐演变为一个专门的穆斯林知识阶层。有的学者认为，托罗贝人知识分子并不是一个民族类型，把他们定位为一个职业阶层更为合适[1]。作为一个居无定所的草根阶层，他们把伊斯兰教作为自身的文化身份，面对同样的社会压力，努力寻求对周围社会的反抗，最终成为西苏丹许多社会单元的统治阶级。

圣战运动之前，托罗贝人的社会和政治地位低下，正是在这种离群索居的不利生活背景下，他们从中找到了自己的生活与发展道路。17世纪末，托罗贝人开始在富塔地区唤醒当地居民的反抗意识。统治者深知托罗贝人拥有知识并且政治上特别团结，对他们的行为感到担忧，不断向他们施加压力。托罗贝人等待着适当的时机向周围的非穆斯林发动反击。1690年左右，在托罗贝人乌勒玛马立克·希（Malik Si）的领导下，在富塔邦杜地区建立了穆斯林政权；1725年左右，一个托罗贝人军事集团也试图攫取富塔贾隆的政权；1770—1780年，富塔贾隆终于成功地建立了伊斯兰国家；1798年，托罗贝人也为富塔托罗的穆斯林建立了伊斯兰教法管

---

[1] John Ralph Willis, "The Torodbe Clerisy: A Social View", *The Journal of African History*, Vol. 19, No. 2 (1978), p. 196.

理下的社会。经过一系列的政治动乱之后，到 18 世纪末时，托罗贝人终于把富塔地区的非穆斯林和信仰伊斯兰混合主义的富尔贝人赶走，建立了规模不大的伊斯兰国家。18 世纪末到 19 世纪初，托罗贝人在富塔地区取得了全面的胜利，分别在富塔贾隆、富塔邦杜和富塔托罗建立了伊斯兰政权。

托罗贝人知识分子的眼光没有局限于西非社会，他们还比较了解整个伊斯兰世界的政治与文化发展状况。某些托罗贝人学者的宗教知识以及对外部世界的了解达到了相当高的水平。一些托罗贝穆斯林到麦加朝觐，有时他们在麦加或埃及等伊斯兰世界核心地区停留很长时间，在这里学习更为发达的穆斯林文化。这些知识对他们在家乡从事伊斯兰教育和社会运动很有帮助。托罗贝人在西非人数很少，艰苦的生活环境有时使他们走向内向性的伊斯兰神秘主义，有时候也会让他们参与外向性的政治行动。托罗贝人武装分子其实就是被剥夺了社会地位的穆斯林精神贵族①，他们与富尔贝人的其他乌勒玛保持着宗教、政治等方面的联系。

长久以来，托罗贝人细心地观察着西非，尤其是豪萨地区的伊斯兰教生存状况与社会矛盾的发展，他们洞悉西非伊斯兰教的"弊端"，即宗教混合主义（"混合"伊斯兰教）大行其道的现象。他们认为这是社会不稳定的根源，在每天认真履行伊斯兰教法的同时，也在耐心等待发动圣战运动的时机。托罗贝人希望建立伊斯兰政权，由伊玛目或哈里发统治的政治制度。18 世纪，托罗贝人从富塔地区向中苏丹不断迁徙，尼日尔地区，特别是豪萨地区的托罗贝人数不断增长。一旦他们有足够的力量向土著宗教和宗教混合主义政权发动革命，再加上统治者的横征暴敛，人民怨声载道，革命时机日益成熟时，托罗贝人的时代就来临了。在豪萨地区，连年的自然灾害也对托罗贝人的革命起着推波助澜的作用。于是，奥斯曼·丹·弗迪奥以托罗贝人伊斯兰学者的身份，举起了圣战运动的大旗。

托罗贝人对西非伊斯兰教的发展作出了重要的贡献。首先，他们在根本没有接触伊斯兰教的地区或者存在着严重伊斯兰教混合主义的地区，建立了真正意义上的、由穆斯林宗教学者统治的穆斯林政权。他们严格区分"伊斯兰地区"和"战争地区"（非伊斯兰地区），托罗贝人穆斯林社区

---

① B. G. Martin, *Muslim Brotherhoods in Nineteenth-Century Africa*. Cambridge University Press, 1978, p. 16.

内不允许非穆斯林居住。虽然基督徒可以在"伊斯兰教地区"经商，但他们是"被保护者"。托罗贝人认为这是在严格遵守伊斯兰教法。其次，他们在穆斯林聚居的城镇建立了伊斯兰学校和清真寺，教授阿拉伯语，清真寺成为伊斯兰学术和宗教活动的中心，推动伊斯兰教的传播。再次，托罗贝人知识分子发动圣战运动，成为这次运动最为重要的领导力量，圣战运动使伊斯兰教在西非的生存环境大为改善，并以前所未有的速度扩展，这是托罗贝人对伊斯兰教最重要的影响。

就托罗贝人知识阶层对西非圣战运动而言，可以说托罗贝人知识分子发起并主要由他们领导了这次圣战运动，这是西非圣战运动最突出的特点之一。从17—18世纪的富塔地区到19世纪的豪萨地区的奥斯曼·丹·弗迪奥，再到哈吉·乌玛尔·塔勒，许多杰出的运动领袖都出自托罗贝人。

托罗贝人在长期的发展过程中，逐渐形成一个世袭的宗教统治阶层。伊斯兰教的领袖，即伊玛目（西非叫阿玛米）只在为数不多的几个托罗贝人家族中世袭。所以并不是所有的托罗贝人都以伊斯兰教为职业，那些与工匠联系紧密的托罗贝人继续以他们传统的手艺谋生。奴隶制度在托罗贝人的圣战运动中并没有完全消失，有时还有所加强，例如，乌玛尔没有把自由扩展到他的奴隶们身上。这也说明托罗贝人所领导的圣战运动并非彻底的社会革命，而托罗贝伊斯兰宗教职业知识分子领导的一次次宗教革命，最终把他们推上了统治阶层。

圣战运动中的民族主义与民族斗争

19世纪西非圣战运动的民族主义，通常隐藏在宗教斗争的面纱下，以宗教争论的面目出现，也因此而容易被人们所忽略。

这次运动的民族主义内涵，至少表现在如下几方面：其一，各分支运动之间你死我活的斗争。最显著的当数索科托帝国与加奈姆—博尔诺帝国之间的斗争，前者代表索科托的富尔贝人与豪萨人的联盟，后者代表乍得的加奈姆人。哈吉·乌玛尔·塔勒与马西纳帝国之间的斗争，虽然同属穆斯林运动，但乌玛尔毫不犹豫地以武力将马西纳帝国绞杀了。其二，各分支运动内部的民族斗争，如索科托帝国富尔贝人与豪萨人之间的内部斗争；博尔诺—加奈姆内部加奈姆人与舒瓦阿拉伯人之间的斗争；马西纳内部班巴拉人与富尔贝人之间的斗争，等等。其三，在西非外围，柏柏尔人与阿拉伯人，也与圣战运动发生各种各样的关系，其间的斗争也表现为民族斗争。其四，圣战运动与欧洲殖民主义之间的战争，也可理解为一种民族主义斗争。下面仅以豪萨和博尔诺为例，来说明当时民族斗争的激烈程度。

在加涅米实际掌控博尔诺的政权后，博尔诺军队在同样属于穆斯林的加涅米的率领下又从东方向索科托哈里发国进攻。博尔诺想收复其与索科托接壤的西部小王国。1808年，博尔诺的富尔贝人举兵反抗"麦伊"① 的统治，请求索科托的富尔贝人出兵援助，索科托趁机占领这些小王国。博尔诺的首都也被洗劫一空，麦伊也流亡外地避难。但是，宗教学者加涅米的到来，迅速使四散逃亡的博尔诺军队重整旗鼓。在与富尔贝人的战斗中，他不断取得胜利，并且通过实施宗教和社会改革巩固他的地位，如使伊斯兰法庭严格按照伊斯兰教法执法，增强政府的办事效率。这让索科托的贝洛政权处于非常尴尬的地位，因为他在与一个进行伊斯兰改革中的伊斯兰国家作战，加涅米的伊斯兰改革让贝洛失去"宗教战争"的合法性。然而，现在轮到加涅米入侵索科托了，他希望从索科托手中收回曾经失去的西部属国。加涅米率军进攻到离卡诺100公里的地方，但又被鲍奇（Bauchi）的军队击退，没能夺回那些曾经的属国。这样，索科托哈里发国的东部边境，最终在1827年以后大致稳定下来。

在豪萨内部，豪萨人对新来的富尔贝（主要是托罗贝人）贵族，也有一种民族主义的反抗情绪。1837年，戈比尔的苏丹玛雅克（Mayaki）也曾进攻过索科托哈里发国，以失败告终。哈里发国内反对派再无力量组织大规模的反抗，哈里发国被推翻的可能性几乎不存在。因为豪萨人是哈里发国内最主要的问题，贝洛及其继承者必须设法平息豪萨人的不满，努力改善豪萨人与富尔贝人的关系。

帝国的第二任哈里发穆罕默德·贝洛知道，如果富尔贝人与土著的豪萨人不能建立良好的关系，克服民族之间的矛盾，那么哈里发国就不会稳定，推行伊斯兰改革更无从谈起。所以他想方设法去赢得豪萨人的支持，为此采取了许多措施。贝洛首先削弱富尔贝军事领导人的权力，加强自己的权力。他强调圣战运动中改革的方面要比军事的方面重要，学者（富尔贝人或豪萨人）比军人重要。这样，地方军事首领逐渐由受人尊敬的宗教学者取代，加强宗教学者在政权中的地位，平息了长久以来宗教学者

---

① 对博尔诺国王（苏丹）的称呼。

的不满。这一点很重要，因为普通的宗教学者，最接近穆斯林群众，他们可以为哈里发政权的合法性作论证，收买民心。其次，他把军事据点安排在远离豪萨人居民点的地方，在边境上建立军事堡垒，专门用于驻军，鼓励军人与豪萨农民之间建立良好关系。后来这些军事据点也成为穆斯林商人和宗教学者聚居的地方，逐渐发展为边境城镇，起到巩固边防，传播伊斯兰教的作用。再次，贝洛鼓励豪萨农民与富尔贝牧民之间建立良好关系，劝说富尔贝牧人在边境军事堡垒周围定居，教给他们农耕技术，教育其子女学习伊斯兰教。又次，贝洛把伊斯兰教育作为施政要务。鼓励改宗伊斯兰教。鼓励宗教学者要受良好的教育，他的宫廷欢迎学者们造访，因此索科托成为受人景仰的教育和知识中心。避免强力推行伊斯兰教，因为有可能遭遇反抗。根据伊斯兰教法，豪萨农民只要缴纳一定的税赋（人头税）就可以继续保留自己的信仰。因此在这种情况下，当时卡诺传统宗教的圣地基本无人打扰。最后，贝洛必须保证哈里发国的行政机关严格按照教法不偏不倚地执法。他经常检查法官的审判，纠正不公正的判决。他鼓励富尔贝人与豪萨人之间加强联系，他本人以身作则，娶一位豪萨女人为妻，并让这个女人的儿子负责边境上的一个军事要塞，以表明对他的信任。后来的哈里发们仍不断地给豪萨人安排重要职务。其中一个皈依伊斯兰教的名叫丹·哈克玛（dan Hakima）的豪萨人，受索科托哈里发的鼓励，在与戈比尔和玛拉迪接壤的边境上建立了类似于诸侯国的埃米尔地方政权。经过贝洛的努力，国内豪萨族与富尔贝族的关系大为改善，为政治稳定奠定了基础。

在19世纪西非其他各圣战运动内部，部族、民族之间的矛盾亦如豪萨的情况，区别不大。这次运动，在使西非各民族实现较大地域范围的联合的同时，也初步培育了各民族的民族主义。这种朦胧的民族主义，在后来的殖民统治中继续发酵，最终导致20世纪中期民族独立运动的大爆发。如果我们仔细考察西非现代民族国家的地域分布，就会发现，这些现代国家不但与殖民时代各殖民地有基本的对应关系，实际上也与19世纪西非各地区的圣战运动后所建立的伊斯兰政权，呈大致的对应关系。这并非巧合，而是这次圣战运动具有民族主义运动性质的直接证据（见地图4）。

第四节 新文化运动

从许多方面来讲，19世纪的伊斯兰文化运动，不啻一次浩劫。频繁的战争，使人口大量锐减，摧毁了物质和精神文明最基本的创造力量。许多传统的商业和文化中心，在战争中灰飞烟灭。但是，这次圣战运动，它的创造性与建设性远远大于其破坏性。且不说，新政权建立后，大都维持了或长或短的和平时期，促进了生产的发展与文化的再创造，仅就武力圣战而言，也并非完全起破坏作用。战争是文明的一种传播方式。战争将原来旧文化的守卫者清除掉，代之以新的伊斯兰文化的推动力量。

具体来说，这次圣战运动，对西部非洲而言，也是一次新的文化运动。它推动西非在文化上发生许多重大改变。至少这次运动推动了西非居民世界观的改变，在某些方面将妇女权利向前推进了一步（某些方面也有所退步）。圣战运动中形成的学者阶层，推动了伊斯兰文化的普及，在行政法律制度领域，也进行了重大的改革。圣战运动对西非书面语言形成与发展的推动，更是功不可没。

苏丹地区民众世界观的改变

在殖民时代之前，伊斯兰教是推动西非睁眼看世界的第一个推动力。穆斯林的到来，使西非居民知道了地中海文明和阿拉伯文明。如果说，19世纪之前，伊斯兰教给西非打开的观察世界的窗口还比较小的话，那么，19世纪的圣战运动中，穆斯林知识与商业阶层与北方的穆斯林和不断逼近的殖民主义的频繁互动，将一个全新的世界景观展现在西非居民眼前。尤其是随着越来越多的西非穆斯林知识分子，在掌握了阿拉伯书面语之后，更利于他们了解外面的世界，从而促使他们的世界观发生重大的转变。

最重要的是宗教观念的改变。西苏丹的各传统宗教，以偶像崇拜、图腾崇拜、祖先崇拜、巫术等为主要信仰方式，虽然当地也有至上神的观念，但缺乏严格意义上的普世信仰观念。伊斯兰教作为一神论的普世性宗教，到19世纪在西非已存在了一千年之久，由于伊斯兰信仰仅限于统治者阶层，或者局限于个别特殊的民族或部族，对于绝大多数西非居民而言，他们仍生活在传统宗教观念之中。19世纪的圣战运动，将伊斯兰教急速地向前推进，伊斯兰教进入普遍化和普及化阶段。大量普通西非民众信仰伊斯兰教，以普世性的宗教观念取代了或基本取代了原来的以部落为基础的传统宗教观念，从而彻底改变了西非穆斯林地区的传统的宗教世界观的基础。

对西非居民而言，真主、先知、马赫迪、穆贾迪德等等，都是全新宗教观念。这些概念通过民间传说日渐普及，伊斯兰教简单而又复杂的信仰系统，逐渐与原来的旧信仰观念融合，形成以伊斯兰信仰为基础的混合主义信仰框架。应该说，伊斯兰教的到来，对西非居民宗教观念及世界观的改造，基本上属于一次积极的、进步的观念革命。这使当地居民为以后更频繁地接触包括基督教在内的普世性宗教观念奠定了思想和哲学基础。这种世界观的改变，与即将到来的殖民时代的发展是一致的。至于有学者认为，以现在观点来看，当时伊斯兰教的发展，给当代非洲的发展留下了一种力量惊人的保守主义遗产；即使这种观点是正确的，那么也不能完全否认，19 世纪的伊斯兰教，相对于西非传统的宗教来说，在那个时代所具有的进步性。

对妇女权利的推进

19 世纪圣战运动对妇女权利的推进，以前并不被学者们所重视。直到 20 世纪末，学者们通过对奥斯曼·丹·弗迪奥的女儿娜娜·阿斯玛的研究，才发现妇女权利与地位在圣战运动中的改变。

娜娜·阿斯玛（Nana Asma'u，1793 - 1864），19 世纪西非豪萨地区（现在尼日利亚的北部）圣战运动的领导人、苏非长老、伊斯兰学者奥斯曼·丹·弗迪奥的女儿。她作为一位女性，在这次轰轰烈烈的伊斯兰教革命运动中扮演了重要的角色，历史作用非同寻常，并且因此成为豪萨地区传奇式的历史人物之一，即使现在，北尼日利亚的普通穆斯林仍对她的事迹津津乐道。娜娜已成为当地的一种历史文化现象，一种特有的穆斯林女性文化的象征，豪萨乃至西非的穆斯林女性，通常把她当成学习的榜样。一位女性的影响如此之大，这在伊斯兰教历史上并不多见。这一现象也引起了西方学者的关注。近十来年，西方相继有三本研究娜娜的专著出版。

它们分别是：①《一位妇女的"圣战"：娜娜·阿斯玛，学者与书吏》①；②《哈里发的妹妹娜娜·阿斯玛（1793—1865）：教师、诗人与伊斯兰领袖》②；③《奥斯曼·丹·弗迪奥的女儿：娜娜·阿斯玛作品集》③。前两本是研究性的著作。最后一本是娜娜著作整理、考证和注释后的作品集，收录54首诗歌和多篇散文。从娜娜这位西非穆斯林传奇女性背后的历史、文化意蕴，我们可以窥探出19世纪圣战运动对西非穆斯林妇女权利的推动。

妇女教育，是娜娜最关心，也是贡献最大的领域。她是索科托政权指定的妇女领袖，负责国家的妇女教育。其实，从现今的观点来看娜娜所从事的工作，她相当于集"教育部长""文化部长""妇联主任"于一身。她采取"有教无类"、公正平等的教育方针。在索科托政权下，仍有许多豪萨人为"异教徒"，或者即使为穆斯林，也仅仅是名义上的穆斯林，并不了解伊斯兰教知识，无法实践教法，履行伊斯兰义务。娜娜将这些豪萨人组织起来，学习伊斯兰教知识。娜娜意识到，妇女是人类的母亲，抓好妇女教育，也就等于抓住了下一代人的伊斯兰教育，因此她尤其重视妇女教育。她首先组织妇女培训班，教授她们读书写字、伊斯兰教知识、持家常识等内容，然后再将这些妇女作为教师派往索科托哈里发国各地。通过娜娜培训而承担教育职能的人分两种，一是"贾吉斯"（jajis），是她所培训的专职女教师，负责回到家乡教育自己的乡民，主要是教育妇女；二是"延塔鲁"（'yan-taru），即娜娜的苏非弟子，既有男性亦有女性，也被派往全国各地承担教育及管理工作。通过她的努力，国内妇女的文化水平和伊斯兰教知识都很快提高，从社会的最基层奠定了索科托国家伊斯兰社会的基础。

不仅豪萨的圣战运动扩大了妇女的权利基础，西非其他圣战运动也有类似的改革。扩大教育范围，让偏僻的农村妇女也可接受教育，成为许多圣战运动的共同特点。推动妇女教育，是因为新的穆斯林政权认为，妇女

---

① Beverly B. Mack and Jean Boyd, *One Woman's Jihad: Nana Asma'u, Scholar and Scribe*, Indiana University Press, 2000.

② Jean Boyd, *The Caliph's Sister: Nana Asma'u, 1793 - 1865, Teacher, Poet and Islamic Leader*, Routledge, 1989.

③ Nana Asma'u, Jean Boyd, Beverly B. Mack, *Collected Works of Nana Asma'u, Daughter of Usman D'an Fodiyo* (1793-1864), Michigan State University Press (April 1997).

是下一代的教育者，他们敏锐地发现，如果教育好妇女，那么下一代就会有希望，就会播下族群团结的种子。奥斯曼·丹·弗迪奥经常批评男人虐待妇女的行为，不能公平地对待多名妻子，他禁止穆斯林男性随意休妻。他的女儿娜娜·阿斯玛也经常对富拉尼人说，许多旧有的对待妇女的风俗习惯已经时过境迁了，应该学会接受伊斯兰教法中的妇女方面的内容。

同时，也应该注意到，伊斯兰教对西非妇女权利的推动是相对的。西非的进一步伊斯兰化，也有对西非妇女权利的限制的一面。这种限制表现在两方面，一是妇女的权利严格限制在伊斯兰教规定的范围内，受教法对女性权利的约束；二是在伊斯兰教到来之前，西非一些部族仍留存母系社会的痕迹，女性作为部落社会的主导，拥有较大的权利。伊斯兰教法是父系社会的教法体系，它的实施一定程度上侵害了妇女在非洲部落的传统权威。

穆斯林学者群体的扩大

这次圣战运动，推进了西非伊斯兰文化的发展，使穆斯林学者群体空前扩大。学者群体的扩大，反过来进一步推动伊斯兰教育的发展。19世纪西非各地圣战运动的领导人，首先他们自己都是穆斯林学者，精通阿拉伯语、深谙伊斯兰教历史、哲学与教法。豪萨地区的奥斯曼·丹·弗迪奥、马西纳地区的阿赫马杜·洛博、沃尔特地区的萨摩里·杜雷和哈吉·卡里、塞内冈比亚的哈吉·乌玛尔·塔勒、马巴·迪亚胡·巴、阿马杜·巴和哈吉·穆罕默德·艾敏，以及乍得湖地区的加涅米等人，都是穆斯林学者，其中有些人还有中东留学经历和四处游学的经历。这些人大都留下了著作，其中有些人的著作颇丰。他们周围还聚集了大量的学生，这些学生将他们的知识、思想与阿拉伯书面语带到西非更广阔的地区。

穆斯林学者群体远不止上述圣战运动的领导人，随着新政权对伊斯兰教育和阿拉伯语教育的重视，一大批学者不断涌现。这些学者包括著名的苏非、宗教法官、政府中的高官等。他们构成新政权知识分子的核心。在这方面，豪萨的索科托国家，对知识的推动最为显著，其穆斯林学者也最有影响。如前述的娜娜·阿斯玛，就是一位代表性的、著名而多产的女学者，她一生留下了大量的作品。根据现在学者的整理，她的作品大致如下：

(1)《贝洛挽歌》（*Elegy for Bello*）。1837年用富尔贝语和阿拉伯语写成。纪念贝洛的诗歌。

（2）《贝洛的品性》（*Bello's Character*）。1838—1839 年用富尔贝语写成，为赞美贝洛的诗歌。

（3）《〈古兰经〉之歌》（*The Qur'an*）。可能成文于 1850 年，用富尔贝语（1829—1830）、豪萨语（1838—1839）和阿拉伯语写成。为帮助人们学习、记忆《古兰经》而写。

（4）《先知之药》（*Medicine of the Prophet*）。1839 年用阿拉伯语写成，主要内容为阐述《古兰经》各章所能治疗的疾病，用以对抗豪萨人依靠鲍瑞精灵治病的传统。

（5）《深信真主之真理》（*Be Sure of God's Truth*）。1831—1832 年，用豪萨语写成。宗教劝诫诗。

（6）《苏非妇女》（*Sufi Women*）。1837 年用豪萨语和富尔贝语双语写成，主要内容为教育妇女正确的伊斯兰态度和生活方式。

（7）《如此真实……》（*So Verily…*）。1822 年用富尔贝语写成，赞美真主的诗歌。

（8）《阿赫默德赞美诗》（*In Praise of Ahmada*）。1839 年用豪萨语写成。赞美阿赫默德的词歌，为新皈依者和穆斯林学生所写。

（9）《思念先知》（*Yearning for the Prophet*）。写作年代不详，用豪萨语写成。为穆罕默德传记。

（10）《旅程》（*The Journey*）。1839 年先用富尔贝语写成，1865 年为了让更多的人阅读，又改用豪萨语重写。内容主要为奥斯曼·丹·弗迪奥的传记，最后一章涉及一些贝洛的生活及其对索科托国家的治理。

（11）《警告，Ⅱ》（*A Warning*，Ⅱ）。写于 1856 年，原文为豪萨语。劝诫妇女按伊斯兰教法生活的诗歌，内容比较直白，通俗易懂。

（12）《哀悼阿伊莎，Ⅰ&Ⅱ》（*Lamentation for Aisha*，Ⅰ&Ⅱ）。写于 1855 年，原文为阿拉伯语。为奥斯曼·丹·弗迪奥的妹妹阿伊莎写的挽歌。

娜娜的丈夫吉达多·丹·拉马，兄长穆罕默德·贝洛和叔父阿卜杜拉都是知名学者，他们也著有大量的作品，不但影响着当时的西非居民，即使对现在的西非文化，也仍有深刻的影响。19 世纪圣战运动造就的穆斯林学者规模有多大，从当时穆斯林女性学者群体的规模就可略知一二。娜娜在自己的作品中曾经提到，在她所处的奥斯曼部落中，就有"多达百位"的女学者。①她的多位（外）祖母、（外）曾祖母都比较精通于阿拉伯诗歌的写作，这些女性的伊斯兰各学科知识烂熟于胸，带动豪萨乃至整个西非穆斯林女性知识水平的提升。女学者群体规模尚且如此，可以想象当时穆斯林学者群体的规模有多么巨大。

行政法律制度的改革

制度文化的改革，是19世纪西非圣战运动的重要内容之一。经过战场上血与火的洗礼之后，西非各穆斯林新生政权，按照伊斯兰政治的理想，大刀阔斧地改革国内政治制度。

当时各新政权的穆斯林学者，围绕伊斯兰政治领域的关键议题，进行了大量的讨论，并达成一些基本的共识。首先，新政权应设立哈里发或埃米尔职位，这是伊斯兰政治制度的核心和象征；其次，是否接受多个伊玛目的政治理论，应由各新政权的实际情况决定，由当权者自由选择；再次，穆斯林宗教学者应该居于新政权的核心地位；最后，除《古兰经》和圣训外，"公议"应作为新政权重要的法律来源。

在豪萨的索科托帝国，按照伊斯兰教制度，废除原来的王权制度，设立哈里发、埃米尔、大臣、法官、检察官、警察和伊玛目等职位。哈里发制度对阿拉伯政治虽不是什么新内容，但却是豪萨改革者最重要的制度创新。在新的哈里发制度下，索科托的哈里发对各酋长国具有明确的宗主权，并向他们授权具体治理的地区。在哈里发政府中，各类官员的设置与任命，也基本按照伊斯兰—阿拉伯传统的规定。哈里发政府有权任免重要官员，最主要的是负责各附属国埃米尔的任免。

在马西纳，阿赫马杜·洛博按照伊斯兰教的原则，建立了"迪纳"制度。由于马西纳地区原来的政治结构相对简单，给圣战运动后的政治改革造成的阻力相对较小，有利于伊斯兰化的政治改革。洛博将自己的国家称为"迪纳"，其实就是国家制度。他要求马西纳国家的所有领域都根据伊斯兰教法进行管理。在中央，他任命由40名成员组成的大委员会，由宗教学者组成，协助行使各种国家权力。在地方，也分别设立类似于中央

---

① Beverly B. Mack and Jean Boyd, *One Woman's Jihad: Nana Asma'u, Scholar and Scribe*, P. 127. Indiana University Press, 2000.

的委员会，但是地方委员会应听命于中央的委员会。税收方面，将宗教性质的扎卡特，改变为普遍性的国家税收来源。军事上，也进行了相应的伊斯兰化改革。

其他各伊斯兰政权，也进行了相应的改革。关于行政领域的政治改革，本章第一节已经涉及，故在此仅作上述简述，不再详论。

书面语言的发展

"如果说穆斯林改革者们在行政与法律领域的改革并不十分彻底的话，那么他们在知识与文化领域的影响则较为彻底。"[1]圣战运动给西部非洲带来的语言文字方面的变革，在豪萨地区看得最为清晰。

在豪萨，圣战运动前，伊斯兰教知识的传播催生了一个规模不大的学者阶层，他们精通阿拉伯语。但是伊斯兰教知识对缺少书面语文化、说豪萨语的主体人口似乎影响不大，只限于给民间传说和巫术涂上一层伊斯兰色彩，真正理解伊斯兰思想、严格践行伊斯兰教法的人非常少。圣战运动则彻底改变了这种局面，使豪萨社会真正迈入书面文字时代：阿贾米语时代。改革运动的结果之一，是产生了用方言写作的诗歌，即用阿拉伯字母拼写豪萨语而成的诗歌。起初这些诗歌出现在戈比尔和赞法拉，以手抄本的形式传播，或者在公共场所朗诵。方言诗歌与本地早期的阿拉伯文学不同，它的朗诵易于为说豪萨语的人所理解。索科托哈里发国建立后，方言诗歌作为圣战运动后伊斯兰文化扩张的一部分，传播更为迅速，在豪萨地区形成许多中心，先是以手稿形式传播，最近则越来越多地以印刷品的形式出现。在尼日利亚北部每个城镇和乡村，虔诚的穆斯林乞丐每天吟咏这些诗歌。这些诗歌在知识方面的重要性相当大，首先，它创造了方言文学，特别是在豪萨地区，现在仍有大量书面方言诗歌出现；而就目前所了解的情况，此前只有阿拉伯语诗歌有书面语形式。其次，它意味着保存在阿拉伯文作品中的大量伊斯兰教知识，现在可以让更多说豪萨语的人学习了，因为方言诗歌从中世纪的伊斯兰末世学、历史学和纯文学作品及其他阿拉伯语著作中，汲取思想、意象和具体内容。例如，由于阿拉伯作品中有许多占星学方面的内容，因此

---

[1] Mervyn Hiskett, *The sword of truth: the life and times of the Shehu Usuman dan Fodio*, Oxford University Press, 1973, p.156.

占星学也成为豪萨诗歌中最为流行的一个主题。结果，新的计时观念和宇宙观与之前原有的计时方法并存，或者将其取代。算命术、祈雨术、《古兰经》魔法术及其他巫术也不再只以口头形式传播，所有能读懂用修改后的阿拉伯字母书写的豪萨语的人，都能掌握这些知识。再次，豪萨诗人也接受了伊斯兰教的诗歌编年体，用于记录本地王朝的历史或世界史。对豪萨人而言，世界的地平线及整个世界的丰富多彩展现在他们面前。口头历史可以根据当前的社会和政治需要加以修正，有文字记载的历史则相对稳定，可作为社会行为的重要准绳，因此对豪萨人来说，书面历史取代口头历史是一种巨大进步。最后，不但改革者们在整个帝国引入沙里亚成文法（伊斯兰教法），他们还将其译成方言，让更多的普通人学习沙里亚知识。这有助于促进法律的统一，有助于人们知晓自己的权利。总之，豪萨方言文学，是19世纪宗教改革者们的遗产。它有助于将豪萨社会，即从伊斯兰教只是少数精通阿拉伯语的学者的私产的豪萨社会，转变为几乎人人都可以更深入地学习伊斯兰教的社会。这一过程不是突然间发生的，它经历数代人的日积月累，后来殖民时期创造的和平环境推动了这一进程，但是在这个漫长的过程中，弗迪奥的圣战革命运动是转折点。因此最终的结果，即豪萨社会明显的伊斯兰教本质特征，则起源于豪萨改革者们的努力。因此，圣战运动将仍处在无书写文字时代的豪萨带入有文字的伊斯兰时代，相应地，其他各种文化形式也随着这一转变而转变和发展。

第五章

分水岭：运动前后全然不同的伊斯兰景观

19世纪的圣战运动，堪称西非伊斯兰教历史的分水岭。运动极大地推动伊斯兰教的传播，使西非伊斯兰教在运动前后呈现全然不同的宗教景观和发展态势。圣战运动对西非伊斯兰教的影响，不仅仅表现在穆斯林人口的增长方面，更重要的是穆斯林宗教信仰内涵，即宗教虔诚、宗教实践等宗教信仰"质"的表现上。西非伊斯兰教从"混合"阶段，迈入改革阶段；穆斯林从依附西非本土传统以保存伊斯兰信仰的寄生状态，转变为主动脱离这种状态，寻求独立发展的积极走向；苏非主义逐渐成为西非伊斯兰教的主流。不论从哪个方面说，这次圣战运动给西非带来的影响是巨大、深刻而持久的，深刻地改变了西非的宗教生态格局，无疑成为西非伊斯兰教发展进程中的历史性跃进。

第一节 从被动到主动：西非伊斯兰教的历史性跃进

西非各地的圣战运动，以急风暴雨的形式，推进伊斯兰化进程。穆斯林人口急剧增长，达到前所未有的高度；穆斯林的伊斯兰宗教信仰深化，伊斯兰教的宗教思想从未在西非得到如此深刻的理解；伊斯兰宗教实践亦大有进步，更多的人认真遵守伊斯兰教法，不再满足于当一个原来的"名义上的穆斯林"。

豪萨圣战运动对西苏丹伊斯兰教的影响

豪萨地区圣战运动的成功，并建立索科托哈里发国，这件事对19世纪西苏丹的政治、经济，特别是宗教等诸方面都有非常深刻的影响。它像一面旗帜，为西非指明了伊斯兰化深入发展的方向。

首先，经济上的进步，为伊斯兰教的发展奠定了物质基础。运动的胜利建立了穆斯林神权政治，保证了帝国内部大致的和平与秩序，带来了经济的繁荣。尽管哈里发国内部一些大的埃米尔国之间，或者索科托与这些埃米尔国之间还有一些冲突和战争，但总体上哈里发国内部比较安静，和平、秩序与良好的行政管理生出商业贸易与国家的繁荣。19世纪索科托哈里发国可能是非洲苏丹地带最繁荣的地区。繁荣建立在农业的蓬勃发展之上。主要贸易农作物有棉花、木蓝和烟草。棉花和木蓝为哈里发国主要工业即织布业提供原料。最著名的四大工业中心是卡诺、比达（Bida）、阿贡古（Argungu）和伊洛林。织好的布料，在卡诺经过染色与刺绣，销往整个苏丹和撒哈拉地区。比达、阿贡古和伊洛林所生产的布料与卡诺有所不同，卡诺精于刺绣，比达和伊洛林则能生产出最具吸引力的织花图案的面料。

重要的工业是冶金业，包括银、铜和铁。卡诺是主要的农业生产工具、武器及妇女饰物的生产中心。比达则是冶金中心，这里的工匠能做出各种银器和铜器。比达还是中苏丹唯一的玻璃器物制造中心，它生产的手镯和念珠非常畅销。索科托是著名的知识中心，但它还生产出售精美的铁器。索科托的制革技术非常出名，它生产的皮革从摩洛哥输送到欧洲，被欧洲人称作"摩洛哥皮革"。哈里发国的几乎每一个部族都会制作陶器。

与养牛业相关的贸易是哈里发国最赚钱的生意，满足了国内对肉、奶和皮革的需求。包齐、约拉、扎里亚①都与传统信仰的居民区接壤，这里是用这些商品换取奴隶的主要市场。约拉还生产象牙产品，卡诺与阿散蒂②之间的黄金和可可果贸易非常活跃。可可果也是非常赚钱的一种商品。

19世纪的豪萨，经济领域的一个主要变化是，卡诺成为商业中心，成为哈里发国无可争议的商业和财经中心。卡诺的货币稳定，工业发达，跨撒哈拉沙漠的贸易逐渐从博尔诺转到卡诺来，卡诺成为最重要的商业城市。

---

① 包齐、约拉、扎里亚：这三个埃米尔国，都位于索科托哈里发国的南部，分别属于"豪萨七国"和"班扎七国"（私生子七国），接近作为捕奴地异教徒地区，是哈里发国中奴隶贸易的初级市场。

② 阿散蒂：索科托哈里发国南面的邻国。阿散蒂王国（AshantiEmpire；AshantiConfederacy）是18世纪初到20世纪中期（1701—1957）非洲加纳中南部的阿坎族王国。阿散蒂原为登基拉邦的藩属。18世纪初（1701）与近邻各部落组成联邦，建都库马西。

其次，是政治上的统一与和平为伊斯兰教育的发展提供了理想的社会环境。大的政治单元取代无数小而无序、相互竞争的政治单元。伊斯兰教传遍整个西苏丹，导致教育和知识水平提升，教育水平的提高又使行政管理更有成效、商业规模扩大和经济繁荣。圣战运动在历史上第一次把豪萨诸国从政治上统一起来，豪萨诸国成为哈里发帝国的中心区域。同时，哈里发国内也有一些非豪萨人政权，如阿达玛瓦人、努佩人、瓜里人和伊洛林的约鲁巴人。哈里发国是19世纪西非最大的政治单元，由15个主要的埃米尔国组成，面积达466000平方公里，按当时的交通方式，从东到西穿越这个国家需要4个月，从南到北需要2个月。哈里发国与博尔诺的边界比现在尼日利亚北部的边界还要长。

这场圣战运动的影响大大地超出了哈里发国的疆界。宗教战争唤起了改革的热情，使东部的博尔诺改朝换代，并向它在中苏丹的商业霸主地位发出挑战。战争激励阿赫马杜·洛博建立起独立的马西纳伊斯兰国家，也同样鼓舞哈吉·乌玛尔·塔勒建立起图科洛伊斯兰帝国，这个帝国仅比索科托小一点。圣战运动还间接地影响到萨摩里·杜雷的个人经历及其在曼丁哥人中建立帝国的政策。

再次，政治稳定与经济繁荣促进了文化的进步和宗教的发展。比经济和政治影响更深远的是圣战运动对教育和战争的刺激作用，伊斯兰教传播速度大大加快。圣战运动领袖基本上都是宗教学者，他们写出许多关于伊斯兰教的书籍，仅奥斯曼·丹·弗迪奥、阿卜杜拉和贝洛三人就有200多部作品。其中贝洛的名著是《去除不确定的东西》（*Fawahir al-maani*）。奥斯曼·丹·弗迪奥的女儿娜娜·阿斯玛在传播伊斯兰教方面的所作所为特别值得一提。娜娜在父亲、兄弟和丈夫的鼓励下，在索科托地区建立起主要以妇女为教育对象的伊斯兰教教育体系和组织机构，希望通过教育改变当地传统的非洲巫术、神灵崇拜等不符合伊斯兰教的现象。她用富尔贝语、豪萨语和阿拉伯语、阿贾米语写作大量的诗歌，通俗易懂地向人们宣传伊斯兰教，因此可以说，豪萨西北部的伊斯兰化很大程度上是由她完成的。这些书籍告诉索科托帝国的行政官员，圣战运动的目的是建立一个真正的由伊斯兰教法统治的、由穆斯林宗教学者掌权的社会；向国家的法官们解释伊斯兰教法来源、内容与实践方式等。新生的穆斯林政权还在索科托和塞古建立了规模宏大的图书馆；要求高级官员必须掌握读写技能；阿拉伯语成为官方书面用语；在许多部族杂居的地区，豪萨语成为通用口头用语。因为宗教教育的需要，豪萨还出现了一种类似于中国西北伊斯兰教中"小儿经"的阿加米语，这种语言用阿拉伯语字母拼写豪萨语，为豪萨地区的伊斯兰教用语。

索科托帝国的建立只是圣战运动的第一个阶段，在这一阶段，圣战运动基本征服了豪萨七国，下一阶段则基本征服了班扎七国，甚至还在班扎七国之一的伊洛林建立了埃米尔国。在此基础上，运动的参与者们把伊斯兰教进一步向社会纵深渗透，圣战运动转变为伊斯兰教的和平宣教运动，直到1903年英军占领索科托，结束了这次尚未完成的圣战运动。1800年，伊斯兰教只是苏丹地带少数居民的个人信仰，到1850年，伊斯兰教已成为大多数人的官方信仰。索科托哈里发国推动了卡迪里教团的发展，在奥斯曼·丹·弗迪奥去世后，以索科托为中心，豪萨产生了一个卡迪里教团的分支教团，即以奥斯曼·丹·弗迪奥命名的奥斯曼教团（Uthmaniyya），奥斯曼教团逐渐发展到索科托埃米尔国之外，在整个哈里发帝国都有其成员。在一定程度上，伊斯兰教用个人对苏非教团的忠诚取代了对部族的忠诚。正如提加尼教团是富塔地区图科洛帝国和中苏丹博尔诺帝国最主要的教团一样，卡迪里教团是索科托哈里发国最主要的苏非教团。奥斯曼·丹·弗迪奥作为卡迪里教团的苏非导师，他对信徒所具有的宗教神秘力量，吸引了富尔贝人和豪萨人加入他的圣战运动队伍。他声称自己不是军事领袖，而是宗教学者和苏非长老，所以他不是真正意义上的哈里发。但是事实证明，他比后来的哈里发更有威信，更能激发出人们的宗教热情。豪萨的圣战运动与卡迪里教团的扩张是分不开的，在那个时代二者应该是一体的、同步的，卡迪里伊斯兰教紧随圣战运动的旗帜四处传播。

又次，从文化上而言，索科托哈里发政权促进了豪萨伊斯兰文化的飞速发展。前文已提及，穆罕默德·贝洛在哈里发国边境上建立了许多军事堡垒，这些军事堡垒模仿卡迪里教团的苏非修道院而设置。不过，起初这些堡垒的设置纯粹是军事上的目的，守卫边境，或者扩大伊斯兰教的疆域，并没有宗教上的目的。军事堡垒的确在军事上作用很大，而对伊斯兰教来说，它们的作用也同样巨大。这些边境上的军事堡垒逐渐发展为边境小城镇，许多乌勒玛到这里安家落户，周围的农牧民也到这里经商、购物，甚至自觉或不自觉地接受伊斯兰教的教育及其文化的熏陶。于是，军事堡垒的宗教功能和文化功能也凸显出来，其功能由军事转变为军事、宗教、文化多种功能于一身。乌勒玛们在军事堡垒中开设伊斯兰经文学校①，向人们传授伊斯兰的生活方式，出于各种各样的目的，农牧民大量皈依伊斯兰教，伊斯兰教逐渐赢得了人们的心灵。所以，军事堡垒的设置，对传播伊斯兰教的作用巨大。

复次，伊斯兰教在索科托哈里发国的成功，重要的一点是得益于它成功的地方化。不但阿拉伯语，更重要的是富尔贝语和豪萨语成为伊斯兰教的主要传播媒介，甚至还出现了阿拉伯语字母拼写豪萨语的阿加米语。乌勒玛们根据伊斯兰教的基本教义用这些方言编写出大量的小故事，这些宗教小故事在传播的过程中再经过当地穆斯林无数次加工改造，以豪萨文化的民间口头文学的形式出现，成为传播伊斯兰观念的重要载体。另一种传播伊斯兰教的文化载体是民间诗歌，也同样是经过包括乌勒玛在内的众多民间艺术家的加工提炼，以更加通俗易懂、朗朗上口的形式在民间流传。在千家万户，在田间地头，老人向孩子们讲述着这些浸润着伊斯兰教思想的民间故事和诗歌，向下一代灌输伊斯兰的观念。就这样，民间传说和民间诗歌一方面把西非传统的万物有灵论、祖先崇拜等宗教观念排挤出去，同时把伊斯兰教的一神论、真主、使者、天堂与地狱、马赫迪观念，苏非主义等观念加进来。由于索科托哈里发国的统治者属于卡迪里教团，所以他们更注重宣传苏非主义的基本思想；由于统治者主张以宗教革命运动的方式反对"混合型"的伊斯兰教，所以他们也注重宣传马赫迪思想。因此苏非主义和马赫迪思想成为哈里发国改革者们基本的伊斯兰教原则，事实上，苏非主义和马赫迪思想也成为哈里发帝国的基于伊斯兰教之上的政治意识形态。

在奥斯曼·丹·弗迪奥圣战运动之前，黑贝统治者们虽然认可伊斯兰教在境内的存在，但伊斯兰教只是少数人的宗教，同时穆斯林也能容忍"混合"形式的伊斯兰教。这场运动后，伊斯兰教首次成为豪萨新政权的意识形态。哈里发国或埃米尔国的建立为乌勒玛阶层进入最高权力阶层打开了大门，而之前的穆斯林一般只是宫廷中的书记员、顾问之类的幕僚。这场运动消灭了分立的黑贝②国家，首次让豪萨统一在一个中央政权之下，使豪萨成为宗教和政治上兼具的、真正意义的"伊斯兰地

---

① 伊斯兰经文学校：乡村的初级伊斯兰宗教学校，以教育儿童背诵《古兰经》为主要任务。

② 黑贝国家：即豪萨七国（Hausa Bakwai）。

区"（Dar al-Isam）。圣战运动的胜利让伊斯兰教传播更快，但同时也把穆斯林政权如何对待多神信仰这个尖锐的问题，再一次摆到他们面前。军事的征服可以让非穆斯林表面上接受伊斯兰教，但他的生活方式要真正改变还需经历很长的时间。圣战运动打破了原来的经济格局，以黑贝国家首都为商业中心的格局基本被破坏掉，穆斯林建立起新的商业中心，如卡诺和索科托，这是19—20世纪推动西非伊斯兰教继续发展的经济基础。豪萨圣战运动的胜利等于向西非其他地区的乌勒玛传递这样一个信息：短期内圣战运动在宗教上取得的成功，相当于乌勒玛数个世纪努力的结果。因此奥斯曼·丹·弗迪奥的革命运动极大地鼓舞了其他地区的圣战运动。

有学者对哈里发国提出批评。有人认为，国家对豪萨行政管理机构的改革并不合适，在富尔贝新贵族的统治之下，豪萨王朝的陈旧习俗仍然存在；还有人认为，伊斯兰教与当地的宗教"混合"在一起，就连最有学识的学者也施行巫术和推行个人崇拜，这与正统伊斯兰教义不符；每年例行的远征运动，实际上演变成了捕奴运动。奥斯曼·丹·弗迪奥也担心，他去世以后，整个国家恐怕又会返回到异教的信仰上去。还有人提出，哈里发国缺乏统一性，英国人早就发现，哈里发帝国实际上时常处于四分五裂的状态，豪萨人受到富尔贝人的欺压，所以当英国人到来时，他们把英国人当作解放者。还有人批评哈里发帝国把古老的奥约国的政治架构破坏掉了，并在约鲁巴人中间制造矛盾。[①]

但是，从伊斯兰教的角度看，成功远远超过了失败。传统的土著信仰消失后，基督教并没有借此机会取得巨大成功。英国人虽然批评哈里发帝国的行政体系，但是后来他们却以此为基础作为英国人间接统治豪萨的工具，并极力维护这套体制。有些人认为，其实是约鲁巴人自己造成了自己的分裂，他们统一的努力没有成功，甚至在1840年以后哈里发国家再也构不成对约鲁巴人的威胁时，他们也没能统一。总体上，哈里发帝国的执政者都是虔诚的穆斯林，他们在伊斯兰教的旗帜下建国，使西非成为文化综合性最强的地区之一。

---

① J. B. Webster & A. A. Boahen, *The Growth of African Civilisation*: *The revolutionary years West Africa since 1800*, Longman Group Ltd, 1980, p. 14.

马西纳圣战运动与伊斯兰教

马西纳地区的阿赫马杜·洛博的圣战运动，对尼日尔河湾地区的伊斯兰教产生重大影响，推动了伊斯兰教在这一地区的扩张与深入发展，极大地强化了伊斯兰教的社会地位。这次运动的发生地马西纳地区不像豪萨地区，它以前曾多次经历穆斯林政权的统治，古代加纳帝国、马里帝国、桑海帝国都是伊斯兰"混合主义"的政权。阿赫马杜·洛博领导的圣战运动再一次把马西纳、塞古、卡阿塔、廷巴克图等伊斯兰名城统一在一个伊斯兰帝国之下，并且使伊斯兰教在帝国中的地位，相比之前已经不可同日而语。这次圣战运动让马西纳以劫掠为生的富尔贝人变成了定居的土地所有者，①这对传播伊斯兰教有一定的积极意义。这次运动最重要的作用之一是将穆斯林知识分子推上了马西纳国家权力的最高峰，国家最高权力机构中再也没有"宗教混合主义"的容身之地。但是，在社会基层，在普通大众中，宗教混合主义依然存在。

阿赫马杜·洛博的斗争对象主要有两个：一是非穆斯林的富尔贝人迪库（Dikko）部落，因为迪库人拒绝接受伊斯兰教，阿赫马杜把他们称为"阿杜恩"（ardoen），即"信仰谬误者"；另一个是非穆斯林的班巴拉人。另外，马西纳运动的发生地有西非两个历史悠久而著名的伊斯兰学术中心：杰内和廷巴克图。这两个城市中的乌勒玛相对于主张战争手段的阿赫马杜，他们的思想比较保守，不愿意用激进的方式改变现状，并且他们反而认为阿赫马杜的思想比较浅薄，缺乏深刻的伊斯兰思想做支撑。所以在马西纳的运动中，激进的伊斯兰教与保守的伊斯兰教两派之间存在着尖锐的冲突。阿赫马杜的圣战运动对杰内和廷巴克图这样的城市影响不大，反而对城镇之外的乡村，包括农民和牧民影响比较大。富尔贝游牧民，甚至最善于反抗的图阿雷格人也深受阿赫马杜改革热情的影响。这样，在伊斯兰浪潮的推动下，马西纳乡村地区的伊斯兰化取得了重大进展，迪库部落皈依了伊斯兰教，少部分班巴拉人也成为穆斯林。

但是阿赫马杜领导的运动所取得的成就，没有豪萨的伊斯兰化那样深入和持久，大部分班巴拉人仍然没有皈依伊斯兰教，他想让游牧民成为穆斯林

---

① Mervyn Hiskett, *The Development of Islam in West Africa*, Longman Group Limited, London, 1984, p. 167.

的计划也基本上以失败告终。更有甚者，阿赫马杜二世和阿赫马杜三世已经不像阿赫马杜·洛博那样是伊斯兰学者，而几乎是纯粹的军事冒险家。所以这让那些跟随阿赫马杜·洛博的虔诚穆斯林，尤其是穆斯林学者（乌勒玛）非常失望，最终，他们不再忠于阿赫马杜家族，而转向提加尼教团的改革者哈吉·乌玛尔·塔勒。所以马西纳帝国也就很快被乌玛尔征服。

卡里的圣战运动与上沃尔特地区的伊斯兰教

卡里圣战运动的本质是企图通过武力传播新宗教，因此有必要分析一下这段短暂的历史对达非纳北部的伊斯兰教到底有何影响。显然迫于武力镇压，许多萨摩人被迫暂时皈依伊斯兰教，但是卡里死后，局势发生变化，其中许多人又放弃了伊斯兰信仰，回归传统宗教。20世纪60年代，那些遭到卡里攻击的城镇如索罗、突巴尼等，其居民中穆斯林已经寥寥无几。看来卡拉玛库·巴的观点没有错：宗教不能强迫，武力不能让信仰非洲传统宗教的萨摩人改变信仰。另一方面，卡里的宗教战争及其惨不忍睹的失败也有助于强化玛卡人的伊斯兰信仰。卡里之死、卡拉玛库·巴被害、韦迪明目张胆地迫害穆斯林的行为等，都进一步加强了索罗杜古穆斯林的团结，强化了他们的信仰。卡里成为伊斯兰教的殉道者，1900年布塞重建后立刻成为当地穆斯林的圣地。在20世纪最初的10年间，兰非拉、索诺、杜若拉等达非纳地区的重要城镇，伊斯兰教都呈现出巨大的活力。据法国人统计，1901—1909年，在整个塞内加尔—尼日尔殖民地的伊斯兰经文学校和在校生数量表明，以库里为中心的达非纳北部和中部地区，即西非高地，伊斯兰经文学校和在校生的数量要比殖民地的其他地区多一倍。如表5-1所示：

表 5-1　　　　　　　西非高地法国殖民地宗教学校统计表①

地区	学生数量（人）	学校数量（所）
库里	2640	165
纽罗	1450	182

---

① Myron J. Echenberg, "Jihad and State-Building in Late Nineteenth Century Upper Volta: The Rise and Fall of the Marka State of Al-Kari of Bousse", *Canadian Journal of African Studies / Revue Canadienne des & Eacute; tudes Africanines*, Vol. 3, No. 3. (Autumn, 1969), p. 561.

续表

地区	学生数量（人）	学校数量（所）
卡伊	1222	216
巴马科	1053	81
塞古	1034	83
杰内	520	29
班迪嘎拉和莫普提	500	41
索科托	414	56
博博迪乌拉索	400	30
冈姆布	374	57
塞塔杜古	300	31
尼亚丰凯	300	25
锡卡索	290	32
桑	271	20
瓦加杜古	250	42
库提阿拉	109	14
布古尼	78	5
巴富拉贝	70	5
基塔	55	3
瓦希古亚	33	3
加瓦	12	1
法达恩古尔马	0	0
总量	11375	1121

当然从纯粹军事意义的角度来说，卡里的圣战运动的确以失败告终。就像哈吉·乌玛尔·塔勒一样，卡里把伊斯兰教的清教思想与实用的工具理性结合起来，希望通过武力征服的方式，建立伊斯兰神权国家。卡里的圣战运动在法军的先进武器面前不堪一击，他的失败也许并非他本人的失误造成的，而是因为他生不逢时。假如他在10年之前发动圣战运动，就像他之前的奥斯曼·丹·弗迪奥、乌玛尔或者萨摩里一样，法国人也会把他当作地区的领导人与他谈判。但是时过境迁，法国人反倒把他领导的运动当作扩大殖民地的一个借口。不过，军事上的失败并不能完全抹杀卡里在传播伊斯兰教方面所取得的胜利。达非纳地区是西苏丹伊斯兰教扩张的

前沿地区之一，卡里的圣战运动无疑对维持伊斯兰教在这一地区的存在与发展至关重要。

哈吉·乌玛尔·塔勒的圣战运动与伊斯兰教

学术界对乌玛尔的看法多种多样。乌玛尔的圣战运动与西非其他的伊斯兰圣战运动不同。有学者指责他是纯粹的军事冒险家，兴趣在于攫取个人权力，而不是传播伊斯兰教。还有学者认为这次战争并非真正意义上的"为主道而战"，而是为建立图科洛帝国而进行的权力争夺战，因为他与穆罕默德·贝洛和阿赫马杜·洛博不同，乌玛尔放任外国军队侵入图科洛人的国家。这里也没有发生穆斯林反抗本土宗教信仰者的起义。还有学者认为，乌玛尔是位伟大的宣教者，他以前所未有的方式为普通穆斯林大众而战。但是，乌玛尔的宣教旅行大都发生在他自己帝国之外的曼丁哥人和图科洛人中间，并非在班巴拉人的国家和马西纳地区传教。所以他的传教活动与军事征服是脱节的，并不像奥斯曼·丹·弗迪奥所做的那样联系紧密。①

不过，因上述原因而否定乌玛尔运动的伊斯兰教性质，认为他领导的是一次纯粹的民族独立的抵抗运动，显然非常不妥。乌玛尔的战争当然具有民族独立的性质，但这不是他运动的主要性质。乌玛尔曾多次说明他不想与法国人作战，事实上他的行为也证实了这一点。他只把法国人看作商人，甚至想与法国人谋求合作。乌玛尔的主要目标还是非洲的混合伊斯兰主义和异教徒，扩大伊斯兰教的力量是乌玛尔运动的首要目标。乌玛尔的思想深处是深深的提加尼苏非主义情结，他作为苏非圣徒的中心任务，是指导信徒认识真主，获得最后的拯救。

乌玛尔与他的先行者奥斯曼·丹·弗迪奥和阿赫马杜·洛博不同，他没有得到所有虔诚穆斯林的拥护。在索科托哈里发国家中，穆斯林少数派用起义的方式支持奥斯曼·丹·弗迪奥，但是卡迪里教团的成员对乌玛尔提加尼教团领导人的身份非常痛恨，甚至起兵反抗，如巴·洛博②的起

---

① J. B. Webster & A. A. Boahen, *The Growth of African Civilisation: The revolutionary years West Africa since 1800*, Longman Group Ltd., 1980, p. 24.

② 巴·洛博（Ba Lobbo），马西纳帝国统治者阿玛杜·塞库之子。1862年哈吉·乌玛尔·塔勒占领马西纳帝国首都罕姆杜拉希，国王被处决，巴·洛博幸存，为马西纳帝国军队的领导者。他召集富塔和昆塔的军队把乌玛尔驱逐出首都。乌玛尔死后，其侄子再次征服马西纳帝国。

义,这是伊斯兰教内部卡迪里教团与提加尼教团之间的斗争。在图科洛帝国境外,没有穆斯林以自发起义的方式支持乌玛尔。

乌玛尔与西苏丹其他圣战运动的改革者之间的区别,基本上也就是提加尼教团与卡迪里教团的区别。[①]卡迪里教团认为,宗教学者身份比战争重要。戈比尔的宗教运动只是通过教育建立理想的伊斯兰国家的一种方式。后来奥斯曼·丹·弗迪奥从战争与政治事务中全身而退,专心撰写宗教书籍,以教育哈里发国的各级官吏。对他来说,阿卜杜拉和贝洛最主要的身份是宗教学者而不是战士。然而,乌玛尔作为一个提加尼教团的苏非,不大重视伊斯兰教知识层面的问题。提加尼教团强调,为伊斯兰事业应该付诸行动,而最快的行动当然就是战争。所以乌玛尔迅速地把丁圭雷变成一个大军营,为宗教战争做准备。在他的帝国里,勇敢善战的士兵比知识渊博的宗教学者重要得多。在乌玛尔的政权中,行政人员的地位高于宗教学者乌勒玛,而这恰恰是卡迪里教团所不能接受的。所以马西纳和豪萨的圣战者反对乌玛尔的原因并不难理解。另一个让卡迪里教团不能接受的观点是,乌玛尔反对盲目地遵从宗教权威,支持个人拥有"创制"(伊智提哈德)的权利。但是他重视行动的理念和方式仍然非常见效,他的帝国虽然垮台了,他却让提加尼教团超越卡迪里教团成为西苏丹最大的苏非教团。他认为教团的创始人阿赫默德·提加尼是"封印的圣人",即所有苏非圣人中最优秀的,也是最后一位苏非圣人,所以提加尼教团比其他所有的苏非教团都更优越,其成员的地位也更高。

另外,乌玛尔还面临着外部强权的问题,即法国殖民者,索科托和马西纳没有这样的经历。因为乌玛尔意在宗教,不在战争,他没有推翻富塔地区的统治阶级,并在他最强盛的时候与法国人妥协,他认为只有这样才最有利于伊斯兰教的传播与发展。尽管有人认为乌玛尔利用伊斯兰教唤起人们反对欧洲人入侵的意识,但相反的一面也是的确存在的,即乌玛尔和提加尼教团也曾积极与法国人合作,努力满足法国人的要求。阿尔及利亚和突尼斯的提加尼教团都曾帮助法国的扩张和殖民主义的入侵。

[①] Louis Brenner, *West Africa Sufi: The Religious Heritage and Spiritual Search of Cerno Bokar Saalif Taal*, University of California Press, 1984, p. 24.

阿马杜和马巴的圣战运动对伊斯兰化进程的推动

有一种普遍的观点认为,阿马杜在乔勒夫取得了很大的成功,但是他死后,他所领导的圣战运动很快几乎消失得无影无踪。除了他的兄弟巴拉之外,他的家人和绝大多数信徒都被残酷地杀害。虽然后来马巴又试图东山再起,但也无果而终。现在大多数的塞内加尔人都属于提加尼教团,但是他们却不是阿马杜的继承者,而是20世纪初哈吉·马立克·萨伊和阿卜杜雷·尼亚斯的信徒。1917年,法国研究伊斯兰教的学者保罗·玛蒂认为,塞内加尔的马拉布特(苏非圣徒)中没有多少人接受阿马杜的遗产,就连他的儿子也静静地生活在波多尔,无所作为。甚至有人认为他的影响已经消失殆尽。①可能此种观点有些极端。

持这种观点的人认为,之所以会出现这样的结局,有以下原因:其一,阿马杜作为圣战运动的核心,依靠的仅仅是他的宗教权威和个人威信,而阿马杜一旦死亡之后,他个人这方面的吸引力也会随之消失,致使运动失去了宗教的发展方向。其二,阿马杜没有建立自己的政治体制。考基之战失利后,圣战运动参与者或被杀,或逃亡,没有重返乔勒夫重整旗鼓,就是因为体制上的原因。其三,阿尔博里·恩吉的作用。在阿马杜死后,阿尔博里·恩吉成为乔勒夫的国王,他很快得到当地人民的支持,甚至也包括阿马杜的支持者,并且他利用权力及时地阻止了提加尼成员东山再起。但是,尽管阿马杜并没有把圣战真正扩展到塔罗和卡加,也没有在乔勒夫留下自己的政治体制,但他在乔勒夫地区的伊斯兰化中仍有一些作用。

19世纪中期,乔勒夫只有很少的穆斯林人口,除了马拉布特外,很少有严格意义上的穆斯林。现在这里的居民全部是穆斯林。20世纪70年代,有学者到乔勒夫调研,向当地穆斯林长老询问这种宗教变化发生在何时的时候,他们毫不犹豫地回答,是阿马杜带来了伊斯兰教。②这里的许多穆斯林都承认这一点;生活在阿马杜时代的人也承认他在乔勒夫伊斯兰化中所做的工作。就连法国人也认为这里的伊斯兰教主要是在阿马杜之后

---

① Eunice A. Charles, "Shaikh Amadu Ba and Jihad in Jolof", *The International Journal of African Historical Studies*, Vol. 8. N. 3. (1975), pp. 379-380.

② Ibid., p. 380.

才确立了至尊地位。虽然马巴首先把伊斯兰圣战带到乔勒夫，但由于他旋即离开，而没有给这里留下真正的伊斯兰教烙印。四年后，阿马杜的到来，把在巴坎泰·赫迪统治下的一个名义上的伊斯兰国家涂上了浓重的伊斯兰色彩。他虽然也以武力推行伊斯兰教，但乔勒夫的马拉布特以及他的弟子们也以和平的方式传教，在这里建设清真寺，建立伊玛目制度。阿马杜认为，皈依伊斯兰教并非念作证词那么简单，他要求人们按时礼拜，学习《古兰经》。他要求每个村庄都要建设一座清真寺。他还要求贵族把孩子送到伊斯兰学校学习伊斯兰教和阿拉伯语，任命伊斯兰教法官监督教法的执行。

不久，阿马杜采取的伊斯兰化措施开始发挥作用。原来对伊斯兰教心不在焉的统治者也开始按时礼拜，他的臣民也起而效仿。天长日久，伊斯兰教在乔勒夫终于扎下了根。当年萨诺·恩吉曾经向法国人说，那些被迫改宗伊斯兰教的乔勒夫人，一有机会就会放弃伊斯兰教。但是1874年当这种机会到来时，这种现象并没有发生。

阿马杜的圣战运动给乔勒夫带来了巨大的信仰面貌的变化，但是他所领导的提加尼教团却没有留下什么重大影响，也许他只是忙于传播伊斯兰教，无暇专门考虑提加尼教团的事情。其实他之前的乌玛尔也是如此，在运动的早期阶段没有特别强调提加尼教团。另一方面，阿马杜也确曾试图在乔勒夫扩大提加尼教团，目前却没有发现他这么做的证据。1875年阿尔博里·恩吉当上了乔勒夫的国王，虽然他是一位穆斯林，但他可能也宣布了提加尼教团的非法地位。因为在1880年之前，阿马杜的兄弟巴拉仍然在与他作战。在20世纪初，哈吉·马立克·萨伊才真正把提加尼伊斯兰教带到了乔勒夫。

因为阿马杜的圣战运动，乔勒夫的伊斯兰教再也不仅仅是马拉布特的伊斯兰教，阿马杜在乔勒夫的四年中，伊斯兰教被整个乔勒夫社会所接受。他死后，阿尔博里·恩吉继承了他的事业，作为马巴的弟子，阿尔博里认为阿马杜只是他政治上的敌人，不是宗教上的敌人，所以他作为阿马杜宗教上的继承者并无不妥。阿尔博里作为乔勒夫的国王，他要求所有贵族和士兵都要信仰伊斯兰教，他还支持马拉布特的活动。在他统治期间，伊斯兰教成为乔勒夫的国家宗教。这样，乔勒夫宗教面貌的巨大改变由阿马杜领导的运动开始，却由他的政治对手、一位传统的统治者来完成。

马巴的圣战，也对塞内冈比亚的伊斯兰教有较大推动作用。参与到马巴圣战运动的民族主要是曼丁哥人和沃洛夫人。马巴建立起一个神权国家，这一点与索科托的富尔贝人和马西纳的阿赫马杜·洛博一样，政府的长官都是伊斯兰教的宗教领袖。他的新国家主要由他在基尔镇招收的沃洛夫人弟子来统治。曼丁哥人不满于沃洛夫人的统治，1865年举行了一次大规模的反叛，被马巴临时镇压下去。1867年马巴被法军杀害。马巴的继承者没有能力把曼丁哥人、沃洛夫人等族群捆绑在一个国家里。改革者通过伊斯兰教创造一个统一国家的理想随之破灭。尽管未能达到政治上的统一，马巴的影响对伊斯兰教的传播作用也很大，使之进一步在塞内冈比亚扎下了根。因为他的影响，凯约国的国王拉特·迪尔·迪奥普、乔勒夫的国王阿里·布里·恩迭亚都皈依了伊斯兰教。除了朱拉人之外，冈比亚地区的沃洛夫人、曼丁哥人及其他民族或部族都彻底实现伊斯兰化。19世纪中叶的一次调查发现，冈比亚河谷索宁克国家中80%以上的人口都是穆斯林，这主要都是马巴及其革命运动的影响。现在冈比亚共和国穆斯林人口占其总人口的90%。

从被动到主动的转变

19世纪西非圣战运动在宗教上的斗争目标，指向所谓"混合"伊斯兰教。"混合"伊斯兰教的实质，在于长期在撒哈拉以南非洲社会环境下生存的穆斯林，将自己的信仰日渐融入非洲本土文化之中，吸收了许多当地的宗教文化成分和宗教实践。这种吸收与借鉴既可理解为无意识的行为，亦可理解为被迫的选择，甚至自觉的行动。谓其无意识，是指在长达千年的历史长河中，伊斯兰文化与非洲传统文化的交流、交往和对话，必然会彼此相互影响。文化的交流通常是在这种漫长的历史过程中，无意识地彼此浸润、相互借鉴的过程。谓其自觉行动，是指这种宗教上的借鉴与学习，乃是基于在新的社会环境下生存发展的一种被迫选择。所谓被迫，即内心清楚地理解这种处境的艰难而不得不选择接受，久而久之，竟然发展为主动的靠拢。西非穆斯林内部，曾为这种选择与靠拢进行过长期的争论，有学者支持，亦有学者反对。争论无果而未终，选择与非洲文化的妥协却成为事实。直到19世纪圣战运动爆发前夕，这种争论还在继续。以索宁克穆斯林学者哈吉·萨利母·苏瓦里（al-Haj Salim Suwari）为代表的温和派主张，伊斯兰教应与非洲本土宗教和平共存、互不干涉、不以武力传播伊斯兰教。这是西非穆斯林千百年来形成的共识，这就是所谓的

"苏瓦里传统"。①这种传统与包括奥斯曼·丹·弗迪奥在内的圣战运动发起人所体现的思想和行为针锋相对。显然，到19世纪，后者的思想成为主流。

主张和平共处的温和派，在宗教上有一定的妥协，愿意接受"名义上的穆斯林"，甚至接受异教徒作为统治者。穆斯林学者在作为伊斯兰教的知识传播者和教法监管者的同时，愿意有条件地为地方贵族提供文化服务，比如，任宫廷书记员、谋士、抄写员、会计等，以换取在异教徒土地上生存的权利。这种情况下，伊斯兰教事实上并未摆脱长期以来"寄人篱下"的地位，这种寄生状态显示出伊斯兰教为求生存的被迫与被动选择的性质。穆斯林做出这种被动的选择，最重要的原因在于，他们作为少数派，不论在人力还是物力方面，都不足以与非洲传统宗教对抗。

18—19世纪，西非伊斯兰教经过千年积累，穆斯林人口增加，伊斯兰化进程已达到相当的程度。在西非许多地区，尤其是撒哈拉南缘地区，几乎全部伊斯兰化。在重要的城镇，穆斯林人口的比例比以前大为增加。这使伊斯兰教具有与非洲传统宗教对抗的人口和物质基础。更重要的是伊斯兰复兴宗教思想的输入，使西非伊斯兰教对长久以来"寄人篱下"的地位不再持容忍态度。15世纪以来，穆罕默德·马吉里和西迪·穆赫塔尔·昆提（1728—1811）纯化伊斯兰教的主张，逐渐在西非穆斯林学者内部引起呼应。18—19世纪，呼声更加高涨。

19世纪的西非圣战运动，就是以主张排除伊斯兰教中非洲传统宗教影响的穆斯林学者为核心的穆斯林，经过精心筹划、宣传、动员而发动起来的宗教革新运动。这次运动对西非伊斯兰教的发展走向来说，实现了一次重大的转折。原来处于"寄生"地位的伊斯兰教，通过这一系列圣战运动，力量更为强大，要求抛弃之前的与非洲传统文化共存的生存法则，转而寻求一条更为积极、主动的发展道路。这一发展道路的核心，在于通过穆斯林学者掌握政权，建立伊斯兰国家，实施伊斯兰化的改革，由穆斯林决定伊斯兰教的命运。

---

① Nebemia Levtzion & Randall L. Pouwels, *The History of Islam in Africa*, Ohio University Press, 2000. pp. 131-152.

第二节 从"混合"阶段到改革阶段：
与传统伊斯兰世界接轨

19世纪圣战运动给西非伊斯兰教带来的重大转变，还可以从西非伊斯兰教的发展阶段来分析。学术界普遍认为，这次圣战运动，是西非伊斯兰教发展阶段从"混合"伊斯兰教阶段，向伊斯兰教改革阶段的转变。但是，这里的所谓"改革"，并非现代意义上的改革，而是将西非伊斯兰教向传统伊斯兰教转变的改革。在详细讨论这次改革的实质之前，有必要了解一下学术界对西非伊斯兰教发展阶段的讨论。

关于西非伊斯兰教发展阶段的讨论

关于西非伊斯兰教的历史，虽然仍有许多待解之谜，不过有一点已成定论：伊斯兰教自公元8世纪到达西非，到目前至少已有13个世纪的历史。但是，如何把握这段漫长的历史，如何对西非伊斯兰教的历史进行分期，学者们莫衷一是，一度陷入无休止的争论。恰当、客观的历史分期，对从宏观上把握和理解西非伊斯兰教史助益匪浅，也必不可少。不同的历史分期，不但反映了人们对西非伊斯兰教历史的不同理解，而且反映出人们不同的历史观，甚至价值观。学者们依据不同的历史观，基于不同的划分标准，将西非伊斯兰教的历史发展做出各种各样的划分。

早期研究西非伊斯兰教的学者，多为欧洲人，他们对西非伊斯兰教的观察，自然而然受"欧洲中心论"历史观的影响。他们依据这种历史观，将西非伊斯兰教的发展划分为古代、中世纪、近现代三个历史阶段。古代时期通常从公元8世纪伊斯兰教初到西非开始，到加纳帝国的兴起结束。因此古代阶段非常短，最多也就一两个世纪的时间。中世纪则历史跨度比较长，包括加纳帝国、马里帝国、桑海帝国三个西非大帝国时期及伊斯兰圣战运动的前半期。近现代则从大规模的殖民征服开始一直到现在。早期西方学者的这种历史分期，以殖民时期的法国学者群体和英国学者斯潘塞·崔明翰为代表。不过，他们并未明确而清晰地做出这种划分，他们的划分体现在对西非伊斯兰教历史的叙述中，属于一种自然的表露，乃是不自觉地参照西方中心论的历史观来考察、分析西非伊斯兰教历史的结果。这种"三段论"的历史分期，不是孤立地看待西非的历史，而是将西非历史作为"扩大了的欧洲历史"的一部分，试图将西非伊斯兰教历史纳入欧洲史的框架中。

西非穆斯林学者并不赞同西方学者以欧洲中心论的视角来观察西非伊斯兰教，他们认为研究西非的历史首先应该以西非的历史内容为中心，分析西非伊斯兰教发展的规律，找出不同的发展阶段。基于这种考虑，根据当代冈比亚学者奥马尔·贾赫的观点，将西非伊斯兰教从8世纪至19世纪的历史划分为四个阶段：第一阶段，公元9—13世纪的零散传播时期或前体制化时期。在这个时期内，游学的穆斯林学者，以及穆斯林商人主要以和平的方式，将伊斯兰教缓慢地向西非传播，没有任何体制化的支持。第二阶段，14—16世纪体制化时期。西非的穆斯林学者建立起伊斯兰教育中心，进行专职传教，加奈姆—博尔诺、马里、桑海、豪萨诸国等西非国家，都处在穆斯林统治者的领导之下，伊斯兰教育机构与西非政治体制的结合，极大地推动了伊斯兰教的发展。第三阶段，17—18世纪的"前圣战时期"。16世纪末，桑海帝国洗劫了西非的伊斯兰学术中心廷巴克图，随后西非的政治体制与伊斯兰教育体制双双陷入困境，伊斯兰教发展速度大不如前，且面临本土宗教文化的威胁，宗教混合主义大行其道，很少有人遵守伊斯兰教法。不过，这一时期，撒哈拉的著名伊斯兰学者穆赫塔尔·昆提逐渐将苏非主义带到西非，并发展到鼎盛时期。这一时期对西苏丹伊斯兰教发展最具重要意义的是，促使19世纪圣战运动大爆发的各种因素都在这一时期形成。第四阶段，19世纪的圣战运动时期。通过大规模的圣战运动，伊斯兰教在西苏丹地带占据了绝对优势。西非本土学者的这种"四阶段论"，相对于欧洲学者的"三阶段论"，摆脱了欧洲中心论历史观的束缚，完全依据西非伊斯兰教历史发展中的重大变化或事件作为划分标准，来"分割"历史，体现了一种本土的"地方思维"。

同时，当代西方学者也在"检讨"欧洲中心论的分期法，希望能找出既能反映西非伊斯兰教历史客观发展规律，又能被西非学者所接受的分期"切割法"。这种"切割法"首先必须放弃欧洲中心论，站在西非伊斯兰教"之中"，而不是站在欧洲观察西非，同时还要避免西非学者"不识庐山真面目，只缘身在此山中"的困扰。他们从撒哈拉地区穆斯林学者的作品中找到了启发。穆罕默德·马吉里是出生于阿尔及利亚特莱姆森的伊斯兰学者，曾作为政治—宗教顾问，给西苏丹各国的统治者提供资政建议，他与桑海帝国的诸位国王交往颇多。1490年前后，马吉里前往西苏丹。他先后在卡齐纳和卡诺居住。马吉里在西非伊斯兰宗教思想的转型上，具有标志性的意义。他直接否定了长久以来伊斯兰教与西非本土宗教之间的共识，即西非穆斯林学者达成的一项"公议"，默认西非的国王们在遵守本土宗教传统的同时，又宣称其为穆斯林，穆斯林学者不应谴责他们的这种"荡秋千"做法。到马吉里时代，伊斯兰教在西非传播的广度与深度都大有进步的情况下，马吉里决定不再容忍这种两面派做法，公开声称当时的桑海国王苏尼·阿里为异教徒。马吉里提出了一个非常重要的概念，称像苏尼·阿里及其臣子这样向西非传统妥协的人为"混合者"，即他们信仰的是西非本土宗教与伊斯兰教相结合的"混合"宗教。当代西方学者发现，其实在西非伊斯兰教中"混合"宗教存在于一个相当长的历史时期。19世纪西非伊斯兰教的圣战运动就是对这种"混合"宗教的改革，这种改革传统一直延续到目前。而在"混合"宗教之前，西非伊斯兰教是作为一种外来宗教存在的。于是，当代西方学者模糊地建立起了另一种非欧洲中心论的"三阶段论"，即外来宗教、"混合"宗教、圣战运动三个阶段。摩温·黑斯克特及其同时代的学者，在他们的作品中反复提及"混合"宗教的概念，但他们仍沿用古代、中世纪、近现代的划分法，从未用这一概念来观察西非伊斯兰教的发展历程。在1970年首次出版的《剑桥伊斯兰教史》中，汉弗莱·费舍尔比较明确地提出了这种新的"三阶段论"，"撒哈拉以南非洲的伊斯兰教遵循着三个阶段的发展：第一阶段，外籍穆斯林居民所代表的伊斯兰教；第二阶段，取得某些本土宗教支持的同时却不得不与地方风俗妥协；第三阶段，有能力随意推进改革。这种发展模式并非在所有的地区同时展开，也不是以相同的步伐展开，即使相邻的地区其发展的阶段也非常不同。"[1]费舍尔所谓的"与地方风俗妥协"，就是指"混合"宗教而言的。他实际上提出了"隔离""混合""改革"的历史三阶段论。

斯坦福大学的马格丽·黑尔在费舍尔"新三段论"的基础上，进一步归纳出遏制、混合、改革的西非伊斯兰教历史三段论。她说："西非伊斯兰教的历史可分为三个阶段：遏制阶段、混合阶段和改革阶段。在第一个阶段中，非洲王权通过穆斯林与非穆斯林分开居住的方式限制伊斯兰教

---

[1] P. M. Holt, ed., *the Cambridge History Of Islam*, Volume 2A. Cambridge University Press, 1970. pp. 345-346.

的扩张。第二阶段，非洲统治者将伊斯兰教与非洲传统相互融合，非洲人有选择地实践伊斯兰教法。第三阶段，非洲穆斯林实行宗教改革，以剔除伊斯兰教中混杂的非洲传统，力求彻底实施伊斯兰教法。这种三阶段的划分方式，有助于说明中世纪的加纳、马里和桑海三大帝国，以及19世纪圣战运动的历史。圣战运动在豪萨建立了索科托哈里发国和在塞内冈比亚建立了乌玛尔伊斯兰国家。"[1]马格丽·黑尔的三阶段论与汉弗莱·费舍尔的三阶段论在本质上区别不大，都是以对西非伊斯兰教本身的历史处境、历史行为的描述来表达历史的发展。但是，黑尔的"遏制"更生动、深刻地描述出西非伊斯兰教初来乍到的历史境遇，并且，黑尔的概况在表述上更为简洁明了。

如果从宗教思想与实践的角度分析，也可以对西非伊斯兰教的历史发展作另一种划分。早期西非伊斯兰教受北非伊斯兰教影响，以哈瓦利吉派（易巴德派[2]）和什叶派（伊德里斯派、法蒂玛派）为主体，逊尼派不是西非伊斯兰教的主流。公元10世纪至16世纪，马格里布伊斯兰化完成后，柏柏尔人从信仰伊斯兰教的少数派即哈瓦利吉派和什叶派转向以信仰逊尼派为主，西非伊斯兰教也随之逐渐转向逊尼派。因此，西非伊斯兰教历史上存在过哈瓦利吉派和什叶派阶段、逊尼派阶段两个不同的时期。从15世纪开始，穆罕默德·马吉里开始将卡迪里苏非主义引入西非。[3]至18世纪，西撒哈拉地区以西迪·穆赫塔尔·昆提为代表的昆塔阿拉伯部落更是成为早期卡迪里苏非主义向西非传播的主要载体和渠道。西非伊斯兰教由此进入苏非主义时代。而自20世纪中叶起，赛莱菲派也传到西非，极大地改变了部分穆斯林社会的信仰面貌。目前赛莱菲派的影响也在增强。由于不同教派和苏非主义的轮番登场，西非伊斯兰教也因此呈现出不同的信仰图景。据此，我们可以将西非伊斯兰教依次划分为哈瓦利吉派和什叶派时期、逊尼派时期、苏非主义时期、赛莱菲派时期。当然，将当前的西非伊斯兰教称为"赛莱菲派时期"，并不意味着赛莱菲派已是西非伊斯兰教的主流，而只是赛莱菲派的开端。至于赛莱菲派（包括瓦哈比派）在

---

[1] Margari Hill, *The Spread Of Islam In West Africa*, Stanford University, January 2009. http://iis-db.stanford.edu/docs/235/Islam.pdf.

[2] 也有学者认为伊德里斯王朝并非什叶派王朝，因为它从不宣传什叶派教义。

[3] 关于穆罕默德·马吉里在卡迪里苏非主义向西非传播过程中的作用，学术界意见并未统一。有学者认为穆罕默德·马吉里的作用尚不明朗。

西非会有多大影响，仍要看未来的发展。

以上对西非伊斯兰教历史阶段的讨论，应该说每种划分方法，各有千秋。各种视角都是认识西非伊斯兰教的一种方法，都有利于深化我们的理解。欧洲中心论的视角，可以理解为一种后阿拉伯史观的方法论，摆脱了长久以来阿拉伯伊斯兰视角的垄断，将西非伊斯兰教置于当时所认识的欧洲史观的大背景下观察与分析，也是迈向全球史观的必要过程。这种视角虽有历史的局限性，但是如果抛弃民族主义与本土中心论的愤慨，也未尝不具有客观性。但总体上而言，遏制、混合、改革的三段论，是更为宏观、准确、客观地对西非伊斯兰教历史发展的描述。因为，遏制、混合、改革的三段论，不是以某一历史事件，或某个年代作为划分标准，而是基于对西非伊斯兰教历史精准的理解之上，并经过高度归纳之后得出的结论。这种划分深刻、准确地把握住了西非伊斯兰教各个历史发展阶段的主题与特点，目前对西非伊斯兰教历史阶段的各种认识，无有能出其右者，给人以耳目一新之感。

改革的实质

19世纪西非圣战运动中的改革，与我们现在所理解的一般意义上的社会改革具有完全不同的意义和内涵。现代意义上的改革，自欧洲文艺复兴、宗教改革和启蒙运动以来，至少有两种含义。首先，是指政教分离，将宗教组织的力量从世俗政权中剔出，政治摆脱宗教的控制，使世俗主义成为政治的主流。其次，从世俗层面上讲，指改变旧制度、旧事物。尤指对旧有的生产关系、上层建筑作局部或根本性的调整变动，以释放社会发展的强大动力。

在伊斯兰教中，至少在中世纪，传统的伊斯兰教和近代兴起的伊斯兰现代主义当中，都不存在上述现代意义的改革。伊斯兰教不区别世俗与宗教，任何将宗教力量排除在社会诸领域的改革，必将是非伊斯兰教的改革，或反伊斯兰教的改革。伊斯兰教的改革不能由世俗主义者主导，而应由穆斯林宗教学者主导。因此，判断伊斯兰世界改革性质的前提，必须首先确定由谁推动和主导，世俗主义者和现代主义者的改革，与以宗教学者为核心的宗教力量的改革，目标、内容与主旨全然不同。

在阿拉伯语中，改革称为"塔吉迪德"。在伊斯兰教中的塔吉迪德，是指复兴伊斯兰教，按伊斯兰教的要求纯化社会，去除非伊斯兰的因素和影响，恢复伊斯兰意义上的社会公正与平等。塔吉迪德由"穆贾迪德"来实施。穆贾迪德，意为"革新者"，即实施塔吉迪德的人。据说，伊斯兰教关于穆贾迪德的理念，来源于一则圣训。这则圣训的大意是，在每个世纪之交（按伊斯兰历法），真主将会派遣一个人来改革或复兴伊斯兰教。这个人就是穆贾迪德。同一时代，可能不止一位穆贾迪德，因为穆贾迪德是对应某个穆斯林社区的，比如处在同一个世纪之交，西非可能会出现一位穆贾迪德，东非有一位，北非也可能会有一位。穆贾迪德的改革，旨在去除伊斯兰教中的非伊斯兰内容，恢复其原来的纯洁状态。穆贾迪德可由哈里发、圣人、宗教学者或其他有影响的人士充任。

在伊斯兰教中，"比达阿"也是一个与改革有关的概念。但是，这个词通常具有贬义，常指标新立异、异端，是对伊斯兰教的篡改和歪曲，或将非伊斯兰的内容引入伊斯兰教。因此，由穆贾迪德所主导的塔吉迪德，改革的目标往往在于由比达阿给伊斯兰教造成的不良后果。在19世纪西非圣战运动中，豪萨的奥斯曼·丹·弗迪奥，多数人认为他是那个时代的穆贾迪德，他本人也承认这一点。当然，同时还有其他地区的圣战运动领导人也声称为穆贾迪德，但认可者不多。在弗迪奥的著作中，用大量的篇幅论述塔吉迪德和比达阿，并将二者严格区分。与众不同的是，他将比达阿作了分类，认为比达阿并不完全代表异端，合理的比达阿，属于创新，有益于伊斯兰教的发展。

19世纪西非圣战运动发起人所倡导的改革，严格属于由穆贾迪德所主导，进行塔吉迪德，反对比达阿的所谓改革运动。这次改革，在发起人与参与者的理想中，完全是一种宗教意义上的改革。当然，由于这些人的观念中，伊斯兰教包含人类的全部生活，不分宗教与世俗，这种改革也包含了现在我们认为世俗内容的改革。因此，他们所认为的纯宗教改革，事实上属于一次社会性的全面改革。

就这次改革的内容看，当事人完全按照伊斯兰理想，对穆罕默德先知及四大哈里发时代的伊斯兰教与社会进行"仿效"，或者用改革者的词语，称"塔格里德"（taqlid，意为"仿效"）。他们仿效的对象，为古典的伊斯兰教，完全属于政教合一的制度。这种制度与源自欧洲的现代政教分离的制度分属两个不同的时代。虽然19世纪西非圣战运动的领导人仿效的对象是阿拉伯伊斯兰教，但是，时过境迁，即使在阿拉伯世界，19世纪的阿拉伯政治家也已经启动了现代化的改革。埃及的穆罕默德·阿里，从1805年开始，模仿欧洲，启动了现代化改革。在他执政的43年（1805—1848年）期间，为建立一个以埃及为中心的阿拉伯人主权国家，他以富国强兵为总方针，在政治、经济、军事、文化等领域进行了自上而下的全面改革。1839年11月3日，奥斯曼帝国苏丹阿卜杜勒·迈吉德一世（1839—1861年在位）颁布敕令，宣布改革。敕令的拟定者是外交大臣穆斯塔法·拉希德帕夏（1800—1858年）。拉希德帕夏属于当时封建统治集团中具有政治远见的少数进步官员之一。敕令的颁布是奥斯曼帝国著名的现代性改革"坦齐马特"运动的起点。通过比较就会发现，19世纪的西非圣战运动中的改革，既不是穆罕默德·阿里式的改革，也非坦齐马特式的改革。这次改革仿效的不是欧洲，而是早期伊斯兰教和苏非主义及其教团。因此，这次改革的目标，并非旨在与当时阿拉伯世界已经启动的现代化改革靠拢和接轨，也并非与伊斯兰世界的现代发展方向接轨。从这种意义上说，19世纪的西非伊斯兰教改革运动，仍比它所仿效的伊斯兰世界核心地区，慢了一个节拍。不过，向传统伊斯兰教靠拢，并不能否定这次运动当中提加尼教团和卡迪里教团等的新苏非主义性质。

第三节　从出世到入世：新苏非主义的盛景

16世纪，伊斯兰苏非主义发展到顶点，成为伊斯兰教民间信仰的主体。此后，苏非主义开始走下坡路。到18—19世纪，苏非主义不断探索复兴之路，出现了向新苏非主义转变的趋势。西非的新苏非主义和新苏非教团，在19世纪的圣战运动中，承担着动员、组织、领导的核心作用。苏非学者掌握政权，新苏非教团也因此借政权的力量迅速发展，呈现出一派繁荣景象。

新苏非主义

18世纪，伊斯兰世界正在经历转型的阵痛，殖民主义几乎统治着伊斯兰土地的每个角落。也许是作为这种伊斯兰世界所经历苦难的回应，向来主张脱离俗世、专心修道的苏非主义，逐渐将宗教的重心转向世俗生活。18世纪，不论是传统的苏非教团，还是新兴的苏非教团，都大规模地卷入或发起反殖民主义、反封建专制的运动浪潮。早期苏非主义坚决反对这种涉入现实社会俗事的现象，近代却成为苏非主义的普遍发展趋势。

苏非主义似乎走向了自己的反面。

苏非主义及其教团发展的新趋势，也引起了学术界的关注。有学者称之为新苏非主义和新苏非教团，并将新苏非主义定义为"按照正统派路线改革的和作为一种运动意义上解释的苏非主义"。[①]这一定义强调，历史上以反传统面目出现的苏非主义，现在又回到了传统的路线上，走向正统伊斯兰教。回复正统伊斯兰教只是一种工具，新苏非主义的最终目标，在于为自己涉入世俗社会寻找路径，以彰显自身存在的社会价值，并为自身的发展拓展新的道路。

根据学术界多年来研究的总结，新苏非主义大致有如下特征。其一，哲学上，强调与先知的精神或人格的合一；其二，实践中，重视并严格遵循《古兰经》和圣训的规定；其三，介入社会改革或经济生活，卷入政治斗争；其四，通常情况下，新苏非主义反对传统的苏非主义实践，如苦修、禁欲、遁世等出世行为，或者至少不如以前那样强调这些实践，而是主张积极入世。从这些特征可以看出，新苏非主义从哲学到实践层面都有巨大的转折。

新苏非教团入世的目的，除了世俗的意义之外，宗教上的目标也很明显，即实现苏非主义的复兴和伊斯兰教的复兴。根据苏非教团复兴时所走的不同路径，可将新苏非教团分为两类，一类是传统型，一类是改革型。[②]传统型苏非教团，一方面没有放弃传统的修道方式，另一方面则积极参与社会生活，卷入政治、经济、军事斗争。改革型的新苏非教团，通常为新生的教团，不再强调传统的苏非主义实践，同时主张积极入世。

关于新苏非主义与新苏非教团，能否准确描述当前伊斯兰教苏非主义的真实面貌，学术界仍在争论。新苏非主义主要是学者们在研究非洲苏非主义的过程中提出来的一个新的学术概念。约翰·沃（John Voll）曾经简要地梳理了"新苏非主义学说"发展的大致历程：19世纪末至20世纪初，在非洲的法国殖民学者发现，18—19世纪传统上闭门修道的苏非主义，逐渐发生变革，一方面向伊斯兰教正统回归，一方面向超部族的大规模宗教运动方向发展；斯潘塞·崔明翰通过对非洲伊斯兰教长期的观察和研究，也发现苏非主义发生许多与传统上不同，且难以理解的改变；后

[①] F. Rahman, *Islam*, Universtiy of Chicago Press, 1979, p. 206.

[②] 周燮藩等：《苏非之道——伊斯兰教神秘主义研究》，中国社会科学出版社2012年版，第304页。

来，南亚的学者法兹勒·拉赫曼，将这种"按正统派改革"、增强社会参与的苏非主义，称为"新苏非主义"。当时，对于这一提法，既有学者反对，也有学者支持，但支持者与反对者都继续思考这一新提法。再后来，莱扶济昂通过研究非洲苏非主义，对新苏非主义理论继续跟进，他认为在伊斯兰世界周边地区，如撒哈拉以南非洲，新苏非主义的一个重要特征，是放弃阿拉伯语而改用方言，作为其宗教表达的主要形式，因此，方言文献是新苏非主义的标志之一；欧法赫（O'FaHey）和拉达克（Radtke）都是先对新苏非主义持批评态度，认为新苏非主义并无新意，后来经过研究，他们又转变了看法，认为新苏非主义在宗教内涵和组织性方面，都有新内容；在此情况下，学术界组织了一次关于新苏非主义的大讨论，得出所谓的"新苏非共识九条"[①]；随后，约翰·沃对新苏非主义哲学再思考，他认为：在新苏非主义中，安萨里没有完全取代伊本·阿拉比，但是至少在新苏非主义中，伊本·阿拉比的地位相比于早期苏非主义，已经不再是唯一居于核心地位的思想；[②]吉布（Gibb）和霍夫曼（Hoffman）也在神学上对新苏非主义进行更进一步的探讨，他们发现艾哈迈德·伊德里斯完全拒绝"与真主合一"的修道目标，提出"与先知精神合一"的新方向。虽然这一结论遭到不少反对的声音，认为"与先知精神合一"仅是"与真主合一"的必要阶段，而不是前者取代后者，但学者们承认，至少在苏非主义神学的发展中，伊斯兰教先知穆罕默德的地位不是一成不变的，其重要性是不断上升的。在中国学术界，周燮藩首先将新苏非主义的概念引入中文文献，开启中国学者对苏非主义研究的新方向[③]。通过上述对新苏非主义学说形成与发展的简要梳理，再对照近代以来非洲苏非主义的种种历史演进，就会发现非洲苏非主义与新苏非主义的理论解说非常契合。更为重要的是，18—19 世纪非洲的新苏非主义，转向当代范围更广、社会参与性更强，但同时也强调回归传统苏非主义的新阶段。

---

① "新苏非共识九条"最核心的内容，是在哲学上确认新苏非主义是对伊本·阿拉比"存在统一"论的拒绝，对希尔信迪"见证统一"论的推崇，目的在于抬高先知的地位。

② Neo-Sufism: Reconsidered Again Author（s）: John O. Voll Source: Canadian Journal of African Studies / Revue Canadienne des Études Africaines, Vol. 42, No. 2/3, Engaging with a Legacy: Nehemia Levtzion（1935-2003）（2008）, pp. 314-330.

③ 吴云贵、周燮藩：《近现代伊斯兰教思潮与运动》，社会科学文献出版社 2000 年版，第146—168 页。

这里有一个非常值得思考的问题，为什么主要是研究非洲伊斯兰教的学者，发现了苏非运动的新动向、新特点，对新苏非主义的理论贡献最大？至少有如下原因：苏非主义是18—19世纪非洲伊斯兰教的主体，研究非洲伊斯兰教几乎等于研究苏非主义；非洲苏非主义从理论到实践的确发生了引人注目的变化，学者们捕捉到这一变化，并试图从理论上解说。但是，纵观新苏非主义的理论视角，可以发现这一视角仍期望以苏非主义本身解说苏非主义，也就是说，期望在苏非主义内部解释清楚非洲苏非主义的新动向和新趋势，所谓"新"苏非主义，从这个词语上可以看出，学者们不打算突破苏非主义的理论框架。研究非洲苏非主义，现在也许应该转变这种思路了，解说新苏非主义可以尝试从苏非主义之外去寻找答案，突破这一理论框架，并不意味着新苏非主义不是苏非主义。18—19世纪非洲的苏非改革运动中，新苏非主义理论认为，其背后是新苏非主义思想的推动，或者说改革运动也进一步推动了新苏非思想的发展。对于这种观点，也可以反过来理解，即18—19世纪非洲苏非主义所处的社会环境剧变——非洲本土政权瓦解、殖民体系建立、非洲与国际联系加强、撒哈拉商业体系让位于大西洋商业体系等——促使苏非思想不得不做出调整，否则生存是个问题。塞努西教团的瓦解就是一个活生生的例证。

从苏非主义走向新苏非主义，是非洲苏非教团不得已而为之。如果说苏非教长的权威来自宗教神秘主义（神秘的宗教知识），那么，新苏非主义的一些祛魅，应该有损苏非长老的权威，而事实并非如此。现代语境下，非常明显的是，非洲苏非长老权威的减损，不是因为新苏非主义的原因，而是深受现代性冲击的结果。所以说，在当代非洲苏非主义进入新阶段时，教团长老的权威不完全源自宗教神秘主义，而是比以前更加依赖其他因素，比如政治权威与经济方面的成功等。所以，在当代非洲，那些"政治教团"与"经济教团"，最具有活力，反之，固守传统苏非主义而不作改变的教团，则未见起色。因此，教团对目前困境的反思，主要将教团的衰落归因道德滑坡，宗教的失守，这只是一种宗教上的解释，仍然是一种苏非主义内部的视角，显然没有找对方向和病根。非洲苏非主义潜意识里，仍希望用苏非之道解决困难，恐怕要面对失望。非洲苏非主义要目视远方，视野要更开阔，一方面要内部改革，另一方面，苏非的问题要在苏非之外寻找解决办法，就是走新苏非主义之路。

提加尼新苏非主义

提加尼教团属于改革型的新苏非主义。提加尼教团兴起于马格里布，现在它已是一个世界性的教团，除北非的摩洛哥、阿尔及利亚、埃及作为提加尼教团初兴之地外，西非的毛里塔尼亚、塞内加尔、加纳、尼日利亚、尼日尔、乍得更是它的兴旺发达之地，另外在苏丹、南非，提加尼教团都很有影响力，亚洲的印度尼西亚，甚至北美地区，提加尼教团也比较活跃。

提加尼教团在 1782 年左右开始形成，其创始人为阿赫默德·提加尼（Muhammad ibn al-Mukhtar al-Tijani）。1782 年，他突然提出一些与传统苏非主义截然不同的宗教主张，宗教修持上也同时改变，这一引人注目的转变竟然成为提加尼教团形成并迅速发展的契机。

19 世纪中期起，提加尼教团在撒哈拉以南的非洲迅速扩张。首先，提加尼在非斯任命毛里塔尼亚艾达乌·阿里（Idaw Ali）部落的穆罕默德·哈菲茨（Muhammad Al-Hafiz）为本教团的长老，由他将提加尼教团引入毛里塔尼亚。穆罕默德·哈菲茨来自富塔贾隆的弟子毛鲁德·阿赫默德·纳基尔（Mawlud Fal Abd Al-Karim B. Ahmad Al-Nakil）将提加尼教团传播到塞内冈比亚地区，然后再将提加尼教团的领导权交给著名学者兼圣战运动发起人哈吉·乌玛尔·塔勒（1864 年去世）。在哈吉·乌玛尔·塔勒的领导下，提加尼教团成为西非卡迪里教团的主要竞争者。

提加尼的新苏非主义观点主要包括：其一，提加尼自称"封印的圣人"。其二，穆罕默德与他中间没有其他圣人，他们直接对话，他的道统直接源自先知。其三，削弱苦修在苏非主义中的重要意义。

在 19 世纪西非的圣战运动中，提加尼教团得到了极大的发展。最具代表性的提加尼苏非长老是哈吉·乌玛尔·塔勒。关于该教团在这次运动中的作用，前文已有论述，在此不再多言。

卡迪里新苏非主义

西非的卡迪里教团是传统型的新苏非主义。卡迪里教团是一个古老的苏非教团。卡迪里苏非主义大约于公元 8 世纪萌芽于阿拉伯帝国的中心两河流域，逐渐向整个伊斯兰世界扩展。西非的卡迪里教团，大约在 15 世纪由穆斯林学者穆罕默德·马吉里从北非传到西非。在 19 世纪西非圣战运动中，豪萨著名的富拉尼学者奥斯曼·丹·弗迪奥，成为西非卡迪里苏非主义的代表人物。他本人是典型的苏非学者，在苏非实践上，都与提加尼不一样，并不反对传统的修道制度。弗迪奥仍然比较严格地履行苏非主义的修道要求，他本人不参与当时的圣战运动，也不参与对哈里发国家的管理。这些都表明他基本上是遁世的。但是，从他对弟子的管理看，他并不要求卡迪里教团的苏非严格遵守修道制度，允许他们放下神秘主义的功修，涉入世俗生活。这一点表明，他的苏非主义立场仍是有所变化，对自己的学生已不再过多地要求苏非修持，他已不再坚持传统严格的苏非主义立场。弗迪奥利用豪萨的伊斯兰武装圣战与其后的宗教改革运动，将西非的卡迪里苏非主义推向高峰。

由于前文对卡迪里苏非主义已有所涉及，这里不再赘述。

穆里德新苏非主义

穆里德教团，是西非独有的教团，它是西非本土特有的社会环境下新苏非主义实践的产物。在谈及与19世纪西非圣战运动的关系上，穆里德教团与提加尼教团和卡迪里教团不一样的是，它产生比较晚，只是在19世纪末期才逐渐形成教团。但是，作为西非独具特色的新苏非主义，穆里德教团在19世纪末所进行的温和的苏非主义改革，仍可列为这次西非圣战运动的一部分。

阿玛杜·邦巴（Amadu Bamba，1853-1927）又名阿赫默德·本·穆罕默德·哈比卜·安拉（Ahmad b. Muhammad b. Habib Allah），约于1853年出生于一个沃洛夫人宗教家庭，出生地为包勒王国（Baol，现在西非塞内加尔共和国境内）一个叫姆巴赫的小村庄。其父亲是苏非学者，曾经参加过提加尼教团反对沃洛夫王国的起义，他经常在塞内冈比亚地区的各王国，如包勒、凯约尔和乔勒夫等国游学。他的父亲是一位卡迪里教团的苏非学者，经常是皇室的座上宾，在当地颇有地位。成年后，阿玛杜·邦巴也成长为著名的苏非学者。面对日益严峻的法国殖民入侵，他意识到非洲人的任何抵抗都是徒劳的，转而支持对法采取和平手段。1886年，沃洛夫人的卡乔尔王国（Kajoor）被法国人征服后，阿玛杜·邦巴召集来自各个社会阶层的人，包括前王室的贵族和武士阶层，即所谓的"异教徒"和"马拉布特"的敌人，在该国南部重新组织起来。他以这种方式给处在失魂落魄中的沃洛夫人提供一种"另类的生存方式"和"避难所"：这恰好也是穆里德教团在现代塞内加尔历史上所起的主要作用。

19世纪末,西非的局势变幻莫测,阿玛杜·邦巴不再像父亲那样与王权维持密切关系,他小心地维护着与卡乔尔王室及殖民者之间若即若离的关系,并逐渐发展为对二者的敌视态度。法国人以殖民政权取代当地王权之后,将注意力转移到穆里德教团的威胁上来。阿玛杜·邦巴在非洲人中的宗教影响与人格魅力,引起法国当局的担忧,担心他可能积聚力量反抗殖民政权。1895年,法国人以"颠覆政府"的罪名将他逮捕。此后,他经历了长期的艰苦磨难,再加上某些诡异的传说(即苏非主义中所谓的奇迹),反倒成就了他作为苏非圣徒的地位:先是被流放到加蓬(1895—1902年),然后是软禁在毛里塔尼亚(直到1907年),接着又被关押在该国北部名叫夏延的小村庄。1912年,在他向法国当局做了无数次的和平承诺之后,特别是在1910年,他发布了一个专门的法特瓦,号召信徒应顺从殖民当局之后,才被允许回到家乡包勒居住。阿玛杜·邦巴直到去世时,都安静地生活在迪乌贝尔(Diourbel,包勒王国的首都),终日沉迷于宗教研究与苏非修持。他于1927年7月19日去世,葬于图巴(Touba)。图巴也随即发展为穆里德教团的中心,成为穆里德教团的宗教圣地。他去世时,穆里德教团成员已有10万之众。

阿玛杜·邦巴的社会与政治作用,几乎快要遮蔽了他原来作为宗教神秘主义者的身份与职业。1889年左右,一位毛里塔尼亚长老将他引介到卡迪里教团。据邦巴自己说,1891年左右,伊斯兰教的先知穆罕默德在他面前显圣,显圣地就是穆里德教团的中心图巴。现在来看,并无迹象表明他意在创立一个独立的苏非教团:他在谈论自己思想时从未提及此事,也从未向信徒谈论过要建立教团的事情。

阿玛杜·邦巴的文字作品主要是一些阿拉伯诗歌,目前共出版有41部诗集。西方学者通过对这些诗歌的研究发现,阿玛杜·邦巴与同时代的其他苏非圣人区别不太,也没有什么特别的宗教理论。只不过他以"真主使者的仆人"自居,特别强调模仿穆罕默德先知的行为。虽然他的思想比较正统,但他的一些弟子则发展出一种宗教排他主义,逐渐倾向于将阿玛杜·邦巴置于伊斯兰教先知的地位,位于图巴的清真寺也取代了麦加清真大寺,成为穆里德教团最重要的宗教圣地。但是这种倾向,并非穆里德教团所独有,也非阿玛杜·邦巴有意而为,而是民间宗教的产物。①

穆里德教团的名字取自 Murid 一词,这个词是阿拉伯语的音译,意为"寻求神圣知识的志愿者",即"苏非弟子"或"学生"之意。这个词并非阿玛杜·邦巴首次在塞内加尔使用。19 世纪 90 年代,即在阿玛杜·邦巴与法国人发生冲突之前,这个名词就已在塞内加尔开始使用。但真正让"穆里德"一词扬名非洲、欧洲和伊斯兰世界的人,则非阿玛杜·邦巴莫属。

穆里德教团起初只是卡迪里教团的一个分支教团,这个分支教团以阿玛杜·邦巴为中心逐渐发展为一个独立的苏非教团。穆里德教团主要在塞内加尔发展。19 世纪 80 年代,阿玛杜·邦巴作为诗人、学者和宫廷的精神导师,突然间声名鹊起,许多人蜂拥而至,认其为师。他的追随者最初主要来自宫廷中的奴隶士兵,以及因为战争和国家衰落而被边缘化的人。通常认为穆里德教团正式成形于 1883 年。

穆里德教团的教权在阿玛杜·邦巴的后裔中传承,不过它的继承制度并不完善,家庭成员经常为教权争夺而发生内部斗争。阿玛杜·邦巴去世后,由于缺乏决定穆里德教团长老人选的操作机制,阿玛杜·邦巴的长子玛玛杜·穆斯塔法·姆巴克(Mamadu Mustafa Mbacke,1927—1945 年任教团总哈里发)和次子法里鲁·姆巴克(Falilu Mbacke,1945—1968 年任总哈里发)在继承权问题上明争暗斗,各自都以"穆里德总哈里发"的名义继承了教权。在法国殖民当局的积极斡旋下,兄弟二人的竞争导致家族悲剧:阿玛杜·邦巴的一位兄弟谢赫·安塔(Shaykh Anta)以及玛玛杜·穆斯塔法·姆巴克的长子谢赫·姆巴赫(Shaykh Mbacke)双双成为权力斗争的牺牲品。

穆里德教团的"总哈里发"居于复杂的、金字塔式教团结构的最顶端,居于其下的是各家族的地方长老,最后是普通的苏非学徒。弟子要无条件服从长老,而长老们也是教团"总哈里发"的下属弟子。金字塔式的权力结构、下级对上级的绝对服从是穆里德教团的基本组织原则。

---

① *The Encyclopaedia Of Islam*, New Edition, Volume Vii, Prepared By A Number Of Leading Orientalists, Edited By C. E. Bosworth, E. Van Donzel, W. P. Heinrichs And The Late Ch. Pellat, Assisted By F. Tn. Dijkema (Pp. 1–384), P. J. Bearman (Pp. 385–1058) And Mme S. Nurit Under The Patronage Of The International Union Of Academies, Mif–Naz, Leiden–New York, E. J. Brill, 1993, pp. 609–610.

20世纪20年代末起，教团的所在地包勒，逐渐发展成一个引人注目的新兴地区。在此过程中，穆里德教团掌握了大量的土地，发展花生种植业，经济权力与金融权力也随着花生种植业的发展而水涨船高，教团成员也因此被戏称为"花生马拉布特"。于是，以当地的长老及其居所为中心的农业生产单位，构成穆里德教团体系的组织基础。在这种生产单位中，年轻人要为长老服务。尤其是名为"巴叶尔法勒"的组织，即这个组织的成员都是阿玛杜·邦巴后裔巴叶尔法勒的信徒，他们时刻准备着为教团的领袖付出辛劳。

殖民时代，穆里德教团所在地处在法国殖民当局的遥控之下，殖民当局也认为通过穆里德教团实行间接统治对自己有利，因此穆里德教团地区实际上实现了自治。穆里德教团虽然从卡迪里教团的一个分支教团发展而来，但是它"给人的印象是，穆里德教团完全是一个独立的教团，或者至少是卡迪里教团中一个自治的教团"①。在阿玛杜·邦巴流放期间，他的兄弟谢赫·安塔和他的朋友伊卜拉·法勒（Ibra Fall）继续推动穆里德教团发展，他们鼓励花生种植。这期间，穆里德教团与法国当局维持着较为密切的关系。第一次世界大战期间，法国军队缺少士兵，阿玛杜·邦巴甚至打算与法国进一步合作，向法国提供兵员。1927年阿玛杜·邦巴去世后，法国人参与到教团继承权问题上来。殖民主义对穆里德教团辖区内的日常生活没有影响，区域内的居民也认为他们从殖民统治中受益。关于税收与劳动力等事务完全由教团上层与法国人直接协商。因此，不管是在民族独立之前或之后，穆里德教团成为事实上的"国中之国"，对塞内加尔的生活施加着重要的影响。例如，1962年教团支持桑戈尔（Leopold Senghor，天主教徒）与玛玛杜·迪亚（Mamadou Dia，提加尼教团背景）的总统竞选。穆里德教团的这种政治作用，多是以权力委托人的方式而非权力争夺者的方式出现，并对该国的历史与现实都产生重要影响，至今仍构成塞内加尔政治生活的重要支点。

目前在塞内加尔穆里德教团成员的心目中，阿玛杜·邦巴作为知名学者，由于他精明强干，苏非精神品级很高，深受后人爱戴，甚至他的后裔及同时代的朋友也像他一样优秀。但是，绝大多数穆里德教团成员，很少

---

① John L. Esposito, ed., *The Oxford Encyclopedia of the Modern Islamic World*, Oxford University Press, 1995, pp. 178–179.

接受教育，缺乏伊斯兰教知识，教团上层只鼓励他们辛勤劳作，日复一日地经营花生种植业等产业。不过自20世纪80年代以来，穆里德教团在努力改变"没文化的穆里德"的形象，掀起学习伊斯兰教知识，继承教团长老文化遗产的高潮。穆里德教团的未来如何，将是一个有趣而值得期待的话题。

穆里德教团重视经、训，尊重苏非传统，可以说它在神学思想上并无新意。教团成员称教团长老为"革新者"，意为真主每百年要派遣一位革新者来领导穆斯林社会，教团长老们也像"革新者"一样，宗教地位高高在上；或者称长老为"大马拉布特"，意为大苦修者，马拉布特是撒哈拉地区对苏非苦修者的法语称呼。

宗教思想上的温和与合作主义，决定了殖民时代的穆里德教团，通过与殖民政府的合作，换取发展的空间，同时也为西非的伊斯兰复兴探索了一条可行之路。

第四节 保守主义与精英伊斯兰教

在19世纪的西非圣战运动中，伊斯兰教育空前发展，培育了一大批杰出而虔诚的穆斯林学者。这些学者将当时伊斯兰教育制度作为传统保留下来，成为这次运动所留下的最引人注目且影响深远的遗产之一。伊斯兰教育的发展产生了一个重要的结果：由穆斯林上层所体现的精英伊斯兰教，与民间伊斯兰教形成鲜明的比照。19世纪之前，西非伊斯兰教学者群体规模小，影响有限。即使穆斯林学者当中，大多数人对伊斯兰教知识的掌握，根据法国殖民政府的调查，多数情况下属于一知半解之列。经过19世纪圣战运动的洗礼，伊斯兰教育质量比之以前大为提升，经训水平空前提高。虽然普通穆斯林大众宗教知识仍然有限，但穆斯林学者群却急剧扩大，知识层次迅速提高，形成一个穆斯林精英群体，或者说这些人代表了一种精英伊斯兰教。精英伊斯兰教在尼日利亚北部的卡迪里教团身上表现得最为突出，因为卡迪里教团主张精英伊斯兰教，强调宗教知识胜于宗教实践，鼓励学习宗教。

不幸的是，历史发展到现代，在19世纪还代表社会进步力量的精英伊斯兰教，到了20世纪的现代化改革中，已成为社会进步的保守力量。尤其是在当前西非个别地区的民族与部族冲突中，精英伊斯兰教中的部分力量，支持宗教极端主义。在尼日利亚北部，由精英伊斯兰教所派生的宗教极端主义，几乎成为多数当代尼日利亚人的噩梦。

伊斯兰保守主义的遗产

索科托哈里发帝国时期，富拉尼穆斯林改革者将伊斯兰宗教学者培育成豪萨社会的知识精英集团，并授予他们宗教的，甚至政治的权力。当时，他们不仅是伊斯兰背景下起进步作用的改革运动的捍卫者，还是正统宗教的保卫者，因此，当伊斯兰教正统派与变化中的世界之间出现冲突时，他们就会以保守派的身份行动。因此，在以后的各个历史时期，一旦社会面临变革，这些变革时代产生的精英集团就成为变革的反对力量。殖民时期，由于新商品的引入，新思想的输入，社会面临新的生活方式，他们的保守性质更加明显。他们不但在宗教上持保守的态度，在其他社会改革方面也是如此。如，殖民政权引入的新式世俗教育难以与传统的伊斯兰教教育目的与理念达成一致。由于宗教学者们拥有自己的文化教育体制，相比西非的非穆斯林或没有文字的社会急切地接受世俗教育的情形而言，他们对世俗教育的反应更加迟钝，甚至有一定程度的抗拒。并且，在年轻的豪萨穆斯林、富拉尼穆斯林与欧洲人和沿海的非洲基督徒接触之后，通常虔诚的穆斯林强烈地反对双方的交流。20世纪30年代豪萨一位穆斯林宗教学者写的一首诗歌，揭示出当时这个社会"精英集团"拒绝对既有的生活方式作任何改变的心态：

今天无信仰的传统已经形成，还有改革，
这对我们来说都没有用处，
这事绝不是个轻松话题，
哦，人们啊，现在我要警告你们，
留意这事的人，就会快乐，
不管他们的衣服是什么材料，只要你穿了它，你就明白我的意思。
如果你礼拜一千次，你将无罪——
同样的情况也适用于马灯罩的制作者——
你的短裤，还有紧身长裤，
不管谁穿上它们，就没有信仰了。

……
不管谁穿上有纽扣的西服,他已经叛教了,
他已没有宗教,只有骄傲,
他的状态就是银元制作者的状态,
我们无力模仿他们。不应该穿带纽扣的衬衫,
不管谁穿上它们,他就没有信仰了。
……
卡其布和睡衣,不管有多好看,
只要穿上它,或者穿上它礼拜的人,已犯了大罪,
有三件东西我们不能用,
避开他们,不要争论,
因为使用它们就是不对,你已见过它们,
毛巾、靛青漂白粉和胭脂粉,不管谁用了它们,
当然末日审判时火狱就是他的居所。①

  作者拒绝他之前未见过和使用过的任何新事物进入豪萨穆斯林社会,近代工业产品成为他心目中的洪水猛兽,甚至诸如使用拐杖、手电筒、学习英语都是不虔诚的标新立异行为。无疑这是极端的观点,但是对变革持根深蒂固敌视的态度是富拉尼宗教学者阶层的特点。正是富拉尼改革者使学者们成为公共道德的监护人。当然现在豪萨伊斯兰社会也有一些重要而有远见的进步因素,但是传统的宗教学者们仍对公共舆论具有相当大的影响力,他们在尼日利亚北部社会当中的权力,其影响不论是好还是坏,都是这次圣战改革运动的结果。

  伊斯兰保守主义观念一直为尼日利亚近代历史上的重要思潮,这主要表现在近代政治和社会事件中。英国占领尼日利亚北部诸省,此后这一地区才被称为"尼日利亚北部"或"北尼日利亚",当时,它主要与北部和东部的伊斯兰地区发生文化与商业关系。当然豪萨也与西部沿海地区有重要的贸易往来,但这些商业联系只是与沿海地区进行传统贸易的通道。英国人到来后,建设了连接沿海与内地的铁路,几乎一夜之间

---

① 转引自 Mervyn Hiskett: The sword of truth: the life and times of the Shehu Usuman dan Fodio, Oxford University Press, 1973, p.164。

改变了这种局势。在新的殖民经济的主宰下，北部诸省的经济几乎全部依赖与沿海的贸易。但是文化忠诚的改变却并不容易，伊斯兰保守主义并未削减。整个殖民统治期间，年轻的穆斯林持续不断地涌向著名的伊斯兰教育中心——埃及、麦加、尼罗河苏丹、突尼斯及中东其他伊斯兰世界著名的学术中心。这种联系，有时会给殖民当局带来政治上的麻烦，也使泛伊斯兰主义保持着生命力，并相应地成为后来尼日利亚北部的政治特点。伊斯兰文化的忠诚从圣战运动和富拉尼改革者们的思想中寻求灵感和启发，在20世纪50年代生机勃勃的伊斯兰复兴运动中得到表达。"因此，当西非的民族主义整体上倾向于非洲统一，寻找像克瓦米·恩克鲁玛这样的人物时，尼日利亚北部在意识到当地非穆斯林少数派的期望的同时，却被尼罗河苏丹、沙特阿拉伯、巴基斯坦、北非正在形成中的诸国，甚至埃及等国激起无限热情。"① 传统的穆斯林领袖对民族主义者和尼日利亚的非穆斯林泛非主义②者的承诺，有时是一种策略，而非出自内心真诚，特别是对拉各斯和以前东部地区的人的承诺更是如此，这给尼日利亚的经济发展与民族和解造成了巨大的挫折。这一局势，虽然因殖民时代的经历和现在新的态度转变而更加复杂化了，但它仍植根于由圣战改革运动所导致的热情高涨的伊斯兰意识和它所留下的伊斯兰保守主义遗产之中。

北部伊斯兰保守主义和宗教意识与宗教情感，也改变了尼日利亚的政治色彩，使宗教与政治相互交错，政治与宗教都更为复杂。在豪萨帝国时代，除了奴隶和为伊斯兰国家纳贡的被统治者外，富拉尼改革者故意将非穆斯林排除在他们的社会之外，从这个意义上说，富拉尼改革者的社会是个封闭的社会。弗迪奥特别指出，异教徒和穆斯林应该分开管理。20世纪50年代之后，弗迪奥的后裔萨伊杜·贝洛（Sa'idu dan Bello）写道："让我们感谢真主，我们政权的主、独一者和国王，他对无信仰者毫不仁

---

① 转引自 Mervyn Hiskett: The sword of truth : the life and times of the Shehu Usuman dan Fodio, Oxford University Press, 1973, p. 166.

② 泛非主义：原指非洲和散居在世界其他各地的黑种人为反对种族歧视、殖民统治，要求民族独立和全世界黑种人的大团结而进行的一种民族主义运动。20世纪初美国黑人学者杜波伊斯首先提出泛非主义的口号。现在，它的主要内容是：全非人民为解决他们的问题，必须把他们的一切努力结合在一起；非洲必须为非洲人所统治，非洲人民必须重新发扬他们的历史、语言和文化；殖民统治在非洲结束后，全非社会必须从经济、社会和政治各方面加以彻底改造。

慈。没有'伊斯兰'知识的人，只是树丛中的一只动物，他不希望生活在人类中间。"① 伊斯兰保守主义者也充满了对豪萨穆斯林周围地区异教徒民族的或宗教的敌意。

但是，大量的非洲基督徒随英国人从非洲西海岸来到尼日利亚北部。因为豪萨穆斯林历史上与非洲基督徒并无接触，他们通常认为所有的新来者都是"异教徒"，在西非的文化环境中，"异教徒"一词表达的是极度的憎恶之情。这些非洲基督徒在殖民当局中任职，服务于殖民政府，总是享受着特权，对此豪萨穆斯林当然很难接受。这导致了严重的民族和社会紧张，并最终反映在尼日利亚北部的政治中，也不可避免地以伊斯兰团结和仇外的情绪表达出来。起初，殖民当局基本上遏制住了这种具有潜在暴力的、一触即发的仇外局势（当然这种仇外情绪并非仅仅由宗教保守主义所引发，还有民族独立和反殖民统治的因素）。尼日利亚北部独立后，尼日利亚政府独自承担维护社会稳定的任务。虽然新产生的尼日利亚政府在中央政府中引入民主制度，但各省的基本政治框架仍停留在富拉尼帝国时代，因此通常只要穆斯林大众支持就足以造成动乱（但并不能排除许多开明而虔诚的穆斯林官员自然而真诚地从事世俗的、民主的工作）。这种政治结构不足以抑制紧张局势。结果，1966年9月至10月，悲剧还是不断发生，不断扩展的国内动荡和死亡事件，将北部的中心城市拖入动荡的泥潭。

因此，舍胡·奥斯曼·丹·弗迪奥的圣战和伊斯兰改革运动，在许多方面促进了豪萨社会的统一，同时也使伊斯兰教的北部更难以接受殖民时期迁移而来的大量非穆斯林人口；由此导致的政治和社会紧张，也常常表现为宗教对抗，或者表现为北部的泛伊斯兰主义与南部的泛非主义之间的冲突。但是，客观地讲，不应该将所有的责任都推到富拉尼改革者和伊斯兰保守主义者身上，尼日利亚社会政治中一系列悲剧性事件的发生，有着更为复杂的因素。

伊斯兰教法至今仍是尼日利亚北部的标志

富拉尼改革者是否完成了他们所设定的政治与社会目标或任务；作为

---

① 选自豪萨语作品 Wak'ar Sa'idu, NAK, G/R8. 这里转引自 Mervyn Hiskett：The sword of truth：the life and times of the Shehu Usuman dan Fodio, Oxford University Press, 1973, p. 169。

宗教改革者，他们是否实现了宗教上的目标，对于诸如此类的问题，不同的人有不同的回答。弗迪奥认为，一个正统而统一的伊斯兰社会，比在黑贝王国①统治下那种宗教上模糊不定且腐败的社会更为理想，更加高尚。索科托帝国对黑贝王国的政治与行政制度的取代与弗迪奥的神学理想高度一致。也就是说，帝国事实上建立了他认为必要的职位或部门，尽管这些职位和部门也许并不一定能发挥他所期望的作用。因此，圣战改革运动导致了真正的变革，最直接的结果就是中央集权的伊斯兰伊玛目国家取代了各自独立的"黑贝"政府，这一点毫无疑问。在改革者看来，这就是他们已经实现的目标。中世纪的伊斯兰教，政教高度统一，随着政治上的伊斯兰化，显然宗教上的伊斯兰化也就是顺理成章的事情。事实也是如此。

但是，有一种观点认为，不管富拉尼改革者带来何种变革，他们的制度很快又恢复到"黑贝"时代的标准：原有的腐败污浊重新出现，并得到容忍。②某些埃米尔继续使用"黑贝"时代的称呼，这都是例证。因此，富拉尼人是否达到预期的目标，非常值得怀疑。这些争论在一定程度上是对的。实施伊斯兰教法是富拉尼穆斯林学者的理想。这个理想实现与否，关键应从宗教信仰的角度分析圣战前后豪萨社会发生哪些变化，并考察这种变化与富拉尼改革者们设定的目标之间的差距有多大。

显然，急风暴雨式的改革运动过后，穆斯林政权在近百年的时间里，有不断向非洲传统妥协的现象，但是不管后来的富拉尼统治者时期，他们的政权倒退了多少，后来的豪萨英国殖民政权时期所取代的那个政权显然已经不是原来的黑贝政权。所以，改革者们所带来的变化在一百年后仍然存在，当然此时索科托的权力已经严重削弱，但是它只是有所动摇而未垮掉。英国人的间接统治所保留的是富拉尼帝国的政治架构，而非黑贝时代的政权结构。这种架构也许并非哈里发个人的政治权力，但它毕竟经历了殖民时期，为独立的尼日利亚北部地区提供了政权基础。通常尼日利亚北部是指 1960 年左右建立起来的政治实体。后来军政府引入的改革，削减了埃米尔的权力，在原有各省的基础上增加了六个州，也只是改变了这种架构，并未完全清除它。富拉尼征服建立起来的政治格局，不可能在未来轻易地从尼日利亚北部的政治舞台上完全消失。因此，富拉尼改革者建立

---

① 黑贝王国：伊斯兰化之前的豪萨城邦国家，即"豪萨七国"。

② Mervyn Hiskett: *The sword of truth: the life and times of the Shehu Usuman dan Fodio*, Oxford University Press, 1973, p. 168.

的政治制度与开创的疆界,至今在尼日利亚北部非常重要。这是富拉尼人给尼日利亚北部留下的宗教—政治遗产。

伊斯兰教法也同样是富拉尼圣战者和改革者留给尼日利亚北部的重要遗产。富拉尼帝国建立后,在索科托和所有弗迪奥追随者的埃米尔国建立了伊斯兰教司法体制。当然这些沙里亚法庭的运作并非总是理想的,不过重要的是英国人承认它是一套现成的制度,在殖民统治的间接统治中保留下来,这一事实本身就表明,这套在20世纪初期之前发展的制度在当时社会中的重要性。相反,英国人并没有保留黑贝时代的制度,以及其他名义上接受伊斯兰教却从未接受富拉尼帝国统治地区的制度,这表明,沙里亚法庭是改革者的创新,至少英国人认为是一种有价值的制度。如果伊斯兰法庭的确在黑贝社会存在,那它从来都不是这里广泛建立的制度,当然这并不是说黑贝国家没有法律。问题是它们的法律是习惯法和非成文法,所有证据都表明黑贝国家的法律不是伊斯兰教法。1959年,作为沙里亚法庭与现代司法需要协调的结果,尼日利亚北部引入了新刑法,但是摩温·黑斯克特在20世纪70年代就预言,"尽管伊斯兰制度做了重大修订,这套制度的本质内容仍被保留下来,并有可能在未来的若干年仍为本地区的法律。"他的预言是对的,当前尼日利亚北部仍有多个州实施伊斯兰教法。这说明,尽管在现代化与世俗化飞速前进的今天,富拉尼人留下的伊斯兰体制仍顽强地生存下来,并深刻地影响着生活在其中的人们的日常生活。

第 六 章

历史意义与地位：从伊斯兰教史与非洲史看 19 世纪西非圣战运动

从伊斯兰宗教的历史，尤其是伊斯兰教改革史的意义上说，19 世纪的西非圣战运动，不论是单纯地视之为宗教性运动，还是视之为宗教—社会改革运动，都并非伊斯兰世界的孤立现象，同时有许多其他类似的运动在伊斯兰世界各地发生；同样，如果以反殖民战争的视角，从非洲史和世界史的范围内观察，这次运动也不是孤立的。本章将从伊斯兰教史、非洲史和世界史的视角，分析这次运动的历史意义与历史地位。

第一节 同与异：从伊斯兰教史看圣战运动

19 世纪的西非圣战运动，作为世界伊斯兰教史的一部分，与同时代的伊斯兰世界其他的宗教运动相比，既有共同点，也有许多西非伊斯兰教特有的元素。通过二者的比较，能更清楚而深刻地理解这次宗教运动的意义与历史地位。

19 世纪的伊斯兰世界

历史上曾经辉煌灿烂的伊斯兰文明，发展到 19 世纪，已经暗淡了下去。13 世纪，阿拉伯帝国的辉煌，在蒙古人的打击下，一去不复返。奥斯曼帝国兴起，再次唤起穆斯林的自豪感，但是 16 世纪奥斯曼帝国达到顶点之后，一路下滑，到 19 世纪，不但东南欧的国土基本丧失，各阿拉伯行省，也基本上或独立或自治。作为伊斯兰世界宗教与世俗领袖的土耳其哈里发，其权威一落千丈。

与此同时，欧洲殖民主义出现在伊斯兰世界的地平线上，逐渐统治伊斯兰世界。从早期的葡萄牙、西班牙、荷兰，到后来的英、法、俄、意等欧洲列强，在伊斯兰世界中心地区的西亚和北非，恣意抢占土地，扩张殖民范围。在伊斯兰世界的周边地区，从东南亚、南亚，到中亚、高加索和撒哈拉以南的非洲，也成为殖民者的乐园。

19世纪伊斯兰世界令人伤心的局面，不只是统治者治理不善的结果，也有伊斯兰教的责任。事实上，18—19世纪的伊斯兰教，已成为穆斯林社会发展的制度性障碍。宗教上层极力反对以欧洲文化为代表的世俗性与现代性改革，担心改革损害自身的地位和利益。到19世纪，作为伊斯兰教制度创新的"伊智提哈德"，已不再能够承担创新与改革的功能。创制的大门已经关闭。部分知识分子，也在讨论如何重启创制之门的话题，但是时不我待，局势的发展让人应接不暇，似乎转瞬之间，伊斯兰教已经"置于基督徒的管理之下"。伊斯兰教如何与不断变化的世界接轨？穆斯林宗教学者仍未找到这一问题切实可行的答案。

面对国土与主权的丧失，伊斯兰世界并未因此放弃希望，而是以各种方式不断探索出路。富国强兵，振兴伊斯兰教，成为所有伊斯兰国家的理想。从政界、学界到宗教界，各种力量提出不同的思想与治国方略，发起不同形式的运动，包括以西方为发展模式的现代化改革、伊斯兰复兴运动、伊斯兰现代主义及其运动等等，试图挽救伊斯兰世界于水火之中。

首先，是埃及穆罕默德·阿里的现代化改革。穆罕默德·阿里是19世纪奥斯曼帝国的埃及总督，埃及阿里王朝（1805—1849）的创建者。穆罕默德·阿里是阿拉伯国家近代史上的著名穆斯林君主，他锐意改革，励精图治。在执政的43年（1805—1848）间，为建立一个以埃及为中心的阿拉伯人主权国家，他以富国强兵为总方针，在政治、经济、军事、文化等领域进行了自上而下的全面改革：（一）在政治上，他首先设计清除统治埃及达500年之久的马穆鲁克，使其作为一股政治势力不复存在，他们的包税领地被没收并收归国有，使长期分裂的埃及社会复归统一；继而推行一整套严密的统治体系，确立和加强中央集权制。（二）在经济上，倡导独立自主，全面发展工农业生产和国内外贸易。（三）在军事上，废除传统的雇佣兵制度，实行征兵制；按照欧洲方式改组陆军，聘用西方军事专家训练新军；大力发展海军事业，建立地中海舰队和红海舰队；创办军官学校以及步兵、炮兵等各种学校。到1839年，埃及军队成为中近东地区最强大的武装力量。（四）在文化教育上，倡导以世俗教育取代伊斯兰宗教教育。他奖励学术，创立教育部和教育委员会，创办世俗学校，普及中小学教育；采取建立各种技术专科学校、聘请外国专家讲课、派遣大批留学生去欧洲学习等措施，培养和造就出埃及第一代新型的知识分子。通过全面改革，穆罕默德·阿里使埃及发生了前所未有的变化，埃及遏制了西方殖民主义的入侵，发展为地中海东部的强国，成为"奥斯曼帝国的唯一有生命力部分"。但是，阿里改革是一场封建性质的改革，并未能触及埃及的封建基础，这必然导致阿里政权对内专制，对外扩张，改革最终失败。

其次，是土耳其的坦齐马特改革。这次改革是19世纪中叶土耳其封建统治集团内的改革派，为巩固奥斯曼帝国统治而推行的一次改革运动，客观上具有资本主义倾向。改革的主要内容为：保障帝国境内穆斯林和非穆斯林的"生命、财产的安全"，保障"人的荣誉和尊严"；"正确分配和征收税收"；"实施正确的征兵方法并确定服役期限"；废除没收财产的做法；法律面前人人平等。坦齐马特改革未能巩固奥斯曼帝国的统治，但它反映了土耳其资产阶级的部分要求，有利于资本主义因素的发展，也造就了一批社会进步力量。

再次，是以瓦哈比运动为代表的伊斯兰复兴主义运动。18世纪中叶，这一运动由阿拉伯半岛的伊斯兰学者穆罕默德·伊本·阿卜杜勒·瓦哈卜（1703—1792），联合沙特王室的阿卜杜勒·阿齐兹·本·沙特共同发起。瓦哈比主义主张，革除多神崇拜和一切形式的"标新立异"，"回到《古兰经》去"，恢复先知穆罕默德时期伊斯兰教的"正道"，严格奉行认主独一的教义。瓦哈比运动在伊斯兰世界产生了重大的结果，一是在1932年成立了延续至今的沙特阿拉伯王国，二是引发了伊斯兰复兴运动的热潮。

又次，是伊斯兰现代主义。伊斯兰现代主义（Islamic Modernism）是近现代伊斯兰社会思潮与社会运动之一。19世纪下半叶产生于印度、埃及等伊斯兰国家和地区，系在西方思想影响下产生的一种同传统主义相对立的宗教社会改良主义思潮。主要代表人物有印度的赛义德·艾哈迈德汗（1817—1898）、穆罕默德·伊克巴尔（1876—1938）、埃及的穆罕默德·阿布笃（1849—1905）等。主张根据时代与社会条件的变化，以新的观点来重新解释伊斯兰教义，改革陈规陋习，吸收先进的科学文化，以增强其活力，适应时代与社会发展新潮流。

最后，是苏非主义的复兴运动。遍布伊斯兰世界的苏非教团，也以自己的方式试图复兴伊斯兰教和苏非主义，挽救丧权辱国的危局，重拾穆斯林的尊严。苏非主义复兴运动多发生在伊斯兰世界周边地区。因为这些地区，包括中亚、东南亚、撒哈拉以南非洲等地，是苏非主义最为发达的地区。本书所论西非19世纪圣战运动，即为苏非主义复兴运动的一部分，是伊斯兰世界苏非主义运动巨大链条的一个环节。

同步性

19世纪的伊斯兰世界各个地区的伊斯兰教，在许多方面具有相似性。或者说，各地伊斯兰教的发展具有同步性，即各地区的伊斯兰教，都在不约而同地迈入其历史发展的某个特定阶段上。可以将这种同步性视为伊斯兰教历史发展的一致性。这种同步性是伊斯兰教作为一种普世性宗教，尤其是一种具有巨大感召力的宗教中心（麦加、麦地那）的普世性宗教的统一性的反映。世界各地的伊斯兰教，既有某个特定地区的地方特色，也有伊斯兰教普遍共有的特征。就伊斯兰教的历史发展而言，作为一种动态的、线条式演变的概念，在各地伊斯兰教的相似性、同步性、一致性的表述中，同步性一词更能体现出历史的动态与静态的特征，突出历史的"活"的内涵。

毫无疑问，19世纪的阿拉伯世界，仍是伊斯兰世界的核心。当瓦哈比主义在以阿拉伯半岛为基地，在伊斯兰世界的中心激起层层波澜之际，伊斯兰世界的周边地区，却以苏非主义运动为伊斯兰复兴的主要形式。在中亚，奈格什班迪教团领导了反对苏俄入侵的斗争。在南亚，苏非教团和苏非长老，成为反抗英国殖民统治的重要力量，同时也酿成种族屠杀的悲剧。在东南亚，里法伊教团和夏特里教团，承担着伊斯兰复兴和传播的重要功能。在东南欧，哈勒瓦提教团和比克塔什教团，试图在式微的奥斯曼帝国的统治中，保留伊斯兰教在巴尔干半岛的存在。在东非，索马里的萨利赫教团，发起了反帝的伊斯兰复兴运动；苏丹的萨曼尼教团，则发起了规模宏大的马赫迪运动。

19世纪西非的圣战运动，就是与上述各地的苏非主义运动同步发生的伊斯兰复兴运动。它与其他圣战运动一起构成19世纪伊斯兰世界伊斯兰教，更具体地说，伊斯兰教苏非主义的宏大图景，同其他苏非主义运动类似，西非的苏非主义圣战运动，既是对本地统治者压迫和剥削的反抗，也是反对殖民主义的重要力量。当然，战争带来了血腥而残酷的屠杀。同时，发生在西非苏非主义的圣战运动，或者通过武力征服（主要表现在运动初期），或者通过和平劝诫（主要发生在新生穆斯林政权建立后的和平时期），不但扩大了伊斯兰的疆域，将大片非穆斯林地区变为伊斯兰地区，而且将原来穆斯林的宗教信仰的层次极大地深化，使"混合"伊斯兰教的成分大为减少。最终的结果，在西非的苏丹地带，穆斯林的人口第一次超过非穆斯林人口，伊斯兰教首次成为这一地区居于主导地位的宗教。因此，19世纪的西非圣战运动，与同时代其他圣战运动的发展是同步的。

相应地，19世纪西非伊斯兰文化的发展，与伊斯兰世界其他地区，也具有同步性。表现在语言的发展、方言诗歌等方面，包括西非在内的整个伊斯兰教，在这方面的发展几乎高度一致。在寻找伊斯兰世界苏非主义运动的特点时，有学者发现，方言伊斯兰文学在17—18世纪同时出现在穆斯林世界各地，并且在所有方言文学中最主要的文学形式是神秘主义诗歌。[1]这一发展趋向可以用伊斯兰教向乡村地区的传播来解释。在乡村地区，只有用方言才能向没有文化的农民和牧民传播伊斯兰教知识。口头神秘诗歌用方言记录的需要，也缘于苏非教团规模增长的要求，教团领袖希望与生活在边远地区的成员交流。以前仅是口头传诵的方言诗歌，其书面形式为阿拉伯语，这些书面诗歌被分送到各地的分支教团长老手中，由他们朗读给不识字的听众。在印度，苏非开始用地方语言——乌尔都语、印地语、旁遮普语——进行礼拜和传播伊斯兰教，因为民众不能理解神圣的宗教用语——阿拉伯语和波斯语。宗教精英继续使用阿拉伯语和波斯语交流，这是伊斯兰教的经典用语，而方言文学则成为连接伊斯兰教与普通大众的重要媒介。中国的穆斯林文学，主要以汉语写成，开始自17世纪中叶。与其他地区一样，神秘诗歌是最重要的形式。这些作品以简明的风格写成，面向普通群众。方言传教和动员民众的巨大作用，在北尼日利亚奥斯曼·丹·弗迪奥领导的圣战运动中得到了证明：他为传教而东奔西走，以非阿拉伯语（豪萨语、富尔贝语、阿贾米语）的诗歌号召人们信仰安拉的宗教。当弗迪奥看到他的穆斯林社区已经做好充分的准备发动圣战

---

[1] Nehemia Levtzion, "the Dynamics of Sufi Brotherhoods", *Islam in Africa and the Middle East: Studies on Conversion and Renewal*, ed. by Michel Abitbol and Amos Nadan. Ashgate Publishing Company, 2007, pp. 109-118.

时，他开始号召穆斯林拿起武器，用非阿拉伯语的卡迪里苏非主义的诗歌发出战争的号角，以建立"公平公正的伊斯兰秩序目标，为主道而战"。

非同步性

西非作为撒哈拉以南非洲的一部分，与世界其他地区相比，在政治、经济、文化等方面区别较大，可谓一个独具特色的地区。19世纪西非的圣战运动，在当地特殊社会环境的孕育下，也承接了西非的本土特色，与其他地区的苏非主义运动并不完全一样，发展并不同步。这种不同步，表现在许多方面。

19世纪西非圣战运动的改革，将"混合"伊斯兰教作为主要目标之一，意在将非伊斯兰的非洲传统文化因素，从伊斯兰教中排除掉，回归所谓"纯洁的、正统的伊斯兰教"。这说明，西非圣战运动中的改革，是一种传统意义范畴的改革，它要效仿的是中世纪的伊斯兰教模式，是一种向宗教传统的回归。这种改革，不是现代意义上的改革。它是以苏非主义宗教运动为载体的宗教性改革。而同时期伊斯兰世界的其他改革，比如埃及的穆罕默德·阿里的改革、奥斯曼土耳其的"坦齐马特"改革、伊朗的制宪改革等，都是以现代化、世俗化的改革为指向，议会、制宪、分权等为直接目标。而在这次西非的圣战运动后所建立的一系列伊斯兰政权，不论是帝国还是联邦式国家，都由宗教学者，而非世俗力量掌权。可以看出，19世纪西非诸国政权的更替，仍是封建式的王朝更新换代，不同之处在于，封建贵族由非洲传统宗教的信仰者，转变为穆斯林，仅此而已。除却苏非主义与伊斯兰教扩张的作用之外，就现代历史的演进而言，这次运动的贡献可谓乏善可陈。

不同步性还表现在圣战运动对殖民主义的战争方面。对于大多数的西非圣战运动领袖而言，反殖民主义并不是他们的首要目标，即使后来与殖民军队的战争，也是为自己的生存而战。这主要是因为，欧洲殖民者长期在非洲大陆沿海徘徊，不敢贸然深入内陆，而西非的这些圣战运动，大多发生在西非内陆，二者少有碰撞的机会，也就是说，主要还是历史没有给圣战者们提供反殖民的机会。而同一时期，伊斯兰世界的其他圣战运动或改革运动，一开始就将反殖民主义列为直接目标，甚至首要目标。1857年印度大起义、苏丹的马赫迪运动、索马里的苏非主义运动、19世纪伊朗的改革，无不如此。

19世纪西非的圣战运动，以及圣战后建立的伊斯兰政权，奴隶制度的高度发展是非常特殊的一个方面，也可作为这些运动不与其他穆斯林运动同步的一个直接证据。新穆斯林政权将西非原有琼雅制度，加以伊斯兰化的改造，保留下来并有所发展。本来，捕奴运动是西非圣战运动兴起的一个原因。跨大西洋的奴隶贸易，需要补充大量奴隶。西非当地的各国王与部族领袖，不论是穆斯林领袖还是非穆斯林领袖，都纷纭加入捕奴大军，将奴隶作为与欧洲人贸易的商品。19世纪的圣战运动领袖，以反捕奴运动为号召和动员的手段之一，行之有效。但是，新的穆斯林政权成立之后，并未像欧洲殖民者那样废除奴隶贸易和奴隶制度，反而将西非的奴隶制度推向史无前例的发展高峰。在哈吉·乌玛尔·塔勒建立的图科洛帝国、豪萨的索科托帝国以及富塔贾隆，奴隶制度极度繁荣。19世纪后半叶，奴隶占这些国家人口的一半多。[①]在索科托和富塔贾隆，每年一次的大规模捕奴运动，成为国家政治和经济生活的重要内容，甚至决定性地影响着周围其他伊斯兰国家的历史发展。由于废奴运动的兴起，圣战运动的新贵们通过捕奴运动捕获的奴隶，不再作为跨大西洋或跨撒哈拉商路的商品，而是直接供西非各伊斯兰国家的种植园役使。奴隶制度的保留与发展，甚至作为一种国家制度，这在同时期伊斯兰世界的其他改革或革命运动中绝无仅有。这再一次说明，从历史演进的角度看，19世纪的西非圣战运动，与伊斯兰世界其他的改革或革命相比，根本不在一个阶段或层次上，凸显出这次运动的"时代错置"特征。

但是从另一个视角看，也不能将19世纪西非的圣战运动视为落后的、与时代脱节的、毫无意义的运动。这次运动毕竟是部分非洲人，尤其穆斯林宗教知识阶层，对西非社会现实的一种积极回应，也是因为对美好生活的向往，包括物质生活与精神生活的向往，而发起的一次无畏的探索，也是一次创造性回应。观察和理解这次圣战运动，不应超越时代与社会发展阶段的要求来审视和评价。

非洲新宗教运动的起点

19世纪开始的大规模殖民战争与其后的殖民统治，以及民族独立以

[①] Francis Robinson, ed., *The New Cambridge History of Islam*, Volume 5, Cambridge University Press, first edition, 2010. p. 283.

来的社会动荡、社会改革与发展，让非洲人经历了前所未有的苦难、屠杀、动荡与社会变迁。这些战争、动荡与社会变迁，也在宗教领域引起了反应。非洲人以新宗教运动的形式，应对这个飞速变化的世界，进行自我安慰，寻求心灵慰藉和内心安宁，或者展现自身的存在及其价值。

非洲的新宗教运动是非洲人对自19世纪下半叶殖民统治开始以来，他们生活中的各种各样的动荡与变革的一种创造性的回应，这些动荡与变革包括文化的、经济的、环境的、社会的、政治的、宗教的动荡与变革，是非洲新宗教运动的时代背景与社会根源。这一运动的基本目标，不是回归过去，而是批判地检视传统文化和宗教，以创造适应社会需要的新的文化和宗教。[1]但新宗教运动并非创造一种或多种全新的宗教，它是在原有宗教基础上的革新、演化和发展，基本上未超出其源出的宗教范围，很少有创造另一种全新宗教的现象，最大的变化就是将两种或多种现存的宗教整合成一种新的杂合式的信仰。多数情况下，新宗教运动改革后的宗教，仍是原宗教的一部分，或一个分支。新宗教运动"一方面应看作是非洲各种传统宗教通过共同起源于西方或者亚洲的宗教的和平的或者暴力的冲撞，所产生的不断革新；正是这样的冲撞导致了形形色色的新传统主义、先知主义和独立教会的诞生……另一方面，宗教的复兴可以见诸所谓'流动性宗教'——诸如圣灵降临派和神力复兴派等，针对理解信众个人和社团生活的基本过程，所采取的改造和革新措施"[2]。新宗教运动涉及非洲近现代以来的所有宗教类型，包括基督新教、天主教、伊斯兰教、非洲传统宗教，以及其他外来宗教，如印度教、巴哈伊教、佛教等。就地域范围而言，新宗教运动遍及全非洲，从北非到中非再到南非，西非到东非，新宗教运动席卷非洲各个角落的居民。

就非洲伊斯兰教相关的新宗教运动而言，涵盖面非常广泛。19世纪后半叶，由西非的阿赫默杜·邦巴开创的穆里德苏非主义运动，以农业集体生产为基础，创造出独具特色的非洲穆里德苏非教团。非洲各地的马赫迪主义运动，更是非洲穆斯林新宗教运动的突出特点之一。在东北非和埃

---

[1] Peter B. Clarke, "African Religion: New Religious Movements", from *Encyclopedia of Religion*, Lindsay Jones, Editor in Chief, the first volume, Macmillan Reference USA. pp. 102–110.

[2] ［刚果（布）］阿贝尔·库武瓦玛：《撒哈拉南部非洲的若干新兴宗教运动》，水金译，《第欧根尼》2002年第1期。

及备受欢迎的附身精灵（zaar）崇拜，是社会下层非洲人，主要是非洲妇女（包括穆斯林和基督徒）的一种国际化的民间崇拜形式。起源于卡麦隆，在尼日利亚发展壮大的"谴责者运动"（Maitatsine Movement），以暴力的形式表达徘徊在社会边缘的穆斯林群体的不满与愤怒。新宗教运动还将起源于埃及的穆斯林兄弟会，以及各种各样的穆斯林宣教运动，包括达瓦运动，都涵盖在这个概念之内。可见，所谓穆斯林的新宗教运动，其实就是指殖民时代以来所有的与正统伊斯兰教或非洲伊斯兰教不同的各种宗教思潮与运动的总和。

就西非伊斯兰教而言，新宗教运动未将提加尼苏非主义和卡迪里苏非主义囊括进来，主要的考虑在于这两个苏非主义运动的经济形式与传统苏非主义区别不大。而穆里德教团，则完全建立在新经济基础之上，新宗教运动应将其理解为这部分穆斯林应对殖民及后殖民经济环境的一种新方式。

学术界将新宗教运动的起源时间，界定在殖民统治初期，即19世纪后半叶。[①]而这一时期，恰恰属于殖民主义与19世纪西非圣战运动共有的时期。这期间，殖民主义与西非各圣战运动开展了殖民战争，逐一将各圣战运动镇压下去，在它们的废墟上建立了殖民政权。从圣战运动期间或圣战运动穆斯林学者的统治，到殖民时期接受基督徒的统治，对穆斯林而言，可谓一个巨大的转变。政权丢失了，反抗显然是徒劳的，发展经济，同时与殖民者合作，尽可能地改善穆斯林群众的生活，而又不失伊斯兰宗教信仰，成为新时期特殊社会环境下的一种理性选择。这就是穆里德教团的道路。穆里德教团属于19世纪西非圣战运动的尾声，它没有武装斗争阶段，但它的改革却相当成功。将穆里德苏非主义运动定义为新宗教运动的一部分，无疑等于说，西非穆斯林的新宗教运动起源于19世纪西非圣战运动，并成为近代以来非洲新宗教运动的起点。

第二节　从世界史与非洲史看圣战运动

19世纪的非洲，同亚洲和拉美众多国家一样，被纳入殖民帝国的版

[①] Peter B. Clarke, "African Religion: New Religious Movements", from *Encyclopedia of Religion*, Lindsay Jones, Editor in Chief, the first volume, Macmillan Reference USA. pp. 102–110.

图，成为殖民体制的一部分。但是，各国人民都拿起武器，保卫国家主权，寻求民族独立。19世纪西非的一系列圣战运动的当事人，也参与了这个宏大的反殖民战争，成为非洲和世界反殖民战争的一部分。

19世纪的非洲

非洲的19世纪，被称为"殖民地前的世纪"。19世纪的非洲，处在"殖民者瓜分非洲的前夜"。本世纪的非洲发生了一些具有革命意义和标志性意义的重大事件和变革：埃及穆罕默德·阿里的改革、特沃德罗斯和曼涅里重新统一埃塞俄比亚、南部非洲和中部非洲诸国的"姆菲卡尼"，当然，还有本书所论述的西非圣战运动。19世纪，非洲被奴隶贸易、局部战争、自然灾害不断折磨，人口急剧减少。一直到殖民统治初期，非洲人口都未回复到17世纪前的水平。

19世纪非洲的经济基础，仍然主要建立在农业之上。不过，"自给自足的自然经济"，显然已经不再适用于描述非洲的经济体制了。商品和劳务流通在19世纪的非洲已经相当普遍，非洲已经没有任何偏僻地区的农村可以称得上完全自耕自收、自给自足，非洲经济的一体化、非洲与世界经济的联系日益加强。

19世纪初，非洲的政权结构可大致分为"权力集中而有组织"和"权力分散而尚未定型"两种形式①。前者主要指非洲的各王国、帝国，有较完善的等级制度，以缴纳贡赋为基础的、权限明确的社会秩序；后者主要指非洲各分散的部族和部落形式，以较为平等的、非正式的政府形式，由长老和重要人物组成部落议事会，管理本部落的事务。

19世纪80年代之前，非洲的宗教主要有北部（包括地中海南岸、撒哈拉南缘的苏丹地带、东北非及东非）的伊斯兰教、中南部非洲的本土宗教、东北非埃塞俄比亚的基督正教。此时，基督新教和天主教还未在非洲大规模开展宣教运动。80年代以后，随着欧洲人瓜分非洲的结束，非洲成为殖民者的乐园。基督教传教士也蜂拥而至，基督新教和天主教开始在非洲，尤其是中南部非洲大规模地扩展，非洲传统宗教迅速萎缩，彻底改变了非洲大陆的宗教生态格局。

---

① ［尼日利亚］阿德·阿贾伊主编：《非洲通史》第六卷《十九世纪八十年代以前的非洲》，中国对外翻译出版公司1998年版，第11页。

非洲反专制、改革运动和社会动荡的一部分

19世纪，是非洲迅速变化而又处于十分矛盾的时期。埃塞俄比亚试图完成国家统一，埃及的赫迪夫也将尼罗河流域搅得鸡犬不宁，南非祖鲁王国的姆菲卡尼运动（弃土运动），很快波及整个南部非洲，以及中部和东部非洲的一部分地区。在西非的上沃尔特地区，政治上的动荡和人口的迁移是普遍现象，统治者进行野蛮的大屠杀和分离主义运动。冲突不断增加，社会混乱不堪，并影响周围的政权，所有这一切都给叛乱者制造了机会。这种非洲"原始民族主义者和帝国创建者"发起的争夺非洲的活动，所造成的社会破坏程度并不比殖民者造成的破坏低多少。每一个国家都希望以牺牲邻国的利益作为扩张的前提。因此，在各国内部，统治阶层内部为争权夺利，斗争更为惨烈。政治上联盟、变节、屠杀司空见惯。这种争夺造成的破坏与社会动荡，当然主要由普通非洲人"痛苦地承受"。

19世纪的西非苏丹地带，同样经历着类似的社会动荡。王国之间和王国内部的斗争将这一地区破坏得了无生气。在富塔托罗，富尔贝人进入城市都要交税，他们的放牧活动和水源使用都受到严格限制，还经常被迫缴纳罚金。在马西纳，统治者每年向富尔贝人强行勒索贡品，富尔贝人的畜群还成为班巴拉君主们的猎物。塞内冈比亚的富尔贝人，也在遭受托罗贝人政权的蹂躏和践踏。19世纪西非圣战运动的起源，主要在于上述西非内部的因素而非外部的影响。反专制、反压迫和谋求社会改革，是这次运动的重要任务之一。这次运动将原来居于社会下层，受压迫和剥削的富尔贝人等穆斯林学者阶层，送上了政治舞台。宗教学者掌握政权后，按照伊斯兰教法的要求，改革新政权治理下的苏丹社会。因此，19世纪的西非圣战运动，与同时代的非洲其他各地发生的革命与改革运动一样，都是非洲内部社会革命和改革运动的一部分。

世界反殖民主义运动的一部分

19世纪最后的20年，欧洲列强完成了对非洲的瓜分，但同时也遭到非洲人的顽强抵抗，反殖民侵略的战争燃遍非洲大陆。1881—1899年苏丹的马赫迪反英大起义、1895—1896年埃塞俄比亚的抗意卫国战争、1879年南非的祖鲁战争、东非布干达王国与英国殖民者的战争、索马里的抗英战争等等，共同组成了非洲反抗殖民侵略，争取自由、自主的宏大

图景。

在非洲人大规模进行反殖民战争的同时，亚非拉其他各地的人民，也在为保持民族独立，与殖民主义进行战斗。从东亚的中国到东南亚、南亚诸国，西亚的伊斯兰国家，还有拉丁美洲各国，也开展了惨烈而雄壮的反殖民主义战争。

西非的反殖民战争，在19世纪中期已经展开。哈吉·乌玛尔·塔勒在富塔地区发起圣战运动，希望在苏丹全境建立哈里发政权。他的计划与法国的殖民入侵计划相冲突，于是法国军队向他发起战争，将他杀死在马西纳。乌玛尔没有想到，他刚刚占领的塞古和马西纳，竟然与他的帝国一起，很快成为法国的战利品。除了哈吉·乌玛尔·塔勒，几内亚的萨摩里·杜雷的圣战运动及塞内冈比亚、沃尔特地区的各个圣战运动，都被法国人镇压。豪萨地区的索科托哈里发国，也被英国军队摧毁。至此，英、法两国将西非苏丹地带的穆斯林政权全部击溃，穆斯林的反殖民战争以失败告终。

显然，西非反殖民战争并不在这些穆斯林运动领导人的计划之内，他们先是犹豫、徘徊，最后迫于生存才不得不与侵略者开战。但是客观上，他们的确与殖民者开战了，并且是殊死搏斗，展示了非洲人不屈不挠的战斗精神。他们的战争，也因此可归入非洲反殖民战争的一部分。同世界各地的反殖民侵略的战争一样，西非19世纪的圣战运动，在这个意义上，不能仅仅被视为一次宗教战争或宗教改革。

鉴于本书前文对19世纪西非圣战运动的反殖民主义性质已有所论述，在此不再赘述。

结　　语

起因、性质与结果

西非伊斯兰圣战发生的原因

西非伊斯兰圣战运动既有外部因素影响，也有内部的复杂因素，而且主要是西非内陆国家、部落等各种社会矛盾交互作用的结果。就外部影响而言，有中东北非伊斯兰教复兴思想的影响、殖民主义所造成的经济危机的恶化。就内部影响因素而言，主要是专制、剥削与伊斯兰发展新阶段的需要。按最近的研究，这次运动的起因，或任务至少有三个：反专制、反剥削，包括本土统治者和殖民者的剥削；伊斯兰宗教改革与宗教传播；反捕奴运动。[①]

就外部因素而言，伊斯兰世界的大环境促进了西非圣战运动的发生与发展。直到14世纪之前，西非苏丹地带的伊斯兰教，对长期以来寄生于西非本土政权之下，维护自己的商业利益，没有提出过任何异议，更谈不上反抗。穆斯林学者，不论是西非本土的穆斯林学者，还是北非远道而来的学者，对伊斯兰教中日益增多的非洲传统宗教文化因素，未见有干涉的先例。只有外来的穆斯林学者，如14世纪来西非旅行的伊本·白图泰等，偶尔会对西非"混合"伊斯兰教表达出异议与不满，但从未有实际行动以改变现状。以苏瓦里传统为代表的温和伊斯兰教，将伊斯兰教与非洲传统宗教的和平共处，甚至共融与共荣，视为自身在西非安身立命的基本方式，本身已是一种西非伊斯兰教的传统，很大程度上成为西非穆斯林的共识。反而是西非本土统治者，不论是"名义上的穆斯林"统治者还是非

[①] 艾周昌、陆庭恩主编：《非洲通史·近代卷》，华东师范大学出版社1995年版，第246页。

穆斯林统治者，偶尔对伊斯兰教发难，不同程度地迫害伊斯兰教，尤其是对穆斯林学者施加各种压力和限制。最典型者，当属桑海国王苏尼·阿里（1465—1492年在位）极力迫害穆斯林学者一事。

随着中东、北非伊斯兰复兴思想的输入，西非伊斯兰教从宗教思想到实践方式都逐渐发生转化，并转移到政治领域。15世纪，穆罕默德·马吉里逐渐将具有苏非主义的清教思想，传播到西非伊斯兰教之中。穆罕默德·马吉里，作为一名穆斯林宗教学者，在北非与撒哈拉地区有巨大的影响力，他曾作为政治—宗教顾问，给西苏丹的各国统治者提供资政建议，他与桑海帝国的诸位国王交往颇多。穆罕默德·马吉里的所作所为，在西非伊斯兰宗教思想的转型上，具有标志性的意义。他直接否定了长久以来伊斯兰教与西非本土宗教之间的共识，即西非穆斯林学者达成的一项"公议"，默认西非的国王们在遵守本土宗教传统的同时，又宣称其为穆斯林，穆斯林学者不应谴责他们的这种"荡秋千"做法。到马吉里时代，伊斯兰教在西非传播的广度与深度都大有进步的情况下，马吉里决定不再容忍这种"两面派"做法，公开声称当时的桑海国王苏尼·阿里为异教徒。马吉里提出了一个非常重要的概念，称像苏尼·阿里及其臣子这样向西非传统宗教妥协的人为"混合者"，即他们信仰的是西非本土宗教与伊斯兰教相结合的"混合宗教"，而不是伊斯兰教。此后的两个世纪中，马吉里的思想在西非愈来愈受欢迎。18世纪，中东、北非出现了许多伊斯兰复兴运动，西非许多穆斯林学者到中东、北非朝觐、游历的过程中，目睹了这些让他们荡气回肠的宗教运动，这对他们是极大的鼓舞。回到家乡后，这些"见多识广"的宗教学者与具有相同思想的、土生土长的其他学者一起，如奥斯曼·丹·弗迪奥，成长为19世纪西非圣战运动的核心领导人物。

外来影响的第二个因素，是殖民主义带来的对经济、政治稳定性的破坏，间接地促进了圣战运动的爆发。殖民主义的因素给非洲经济带来了灾难性的后果。长期以来，撒哈拉沙漠中的驼队商业，一直是撒哈拉南北商业交流的主要方式。在西苏丹，谁控制了商道和商站，及商道上的盐矿、水源，谁就成为经济上的强者，继而成为政治上和文化上的强者，这一点不论是对个人、家族、部落、城市和国家，都是成立的。撒哈拉南北各种力量对商站与商路的争夺，不仅是在争夺经济权力，还是对政治与文化权力的争夺。从加纳帝国、马里帝国到桑海帝国的兴亡，再到廷巴克图等西非文化古城的盛衰，无不与撒哈拉商路的兴衰与变迁密切相关。在殖民者到来之前，撒哈拉商路的兴衰变迁，仅是内部的变化，所导致的也仅是西非内部经济、政治与文化格局的改变，但殖民主义以大西洋商路取代撒哈拉商路，彻底改变了西非的商业格局，那些依靠撒哈拉商路生存的个人、家族、部落、城市与国家，迅速走向没落，经济的失败必然带来西非社会内部各种矛盾的上升、激化，继而是政治的动荡与权力的更迭。19世纪西非穆斯林的圣战运动，就是在这种商业格局大变革之后，伊斯兰教应对经济、政治与文化权力更迭的一种方式。

殖民主义的侵略所造成的西非政治、经济和宗教方面的危机，特别是经济和宗教危机，还表现在黑奴贸易方面。到1800年，欧洲殖民者对西非的侵略已达三个多世纪，但所占领土却不多。除几内亚比绍和塞拉利昂的沿海地带外，欧洲人只占领了沿海的一些岛屿和据点，基本上没有侵入内陆。但黑奴贸易却对西非所有地区都产生了破坏性的影响。由于欧洲枪支、火药的输入和对黑奴需求的增加，捕奴运动和贩奴的规模日益扩大。1658年，博尔诺的麦伊（国王）阿里一次就抓获了4000多名奴隶。卡诺的一个军官在一次捕奴战争后净得几千名奴隶。奴隶贸易严重破坏了西非的社会生产力。反对掠卖奴隶成了圣战前西非各国的一个重要社会问题。

奴隶制度和捕奴运动也是这次圣战运动的重要诱因。欧洲殖民运动之前，由阿拉伯人主导的撒哈拉南北的奴隶贸易量有限，不足以对撒哈拉以南非洲造成巨大的冲击。但到19世纪初，跨大西洋的奴隶贸易迅速发展，欧洲奴隶商人对奴隶数量的需求越来越大。西非各地的君主，包括非穆斯林君主和"名义上的穆斯林"君主，常年开展大规模的捕奴活动，以向欧洲人换取武器和高档消费品。

豪萨的奴隶与塞内冈比亚的奴隶不同，这里的奴隶处在社会的最底层。豪萨的奴隶分为家庭奴隶、丘卡纳瓦和农业奴隶。丘卡纳瓦替国王和陪臣从事各种劳役。农业奴隶又分为奴隶村的奴隶和小业主的奴隶。前者多为达官富豪和大玛拉姆所有，在村头监督下为主人耕作土地。他们除了从事农业外，还替主人从事手工业、经商、作战。奴隶又作为祭品、礼品和商品被虐杀、转赠和买卖。但是，豪萨的奴隶制比古代希腊、罗马奴隶制相对温和一些，有的奴隶主将家内奴隶视若家庭成员。丘卡纳瓦跟随国王、陪臣服役，若能得到赏识，还可获得一官半职。农业奴隶若被允许成婚，则可得到一间安身茅屋。因此，在豪萨地区，奴隶主和奴隶的矛盾、冲突一直没有激化到爆发大规模奴隶起义的程度。

豪萨贵族掠取异乡人和穆斯林为奴，引起了广泛的不满。奥斯曼·丹·弗迪奥在致戈比尔国王的信中，曾提出过释放穆斯林奴隶的要求。伊斯兰圣战者主张释放奴隶的思想深深地吸引着生活在社会底层的奴隶，奥斯曼·丹·弗迪奥圣战大旗举起的时候，豪萨奴隶也立刻揭竿而起。

欧洲殖民侵略对西非内陆影响的另一表现是宗教问题，伊斯兰教和基督教开始在西非争夺地盘。18世纪下半叶，英法相继侵入埃及、占领印度、渗透到土耳其和阿拉伯半岛，伴随而来的是基督教的传播和它对伊斯兰教的抨击，这使穆斯林学者感到了威胁，伊斯兰教的宗教改革运动应运而生。先是18世纪中期崛起于阿拉伯半岛的瓦哈比派运动，继而是兴起于埃及、以爱资哈尔为中心的哈尔瓦提（Khalwati）苏非教团的复兴运动[1]。西非的宗教领袖不但接触了中东的宗教改革思潮，而且也同样具有一种危机感。例如，早期欧洲的旅行家在撒哈拉沙漠见到穆斯林的马拉布特（苏非圣人）时，他们总要被问及英国为何要占领印度？为何要践踏穆斯林的尊严？临近沿海的富塔托罗地区更直接感受到穆斯林即将亡国亡教的危险。哈吉·乌玛尔·塔勒在领导他的圣战时，曾致书圣·路易斯的穆斯林，号召他们反抗法国人，不要同犹太人、基督教徒一起生活，谁这样生活，谁就是犹太人、基督教徒。在索科托和马西纳的圣战胜利之初，阿赫马杜·洛博和穆罕默德·贝洛都曾下令阻止基督教徒通过廷巴克图和他们统治的所有地区，他认为基督教徒带来的后果，对穆斯林而言是灾难性的，也是西非内部混战不断的原因。圣战领袖对殖民主义与基督教的这种判断和反应，虽然未必完全正确，但他们的这种朴素的认识，代表着当时西非穆斯林精英群体对自身处境的清晰感知，他们必须做出回应。而他们的回应，就是圣战。

但是，圣战运动的发生，更多的还是西非自身内部的因素造成的。19世纪初，西非因为政治分裂，导致战乱频仍，民不聊生。16世纪末，摩洛哥入侵西苏丹，桑海帝国灭亡，此后的两个世纪中，辉煌的大帝国时代

---

[1] B. G. Martin, *Muslim Brotherhoods in Nineteenth-Century Africa*. Cambridge University Press, 1978, p. 24.

一去不复返，西非分裂为无数的小国，互相征战不已。①到18世纪末，占领廷巴克图的阿尔玛人政权已被图阿雷格人摧毁，图阿雷格人控制了尼日尔河曲地区；卡阿塔和塞古的班巴拉人王国互相争战，长期分裂；位于马西纳的富尔贝人国家，对塞古王国俯首称臣；在沃尔特河流域东南部的莫西人国家，虽然处于分裂状态，但却是繁荣的；桑海帝国则分裂成许多小酋长国，在西非政治舞台上已无足轻重；豪萨城邦像过去一样依然四分五裂，相互征战；只有萨法瓦王朝统治下的博尔诺是一个统一的伊斯兰国家，但它已经走向衰落。起源于富塔地区的富尔贝人，在17世纪小规模的圣战中建立的富塔邦杜、富塔托罗、富塔贾隆三个伊斯兰国家，对迁移到西非其他地区，并渴望改革的富尔贝穆斯林是一种巨大的鼓舞。

伊斯兰教进入西非以后，与西非宗教经过近千年的融合，基本形成了彼此容忍合作的共存格局。但是，由于19世纪初宗教环境的变迁，这种平衡遭到了破坏。在大多数分裂的国家之中，许多统治者自称信仰伊斯兰教，实际上他们不是异教徒就是"混合"伊斯兰教徒。与此相对应，西非的伊斯兰教学者也分为两类。一类是"混合"伊斯兰教论者，包括地方宫廷的书记员、占星卜卦者、一部分宣教师，他们定居在城市，同贵族联姻，其生活与贵族相近，在宫廷中占有较高的职位，占有大量财富，赞成伊斯兰教与非洲传统宗教混合和妥协，为各国君主的统治服务。《豪萨编年史》写道："当时，所有豪萨国王都不靠（伊斯兰）法律审判，独断专行；依附于他们的学者玛拉姆唯君命是从。"②另一类伊斯兰教学者与富尔贝人和图阿雷格牧民生活在一起，主要以托罗贝人为主，到处游历，四

---

① 1591年摩洛哥打败桑海帝国的汤迪比战役，把16—18世纪的北非西部与西苏丹的历史密切联系在了一起。这次战役从非洲外部条件来看，又与葡萄牙殖民者对非洲的侵略有关。第一，葡萄牙在侵占摩洛哥沿海的许多据点之后，企图建立大北非帝国，于1578年发动了"三王之战"。结果葡军大败，摩洛哥从此走向复兴。第二，殖民者在西非沿海掠夺黄金，分流了撒哈拉商道的黄金贸易，从而加剧了摩洛哥与桑海争夺黄金贸易的斗争。摩洛哥乘"三王之战"胜利余威，入侵西苏丹，灭桑海，古马里王国也在战败后瓦解，出现了西非历史上长达二百余年的政局动荡和小国林立的局面。连年战乱使尼日尔河河曲地区一蹶不振，撒哈拉商道的重心向东转移；西苏丹内陆同沿海的商道网，因贩卖黑奴而形成。伊斯兰随着曼丁克商人的足迹，向热带雨林地区扩展。18世纪下半叶，在富塔地区爆发了西非最早的伊斯兰圣战，建立了富塔邦杜、富塔贾隆、富塔托罗三个伊斯兰教酋长国。

② 艾周昌、陆庭恩主编：《非洲通史·近代卷》，华东师范大学出版社1995年版，第247页。

处传播伊斯兰教，而不与统治阶级合流，并谴责所有非伊斯兰教的遗风，主张严格遵守教法、教规。他们被称为"正统派"，这类学者广泛地吸收了苏非改革派的观点，主要是卡迪里苏非主义和提加尼苏非主义的观点。

在圣战运动前夕，正统派和"混合"伊斯兰教派展开了激烈的辩论。位于南北商道上的阿加德兹是一个著名的伊斯兰教育中心，来自西非、北非乃至中东的学者在这里讨论伊斯兰教法律、哲学和伊斯兰世界的现实问题。在这场辩论中，正统派主张纯化伊斯兰教，认为正统的伊斯兰教徒不能同非伊斯兰教的习俗、法律妥协，任何违背教规的行为都与叛教无异，而叛教就要被处以极刑。他们宣传马赫迪即将降临西苏丹，穆斯林有权对异教徒进行圣战。"混合"伊斯兰教派则坚持传统，反对任何变革，对无论采取和平的改革还是圣战形式的革命，均表示反对。

这场穆斯林内部的论战，深深扎根于西非社会的现实。正统派抨击的不符合《古兰经》和伊斯兰教义之处，正是广大群众对贵族不满之所在。这种矛盾在豪萨城邦表现得最为明显和尖锐。这也是伊斯兰圣战运动首先在豪萨地区爆发的原因之一。

族群矛盾与阶级矛盾也是圣战发生的原因，可以豪萨圣战来说明这一点。豪萨地区的居民主要是豪萨人、富尔贝人和图阿雷格人。豪萨统治阶级实行民族压迫政策。作为外来移民，定居在城镇的富尔贝人要缴纳专门的市场税、人头税，甚至在伊斯兰节日还要缴节日税。他们不能参加或自己专门举行传统的富尔贝人的礼拜。生活在农村的富尔贝牧民地位更为低下，在使用牧场和水源时也受到豪萨人的多方限制，牲畜常常遭到劫掠。他们要缴纳沉重的牲口税、牧场租金和其他贡赋，替豪萨贵族放牧牲畜。不论是定居还是游牧的富尔贝人都被视为异乡人，被排斥于豪萨人社会组织之外，享受不到任何政治权利，甚至生命和财产安全都得不到保障。豪萨统治阶级的压迫和歧视，使富尔贝牧民深为不满。在这种情况下，他们对伊斯兰正统派所宣传的真主的公平正义，有极大的好奇心。在富尔贝人当中，最具有反抗意识的是托罗贝人。他们是富尔贝人中地位最为低下的阶层，所受的压迫也最深，这也是托罗贝人成为西非早期圣战运动的发起者和领导者的一个重要原因。圣战爆发后，富尔贝人揭竿而起，参加圣战。例如在蒙萨北部的扎巴马，富尔贝牧民和豪萨农民常为放牧发生流血冲突。后来，该地富尔贝人首领阿布巴克·卢杜杰率部参加了圣战。

在豪萨族内部，阶级矛盾也日趋紧张。由各邦国王、陪臣组成的统治阶级靠掠卖奴隶、税收和地产收入为生，蓄有众多的奴隶，过着骄奢淫逸的生活。他们不但压迫和剥削异乡人和奴隶，而且勒索和剥削普通豪萨人。据《卡诺编年史》记载，卡诺国王默哈马·沙莱法·丹·达迪（1703—1731年在位）为增加收入，巧立七种税目，每一种都是掠夺性的，并采取强迫纳税的手段。①

城镇居民和乡村农民构成豪萨社会的中间阶层，他们也是强制性苛捐杂税的负担者。豪萨各邦统治者穷兵黩武，兵连祸结，使豪萨农民屡遭掠夺，统治者还要把战争负担转嫁到他们头上。因此，豪萨农民和平民在圣战爆发后站到了反对豪萨贵族的一边。

在各种社会矛盾激化的基础上，以奥斯曼·丹·弗迪奥为首的穆斯林改革派抓住有利时机，在戈比尔邦首先发动了反对豪萨贵族统治的圣战。

基于此，关于西非19世纪的圣战，现在我们可以解释经常遇到的如下问题。通常，圣战运动到19世纪才成为西非历史的一个主题。那么在伊斯兰教到达西苏丹10个多世纪的漫长历史中，为什么只有到了19世纪圣战运动才成为"西非历史的主题"呢？虽然也可以用许多外部的原因来回答这个问题，比如受伊斯兰世界改革和瓦哈比运动的影响等，但是最根本的答案应该在于西非社会本身，特别是19世纪西非伊斯兰教的现实状况。这其中最主要的是伊斯兰教在西非社会的影响程度有多大，最核心的问题是西非穆斯林人口多少的问题。正如伊斯兰教初传入西苏丹那样，由于西非的穆斯林人口规模非常小，仅靠西非内部伊斯兰教的力量不可能形成规模宏大的改革或革命运动。按照圣战的理论，"只有环境有利，穆斯林有获胜的可能时，才会发动圣战"。所以，10—18世纪西苏丹的圣战运动主要依靠外部力量来推动，比如北非的穆拉比特运动。但是因为这种外部力量的推动缺乏足够强大的内部力量予以配合，所以外部力量所支配的圣战运动对西苏丹产生的影响是非常有限的，通常是很难持久的。10—18世纪，伊斯兰教在西苏丹影响的增强并不是依靠圣战运动，而是依靠和平方式所传播的伊斯兰教：商业、马拉布特、朝觐等。正是由于通过这种和平的方式，伊斯兰教对西非的影响一直在缓慢增长。到19世纪的时

---

① 艾周昌、陆庭恩主编：《非洲通史·近代卷》，华东师范大学出版社1995年版，第248页。

候，漫长的量变终于达到足以发生质变的程度，于是在外部的影响下，在内部的推动下，具有持久性影响的圣战运动在西非发生了。

圣战运动在19世纪成为"西非历史的主题"还有另外一个重要的原因，即托罗贝人与新苏非主义的结合。前已述及，托罗贝人为虔诚的、社会地位低下的穆斯林。这并不足以使他们揭竿而起，发起圣战运动。虔诚的穆斯林少数派在19世纪之前的穆斯林中一直存在。而托罗贝人的形成及其接受新苏非主义，并以西苏丹"混合"伊斯兰教作为目标，才使托罗贝人把苏非主义作为"一种运动意义上的伊斯兰教"，发动了圣战运动。因此，19世纪西非圣战运动，本质上是西非伊斯兰教内部各种因素互相作用的结果，是伊斯兰教内生的现象，是伊斯兰教迅速发展的需要。

19世纪圣战运动的性质

对于西非圣战运动的性质，学者们可谓众说纷纭，各执一词。

崔明翰在他于1962年出版的《西非伊斯兰教史》中，比较详细地叙述了西苏丹的几次主要圣战运动。不过他始终没有对它们作出任何明确的价值判断，没有明确地给它们定性，但是我们还是可以从他的字里行间得出这样的结论：19世纪西非的圣战运动都是宗教运动，或者至少是以宗教平行主义（伊斯兰混合主义）为主要目标的宗教扩张和改革运动。

马丁（B. G. Martin）在1976年出版的《19世纪非洲的穆斯林兄弟会》一书中谈到索科托圣战运动的性质时，引用了在他之前一些呼声比较高、观点比较鲜明的几位学者的看法。如德国学者阿道夫·布拉斯（Adolph Brass）认为，圣战运动是豪萨统治者和富拉尼穆斯林之间以物质利益为驱动力的政治冲突。他说：尼日利亚北部的富拉尼人"把宗教作为信手拈来的伪装，其真正的目标却是政治性的，圣战是宗教掩盖下的袭击与抢劫运动"。俄国学者奥尔德罗格（Olderogge）则运用阶级分析的方法，把豪萨的圣战运动看作是受压迫的农民阶层对统治阶级的反抗。他认为"奥斯曼·丹·弗迪奥对是否改变古老的社会结构并不关心；富拉尼贵族取代了被赶下台的豪萨国王们……奥斯曼·丹·弗迪奥的伊斯兰宣传运动呈现出马赫迪运动的特点"。英裔尼日利亚学者阿卜杜拉希·史密斯（Abdallahi Smith）认为，圣战运动"不只是少数受压迫者决心为自己的利益而夺取政权……圣战运动还是一场重要的知识化运动，关于理想社会的概念和革命的哲学一直萦绕在圣战领导人心中"。①我们看到这几位学者给豪萨圣战运动的定位和定性有：宗教掩盖下的政治冲突、阶级斗争、文化运动。

在罗列了几位学者的观点之后，马丁表达了自己的看法："这场运动的本质已经确定无疑了。三位穆斯林改革者领导了富拉尼人圣战运动：奥斯曼·丹·弗迪奥最为重要，他的儿子穆罕默德·贝洛和弟弟阿卜杜拉是他的助手。这场运动是对发生在中东的政治和文化运动的反应——西非的苏非主义对阿拉伯半岛瓦哈比改革运动的反应。圣战运动是豪萨穆斯林旨在进行伊斯兰改革的运动，而不是复兴运动。它重在改变穆斯林的价值体系，强调法制化的、知识化的'城市'伊斯兰教。奥斯曼的运动还体现出马赫迪运动的特点，这有利于增强他对尼日利亚北部人民的号召力，因为当时那里正在经历着自然灾害……这次运动依靠的是卡迪里教团的意识形态……那些态度坚决的穆斯林批判当前宗教，批判政治上对非穆斯林信仰体系迁就容忍的现象，他们反对宗教混合主义，正是他们这些人帮助了奥斯曼·丹·弗迪奥这样的改革者。他们也反对豪萨人（黑贝）的压迫，反对捕奴运动和苛捐杂税。"②

在1984年出版的《西非伊斯兰教的发展》中，摩温·黑斯克特将19世纪的圣战运动称作"革命"或"改革"，并且他还认为，19世纪西非的圣战运动与以前的圣战运动不同，关于它们"还有一些未定论的、与伊斯兰教没有必然联系的结果，因此有必要区分哪些结果与伊斯兰圣战紧密联系，哪些只是非洲人之间的世俗性的冲突，哪些是反殖民主义的抵抗运动"。③在摩温·黑斯克特后来的论述中，他努力想回答上述问题。他的答案应该说是比较具体的。他的基本结论是：卡迪里教团所发动的圣战运动宗教性比较强，这种类型以奥斯曼·丹·弗迪奥的圣战为代表；相对而言，提加尼教团的圣战运动宗教色彩就淡一些,尤其是萨摩里·杜雷的圣战开始时几乎不怎么突出伊斯兰教的因素，只是在圣战的过程中，萨摩里才认识到伊斯兰教在他

---

① B. G. Martin, *Muslim Brotherhoods in Nineteenth-Century Africa*. Cambridge University Press, 1978, pp. 13–15.

② Ibid., p. 13.

③ Mervyn Hiskett, *The Development of Islam in West Africa*, Longman Group Limited, London, 1984, p. 227.

圣战中的重要性，但是萨摩里圣战运动的抗击殖民主义的性质比之前任何一场圣战运动都更加突出，态度更加坚决；至于博尔诺的拉贝赫，那就是纯粹打着伊斯兰旗号的非洲军阀了，他的所谓"圣战"完全是世俗性质的劫掠运动。

尼赫米亚·列文森和朗达尔·派沃斯（Randall L. Pouwels）在他们主编的《非洲伊斯兰教史》（2000 年出版）中，专门安排了《西苏丹的革命》一章论述 19 世纪西非圣战运动。这一章由大卫·罗宾逊主笔。对于这次运动的性质，罗宾逊开篇就说："整个 18—19 世纪，一些西非穆斯林学者和军事领导人成功地组织了改革和建国运动。他们称这种改革运动为'圣战'，建立以伊斯兰教为特色的国家政权，称伊玛目国或哈里发国。……最杰出的学者和领导者都是富尔贝人，这期间他们重建了自己的民族身份，以适应他们在西非伊斯兰化中所起的主导作用。……这些圣战运动值得单独认真研究，因为它们构成了西非信仰历史的重要一章。这些运动对传播伊斯兰教至关重要——通常以苏非教团为载体——从城市向乡村，从社会精英向普通百姓传播，并且从逊尼派转变为苏非派。圣战运动建立了一个教育体系，不但使人们通过阿拉伯语，而且通过富尔贝语等其他语言来理解伊斯兰教。圣战运动在把西非转变为'伊斯兰教的土地'的过程中起着工具性的作用。"[①]

以上就是自 20 世纪 50—60 年代以来研究西非圣战运动的学者对它的定性。笔者在这里特别列出了所引著作的出版时间，目的是给出这半个多世纪以来学者们对 19 世纪西非圣战运动的性质的认识过程。可以看出这个过程是渐进式的，人们对圣战运动的认识是不断发展，不断深化的。从几乎是单纯的、宗教性的认识，逐渐认识到圣战运动除宗教性之外更多的革命性、改革性、民族性、阶级性、文化性、反殖反帝性等属性，到最后对这场运动性质的多元性的确认，这的确是一个比较艰难，也是比较漫长的过程。因为运动性质的多元性，笔者在本书的叙述中才使用"圣战运动""圣战""革命""改革"等多个称呼指代这次运动。

但是仅仅对圣战运动各种属性的挖掘和认可还不够，因为事实上这些属性在这场圣战运动身上所表现的重要性是不同的。有些性质，是这场运

---

① Nehemia Levtzion & Randall L. Pouwels, *The History of Islam in Africa*, Ohio University Press, 2000, p. 131.

动的本质属性，有些则是次要的属性，或者说不能体现这次运动的主要目标。

　　西非的伊斯兰圣战运动目的首先是穆斯林理想主义阶层对"混合"伊斯兰教的反抗，即圣战目的是宗教性的，圣战是新苏非主义指导下的伊斯兰宗教运动；圣战运动的早期领导力量都是宗教学者，具体说是新苏非主义导师。这些学者把净化受西非传统宗教"污染"的伊斯兰教、传播伊斯兰教作为圣战的首要任务，而不是仅仅以宗教运动为掩护夺取政权。在有些圣战中，比如奥斯曼·丹·弗迪奥领导的豪萨圣战取得初步胜利之后，就把圣战运动的领导权交给别人，自己专心致志地从事伊斯兰教学术工作，这足以说明他领导的运动的第一目标并不在政权，而在于宗教；圣战的组织方式是苏非教团；圣战的指导思想是伊斯兰教新苏非主义；马赫迪观念是三大圣战的一个重要推动力；圣战的结果是建立了伊斯兰政权，宗教学者阶层掌握了最高领导权，西非大部分地区变成"伊斯兰教地区"。圣战运动的发动者和参与者称这场运动为"圣战"。这个词是一个宗教性的专用词。可以说圣战运动的方方面面都有着浓厚的伊斯兰色彩，所以宗教性应该放在圣战运动的首位，即这次圣战运动首先是一次伊斯兰教新苏非主义运动。

　　其次，应该是改革和革命的性质。穆斯林领导者非常重视运动的改革性质，他们自称为"穆贾迪德"（Mujaddid，即革新者）。这场运动的确是一次深刻的社会变革，宗教、政治、文化、经济等各个方面都发生了巨大的变革。并且，运动的主要方式无一例外以暴力革命为主要手段，或者说是对存在于他们周围的多神信仰的武力征服。所以改革和革命的性质应该居于第二位。但是，这种变革并非现代意义上的改革。当伊斯兰世界其他地区的改革运动，在努力将宗教力量从政治权力中清除出去，实行政教分离的政治体制之际，西非的改革，却将穆斯林宗教学者送上政治舞台，建立政教合一的国家。这显然与世界政治发展的潮流相悖，显示出西非伊斯兰教发展的滞后性。

　　再次，是阶级性和民族性。西非圣战运动发生的一个重要内部原因就是阶级压迫和民族压迫：豪萨人和卡努里人对富拉尼人的压迫；残酷的捕奴运动及强迫奴隶劳动等导致西非内部矛盾非常尖锐。穆斯林正是充分利用阶级压迫和民族压迫造成的不满才能轻而易举地调动起巨大的社会力量加入到圣战运动中来。19 世纪圣战运动早期的领导者以富尔贝人为主，后半叶其他民族的领导者也陆续出现了。圣战运动对西苏丹国家建设的意义，伊斯兰教作为一种新的社会黏合剂，伊斯兰复兴与建国是伊斯兰革命运动的两个目的。欧洲先进武器的输入为武力建国提供了手段上的可能。①"从佛得角到喀麦隆，伊斯兰革命永远地改变了这里的政治面貌，重新划定了西非的政治地图"。②运动的结果是建立的基本上都是民族国家。因此，民族性在圣战运动中占有重要地位。

又次，应该是圣战运动的文化属性。近代西苏丹的圣战运动同时也是一次文化运动。伊斯兰文化逐渐渗透到西非土著文化之中，西非居民经历了第一次真正意义上的文化启蒙，虽然这次启蒙只是普世宗教对社区宗教的启蒙，但让西非居民第一次把目光穿越撒哈拉，看到地中海和中东的"先进文化"。穆斯林的知识分子利用掌握了最高政治权力的有利时机，主观上也大力宣传伊斯兰文化。

排在最后的，应该是反殖反帝的性质。前文已经提到，西非的圣战者主观上并不想与殖民者发生冲突，只有当欧洲人向他们举起屠刀的时候，他们才被动还击。反殖反帝是殖民者强加给圣战运动的额外任务。正因为如此，殖民时代西非的伊斯兰教才与欧洲人进行大规模的合作，从而换回了伊斯兰教在殖民统治下的另一个黄金发展期。

19 世纪圣战运动的结果和影响

整个 19 世纪，西苏丹经历了一系列的伊斯兰圣战和革命战争，极大地改变了伊斯兰教在这一地区的生存状态。这些圣战或革命代表了军事的、普世主义的伊斯兰教的胜利，代表了宗教混合主义或"混合"伊斯兰教的失败。自伊斯兰教传入西非以来，它与本土宗教（多神教、万物有灵论等社区性宗教）基本上能够和谐共存，各个按自己的生活方式生存，或者二者共同寻求一种折中的生活方式，穆斯林很少以武力的手段改变这种生活方式。但是 19 世纪穆斯林的这种胜利不是绝对的，我们已经看到，许多圣战所取得的成功只是暂时的，或者是非常有限的。伊斯兰教的宗教混合主义仍在继续，特别是伊斯兰教刚刚征服的异教徒地区更是如

---

① Nehemia Levtzion & Randall L. Pouwels, ibid, pp. 131-152.

② Philip D. Curtin, "Jihad in West Africa: Early Phases and Inter-Relations in Mauritania and Senegal", *The Journal of African History*, Vol. 12, No. 1. (1971), pp. 11-24.

此，乌勒玛们尴尬地发现他们又处在了"混合"伊斯兰教的包围之中。他们以"混合"伊斯兰教为圣战的目标，到后来自己所实践的竟然也是"混合"伊斯兰教。但是我们并不能因此抹杀圣战运动在宗教上所取得的成功。圣战使伊斯兰教在西非取得前所未有的成果，其中许多成果是永久性的转变。以前根据地方习惯和思维方式任意解释伊斯兰教的现象减少了，严格按照圣训和伊斯兰教的普世主义思想践行伊斯兰教的人数极大地增加了。

圣战运动也极大地推进了新苏非主义在西非的传播。奥斯曼·丹·弗迪奥、阿赫马杜·洛博、哈吉·穆罕默德·艾敏都是虔诚的卡迪里教团的苏非圣人。在索科托帝国和马西纳的圣战中，卡迪里伊斯兰教上升为官方宗教。同样，尼日尔地区的哈吉·乌玛尔·塔勒也把新生的提加尼伊斯兰教作为官方信仰，还有马巴·迪亚胡·巴、哈吉·穆罕默德·艾敏也在塞内冈比亚地区领导的圣战中利用提加尼教团的旗帜，当然哈吉·穆罕默德·艾敏利用和宣传提加尼伊斯兰教的力度要弱一些，但是三位苏非圣人的革命让塞内冈比亚居民的生活涂上了浓重的提加尼色彩，并决定了后来提加尼教团在这里的主导地位。正是因为这些圣战运动，使延续了近一千年的西苏丹伊斯兰化进程接近了尾声，同时把苏非主义推上了西苏丹和中苏丹的主宰地位。但是苏非主义在这里的至尊地位只是暂时的，它很快就面临来自瓦哈比主义的挑战。

西非圣战运动同时也是一次文化运动，它带来了深刻的文化变革。伊斯兰教把西非带入了有普遍的文字记载的历史中，而19世纪圣战运动则加速了西非书面语言文字的普及进程。在伊斯兰教到达西苏丹和中苏丹之前，这里没有一套被广泛使用的文字，尽管柏柏尔人的梯非纳夫（tifinagh）[①]字母曾传播到尼日尔地区，但没有证据表明除用这套字母书写柏柏尔语之外，还用来书写西非当地的语言。自伊斯兰教进入西非之后，阿拉伯语便用来记述当地的历史，并且阿拉伯语的使用还不限于某个族群、某个部落的语言，而是平等地应用于所有皈依伊斯兰教的人。此外，伊斯兰教让西非的一些方言如富尔贝语和豪萨语开始了文字书写的历史。[②]所以，19世纪西非的圣战运动是一次军事运动，同时也是一次规模宏大的

[①] 北非的柏柏人广泛使用的一种拼音文字。

[②] Mervyn Hiskett, *The Development of Islam in West Africa*, Longman Group Limited, London, 1984, p. 242.

知识文化运动。西非居民的世界观得到了改造和提升，他们的信仰由社区宗教上升到普世宗教，由家族宗教、国家宗教上升到世界宗教。穆斯林的胜利不仅是知识分子对文盲的军事和政治上的胜利，还让伊斯兰化的地区加快了书面语言的普及进程，更让以前从未接触伊斯兰教的地区进入了高度发达的文字文明时代。

西非圣战者的征服运动，虽然有时只是昙花一现，但因为穆斯林在圣战中屠杀很多顽强抵抗的土著宗教首领，同时对与伊斯兰教义不相符的圣像、雕塑、面具以及代表祖先崇拜的老房子等象征土著宗教信仰的事物予以大规模的破坏，摧毁了原来的宗教和社会结构，不但当时为传播伊斯兰教起了很大的作用，而且为以后殖民时期的伊斯兰化扫除了障碍，铺平了道路。

圣战运动把在西非社会中一直处于附属地位的伊斯兰宗教职业阶层推上了政治权力的最高峰，伊斯兰宗教人士取代地方宗教领袖成为新兴贵族。主要是富尔贝人（托罗贝人、图科洛人）和曼德人（包括曼丁哥人、迪尤拉人、索宁克人、马林克人、玛卡人和部分班巴拉人穆斯林）领导了这次伊斯兰圣战，他们成为新政权的统治民族。

圣战运动建立了一系列穆斯林政权，它们是西非真正意义的以伊斯兰教为国教的穆斯林政权。这些穆斯林政权存在的时间有长有短，组织形式各异，有的是联邦国家，如索科托哈里发国，大部分是帝国，如乌玛尔的图科洛帝国和萨摩里的曼丁哥帝国，甚至还有像博尔诺的拉贝赫这样的军阀政权。尽管如此，伊斯兰教仍然成为这些新政权的意识形态。伊斯兰教的地位与 19 世纪圣战之前的政治地位不能同日而语。同时这些新政权也为以后现代民族国家的形成奠定了基础。

伊斯兰革命还加速了社会的变革。无数的新兴城镇因为穆斯林商人的到来而呈现繁荣，人口开始大规模迁徙，旧的社会体制被新体制取而代之。西苏丹许多部落以母系社会为主，而伊斯兰教是男性为社会主体的宗教，使伊斯兰教以男权为主的社会制度取代西非以女权为主的社会制度，只有通过强有力的社会革命才能实现，伊斯兰圣战无疑出色地完成了这个既破又立的社会改革任务。伊斯兰教和后来的英法殖民主义一起，摧毁了土著居民的政治领导权。虽然在塞内冈比亚的土著居民的社会变革中，法国人的作用比较大，但是"伊斯兰化既是传统国家衰弱的最重要的原因，也是最重要的结果"。①经济和政治结构不断发生变化,各种社会力量优化组合,不断采用各种手段去推翻现存的权力结构,并努力在新生的权力结构中寻找自己的位置。例如,萨摩里的革命起初并不带有强烈的伊斯兰色彩,而是受他之前伊斯兰革命结果的影响后不自觉地染上了一些伊斯兰色彩。这场革命迫使穆斯林和非穆斯林联合起来保护他们共同的商业利益,抵抗法国人的侵略。如果殖民者不干涉的话,伊斯兰圣战在西部非洲所引发的这场变革的结果是很容易预测的。可是欧洲人还是来了。在圣战运动方兴未艾之际,殖民者用殖民战争扼杀了这场革命运动。1900年之前,欧洲人对西苏丹圣战的介入是渐进式的,进入20世纪以后,改为直接武力占领,从而暂时打断了西非快速进行的伊斯兰化进程。

---

① John H. Hanson, "Islam and Imperialism: Martin Klein's Contributions to an Understanding of the History of Senegambian Muslim Communites", *Canadian Journal of African Studies*, Vol. 34.3, Special Issue: On Slavery and Islam in African History: A Tribute to Martin Klein. (2000), p. 533.

附　录

附录一　西非伊斯兰教大事年表

640年—8世纪，阿拉伯穆斯林征服北非，伊斯兰教开始向撒哈拉以南非洲传播。

767年，位于斯基勒马萨的哈瓦利吉派国家建立。

800年前后，加奈姆王国成立。

8世纪，塔克鲁尔王国成立。

10世纪，塔克鲁尔王国和加奥王国因黄金贸易而达至极盛。

1042年，毛里塔尼亚南部和塞内加尔北部的柏柏尔穆斯林和富拉尼穆斯林在塞内加尔建立穆拉比特王朝。

1050—1146年，穆拉比特王朝征服了摩洛哥、阿尔及利亚和西班牙部分地区。

1076年，穆拉比特王朝征服加纳王国，建立了短暂的统治（此点有争议）。

1150年前后，加纳帝国达到极盛。

1230年，加奈姆王国达到极盛。

1230年，松迪亚塔建立马里帝国。

1240年前后，马里吞并加纳帝国和桑海王国。

1250年前后，马里吞并塔克鲁尔国。

1324年，马里皇帝曼萨·穆萨到麦加朝觐。

1325年，马里帝国达到极盛。

1340年，桑海从马里帝国的统治下获得独立。

1352年，摩洛哥柏柏尔学者伊本·白图泰到西非探险。

1386年，博尔诺国家建立。

15世纪，沃洛夫帝国建立。

15世纪20年代，葡萄牙航海家到西非沿海探险，标志着欧洲力量直接拓展到西非伊斯兰教地区。

1441年，欧洲人开始奴隶贸易，第一艘奴隶船驶往葡萄牙。欧洲人参与奴隶贸易刺激了西非伊斯兰教奴隶制度的发展。

1450年前后，以游牧为生的昆塔阿拉伯人，开始在西苏丹传播苏非神秘主义。

1462年，苏尼·阿里成为桑海帝国皇帝，开始帝国建设进程。

1490年前后，桑海吞并马里帝国。

1491—1500年，穆罕默德·马吉里前往西苏丹，分别在马西纳和加奥居住。

16世纪，桑海帝国在阿斯基亚·穆罕默德·杜尔的统治下，进入快速扩张期。

1510年，跨大西洋奴隶贸易开始。

1515年前后，桑海帝国达到极盛。

1526年，博尔诺王国控制了加奈姆王国，史称加奈姆—博尔诺国家。

1550年前后，沃洛夫王国解体；马里帝国解体。

16世纪中期，游牧的富拉尼人在缓慢地从塞内加尔向东迁徙的过程中，皈依伊斯兰教。

15世纪60年代，葡萄牙政府首次在廷巴克图设立大使馆。

1591年，摩洛哥人征服桑海；加奈姆—博尔诺达到极盛。

1650年，富拉尼人迁居到富塔托罗和富塔贾隆。

1670年，富拉尼人马立克·萨伊控制了塞内加尔的邦杜；法国人在塞内加尔立足。

1673年，富拉尼人在富塔托罗发动圣战运动，以失败告终。

1725年，富拉尼人在富塔贾隆发动圣战运动，取得成功。

1775年前后，富拉尼穆斯林阿尔法·伊卜拉欣被任命为富塔贾隆地区的"信士的长官"。

1800年，富拉尼人在塞内冈比亚发起伊斯兰圣战运动，建立了富塔托罗、富塔贾隆和富塔邦杜等伊斯兰国家。

1804—1809年，富拉尼人奥斯曼·丹·弗迪奥在豪萨领导圣战运动，最终成立了索科托哈里发国家。

1827年，独立的马西纳伊斯兰国家建立。

1830年，索科托哈里发国家达到极盛。

1832—1833年，英国人宣布取消西印度的奴隶贸易。

1850年前后，提加尼在非斯任命来自毛里塔尼亚的穆罕默德·哈菲茨为教团的长老之一，由他将提加尼教团引入毛里塔尼亚。此后，提加尼教团在撒哈拉以南的非洲迅速扩张。

1852年，富拉尼人哈吉·乌玛尔·塔勒在塞内加尔和尼日尔河上游地区发动圣战运动，建立图科洛伊斯兰国家。

1862年，图科洛国家征服马西纳国家。

1863年，哈吉·乌玛尔·塔勒占领廷巴克图。

19世纪70年代至19世纪80年代，塞内加尔地区成立了第二曼丁哥帝国，作为马里帝国的继承者。

1883年，穆里德教团形成。

1893年，拉比赫占领加奈姆—博尔诺。

1893年，法国人占领富塔托罗帝国。

1895年，法国人成立法国殖民地联邦，即法属西非的前身。

1903年，英国人征服了索科托国家。

1904年，法属西非成立。

1950年至1970年，西非民族国家相继独立。

附录二　非洲苏非主义道统图

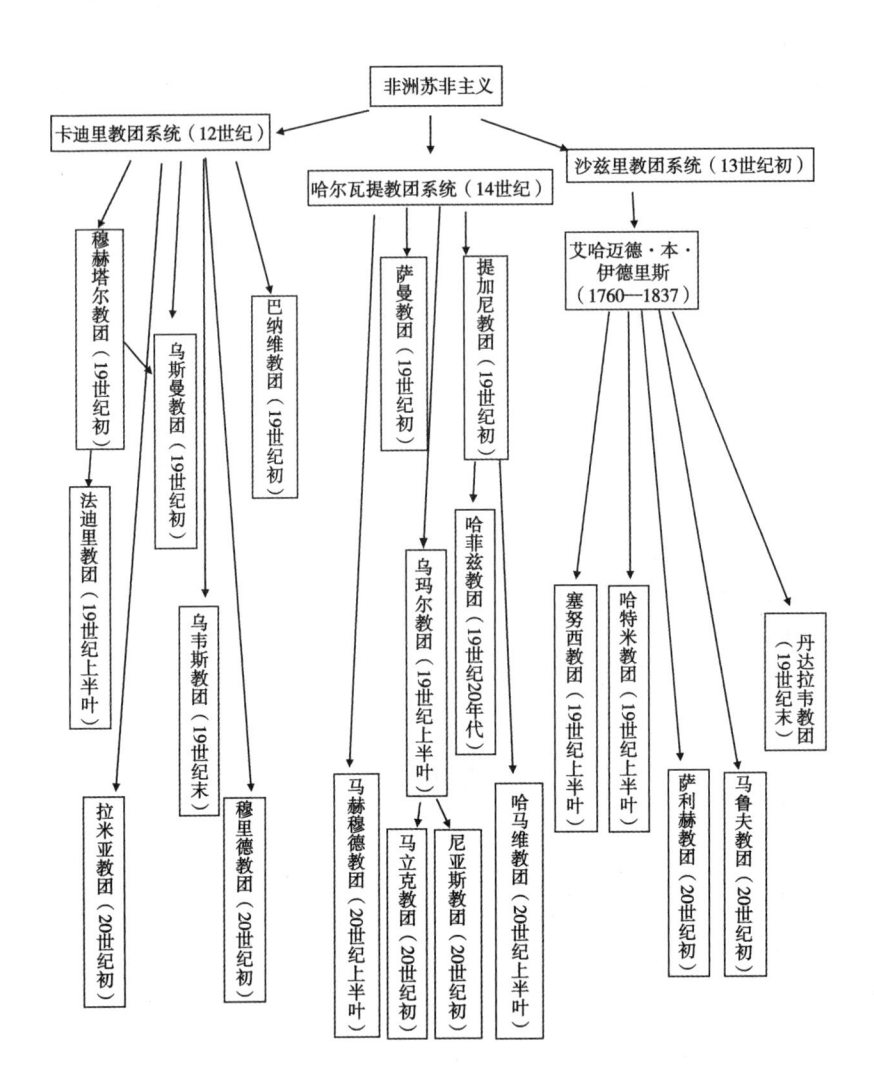

```
                            非洲苏非主义
         ┌──────────────────────┼──────────────────────┐
卡迪里教团系统（12世纪）    哈尔瓦提教团系统（14世纪）    沙兹里教团系统（13世纪初）
         │                      │                      │
         │                      │               艾哈迈德·本·伊德里斯
         │                      │                   （1760—1837）
         │                      │                      │
```

卡迪里教团系统（12世纪）下属：
- 穆赫塔尔教团（19世纪初）
  - 法迪里教团（19世纪上半叶）
    - 拉米亚教团（20世纪初）
- 乌斯曼教团（19世纪初）
  - 乌韦斯教团（19世纪末）
- 巴纳维教团（19世纪初）
  - 穆里德教团（20世纪初）

哈尔瓦提教团系统（14世纪）下属：
- 萨曼教团（19世纪初）
  - 乌玛尔教团（19世纪上半叶）
    - 马赫穆德教团（20世纪上半叶）
    - 马立克教团（20世纪初）
    - 尼亚斯教团（20世纪初）
- 提加尼教团（19世纪初）
  - 哈菲兹教团（19世纪20年代）
    - 哈马维教团（20世纪上半叶）

艾哈迈德·本·伊德里斯（1760—1837）下属：
- 塞努西教团（19世纪上半叶）
- 哈特米教团（19世纪上半叶）
- 萨利赫教团（20世纪初）
- 马鲁夫教团（20世纪初）
- 丹达拉韦教团（19世纪末）

附录三　非洲的苏非教团分布图

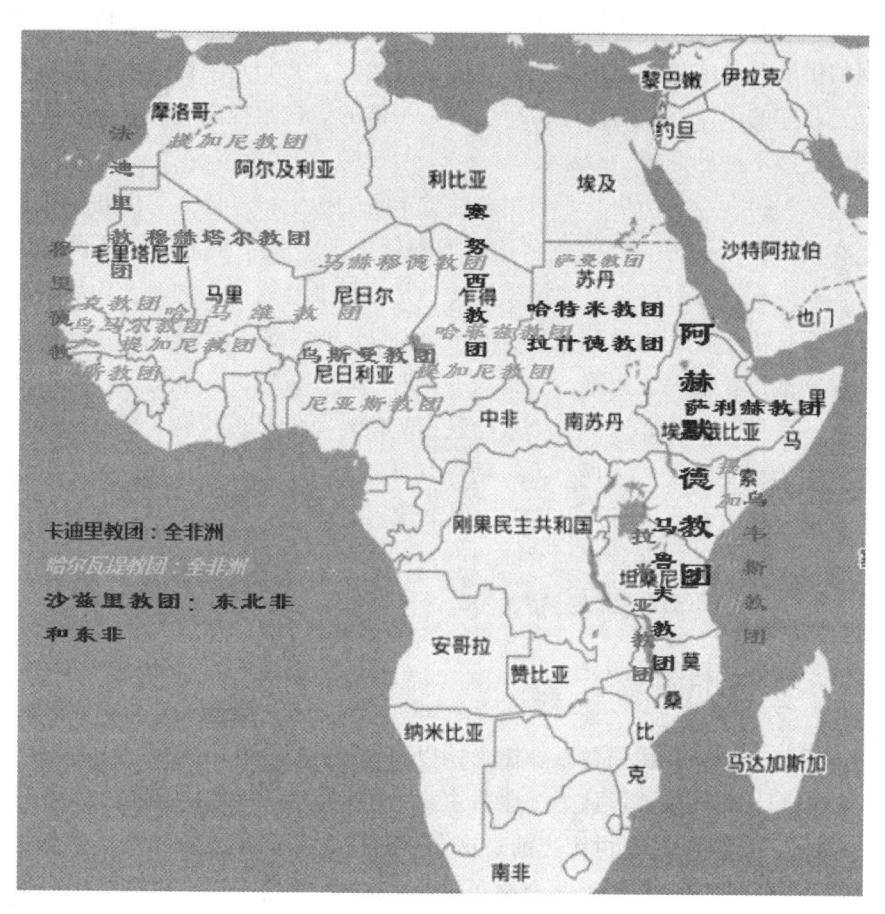

资料来源：笔者自制。

附录四　撒哈拉以南非洲的伊斯兰教[*]

在人们讨论非洲伊斯兰教时，一个约定俗成的认识是：撒哈拉沙漠以南的伊斯兰教才是真正意义上的非洲伊斯兰教。北非是阿拉伯世界的一部分，北非的伊斯兰教与西亚伊斯兰教是一体的。撒哈拉南北的伊斯兰教呈现出全然不同的面貌。

非洲伊斯兰教历史几乎与伊斯兰教本身的历史一样悠久。伊斯兰教甚至在使用伊斯兰历法之前就到达过埃塞俄比亚。关于早期的非洲伊斯兰教，非洲穆斯林有两件事津津乐道，一是在伊斯兰教初兴之时，为数不多的穆斯林由于在麦加受到迫害，于614—615年，部分穆斯林分两批迁徙到埃塞俄比亚境内去避难，受到国王礼遇。现在埃塞俄比亚穆斯林仍在庆祝这一事件。二是非洲伊斯兰教的最早皈依者可能是贝拉勒·伊本·拉巴赫。因为穆罕默德的干预，贝拉勒由奴隶变为自由人，并成为伊斯兰教历史上第一位宣礼员，同时也是先知穆罕默德最要好的伙伴之一。非洲与西亚地理上毗邻，彼此有千丝万缕的联系，广袤的撒哈拉沙漠并未能阻挡伊斯兰教及其文化向非洲腹地扩张。

多样性的传播方式

整体上而言，伊斯兰教在撒哈拉以南地区与北非的传播方式与结果都全然不同，北非主要以武力征服为主，撒哈拉以南非洲则主要以非武力的传播为主，至少在19世纪之前是这样。阿拉伯人于公元7—8世纪征服北非以后，从此非洲开始了两个相互联系而又漫长的过程——伊斯兰化进程和阿拉伯化进程。越来越多的被征服者皈依伊斯兰教，伊斯兰化是一个传播伊斯兰教的缓慢过程；阿拉伯化是一个缓慢地传播阿拉伯语的过程。北非成功地完成伊斯兰化后，继续完成阿拉伯化。撒哈拉以南的非洲除东部少数地区完成这两个进程外，大部分地区只经历了漫长的伊斯兰化，且这个进程仍在进行中。

东非、西非和中南非的伊斯兰教传播方式也是千差万别。尼罗河苏丹与非洲之角是撒哈拉以南非洲既完成伊斯兰化又完成阿拉伯化的地区。苏

---

[*] 本附录为笔者根据外文资料编译而成。

丹北部和索马里的居民在伊斯兰教成为他们的信仰之后很久，阿拉伯语也成为他们的母语，他们还自认为是伊斯兰世界，甚至是阿拉伯世界的一部分。伊斯兰教沿尼罗河向南的渗透一直在缓慢推进，近代殖民主义打断了这一进程。英国对苏丹实施殖民统治期间（1898—1955），伊斯兰化和阿拉伯化向南挺进的势头减缓；南苏丹沿英国势力的边界成功地阻挠了阿拉伯化的南进势头。同时南部鼓励基督教化，禁止伊斯兰化。在英国的控制下，打下了宗教隔离的制度基础。1955年苏丹独立后，这种民族—宗教的划分产生了巨大的破坏作用。1955—1972年的第一次苏丹内战在北部和南部之间展开，这次战争是北部阿拉伯穆斯林与南部基督徒及非洲本土宗教信仰者之间的战争。1983年第二次苏丹内战爆发，战争的导火索就是南苏丹反对贾法尔·尼迈里总统把伊斯兰教作为苏丹的国教，把伊斯兰教法作为国家的法律。尼迈里总统被推翻后，南部的军事领袖约翰·格朗上校继续反对喀土穆政权。在乌玛尔·哈桑·阿赫默德·巴希尔将军的领导下，伊斯兰教在苏丹的政治功能进一步加强。但是战争并没有完全阻止阿拉伯语继续向南苏丹传播。这里是非洲撒哈拉以南唯一一个阿拉伯化比伊斯兰化快的地区。"在其他地区，是宗教而不是语言更能深入非洲人的生活中。"①

伊斯兰教到达东非主要以印度洋为媒介，阿拉伯穆斯林航海家很早就将伊斯兰教带到东非，直到现在伊斯兰教仍在这里传播。阿拉伯人在这个过程中一直起着非常重要的作用。东非主要的宗教领袖，都宣称是阿拉伯人的后裔，或者声称是先知穆罕默德后裔。阿拉伯领导者产生了一些对伊斯兰教不利的影响。"一是它使伊斯兰教长期保持'外国人'的宗教形象。二是阿拉伯领导人禁止非洲富有活力的本地穆斯林领导人出现，而本地穆斯林领导人在西非的穆斯林事务中起着非常突出的作用。这也许可以说明下面的现象：西非的伊斯兰教不管是人数上还是地域上都在持续扩张，甚至在基督教的帝国主义统治时期也是如此，而现在坦桑尼亚、肯尼亚和乌干达的伊斯兰教的传播势头得到遏制，这是因为非洲内地的伊斯兰教没有充分地非洲化。"②

西非和东非的伊斯兰化也呈现出截然不同的模式。西非距阿拉伯伊斯兰世界的中心更远，也不像东非那样有印度洋作为传播媒介，撒哈拉沙漠

---

① Ali A. Mazrui, "Islam in Sub-Saharan Africa", John L. Esposito, Ed., *The Oxford Encyclopedia of the Modern Islamic World*, Oxford University Press, 1995, pp. 261-271.

② Ibid..

阻隔了伊斯兰教由北向南的扩张速度。传统的观点认为只有武力征服是突破这种阻碍的方式，人们将伊斯兰教在西非的传播归因于历史上两次著名的摩洛哥人侵略西非的战争：11 世纪破坏性的穆拉比德王朝的入侵和 1591 年摩洛哥人对桑海的入侵。但是现在学者们认为，这种由北而南的入侵并不有助于伊斯兰教在西非的传播，反而认为这些军事行动甚至可能阻碍伊斯兰教的民意基础。柏柏尔人的定居、跨撒哈拉沙漠的商路的存在、柏柏尔人与其南部邻居之间广泛的历史交往共同造成了一个更为持久的结果：伊斯兰教悄无声息地在这里传播。不是阿拉伯人的剑，而是柏柏尔人的社会交往为西非伊斯兰教奠定了基础。贝萨尔·戴维森（Basil Davidson）曾经认为非洲撒哈拉以南的伊斯兰教"与阿拉伯征服没有关系，主要是受柏柏尔人的影响"。贯穿撒哈拉沙漠的商路可以追溯到腓尼基之前的时代，是这些商路把柏柏尔人带到西非并在部分地区定居下来。但是后来，不管是在非洲的苏丹地区还是在沙漠中的绿洲或者北非，"伊斯兰教能够非常有效地把这些柏柏尔人部落联合起来"[①]。

非洲中南部受伊斯兰教的影响比较弱，穆斯林虽然比基督徒先到一步，但是现在这里主要还是基督教占主要地位。南部非洲，尤其是南非，伊斯兰教是作为受害者来到这里的。17 世纪下半叶，伊斯兰教由流放至此的马来西亚奴隶传入。18—19 世纪，先后有印尼、马来西亚、印度、斯里兰卡、土耳其等国的穆斯林移居南非。穆斯林输入到南非为后人准备了鲜明的宗教信仰背景。北非的伊斯兰教由阿拉伯人直接带进来，而南部非洲的伊斯兰教则部分地属于东南亚和南亚的人的遗产。大多数的北非穆斯林的生活越来越西化，南部非洲的少数穆斯林后来经历了更为迅速的西化。对北非穆斯林来说，这种西化主要是因为这个地区接近欧洲和经历了殖民化的结果；对南部非洲穆斯林而言，西化主要是受当地大量白人定居者的影响，尽管这个地方离欧洲十分遥远。南部非洲的伊斯兰化并没有伴随着明显的阿拉伯化。

伊斯兰教对撒哈拉以南地区的两种作用不容忽视。（一）历史上伊斯兰教一直作为西非和东非地区国家形成的一个主要推动力。在西非，这包括许多帝国：加奈姆—博尔诺（13—19 世纪）、马里（13—15 世纪）、桑海（14—16 世纪）；奥斯曼·丹·弗迪奥的伊斯兰圣战运动奠定了现代尼日利亚国家的雏

[①] Basil Davidson Africa in History, Touchstone Books, New York, 1991, p. 134.

形。在东非有一系列城市国家：基尔瓦、佩特、蒙巴萨，这些国家到1492年达·伽马绕过好望角完成环球航行时才被葡萄牙人所摧毁。后来桑给巴尔的阿曼人苏丹国也受到英国人的"保护"，1963年英国人离开桑给巴尔，1964年1月非洲本地人（主要是穆斯林）领导的革命推翻了阿拉伯苏丹的政权。

（二）伊斯兰教也是城市化过程中的一个主要推动力。在古代的马里和桑海，社会中的紧张关系通常表现在伊斯兰化的城镇和没有伊斯兰化的乡村之间。穆斯林通常居住在城市里，与当地的统治者相互合作。伊斯兰教的到来，使东西非的城市快速发展，成为当地经济文化的中心。

对于撒哈拉沙漠以南非洲伊斯兰教的早期历史及传播方式，现在仍不是很清楚。有学者在讨论西非伊斯兰教资料时，将其来源主要分为两类，一是外源性的，来自伊斯兰世界和欧洲人的资料；一是内源性的，来自非洲国家内部的口头或书面材料。① 其实这种情况也几乎适用于整个撒哈拉以南的非洲。具体而言，非洲的伊斯兰教有五种传播方式。② 最为引人注目的是武力征服。这种方式主要影响到北非的伊斯兰教，一开始是由武力实现伊斯兰化。撒哈拉以南地区通过武力实施伊斯兰化的现象很少，但的确也发生过，1052—1076年穆拉比德王朝对西部非洲破坏性的入侵就是一个例证。伊本·赫勒敦证实征服者的确强迫非洲人皈依伊斯兰教，但是这不但无助于传播伊斯兰教，而且毁坏了伊斯兰教的形象。这种入侵不能说明伊斯兰教传播的原因：尽管人们没有忘记穆拉比德征服，后来还是皈依了伊斯兰教。

伊斯兰教传播的第二种方式是穆斯林向非穆斯林地区的迁徙和定居。阿拉伯人从也门和阿曼迁向东非，他们是现在坦桑尼亚和肯尼亚斯瓦希里文明的建立者之一。北非的伊斯兰化与阿拉伯化并非只是通过武力征服方式实现，还通过穆斯林的迁徙和定居的方式实现。从伊斯兰教理论上来说，这种传播真主启示的方式可以追溯到希吉拉本身：先知穆罕默德本人从麦加迁到麦地那。迁徙者有时是受害者而不是胜利者。马来西亚的奴隶和劳工输入到南非就是一例。

伊斯兰教传播的第三种方式是商业，特别是跨撒哈拉沙漠的商务活

---

① J. Spencer Trimingham, *A History of Islam in West Africa*, Oxford University Press, 1962, p. 1.

② Ali A. Mazrui, "Islam in Sub-Saharan Africa", John L. Esposito, Ed., *The Oxford Encyclopedia of the Modern Islamic World*, Oxford University Press, 1995, pp. 261-271.

动,从来就没有停止过。穿越大沙漠的骆驼背负着各种各样的商品走向各地,但是其中最伟大的商品可能算文化的传播——特别是把伊斯兰教从北非传播到西非。① 今天,几内亚、现代马里、塞内加尔、尼日尔的穆斯林已经占绝对多数。东非、中非和南非的阿拉伯和斯瓦希里商人也参与传播伊斯兰教,他们把伊斯兰教带到现在的乌干达、扎伊尔、马拉维和莫桑比克。

伊斯兰教传播的第四种方式是有目的的宣教工作。早期传教士包括旅行的伊玛目、治病术士和教师。穆斯林治病术士非常出名,即便是现在他们的病人不仅有穆斯林,还有非洲的非穆斯林,包括基督徒。他们的治病技术曾经利用《古兰经》的经文,其中最为常用的一个药方是,用墨水在石板上写下经文,然后用水把经文洗掉,同时把洗经文的水收集到碗里,让病人把它喝下去,名曰饮"神圣的经文"。② 近代以来,伊斯兰教用文字材料在马德拉萨③和学校中宣教。这些书籍和小册子用非洲语言书写,向学生和非穆斯林阐述伊斯兰教。在桑给巴尔、肯尼亚沿海和坦桑尼亚沿海地区,斯瓦希里语小册子铺天盖地。到 20 世纪,首先是颇受争议的阿赫默底亚运动,然后是逊尼派学者把《古兰经》翻译成斯瓦希里语。一些穆斯林认为翻译《古兰经》是模仿圣书的有罪行为,但是东非的穆斯林大法官却发布了与这个理论相反的法特瓦。如果在清真寺里口头翻译《古兰经》无罪,那么笔头翻译也无罪。在非洲的部分地区,伊斯兰教最为活跃的宣教团体是阿赫默底亚运动。这一运动由宗教—军事分子米尔扎·古拉姆·阿赫默德建立于 19 世纪的印度,非洲穆斯林大都认为这一运动为异端,所以阿赫默底亚运动在一些国家如尼日利亚很难获得合法地位。这主要是因为阿赫默底亚的成员认为先知穆罕默德不是封印先知,只承认穆罕默德是最伟大的先知。该派认为,阿赫默德本人也是先知,尽管没有穆罕默德那样伟大。20 世纪的尼日利亚,阿赫默底亚运动被剥夺了与外界交流的权利,不能到麦加朝觐,其成员不被认为是穆斯林;沙特政府也想把阿赫默底亚运动控制在它的发源地。然而,该团体在非洲的宣教运动非常活跃。

---

① Ali A. Mazrui, "Islam in Sub-Saharan Africa", John L. Esposito, Ed., *The Oxford Encyclopedia of the Modern Islamic World*, Oxford University Press, 1995, pp. 261-271.
② Ibid..
③ 马德拉萨:一种伊斯兰宗教学校。

由于沙特、伊朗、利比亚及穆斯林世界的其他地方发现了石油，20世纪后半叶逊尼派和什叶派的宣教工作进入了一个新阶段。在非洲宣传伊斯兰教就可能获得可观的经济支持，可以用来建设学校和清真寺，开设医疗诊所，资助学者到国外留学。总体上来说，非洲国家所获得的石油财富主要是用来改善非洲穆斯林的福利，而不是用于鼓励改宗伊斯兰教，但是这些财富也用于鼓励皈依伊斯兰教。到目前为止，逊尼派是这种改宗的主要受益者，因为即使是什叶派的伊朗出于穆斯林统一的考虑有时候也愿意资助逊尼派在非洲的宣教工作。

第五个也是最后一个非洲伊斯兰教的传播媒介是定期发生的复兴运动。这可以采取内部纯化道德的圣战形式，或者也可以在自称为马赫迪的领导者号召下进行。其中最为引人注目的是以奥斯曼·丹·弗迪奥为首在今天的尼日利亚领导的圣战运动，这场运动在西非产生连锁反应，此后一系列复兴运动此起彼伏，构成西非伊斯兰教历史宏大的篇章。19世纪的这种马赫迪运动受历史上阿拔斯王朝的辉煌所激励，既有复兴运动的性质，也有军事征服的性质。这一运动的持久影响是，豪萨地区由一个单一统治者治理下的松散联邦成为一个相对的统一体。奥斯曼·丹·弗迪奥的儿子穆罕默德·贝洛成为该地区第一位埃米尔·穆米尼（amīr al-mu'ninīn，即信仰的领导者），伊斯兰教在他的控制下得到传播。在东部的苏丹地区，穆罕默德·阿赫默德领导的运动也同样引人注目。这一穆斯林改革运动开始于1881年，是在苏丹经历了土耳其和埃及的共同统治、英国的控制之后发生的。阿赫默德运动与奥斯曼·丹·弗迪奥的圣战运动不同，阿赫默德运动同时也是一个民族独立斗争，宗教复兴主义与政治民族主义交织在一起。穆罕默德·阿赫默德宣称自己是马赫迪，真主要求他统一穆斯林乌玛。"他的理想远远地超出了苏丹地区；从某种意义上说，他把泛伊斯兰主义、泛非主义和泛阿拉伯主义融合在一起了。对苏丹来说他的梦想太大了，在新兴的欧洲帝国主义面前也太脆弱了。他的运动最终失败了，但是他的宗教和政治遗产却留在了苏丹的政治结构中。"

自非洲国家民族独立以来，有两个因素成为非洲宗教的中心问题：一是伊斯兰教的扩张，二是伊斯兰复兴主义。扩张包括伊斯兰教的传播和新穆斯林的皈依；复兴主义在穆斯林当中呼唤信仰的再生。扩张是地理范围和人口的问题，而复兴主义是历史和怀旧的问题。伊斯兰教在后殖民时代非洲的传播基本上是一个和平的劝诫过程，但它的复兴却常常是重新发现原教旨主义的爆发过程。

在非洲撒哈拉沙漠以南地区，与伊斯兰教有关的中心问题不是北非那样制造冲突的复兴主义，而是伊斯兰教的快速扩张。我们通常认识不到，尼日利亚的穆斯林比任何一个阿拉伯国家的穆斯林都多，包括埃及。埃塞俄比亚的穆斯林占该国人口的近一半。南非的伊斯兰教已有三个世纪的历史了。非洲四个人口最多的国家——尼日利亚、埃及、埃塞俄比亚和扎伊尔——共有一亿二千万穆斯林。现在这个大陆差不多一半人口都是穆斯林。

折中与竞争并存

在非洲主要有三种宗教：本地宗教、伊斯兰教和基督教。本地宗教现在只占大约10%的非洲人口，其余人口为穆斯林或基督徒，约各占四成，穆斯林略高于基督徒。本地宗教可能是最宽容的宗教。这主要是因为后两种宗教是普世性的信仰，希望全人类都能成为穆斯林或基督徒，它们天然地具有竞争性；基督教和伊斯兰教经常为争夺非洲大陆居民的心灵开展竞争，并且这种竞争有时导致冲突。这种竞争成为非洲宗教的一个重要主题。

非洲的本地宗教相比之下基本上属于社区性的宗教而不是普世性的宗教。像印度教和犹太教一样（与基督教和伊斯兰教不同），非洲本地传统宗教不寻求全人类的皈依，因此它们之间没有竞争。约鲁巴人不想让伊格博人皈依他们的宗教，反过来也是这样。约鲁巴人和伊格博人也不会与豪萨人展开宗教上的竞争。长久以来，非洲人内部曾经发生过多种多样的战争，但是在普世主义的宗教到来之前几乎没有因为宗教而引发战争。

当代非洲的本地宗教的宽容常常对基督教和伊斯兰教之间的竞争起缓冲作用。塞内加尔就是一例。这个国家80%的人口是穆斯林，莱奥波尔德·塞达·桑戈尔是塞内加尔的建立者和第一位总统，也是一位基督徒，他主政后殖民时代的塞内加尔20年，其间塞内加尔的穆斯林（马拉布特，苏非主义者）也参与到政治中来。他指定的接班人是阿卜杜·迪乌夫，此人是穆斯林，他的夫人是一位罗马天主教徒。迪乌夫有几位部长是基督徒。塞内加尔的宗教宽容也表现在其他方面。其他伊斯兰国家中被认为会引起争议的事情在塞内加尔就会得到容忍。伊斯兰教的斋月期间，基督教的节日庆祝活动可以在达喀尔的大街上公开举行，基督徒可以举行宴会，可以唱歌跳舞，心情欢乐，不受任何影响。

一般来说，撒哈拉以南的穆斯林人口占多数的国家在宗教方面比较宽容。这种容忍其他宗教的能力可能来自多宗教并存的帝国时代遗留下来的伊斯兰教历史传统，但更多的还是来自非洲本地传统。黑非洲本地的宗教宽容通常在基督教和伊斯兰教的竞争之间起缓冲作用。

乌干达前总统米尔顿·奥博特（基督教新教徒）的大家庭由穆斯林、天主教徒、新教徒组成，"彼此和平共处"。米尔顿·奥博特继任者伊迪·阿明（穆斯林）也同样有一个多宗教的大家庭，他希望至少要让他的其中一个儿子将来做基督教传教士。但是，阿明的宗教政策并不宽容。最终他流亡沙特。坦桑尼亚的人口中穆斯林占多数，但是它的总统朱利叶斯·坎巴拉吉·尼雷尔却是位罗马天主教徒，在1961—1985年执政期间没有因为宗教方面的问题而丧失信誉。他的继任者阿里·哈桑·姆维尼是一个穆斯林；尼雷尔仍任执政党坦桑尼亚革命党的领袖。穆斯林做国家元首，基督徒做执政党的领袖，坦桑尼亚真正实现了教会的大联合。非洲土著文化又一次缓和了基督教与伊斯兰教之间的竞争关系（但是坦桑尼亚的穆斯林更容易接受基督徒的领导）。

但是非洲土著文化也有不能改善基督徒和穆斯林之间分歧的时候，在苏丹的南北分歧上就是如此。苏丹北部穆斯林和阿拉伯人占大多数，南部属基督徒领导下的黑人地区。历史、文化和民族间的分歧等其他原因也进一步加深了宗教分歧。

在后殖民时代的非洲，类似的民族宗教分歧经常在埃塞俄比亚、乍得、尼日利亚等国家出现。当基督徒与穆斯林的分歧与民族分歧重合的时候，基督教与伊斯兰教的斗争就超越了非洲本土宗教天然形成的泛宗教主义。

加纳第一任总统克瓦米·恩克鲁马写了本叫《良知主义》的书，他在书中追溯了当代非洲对本土传统、伊斯兰教和他称之为"欧洲基督教影响"的三种文化遗产的起源与继承。恩克鲁马称这三种力量的混合体为"良知主义"。这三种力量时而相互支持，时而相互对立，时而彼此依存，同时在一个国家的历史上并存着。必须分清西方宗教对一个国家的影响，如基督教对尼日利亚的影响，也必须分清西方世俗文化从资本主义到英语语言等方面对非洲国家的冲击。下面先考察宗教领域。

那么穆斯林、基督徒和非洲传统宗教信徒之间的平衡点是什么呢？尼日利亚的情况提供了一个重要的个案。传统宗教的人数是最难估计的，因为非洲本土宗教可以与基督教和伊斯兰教相结合。很多尼日利亚人既信仰本土宗教又信仰基督教，同时也有很多人既信仰本土宗教又相信伊斯兰教。除此之外，许多尼日利亚知识分子着重强调恩克鲁马的声明，"我是一个马列主义者和无派别倾向的基督徒，这并不矛盾。"后殖民时代的穆斯林国家几内亚、阿尔及利亚、伊拉克和索马里都曾出现过穆斯林—马克思主义的混合思想。有人把尼日利亚学者巴拉·奥斯曼（Bala Usman）描述为这种混合型的人。

非洲穆斯林常说的一句话就是"作为一个基督徒的最好方法就是成为一个穆斯林"。他们认为耶稣是伊斯兰教中的重要人物，穆斯林承认耶稣是童贞女之子，承认他有许多奇迹，接受耶稣死后升天的观念。但是尽管伊斯兰教从理论上包含了基督教的某些理想，现实中却没有穆斯林愿意说自己是基督徒，反过来也是如此。它们二者却容易与非洲传统宗教结合。

因为宗教上的混合主义，很难确定非洲本土宗教信仰者的人数，前述的10%只是个粗略的估计。关于后殖民时代的尼日利亚，这个国家的基督徒和穆斯林的人数问题，外界公认的最可靠的数字是在1963年人口调查的基础上得出的：穆斯林为47%，基督徒为35%。自1963年以来这种平衡可能有所变化，就尼日利亚而言，现在我们没有可靠的数字。关于非洲本土宗教信仰的数量，根据1982年《世界基督徒百科全书》中的资料，1900年，尼日利亚有11824000名本土宗教信徒，占其总人口的73%，1980年时有4100000人，占5.6%，到2000年估计只有4047700人，占总人口的3%了。[①] 可见非洲伊斯兰教和基督教扩张之快。但是根据非洲其他地方的经验，殖民统治的结束降低了基督徒增长的速度，却没有必然地降低伊斯兰教传播的速度。

总体上说，殖民统治有利于基督教的传播，所以殖民统治的结束必将会让基督教付出代价，至少在短期内是这样。尼日利亚独立后，使基督教传播速度降低的因素有：后殖民时代西方文明在非洲的声誉有所降低；基督教传教士的影响减弱了；基督教传教士的重点从承诺来世拯救转变到今

---

① Arranged by Chidi Denis Isizoh from the entries made in Barret D. B., *World Christian Encyclopedia*, Nairobi, 1982.

世拯救。并且，后殖民时代阿拉伯石油富国也给非洲伊斯兰教宣教活动以前所未有的资金支持。在经济方面，伊斯兰教在与基督教争夺非洲人灵魂的比赛中开始具有竞争性。

尽管尼日利亚伊斯兰教与基督教之间的竞争，伊斯兰教可以占据上风，但是在伊斯兰教与西方世俗化的竞争中，伊斯兰教可能暂时失利。对伊斯兰教的最大威胁不是"耶稣在十字架上的受难"，而是源于人们对西方物质主义的迷恋；不是欧洲风格的教堂，而是西方外衣下的资本主义。当尼日利亚的年轻穆斯林沉浸于迪斯科音乐和夜总会的时候，他们的信仰所面临的危险比基督教传教士所带来的危险还要严峻。西方的物质主义对非洲伊斯兰教的威胁要比西方基督教的威胁大得多。

西部非洲最强大、最具弹性的地方文化恐怕要数约鲁巴文化了。它理所当然的是尼日利亚三种主要文化遗产中最具持久性的文化。伊格博社会太乐于接受西方文化了；豪萨社会又太乐于伊斯兰化了；然而，约鲁巴文化则在吸收了西方文化和伊斯兰文化的同时，仍坚持土著文化至上的立场。基督教化的约鲁巴人通常首先是约鲁巴人，其次才是基督徒；伊斯兰化的约鲁巴人通常首先是约鲁巴人，其次才是穆斯林。在尼日利亚没有哪一种价值体系比约鲁巴文化更有土著文化的稳定性和持久性。

在尼日利亚，伊斯兰教获胜的典型案例是豪萨—富拉尼人，西方文化获胜的典型案例是伊格博人。但是，集三种文化遗产于一身的典型案例则是约鲁巴人——本土文化置于首位，对其他两种外来文化平等对待。约鲁巴土地上能养育既是杰出的受良好西方教育的科学家，同时又是具有令人难以置信的面部割纹的约鲁巴人。一方面，在伊巴丹的大街上，用于传统药物和巫术的商品与《古兰经》和《圣经》同时出售。另一方面，如果尼日利亚只有这三种文化载体的话，显然伊斯兰的因素会占主导的地位。在后殖民时代，豪萨—富拉尼人伊斯兰教与约鲁巴人伊斯兰教的总和会压倒性地超过约鲁巴人基督教和伊格博人基督教的联合。但是，在尼日利亚的少数民族中，天平是向基督教和本地宗教倾斜的。这些小的民族曾经是所有民族中最本地化的群体，但也是最易受基督教传教士影响的群体。有的少数民族具有最纯净的非洲文化，而另一些则具有最西方化的文化。

尼日利亚这三种形式的力量，其中的经济和教育力量有时由伊格博人和约鲁巴人掌握；政治力量有时由北方的豪萨—富拉尼人掌握；军事力量由少数民族微妙地，有时是不知不觉地掌握。首先认识到自己力量的是伊格博人和约鲁巴人。恰好在独立之前，伊格博人和约鲁巴人因为掌握经济技巧和受过较好的西方教育，看到他们有机会掌控尼日利亚。豪萨—富拉尼人较晚才认识到自己因为人口优势而具有的政治力量。独立时穆斯林的北方对南方非常着急和担忧，豪萨—富拉尼人当中甚至有一股强烈的分离情绪。不是伊格博人首先想退出尼日利亚，而是穆斯林的北方。有人担心尼日利亚可能会成为另一个印度，沿宗教的分界线分裂。尼日利亚的领导人，甚至加纳的恩克鲁马也开始谴责他们所谓的"巴基斯坦主义"。

这意味着尼日利亚的南方人非常自信，而北方人则对独立感到不安和担心。然而，仅几年后，北方就变得越来越自信了，而南方则有挫折感，感觉不自信了。不久，分裂的情绪成为南方而不是北方"巴基斯坦主义"的重要特征，情况发生了逆转。南方仍然自信，经济上和教育上仍然强于北方，但是它们政治上却变得不安全了。

最后一个认识到自己的力量的是尼日利亚的少数民族。在戈翁将军执政时的内战中，他们开始发现自己的力量，20世纪70年代这种力量进一步聚集。少数民族是一个未被认识到的、沉睡着的巨人。一旦他们觉醒了，就会带来短暂的危险时刻，但是这种力量却正在变得温顺。

伊斯兰教与尼日利亚的内政外交

非洲的三种宗教影响着各国的内外政策。在非洲，三种宗教的最好注脚是西非。从尼日利亚的经历中可以看出这三种力量，即本土属性、伊斯兰文化、西方的影响，的确是和谐共存的。

尼日利亚的中东政策和对阿—以冲突的政策当然要受国内这三种遗产的影响。一些尼日利亚的基督徒支持以色列，有时候好像忘记了巴勒斯坦的基督徒比以色列的基督徒还要多的事实。当巴勒斯坦人要求建立一个包括基督徒、穆斯林、犹太人的世俗国家时，可笑的是，支持世俗国家的尼日利亚人又一次站在以色列一边。许多尼日利亚人给以色列以特别的支持，主要原因在于这三种遗产之间的紧张，特别是尼日利亚穆斯林和基督徒之间潜在的张力。穆斯林对以色列的态度可能天然地源于他们是穆斯林这个事实，而基督徒对以色列的态度则是尼日利亚国内政治的反映。

当尼日利亚申请并被接纳为伊斯兰会议组织成员时，两个问题出现了。一个问题是关于寻求成为会议组织成员的方法和宣布成为会员的方式，另一个是关于尼日利亚会员本身的合法性问题。申请与公布的方法是一个方式的问题；最为本质的问题是尼日利亚的成员国身份是否具有合法性，是否道理上能说得通的问题。

基督教文化的许多内容几乎是悄无声息地渗入到尼日利亚国家的生活方式中。基督徒的安息日（星期天）及前一天（星期六）作为国家法定的休息日，而穆斯林的主麻日（星期五）却不是。尼日利亚的历法采用欧洲—基督教的格里高利历，而国家的商业时间表从未按伊斯兰历法来安排。如果按伊斯兰历法，尼日利亚的独立日应该是另外的一天，但是独立日却通常按基督教历法来庆祝。尼日利亚的刑法，以及大部分民法都是部分地建立在欧洲—基督教的公正概念基础之上。

文化优势的最终形式在于，选择英语而不是豪萨语作为尼日利亚的官方语言。理论上说，独立之初既可以选择应用人数最多的本地语言豪萨语作为官方语言，也可以选择离去的帝国留下的英语；或者同时选择具有人数优势的豪萨语和具有政治优势的英语作为官方语言。像这样采取折中办法的国家有坦桑尼亚和肯尼亚（斯瓦希里语和英语）、阿尔及利亚、突尼斯和摩洛哥（法语和阿拉伯语）。

独立后的尼日利亚选择了使用便利的英语而不是应用人数较多的豪萨语作为官方语言。豪萨语里充斥着伊斯兰的形象、词汇和概念；英语曾受基督教文化的深刻影响。从宗教的立场上来看，采用英语为官方语言与采用豪萨语作为官方语言所产生的结果是全然不同的。豪萨语本来可以把更多的非穆斯林引向更宽广的伊斯兰视野，但是，与此相反的是，英语却把非基督徒的尼日利亚人引向了欧洲—基督教文学和受基督教影响的词汇及用法。

当代的复兴与扩张

后殖民时代的非洲伊斯兰复兴主义的产生有着彼此矛盾的原因，有时复兴主义产生在经济贫困与绝望之中，几乎印证了马克思对宗教的描写："宗教是被压迫生灵的叹息，是无情世界的感情。"[①] 后殖民时代非洲最有戏剧性的事，就是伊斯兰复兴主义从饥饿与旱灾中产生，好像贫瘠的土地成了精神的沃土。持续的干旱和连绵的沙漠导致贫困、悲剧与艰难。这种多样性为不断增长的宗教情绪创造出了肥沃的土壤。

---

① 《马克思恩格斯全集》第三卷，人民出版社2005年版，第200页。

在穆斯林的埃塞俄比亚和索马里，有一段时间伊斯兰复兴主义是干旱和饥饿的结果。索马里国家政治上的分裂；饥饿与被剥夺的痛苦；国内独裁等自然和人为灾难连绵不绝。政治难民的问题和经济难民的问题交织在一起。到20世纪90年代，索马里国内秩序混乱，土匪横行，猖獗的海盗甚至影响到国际贸易。苏丹的伊斯兰复兴也是从社会和经济的剥夺中吸取持续的力量。尼迈里宣布实施伊斯兰教法，部分原因是回应1980年代这个国家面临的新困难，统治者需要在政治伊斯兰中寻求盟友。后来巴沙尔政权则在伊斯兰化改革之路上走得更远。寻找新解释的伊斯兰改革者则比以前更容易受到原教旨主义者的迫害。1985年，苏丹的伊斯兰改革者马哈穆德·穆罕默德·塔哈（Mahmud Muhammad Taha）被处决。他因为伊斯兰现代主义思想与更为正统的乌勒玛发生了冲突。按伊斯兰教法，他被指叛教，然后被杀。非洲之角和萨赫勒地区伊斯兰复兴的一个原因是自然环境的恶劣令人绝望，而利比亚伊斯兰复兴则得益于新财富和自信心。从这个方面来看，利比亚的伊斯兰复兴与伊朗的伊斯兰复兴有一些相似之处，二者都是石油财富和西方霸权同时作用的结果。

伊斯兰复兴表面上是因为充满自信，然而，自信的背后却是西方文化霸权的不断威胁。对西方帝国主义的恐惧是伊斯兰保守主义背后持久不衰的动力。伊朗的阿亚图拉们因为美帝国主义而激进；卡扎菲因为西方帝国主义和犹太复国主义而激进。经济的掠夺、西方文化的威胁共同作用，促成了伊斯兰复兴的新浪潮。

至于伊斯兰教在地理上的扩张，东非不如西非。原因既有殖民地时期的，也有后殖民时期的。欧洲对西非的殖民化从来没有真正扼制住伊斯兰教的传播，尽管殖民化的确有利于基督教的传播。两种宗教的传播都是以本土宗教为代价的，但是二者之间却很少有互相皈依的。

相比之下，欧洲的殖民统治对东非伊斯兰教的伤害比较深。[1] 在此期间，东非的伊斯兰教仍然由阿拉伯人领导，而同时西非的伊斯兰教则已经深深地本地化了。在东非人看来，阿拉伯和欧洲的传教士彼此之间的努力好像是两种外部力量之间的竞争。但是在西非，即使早在19世纪的伊斯兰运动期间，这一系列运动也已经是完全的地方化的非洲现象。西非非洲

---

[1] Ali A. Mazrui, "Islam in Sub-Saharan Africa", John L. Esposito, Ed., *The Oxford Encyclopedia of the Modern Islamic World*, Oxford University Press, 1995, pp. 261-271.

化的伊斯兰教成为反抗欧洲殖民化的持久力量。

阿拉伯人作为奴隶贸易贩子的形象也是对东非伊斯兰教的伤害，特别是在殖民化期间，欧洲基督徒故意夸大宣传，利用这一形象伤害伊斯兰教。殖民地学校夸大阿拉伯人在奴隶贸易中的作用，抹杀西方人在跨大西洋奴隶贸易中的作用。从东非殖民学校或基督教学校毕业的年轻人，对阿拉伯人的奴隶贸易的了解要比西非殖民学校毕业的年轻人对跨大西洋奴隶贸易的了解多得多。因此东非的伊斯兰教受反阿拉伯主义的危害比较大，西非的伊斯兰教则与此不同。

独立之后，西非的穆斯林人口上占优势，政治上也有能力在一些国家掌握政权，如马里、几内亚和尼日尔。在文官制度下，尼日利亚的穆斯林从1960年到1966年也掌握着政权，从1979年到1983年则部分地掌握着控制权。塞内加尔的天主教徒在穆斯林的支持下当上了总统；喀麦隆的阿赫默杜·阿西乔也是如此。而在加蓬，作为基督徒的奥马尔·邦戈总统则成为一名穆斯林。东非的索马里和苏丹，穆斯林人口占大多数，穆斯林继承了后殖民时代的政权。但是乌干达的伊迪·阿敏则通过军事政变在1971—1979年间把穆斯林送上最高权力的位置。接下来的乌干达政权在政治上把伊斯兰教边缘化了，伊斯兰教的地位不如伊迪·阿敏之前高。

1964年，天主教徒尼雷尔·阿贝德领导下的坦桑尼亚与穆斯林卡鲁姆领导下的桑给巴尔是统一的。一直到1985年，这个国家一直由基督徒当总统，穆斯林当副总统。1985年后，正副总统都由穆斯林担任。

在扎伊尔、卢旺达、布隆迪及南部非洲，一般来说在可以预见的未来，穆斯林做国家领袖的可能性比较小（但是，1994年马拉维的巴基利·穆卢齐通过选举当上总统是一件很有意思的例外事件）。肯尼亚的穆斯林人口约为600万，占总人口的1/4，但是其政治影响与其人口不成比例。伊斯兰教在肯尼亚的传播受制于两个因素：阿赫默底亚运动的传教活动和欧佩克中的穆斯林成员国对穆斯林机构的经济支持。利比亚和伊朗对非洲的援助有助于推动已经皈依的穆斯林人口当中的伊斯兰复兴，但是伊朗和利比亚的激进思想有时会造成一些国家，如肯尼亚，甚至扎伊尔，出现政治急躁，这降低了伊斯兰教向新的种族和其他地区传播的速度。

附录五　摩温·黑斯克特关于奥斯曼·丹·弗迪奥及其圣战的资料[①]

一　引言

18至19世纪之交，在豪萨地区，也就是现在的尼日利亚北部，发生了一次革命运动。这次运动对豪萨地区后来的历史产生深刻的影响。处在运动中心位置的是一位名叫舍胡·奥斯曼·丹·弗迪奥的人。"舍胡·奥斯曼·丹·弗迪奥"是他的豪萨语名字，意思是"长老奥斯曼是弗迪奥的儿子"。他领导的这次运动，或者说成功的圣战（吉哈德运动），是为了改革豪萨地区的伊斯兰教，这次运动给非洲的这一地区带来重大变革。下面就是论述他领导的这次运动，及其给豪萨社会带来的影响。

早期历史背景

豪萨人并非一个部落集团，他们是各种不同民族的人的集合，讲共同的语言——豪萨语。根据《卡诺编年史》（Kano Chronicle）的记载——该编年史也许并不可靠——外来移民可能在公元10世纪从北部迁居西苏丹。他们与当地靠狩猎与采集为生的本地人混居，数个世纪之后，建立了对本地居民的控制权。外来移民初来时，当地以狩猎与采集为生的本地人，以部落为组织形式，散居在各个小村庄内，并未建立起任何形式的中央政权。但是外来移民到来之后，建立起带围墙的城镇，建立了城市国家，控制城镇周围的乡村，于是逐渐形成有明确边界的地域。

15世纪上半叶，豪萨地区的控制权部分地掌握在博尔诺手里，在道达（Dauda，1421-1438）统治时期，博尔诺的一位王子率领大军抵达卡诺城。当时的博尔诺自公元1085年起就号称伊斯兰国家。这位王子似乎是代表博尔诺利益而居于豪萨的"常住居民"。根据《卡诺编年史》的记载，在此期间，豪萨每年都向博尔诺进贡大批奴隶。但是，15世纪末，

---

① 这部分资料主要编译自摩温·黑斯克特的作品《真理之剑》，即 Mervyn Hiskett, The Sword of Truth: The Life and Times of the Shehu Usuman Dan Fodio (Islam and Society in Africa), Northwestern University Press (March 1, 1994)。《真理之剑》是一部关于奥斯曼·丹·弗迪奥的传记，以及关于他发起的豪萨圣战的记述与研究。该书是研究19世纪豪萨圣战运动的扛鼎之作。

博尔诺对豪萨的控制权减弱。这段历史给豪萨留下了难以磨灭的文化遗产：豪萨语接受了一些伊斯兰词汇，黑贝（Habe）政权也用上了博尔诺的头衔，可能部分伊斯兰教法的痕迹也留了下来。

16世纪，讲共同语言的统一族群形成，也许在16世纪初期，他们开始自称"豪萨人"。根据他们的神话传说，当时出现了7个真正的豪萨国家：卡诺、道拉、拉诺、卡齐纳、扎佐、戈贝尔、嘎伦嘎巴斯。他们通过血缘与商业关系，与另外7个国家联合，这些国家在血统上并非豪萨人，他们轻蔑地称之为"私生子七国"（黑贝国家）。但是这些国家生活方式与豪萨七国类似，它们是凯贝、赞法拉、努佩、瓜里、约里、约鲁巴、夸拉拉法。

16世纪，撒哈拉的桑海帝国征服了豪萨地区。卡诺、卡齐纳、扎里亚正式臣服于桑海，并向其纳贡。桑海的势力衰退后，17世纪来自贝努埃地区的武装民族——"夸拉拉法人"——征服了豪萨部分地区，包括卡诺在内。不久夸拉拉法人也撤退了。到18世纪，一系列独立的王国出现，每个国家都断断续续地处在豪萨或黑贝独裁者控制之下。其中有些酋长为名义上的穆斯林，事实上他们只不过偶尔光顾一下自己宫廷内外的穆斯林学者或商人而已。18世纪中期，黑贝国家的疆域（如地图1所示）从尼日尔河向东扩展到贾马里河，从撒哈拉沙漠南端的阿加德兹向南扩展到贝努埃河。

与这种政权转换与民族发展同步进行的，还有另一个族群，他们也在豪萨地区安营扎寨：富拉尼人。这是一个游牧民族，早期的记录显示，他们曾居住在中世纪撒哈拉地区的马里王国。约在1450年，某些富拉尼部族从马里迁往豪萨。在卡诺的Yakubu（1452—1463年）统治时期，部分富拉尼人造访过该城。大部分富拉尼人似乎继续迁往博尔诺，仍有一些富拉尼人留居豪萨。他们的人数逐渐增加，18世纪末，豪萨的富拉尼人口已达相当规模，他们既有以养牛为生的游牧部族，也有定居的、以宗教为职业的托罗贝人（Toronkawa）部族。我们看到，他们的存在极其重要。

伊斯兰教在豪萨地区扎根

早在公元14世纪伊斯兰教就已渗透到豪萨，当时的国王名单中有一些伊斯兰名字可作证明，不过直到15世纪末，伊斯兰教才真正在豪萨站稳脚跟。通常认为，伊斯兰教法据说由北非的宗教人士穆罕默德·马吉里（Muhammad al-Maghili，死于1504年）传进来的。事实上，豪萨伊斯兰教可能是多种因素共同作用的结果：博尔诺的影响；北非的冲击以及后来跨越撒哈拉沙漠而来的埃及伊斯兰文化的渗透。

虽然伊斯兰教在1500年就站稳脚跟，这并非说明它已被广泛接受。可能的情况是，从周围的北非和埃及过来的穆斯林——到苏丹寻找黄金和奴隶的商人，以及希望到苏丹宫廷挣高薪的学者——来到黑贝国家定居。他们构成小规模伊斯兰社会的核心，然后再逐渐影响周围持万物有灵论的本地居民。首先，一部分酋长和宫廷人员名义上接受了伊斯兰教，同时保留他们原来的头衔，并参加某些伊斯兰仪式，如每年的宰牲活动，可能还参加周五的聚礼。其次，酋长的臣民们，仍是异教徒，他们认为这些与伊斯兰教有关的事情属很高贵的行为。但是，他们并不想放弃自己的传统崇拜；即使酋长希望全盘接受伊斯兰教，可能他们也不能这么做。最后，两种文化同时并存，有时合而为一，形成"混合"伊斯兰教：伊斯兰实践与万物有灵风俗和仪式同时举行。

那些代表伊斯兰教的人士，开始在当地居民中传教，扩大他们的圈子。因此，在某些豪萨城镇，本地学者的人数在上升，特别是卡诺和卡齐纳。这些学者是没有文字的族群中第一批文化人，这给他们带来了精英式的地位与权力。他们在宫廷中做星占家、宗教导师、书记员、伊斯兰祈雨者、军事顾问、医生等等。他们的文化水平被视作一种超级魔力的证明，地方统治者也以他们在自己的宫廷服务为荣。学者们似乎也对这种养尊处优的状况非常满意，偶尔只有极少学者有勇气反对伊斯兰教与异教相混合，有时这种反抗行为虽然很引人注目，实际效果却极其有限。当然，偶尔他们的作品将来也会成为重要的思想源泉，如马吉里的作品。通常他们满足于自身学者的生活，研读从北非和埃及带来的书籍，然后他们自己也开始著书立说，生产出大量用经典阿拉伯语——伊斯兰教的宗教用语——书写的伊斯兰文献。这些文献资料表明，17世纪上半叶这些小规模的伊斯兰社区处在伊斯兰世界的大背景下，生活安详而舒适，他们与欧洲基督教世界中世纪末期和启蒙时代的观念与态度，相距并非十分遥远。当然，豪萨地区与同时代欧洲的知识发展相比，这些学者只是社会中极小的一个群体，他们对普通民众的影响微不足道。但是他们的确有某些重要的影响。阿拉伯文学在豪萨语地区的存在，说明早期的伊斯兰教历史知识、先知穆罕默德的故事、中东的神话传说等这些记录在阿拉伯语文献中的内容，必将会以口头的形式在民间流传。豪萨的民间传说中有强烈的伊斯兰色彩，这就是证明。并且，伊斯兰星占学等也可能早在 17 世纪就已渗透到民间。不过目前的文献资料还不足以证明上述结论。

伊斯兰教改革运动的起步

穆斯林知识界的被动态度在缓慢而清晰地转变。伊斯兰思想、伊斯兰文化对有些学者的影响日深，他们对周围异教徒的生活方式越来越难以忍受。17 世纪初，发生在卡诺的一件事，就是这种不满的最早证明：两位当地的伊斯兰神学家激烈地辩论：游牧的富拉尼人风俗与行为是否能够与伊斯兰教并行不悖？例如，富拉尼人在灌木丛中游戏；为年轻人充分享有部落成员资格而举行鞭打仪式；宫廷仪式中几乎是司空见惯的"捆绑"仪式等等。18 世纪末，穆斯林在一些著作中表达他们越来越强烈的不满情绪，指责当地非伊斯兰教的风俗与行为，敦促他们按伊斯兰教法行事。他们反对的是万物有灵论者的偶像崇拜仪式，包括向各种崇拜对象献牲及祭酒；不遵守伊斯兰教的饮食规定；婚姻的混乱无序；无视伊斯兰教的男性继承制而采用女性继承制等。对于豪萨人的歌唱、舞蹈、传统音乐，他们也表示反感；当地人对黑贝宫廷的无限吹捧，他们也视之为偶像崇拜和虚荣行为，这与伊斯兰教中"只有真主和先知穆罕默德才值得如此无限的赞美"格格不入。如，舍胡·奥斯曼·丹·弗迪奥的一位启蒙导师，吉卜利勒·本·乌玛尔（Jibril b. 'Umar）长老，是一位教条式的、宗教热情极高的知名学者，他抱怨许多人只是"口头上"信仰伊斯兰教，同时却伪善地继续着异教风俗和仪式。最令他难以接受的是他称之为"妇女裸体的丑行"，批评她们不穿穆斯林的长衣，不戴面纱；当然还有在庆典、舞会等公共场所男女不分离的非伊斯兰行为。另外，他还批评有些自称穆斯林的人，擅自以自己的标准规范公共或私人场所的行为，而不是向权威学者咨询意见。他声称，自古以来宗教学者是伊斯兰教个人或社会道德的唯一裁决者，因为只有他们才可能正确地解释天启。

学者们憧憬伊斯兰教的理想生活，与此相比，黑贝国家的生活使他们愈加不满。这种日益积聚的不满导致了富拉尼改革者舍胡·奥斯曼·丹·弗迪奥及其合作者的出现。这是一群能力极强、善于表达异议的知识分子。

舍胡，15 世纪豪萨地区富拉尼人定居者的后裔，年轻时虔诚地学习伊斯兰教，成人不久后的一段时间，以传教、教书育人和写作为己任。他、他的同道及弟子在追求伊斯兰理想时屡屡碰壁，最终迫使他们采取武力手段。其结果就是富拉尼人的圣战，圣战最终使他们控制了豪萨绝大部分地区。他的一生很大程度上就是圣战前的一系列事件、圣战本身、圣战的结果等的集合，所以这些都是以下各章的内容。但是首先有必要继续介绍一下历史背景及晚近的情况，因为舍胡不平凡的一生要以豪萨后来的历史来判断。

富拉尼人的索科托哈里发国

在舍胡的领导下，发生在19世纪初的圣战，是一件极其重要的事情，它横扫了大多数黑贝国家，只有几个小王国，如马拉迪、道拉赞哥等，得以幸免。舍胡任命他的同道，即他的高级将领们担任埃米尔（amir，阿拉伯语，意为军事统帅），统治原来的黑贝各国，任命他的第二个儿子穆罕默德·贝洛为哈里发，即伊斯兰最高统治者。穆罕默德·贝洛后来在一个小村庄的基础上，建立了索科托城，这个有围墙的新城市成为统治富拉尼帝国的行政首都。

现在，富拉尼人几乎控制了整个豪萨地区，他们的政治影响越过尼日尔河，扩展到古尔马，向南到达贝努埃河，这是他们以前迁移的最南端。他们与博尔诺多次战争，并未将其征服。但他们最终向东南扩张到现在的阿达马瓦。他们在边境建立起众多的军事堡垒，以此为屏障保卫帝国。在国内，他们依据伊斯兰的理想模式，根据伊斯兰教的历史和文化建设真正的伊斯兰社会。不过军事堡垒并不能彻底保证他们的安全。由于力量有限，帝国西部尼日尔河以外的地区落入敌手；凯贝人也不断反抗，最终也脱离索科托而独立；南部也不断遭受黑贝人的袭击，富拉尼人曾经将他们赶走，但并未将其消灭，这些黑贝力量非常活跃，时刻寻找报复机会。这种局势对富拉尼人的民族精神与世界观，以及他们的军事部署都有一定的影响，他们发展成一个联系紧密、排他性的社会，他们不仅将边界视为生存的保证，还将严格的正统宗教和封建式的等级制度视为生存的保障。他们从物质上和意识形态上牢固地控制住帝国内的城镇，许多这样的城镇都是在军事堡垒的基础上发展而成的。在更为边远的丛林地带，他们的控制力极其微弱，许多万物有灵论者仍然维持着独立。然而，伊斯兰文化的魅力非常大，其影响也渗透到这些地区，伊斯兰文化在这里持续增长，这与直接皈依和对伊斯兰国家的忠诚有明显区别。

第一批富拉尼统治者都是强势之人，管理能力极强，在他们统治期间，政府及社会都能与伊斯兰教法的规定保持一致，比在黑贝国家的管理下强得多。后继的统治者，则越来越难以控制桀骜不驯部落的反抗。这些曾经在圣战运动中安分守己的部落，现在试图削弱帝国的团结与力量。不过，哈里发的道德权威足以克服这些困难，帝国的核心仍完整无损。新征服的南方地区，则局势动荡，事实证明正是这些地区是最为危险的。

南方的边界与西部、北部和东部边界不同，索科托帝国的南部边界始终是敞开的。贝努埃河流域丛林地带散居的异教部落，力量弱小到可以忽略不计，索科托王朝把这一地区分割成新的王国，分配给它不安分的后裔们统治，王朝也可以在这里捕奴以自肥。索科托帝国第二任哈里发 Abubakar Atiku 的儿子 Umaru Nagwamatse，就是一位充分利用这种机会的人。1859 年，他在索科托帝国东南未征服的地区，建立了自己的 Kontagora 埃米尔国家，他本人，以及他的继任者只是名义上臣服索科托，实际上都是力量强大的强盗，中央政权无法控制。他们与努佩人结盟，洗劫了瓜里和扎里亚南部，将这里的穆斯林和异教徒统统转为奴隶，索科托对此无能为力。正是他们的肆无忌惮，而不是哈里发本人的行为所造成的结果，对哈里发是破坏性的。

英国人征服豪萨

此时，在某种政治权力规则的推动下，英国、法国，甚至德国发现它们在西非的利益彼此冲突。法国从塞内加尔南下尼日尔河流域，试图扩大控制范围，英国担心自己的商业利益受损，也担心法国扩张的政治后果，遂北上阻拦。这种局势迫使英国在该地区的代表弗里德里克·卢加德爵士——曾是爱德华七世时代的士兵，现在是忠诚于英帝国的官员——认为有必要建立对索科托帝国的某种控制。这个帝国，正如他所看到的那样，就像一块无主的土地，任欧洲列强宰割。

当然，同时还有其他人对西非感兴趣，尤其是传教士们。1857 年他们的志愿者——满怀传教热情，急切地想报复伊斯兰教对基督教胜利的一箭之仇，急不可耐地想把个人拯救的福音和他们的文明观念强加给苏丹的穆斯林——在尼日尔河下游的努佩和 Kontagora 建立了布道团。热情十足的年轻传教士们，勇气有余但耐力和理解不足，他们曾于 1894 年和 1900 年两次向北深入到卡诺传教。他们希望扭转"曾经牧牛的毛拉"——他们当中有人对舍胡的蔑称——工作的丑恶后果。最终他们几乎一无所获——虽然在非穆斯林中得到大量皈依者。不过，他们却带回了令人震惊的描述，关于奴隶制、关于富拉尼统治者的独裁、关于豪萨人生活在中世纪式的冷漠与道德堕落的困境中的描述。当然其中有些是真实的，但是出于传教士对伊斯兰教的憎恶，也有许多偏见与夸张。不管真假，这些故事在英国妇孺皆知，这很快就反映在英国官方及士兵对富拉尼统治者的看法当中。

卢加德爵士（即后来的卢加德勋爵）受这些不客观描述的触动——如果阅读一下他的著作就可以看出来这一点——无疑真诚地认为，他正参与一场反对邪恶的正义运动。他要求索科托的哈里发，管制他在努佩和 Kontagora 下属的过度行径。首先，哈里发对努佩和 Kontagora 无有效控制权，无法实行卢加德的建议。其次，哈里发认为卢加德无权干涉其内部事务。因此哈里发对卢加德的要求没有回应。凑巧的是，此时卢加德的一位随员被哈里发的党羽杀害。以此为借口，1903 年，卢加德发起了一系列的行动，击败了卡诺的埃米尔和索科托的哈里发，确立了英国对豪萨地区的保护。至此，舍胡及其追随者建立的索科托哈里发国，历经近百年之后，走到了终点。

事实上，卢加德所建立的管理体系，很大程度上保留了富拉尼人的政府架构，只不过英国"居民"及官员，对这种政府架构施加一定程度的控制而已。这种统治方式导致复杂的结果：有些因素，如国内安全环境的改善、交通通信条件的提高，甚至城市化，有助于伊斯兰教的传播；另一些因素，如对奴隶制度的限制、引入新式商品、新思想及新的行为模式，则对伊斯兰教的现状不利。结果，伊斯兰教并未遭受挫折，同时新一代也从一开始就适应了新环境，他们的父辈全然陌生的新环境。不过，对舍胡的记忆及其所代表的东西，是不能抹掉的。他的思想，他的伊斯兰观念仍深深地扎根于尼日利亚北部穆斯林的精神之中——圣战的遗产仍像豪萨社会中的酵母一样，影响着他们的道德、政治和智力倾向，直到今天。

二 筹备期

富拉尼人的起源非常浪漫，他们声称征服北非的阿拉伯人 'Uqba b. Nafi（死于公元 683 年）和 Bajomangu 为其祖先，后者是一位皈依伊斯兰教的基督徒"国王"——可能是一位基督徒柏柏尔人酋长——的女儿。从他们的语言分析，他们与柏柏尔人在种族上没有任何联系，不过这种传说背后隐藏着历史的真实：富拉尼人因为皈依了伊斯兰教，他们长久以来与阿拉伯人和柏柏尔人有血缘关系。

中世纪末，一些富拉尼人的部族形成了。其中的一个部族叫Toronkawa，也就是舍胡的祖先，在他们的族长 Musa Jokollo 的带领下，15世纪从富塔托罗迁居到现在索科托北部的 Konni 城，该城位于古老的戈贝尔黑贝王国境内。舍胡的弟弟，也是他的传记作者之一，阿卜杜拉·本·穆罕默德声称，他们先于图阿雷格人和豪萨人来到此地。18世纪初，他们被赶出 Konni 城，在 Muhammad Sa'd（也就是舍胡的爷爷的带领下），迁居到 Maratta。后来，舍胡的父亲穆罕默德·福迪（Muhammad Fudi）——豪萨语称弗迪奥（Fodio）——带领他们迁居丹吉尔。从此他们以丹吉尔为家。圣战爆发后，他们又一次远走他乡。

但是，Toronkawa 部落并非唯一参加圣战运动的富拉尼人，其他许多重要的、邻近的富拉尼部族也参与其中：Sullebawa 富拉尼人，他们是 Rikina 地区的一个半定居部落；凯贝富拉尼（Kebbi Fulani）人，长期在凯贝游牧的富拉尼人；Konni Fulani，在 Konni 放牧的富拉尼人；更远一些的还有赞法拉的 Alibawa 富拉尼人，在索科托上游河谷居住的 Kassarawa 富拉尼人。实际上，富拉尼各部落在他们的酋长（富尔贝语为 Ardo'en，单数形式是 Ardo）带领下，广泛分布在豪萨各地，他们在黑贝国家放牧，黑贝酋长也认可他们的社会地位与权利。

一些富拉尼部落接受了伊斯兰教。将伊斯兰教的要求与游牧的生活方式完全结合在一起，并非易事，因此他们不能很好地践行伊斯兰教。例如，游牧的富拉尼妇女要承担很多工作，伊斯兰教关于性别分离的规定就很难遵守。并且，在白天和晚上的特定时间进行的洗礼与礼拜，消耗大量时间，这对时刻要以看护畜群为生的人来说太难了。

然而，Toronkawa 部落不再是完全意义上的游牧民，他们也许仍有一些牛群，不过只是作为一种对他们过去游牧生活的纪念而已。他们很早，甚至在15世纪，从富塔托罗东迁之前就皈依了伊斯兰教。他们开始建立伊斯兰教的学术传统，逐渐摒弃了原来的游牧生活，选择定居，形成宗教学者的生活习惯。在豪萨地区的迁移过程中，他们发现自己生活在"混合"伊斯兰教（本书第一章中描述的）的环境中。他们在多大程度上参与其中尚不清楚。Murray Last 博士曾经论述过索科托哈里发国的历史，他认为当时豪萨地区已有相当多的豪萨伊斯兰学者，这些学者作为社会的一个组成部分，"清楚他们地位的限度，打算承认现状"。他认为，是豪萨学者，而非富拉尼学者占据着"黑贝"国家宫廷中毛拉的位置，即穆斯林知识界任酋长的书记员、星占家等。近来其他的研究者也倾向于这种观点。并且，著名的豪萨编年史《巴高达之歌》（the Song of Bagauda）也在一定程度上证明了这种观点。不过，Toronkawa 并非完全与戈贝尔酋长宫廷没有关系，他们居住在戈贝尔地域内，我们将看到，舍胡深深地卷入到宫廷事务之中，为酋长的战争出谋划策。如果口头传说可靠的话，他可能是戈贝尔酋长之子的导师，当然会干涉王位的继承。但是这都是后来发生的事情。虽然 Toronkawa 部落卷进黑贝戈贝尔国家内部的斗争之中，但它仍与宫廷保持一定距离，居住在首都 Alkalawa 城外，一个叫做丹吉尔的学者聚集之地，这是离现在索科托不远的一个小村庄。

舍胡的早期生活及家庭环境

舍胡·奥斯曼·丹·弗迪奥，1754 年 12 月 15 日（伊历 1168 年 2 月 29 日）出生于一个叫 Maratta 的小村庄。后来，他举家迁往丹吉尔，他在那里长大成人。

关于他父母的情况，所知甚少。父亲是伊斯兰教师、书记员和伊玛目，教他读书写字，诵读《古兰经》。不过，当时他的父母及整个丹吉尔穆斯林社会都认为，这个孩子拥有某种超自然的能力，能控制"精尼"（djinn）。

在他那个穆斯林社会中，父母没有部落重要。他属于被称作"扩大了"的家庭，通过彼此通婚将所有成员联系在一起，这种家族组织就像树的枝权一样向外伸展，代代如此。新鲜血液应该（事实上也是）不断补充进来。对穆斯林来说族谱非常重要，具有半宗教式的意义，部落绝不允许分裂。部落是安全的防护墙，是其成员力量的源泉。Murray Last 列出了大量的族谱图表，充分说明了 18—19 世纪戈贝尔和赞法拉穆斯林的来源及走向。这种活生生的族谱制度不仅蕴含着部落的种子，还承载着他们的道德、态度与向往。如果不理解这种规模宏大且充满活力的族谱制度，就很难理解舍胡后来的生活轨迹、他得到拥护的原因，乃至后来索克图国家的制度。

舍胡的传记作者们只记录下他们认为重要的事。但是，对诸如他住什么样的房子，他有多少马匹（据我们了解他至少有一匹白色母马），闲暇的时候他干什么，或者他是如何参与其他的宗教活动等问题，作者们却只字未提。无疑他们认为这些问题都是当时社会的基本常识，无须特别关注。因此，为了给舍胡的生活方式作一个完整的描绘，就必须依靠观察后来类似的社会。这是可行的，有足够的证据表明，舍胡所在的18世纪下半叶豪萨穆斯林社会的许多方面，与一个世纪后这里的穆斯林社会并无太多差别，甚至今天亦是如此。

富拉尼穆斯林仍保持着对他们过去游牧传统的感情，不过，以定居为主的生活方式使他们接受了周围豪萨人的生活方式和经济方式。豪萨人实行一夫多妻制，家中还有年轻未婚的弟兄，以及年长的女性亲人及其他亲属，根据家长财富和地位的不同，家中成员也有所变化。富拉尼人的家庭情况也与此类似——很明显舍胡就是在丹吉尔同样的环境中长大的。他的家一定是一个占地一英亩半的院落，周围是方形围墙，墙壁可能是风干的泥砖砌的，或者是用竹子似的几内亚玉米秸或者其他适合的材料做的。院内是一个个独立的圆顶泥墙小屋，屋顶用玉米秸做骨架，用芦草和羽状干草修葺而成，然后将修好的屋顶抬到房上安装好，像一个大帽子一样。这些屋顶用绳子固定，绳子的另一端绑在大石头上，能经受住雨季最大的暴雨。这些美观实用的房子是乡村工匠的杰作。院落中的四位妻子各有一个小屋。有时还有一个房子为房主专用，但并不总是如此，如果家族够大的话，院落中还会有其他成员的房子。舍胡在丹吉尔的院落可能是朝西的，因为富拉尼人的营地传统上都是朝西的。

除了生活区之外，院子里一定还会有厩区，位于大门的内侧，这里是养马、骆驼和牛的地方，旱季时没有牧场，就在这里喂养它们。在院落的后边，还有一个巨大的公共谷仓，用建造小屋的材料建设而成。谷仓中有未脱粒的几内亚玉米棒子和蘸草稷，这是家里的主粮。另外，各个妻子还有更小的谷仓，存储各自私有谷物，以备自己的亲友来访时招待使用。在每个居住的小屋旁边，应该都有一个圆鼓鼓的大陶罐，里面是日常饮用水，上面的盖子是为了防止口渴的蜥蜴偷喝的。这些陶罐都轻微渗漏，以保持水质清新。我们还可以想象，几只山羊和绵羊在小屋附近，用力咀嚼着女人们剥掉的玉米皮。其中的公羊是为伊斯兰教每年的宰牲节准备的。这些公羊都长着细长的腿，蓬松的长毛，像绅士一样风度翩翩，除非它们自己命运不济，一般都会被用玉米麸精心饲养，希望它们长得肥胖精壮。院落中各处还铺着灯芯草垫子，上面摊开晾晒的干红辣椒，这是当地家庭喜欢的调味品，散发着浓烈的辣味，与空气中弥漫着的碾碎的谷物味道混合在一起。小屋子的墙边立着玉米秸，上面挂着在太阳下熏制的干肉（豪萨语叫kilishi），这是他们出门旅行时带的口粮。在小屋的前面,风姿绰约的妇女用长木杵在木臼里碾压玉米,或者在葫芦盆中漂洗。老人们聚集在围墙的阴影下打瞌睡,或者看着小孩子们在土地上玩耍。这些院落活泼、快乐而又不嘈杂。妇女们一边臼米,一边聊天或唱歌,不过她们很少高声歌唱,因为男人们不允许他们的女人像泼妇一样吵闹。孩子们也安静地玩着草或玉米秸编的玩具;只有几个年龄稍大的孩子,偶尔围着小木屋尖叫着相互追逐,不过在大人的斥责下,他们马上安静下来,因为他们的吵闹影响了学者们的工作。在人类低沉的声音中,偶尔会传出山羊哀怨的叫声,这只山羊是被抓去宰杀的。还有厩区的马发出不安的嘶叫。在这种背景下,学者们在吟诵《古兰经》、朗读教法书,或者发出对神圣经文歌唱似的评论声,语音低沉而绵长。在丹吉尔这样的大院里,人们说多种语言。富拉尼人的母语是富尔贝语,但是他们也讲豪萨语,当然他们的大多数奴隶也是如此。有些人也讲图阿雷格语,因为图阿雷格妇女也嫁到这个部落。当然,学者们都懂经典的阿拉伯语,这是他们宗教的仪式和法律用语,他们能熟练地阅读,也许彼此之间还不时地用阿拉伯语交流。

一旦大院变得非常大,有些家庭就要在附近另立新居,不过他们在经济上与社会上并不与原来的大院分离。分家现象的出现主要是由于人口的自然增长。不过在像丹吉尔这样的学术大院里,另立新居的一个重要因素是供追随名师蜂拥而至的学生居住。

大家庭的经济主要依赖奴隶劳动,奴隶们单独住在离大院不远的小村(豪萨语是 rinjoji,单数形式为 rinji)里,只有家庭奴隶和小妾们才住在大院里。女家庭奴隶做一些家务活,如制作肥皂,或者照顾小孩。她有相当的自由,常常自己经营商业和手工业。户外繁重的劳动由单独住在小村里的奴隶(驻村奴隶)负责。除奴隶之外,通常年轻的亲戚也来为学者们服务,可能是为了换取接受教育的权利。

丈夫严格地与他的妻子们轮流共居,通常他每次与一位妻子共居两夜。教法禁止男人改变这种惯例。妻子也只有权享用自己应该与丈夫共居的那部分时间,丈夫不能对妻子们厚此薄彼。他只能与小妾们在白天共居数个小时,丈夫的夜晚属于他的妻子们。他给小妾的礼物,或者对小妾的关照,也不能超过妻子。不过,制定伊斯兰教法就是要被违反的——违反的例子还很多!

圣战运动后的富拉尼穆斯林大院,依靠驻村奴隶进行农业生产。也许他们在圣战运动前，也为富拉尼学者们提供这种服务，不过并无资料证明这一点。无论如何，学者们是占有奴隶的，问题也因此而起：他们是怎么得到这些奴隶的？无疑有些奴隶是通过袭击周围的异教徒地区而得到的，但是，尽管传统的观点认为他们与宫廷无关，也不是宫廷的客人，那么其中有些学者，如果不是舍胡及其周围的人，也必定依靠他们的文化知识生活。这是一种深具赚钱潜能的技术，报酬相当丰厚。通常他们能够得到马匹、布匹和奴隶。因此，通过为宫廷服务，必定能给学者们带来利益，否则，很难理解为什么学者们能够得到、拥有大量奴隶，供他们随便役使。因为资料并没有说明，他们也像豪萨人一样经营商业。

大院的社会活动中心，是位于入口处的棚屋。这是一个建在围墙上的巨大廊屋（豪萨语称为 zaure）。男人们在这聚会、聊天，一起吃晚饭。这里也是待客之所。只有妇女和院内居民的亲朋好友才能穿过廊屋，进入大院。廊屋也是讲堂。

丹吉尔社会生活的另一方面，是它与以养牛为业的游牧的同族人的社会交往，以及与同为穆斯林的图阿雷格人的社会交往。丹吉尔富拉尼人虽然以定居为主，他们仍常常以通婚的形式与游牧者保持联系，在定居的丹吉尔与牧牛者（rugage，单数为 ruga）的营地之间也经常有来往。图阿雷格人甚至比牧牛的富拉尼人流动性更强，他们不仅在萨瓦纳草原游牧，还深入到撒哈拉沙漠中的费赞。[①] 他们也具有伊斯兰学术的传统。与定居的富拉尼人不同，大多数图阿雷格学者并非定居者，而是与他们以牧业为生的族人一起流动。因此，图阿雷格学者的帐篷里有大量的书籍，他们带着这些书籍在撒哈拉和萨瓦纳的崎岖的道路上跋涉的情形，并不鲜见。他们是丹吉尔的常客，可能其中有些人还居住在这里。由于图阿雷格人突出的流动性，他们有助于富拉尼人与撒哈拉内地在文化、社会和经济方面建立更广泛的联系。有些图阿雷格学者，如舍胡的老师吉布里勒·本·乌玛尔（Jibril b. 'Umar，以后本书将不断提到他），也与富拉尼家族通婚，两个部族间的联系似乎非常紧密。无疑，共同的伊斯兰兴趣，共同的游牧传统，促使他们发生这种联系。然而，并非所有的图阿雷格人都是富拉尼穆斯林的朋友，我们将会看到，有些图阿雷格人在圣战中与他们战斗。

富拉尼学者的定居生活是与游牧民的流动传统比较而言的。虽然他们

---

① 费赞：即费赞绿洲，位于利比亚西南部。

以丹吉尔为固定的居所，实际上移动范围也很广。流动的学习状态与寻求导师的制度，使季节性牲畜移动的古老传统中的某些因素常态化。例如，舍胡及其兄弟们年轻时，在穷尽了他们驻地周围的知识资源之后，便在豪萨广泛游历，寻找当时的良师。舍胡甚至远赴撒哈拉中的阿加德兹求学。他们一旦结束游学经历，仍返回丹吉尔，在他们的社会中传播新知识。部族中的幸运儿，会长途跋涉，经红海乘船去阿拉伯半岛的麦加朝觐。这是一个历经多年的旅程。那些未能如愿朝觐的人——部族责任常使许多人无法启程——羡慕地看着他们离去的背影，并焦急地等待着他们从圣城麦加和麦地那返回。舍胡年轻时就想去朝觐，却被父亲勒令回家。从未造访先知陵墓及其出生地，成为他终生的遗憾。

富拉尼定居者基本上接受了周围豪萨人的生活方式，不过也有例外的时候。由于信仰伊斯兰教，他们不会参与神灵崇拜，这些仪式是豪萨日常生活不可或缺的一部分。他们也避开豪萨人的娱乐活动，如击鼓、弹琴、跳舞、唱歌、赌博等，而是阅读《古兰经》，吟诵神圣的经文。不过他们不可能整天沉浸在宗教修习当中，他们经常到丹吉尔周围的部落串门儿，甚至有时还造访遥远的牧牛的亲戚。探亲访友是他们生活中重要的习俗，在大众传媒之前的时代，这也是了解世界的方式。

闲暇时，他们的文化生活中也会增加些乐趣。在凉爽的傍晚，男人们聚集在廊屋中，彼此讲述生动的伊斯兰故事取乐：涂上伊斯兰色彩的先知们的故事。易卜拉欣（亚卜拉罕）如何打碎木头偶像，然后独裁者 Nimrod 将他扔进大火时，由于 Gabriel 的施救，他将大火的中心变成了芳香的花园，易卜拉欣安逸地躺在熊熊燃烧的大火中安然无恙。

这些故事丰富着他们的想象，取代了豪萨邻居们牧歌式的娱乐方式。这些故事也塑造了富拉尼人伊斯兰式的道德风尚。

他们还有与豪萨人不同的生活习惯。例如，市场是豪萨妇女重要的社会活动中心，她们在这里交往与娱乐。但是富拉尼穆斯林禁止妇女去市场，这违反伊斯兰教男女分离制度。他们派奴隶去市场。富拉尼人的妇女也不能在田里劳动，也不能汲水及砍柴。她们甚至也不允许走亲访友，虽然这是西非社会中非常重要的习俗。经丈夫同意后，她们才可能在夜间走亲访友，还必须戴上面纱。已婚妇女禁止与男人一起外出。她们的生活不如豪萨妇女那样充满欢乐。但是至少她们被赋予了学习的机会，这是豪萨妇女所缺少的。她们通过学习获益匪浅。她们中的许多人成为与男人一样博学与虔诚的学者与神秘主义者，在伊斯兰世界这是不多见的事。

这就是舍胡所成长的社会与家庭环境。那么他的宗教生活是什么样的呢？

信仰的社会

丹吉尔社会的日常生活，与其他正统的伊斯兰社会一样，围绕着礼拜制度运转。舍胡及其同龄人一旦长到会礼拜的年龄，就会学习复杂的礼拜仪式。礼拜是他们的日常责任，也是他们以后精神革新的源泉。

一日五次礼拜，穆安津①会按时唤拜。……

舍胡在丹吉尔的青年时期

舍胡的传记作者很少提及他的外表。据口头传说，通常将他描述为中等身材，浅色皮肤。至少有一处记录，说他是"一个胡子很少的黑人"。据说他不像他的兄弟阿卜杜拉·本·穆罕默德那样身材臃肿，而是一个身材修长的黑人。

……

八 神学理论与教义学家

青年时期及成年后的初期，舍胡都以学习为主，接受神学训练。除了在战争中作为领袖之外，他对那个时代最大的贡献仍然是思想。他是一个多产的作家，有散文亦有诗歌，他对伊斯兰各学科有精深的理解，尤其在神学与教法学方面更有独到的见解。他利用知识发动圣战运动，也同样利用这些知识发动争取人们心灵的"战争"。

他的知识前提

在理解舍胡及其追随者的思想之前，必须理解他身处其中的教育体系，孕育当时文化的知识背景，以及他们的信仰体系及世界观所依赖的基本前提。

舍胡生于公元18世纪下半叶（伊斯兰教历的12世纪），他的思想却比当时的人们超前，更接近于13世纪或者14世纪欧洲人的思想，虽然当时西方的思想并未影响到西苏丹。他是一位形而上学式的学者，不是实用主义者。在他眼中，真理并非来自对实际现象的观察，而是应该与既有权威理论相一致。他的学识也许并不比帕多瓦的哲学教授高深，帕多瓦的教

---

① 穆安津：清真寺的宣礼员，负责召唤穆斯林来清真寺礼拜。

授拒绝利用伽利略的望远镜观察世界,其后的人们则对科技设备充满兴趣。但是,舍胡当然与托马斯·阿奎那及其同时代的学者的世界观相差不远,因为他们的理论也是建立在神圣权威基础之上的,不过舍胡对培根"扩展人类力量与伟大的限度"的期望,则有些抵触。

就舍胡而言,将他与中世纪基督教神学学者联系起来,是非常恰当的,二者联系相当紧密,读者可能并不能想象到这一点。现在,通常认为托马斯主义从11世纪穆斯林神学家安萨里那里得到很多启发。而舍胡对安萨里的思想非常熟悉。他甚至模仿安萨里的著作《宗教科学的复兴》(*magnun opus*, *ihya'ulum al-din*),给自己的著作取名《正统宗教的复兴》(*ihya al-sunna*)。

在欧洲,经院学者的理论遭到17世纪 la recherche de la vérité 发起者的拒绝。伊斯兰教中并未发生这种转变。如果伊斯兰世界也有同样转变的话,它的出现也会稍晚一些,声势也会更小,当然1754年也不会漫延到豪萨地区。不过这并不意味着舍胡所熟知的知识环境中完全没有理性与探索精神。我们已经说明,在他所生活的环境中,从伊斯兰世界传播过来的思想在激烈交锋,使他处在知识的与意识形态的紧张的对抗当中。但是,他的理论前提仍然建立在形而上学与《古兰经》启示的结合上;在理性与信仰当中,是神学而非科学与客观居于最高处。他也许——事实上也曾经——怀疑过宗教的诠释,不过这种怀疑也只限定在经典与权威的范围内。权威著作中的启示真理,仍不可违抗;不能理解的事情为神圣秘密,而非对探索精神的揶揄与挑战。在他的理论框架中,当然也有理性,不过在伊斯兰教中理性并非人类的力量与伟大的钥匙,这与培根的世界观是一致的。如果处理不好,理性可能成为潜在的破坏力量,摧毁精心建立于《古兰经》诠释学基础之上的、脆弱的真理框架。

对这种知识背景的描述并不包含任何价值判断。Willey 指出,新世界与旧世界之间的区别并不在于真理的多寡,而在于真理类型的不同。所有真理只有能够满足那些接受它们的人们的需要,才是有效的。但是,背景的确也对人们对事物所赋予的价值有重大影响。例如,舍胡在对待鼓的问题上付出了巨大的精力和时间。我认为,在现代社会中,击鼓或不击鼓的问题,也只限于艺术的方面,或者鼓只是公众喜欢或不喜欢的事物而已。舍胡当然不屑于思考这类问题。他面临一个重大决策:击鼓还是不击鼓,这是一个是否将鼓置于其中的神圣秩序问题。

只有正确理解这种不同的真理概念，才能理解舍胡的知识与理论，才能欣赏他那雄辩的观点与理论热情。在此基础上，才可能会明白，在舍胡那拐弯抹角的语言背后，是他那文雅而缜密的思想理论，微妙而平衡的逻辑推理。不过，随之而来的是另一个同等重要的认识：在文字产生之前，非洲万物有灵论时代的思想诡异多变，而在文艺复兴后的西方，客观主义无处不在，人们趋之若鹜，因此二者在源头上就是不同的。

重要神学著作

舍胡的作品主要可分为两类：（一）综合性著作，通常理论性、学术性较强，这类著作多著于圣战运动之前；（二）篇幅较短、论战性的著作，通常涉及新生伊斯兰国家建设中的特别问题，多写于圣战运动后。不过，这种分类也只是大略的分法。在他的所有著作中，总是可以清晰地看出他改革的思想。

他的首部重要著作《正统宗教的复兴》（ihya al-sunna），写于圣战运动之前的宣教时期，本书第三章对此书已作介绍。另一部圣战之前的重要著作《重要的事情》（Masa'il muhimma），写于1802年，也就是迁居古杜（Gudu，1804年2月）之前一年多写的。此书比《正统宗教的复兴》的理论性稍弱，已开始显现出他对当时现实问题关心的逐渐增多。例如，他讨论"希吉拉"和圣战的责任，这两个议题都是在当时穆斯林社区中非常紧迫的问题。他还对周围的某些特别现象予以谴责。因此，《正统宗教的复兴》类似于一个里程碑，标志着他从一位教师的学术态度，向一位活跃的改革者和复兴主义者态度的转变。

圣战运动临近尾声时，身居西法瓦（Sifawa）的舍胡再次拿起了笔；1815—1817年，身居萨篷嘎里（Sabon Gari，索科托郊区）的舍胡也写下了著作。这一时期的作品无疑留下了他对现实问题的深深忧虑。

圣战运动以后的主要作品为鸿篇巨制《对信仰者关于"希吉拉"必要性的阐释》（Bayan wujub al-hijra 'ala al-'ibad），从一定程度上而言，他的许多作品都是这一作品的延伸。在第四章中已给出本书的多段引文。本书主要讨论"希吉拉"，即迁出非穆斯林统治者的地域，这个集道德与法律于一身的重要问题。当穆斯林意识到他们与非伊斯兰的世俗政权有冲突时，就应该考虑"希吉拉"的可能性。

《对信仰者关于"希吉拉"必要性的阐释》共有63章（根据不同的抄本，章节数量稍有不同），以讨论"希吉拉"开始，然后围绕此问题所派生的议题，逻辑性地展开讨论。第一个议题是关于在迁居地建立伊斯兰伊玛目政权的必要性。接下来讨论圣战问题，这也是"希吉拉"的必然结果，论述了圣战的义务及其限度。然后讨论关于军事战略的议题，这是本书很有意思的一部分，再一次证实了如下问题：富拉尼领导人比他们的对手更富于战争艺术。下面各章详细地讨论了如下议题：如，战利品和战俘的处理；与异教的敌人签署协议的原则等等。接着是关于如何对被征服地区进行良好治理的部分。最后部分则是对早期伊斯兰教历史的叙述，包括"希吉拉"理论和伊斯兰治理的原则。

《正统宗教的复兴》涉及的是个人灵魂拯救的问题，而《对信仰者关于"希吉拉"必要性的阐释》则是一部实用性的著作，讨论的是伊斯兰社区如何处理现实世界的实际事务。这本书与当时豪萨社会环境的密切联系是显而易见的。从本书也可以清晰地感觉到，作者对道德与法律公正的关注，他通过对神圣天启的阐释，告诉人们如何在他个人的道路及其伊斯兰社区以后的发展中，实现公正与正义。

对马吉里（al-Maghili）思想的继承

舍胡的理论主要来自一系列马立克教法学权威的著作，这些权威们长期以来对西非伊斯兰学说的发展功勋卓著。不过，舍胡的思想主要还是来自15世纪北非的神学家和法学家穆罕默德·本·阿卜杜·卡里姆·马吉里（Muhammad b. 'Abd al-Karim al-Maghili，1504年去世）。马吉里曾在撒哈拉和苏丹的主要伊斯兰中心游历传教和教书育人。他到访过撒哈拉的阿希尔（Ahir）、塔科达（Takedda）；豪萨的卡齐纳和卡诺；最后是加奥和尼日尔。他的理论本质上属于马立克学派的基本思想。他也是一位苏非，有人认为是他将伊斯兰神秘主义带到苏丹。舍胡大量引用马吉里的观点，他所教授的大部分内容，只不过是将伊斯兰教学说和社会理论，严格地应用到苏丹社会。但是有三个特别之处需要注意，这三点后来被舍胡拿来应用到自己的实践中。第一，"穆贾迪德"（信仰的革新者）在伊斯兰教改革中的作用；第二，"混合"伊斯兰教中犯大罪者的地位与非信仰者的本质的问题；第三，腐败的学者的问题，即这类学者贬低教育与伊斯兰实践的作用，贬低宗教权威的作用。在众多的理论问题中，这三个问题最为关键，关系到舍胡及其同道者的知识与态度，经常使他们陷入困惑，甚至有时在他们中间造成争论。

信仰革新者的理论

马吉里关于革新者的理论要点，可在舍胡的著作《兄弟之灯》（*Siraj*

al-ikhwan）中马吉里作品的引文中看到：

> 因此，在每个世纪之初，真主都会给人类派遣一位博学之士，来革新信仰。每个世纪的这位博学之士的特性必须是：他弘扬公正，禁止谬误，秉公执法，改革人间事务，帮助真理战胜邪恶，镇压压迫者。这是这位博学之士与同时代其他博学者的不同之处。①

围绕这一革新者观念的是颇为复杂的一整套关于马赫迪——即伊斯兰教的弥塞亚——的理论。本书已经较多地讨论过这个问题。为尽可能简明扼要地说明问题，正统穆斯林认为，马赫迪的到来预示着"时代的结束"。他将驱逐之前反对救世主的人，将公正地统治一千年，直到"末日审判"的到来。马吉里所谈到的博学之士，或革新者，只不过是马赫迪的先行者，他们每个世纪降临一位，直到最后一位，即马赫迪的出现。

在苏丹地区的诸多作品中，关于伟大的"穆贾迪德"降临，将作为哈里发统治图克洛（中世纪地理学家对西苏丹的称呼）地区的预言经常出现。这一主题在马赫默德·卡提（Mahmoud Kati）的名著 *Ta'rikh al-fattash* 中就曾出现过。世纪之交，伊斯兰世界陷入混乱与困惑，共同酝酿出一种渴望革新者莅临的氛围。舍胡的作品，包括阿拉伯语作品及方言作品，都多次提到这一理论。他本人也明确地认为自己就是那位最后的革新者。如，在宣教演讲中，他隐晦地表达了这种想法，就非常典型：

> 第五，我们赞美真主，因为他通过他给我们的选择，帮我们提供革新他的宗教的合适途径。②

但是，他对这种观念最简洁明了的表达，是在一首少有人知的描写马赫迪的诗歌中。他作如下陈述："我向真主保证，我不是人们期待的马赫迪/但是我是那位带来马赫迪改革大潮的人。"这清晰地表明，在他认为自己是"时代革新者"的同时，他当然不宣称自己是马赫迪，尽管早期他似乎曾发表过声明，可以解释为他认可这种声明。不过后来他否认这类

---

① BSOAS, XXV, 3, 1962, p. 584.
② Ibid., p. 5.

所有的暗示。尽管如此,他的一些支持者仍坚持认为,他就是马赫迪。这让他很难堪,他因此写出一些短诗,描述真正的马赫迪被认可的方法,并禁止人们继续坚持这种错误想法。下文是取自其中的一篇诗歌:

啊!艾哈迈德的社区,听着,
我的歌,为我们描述马赫迪是位什么样的人,
啊!遵守逊奈①的人们,听着,
我的歌,为我们列举马赫迪的外表特征,
我祈祷,倾听以前的描述
这是传统中对马赫迪的描述,
至于马赫迪的身躯,那是光明之一,他的身躯就像是 ya'qub 之子的身躯,
因此,传统中对马赫迪的描述,
他已被授予阿拉伯之目,以及他们光辉的身躯,
因此这是传统中对马赫迪的描述,
并且,马赫迪拥有突出的前额,和光头,
这就是传统中对马赫迪的描述,
他的面庞也像珍珠一样闪光,
这就是传统中对马赫迪的描述,
马赫迪的鼻子平直美观,
这就是传统中对马赫迪的描述。

在否认自己是马赫迪后,他继续说:"不要再为我而扯谎了,不要再将我当作马赫迪。"在另一首诗中,他对伊斯兰理论中关于马赫迪降临的主要观点进行了总结,他的描写如下:

因此,马赫迪将统治所有土地,
整个地球都将在他的管理之下,
的确,他将与尔撒汇合,
他将杀掉反对救世主的人,他们是魔鬼的朋友,

---

① 逊奈:即圣训,伊斯兰教的先知穆罕默德的言行录。

> 的确，尔撒将会与伊玛目的官员一起礼拜，尔撒是领拜者，
> 他将是马赫迪的首相，
> 因此，也将会发生 Banu Sufyan 的战争，
> 他们将会覆盖整个国家，啊！我的兄弟们。

这首诗写于 1814 年，即他去世前三年。虽然舍胡最终否认自己是马赫迪，但他似乎并不认为马赫迪的降临是遥远的事情。他在另一首诗中，告诉人们在马赫迪即将降临之时如何作为。他说，其中之一就是伊斯兰社会要完全与异教徒脱离关系，这导致伊斯兰社会的封闭性，穆斯林生活的范围仅限于"军事堡垒"之内，本书第一章对此已作评论。他与当时伊斯兰世界的许多其他穆斯林一样，将马赫迪的降临视为解决伊斯兰社会棘手问题的一种手段。他在这首诗中评论自己的到来："是为了解决这个混乱时代的困惑。"舍胡关于马赫迪的说教让豪萨人浮想联翩。这首诗及其他作品中关于马赫迪的信息，一代代传下去。一旦社会遇到天灾人祸，人们总认为马赫迪即将降临，末日也已临近。因此，尼日利亚北部的穆斯林就是这样解释英国人的到来。例如，约 1903 年，卡诺的一位诗人写了一首长诗，他将英国先遣部队描述为 Gog 和 Magog 的军队，理所当然地将其与伊斯兰传说中的世界末日联系起来：

> Gog 和 Magog 即将到来，
> 他们身材矮小，却长着大耳朵，
> 他是在世界末日制造破坏的人，
> 他们一旦到达城镇，这里的庄稼将不再发芽。

他还列举了 Gog 和 Magog 造成的困惑和动乱，这都是世界末日来临之前的征兆。之前，他在诗中将舍胡·奥斯曼·丹·弗迪奥视作权威，他相信世界末日就在眼前，并反复强调马赫迪会解决这一世界性的问题："马赫迪与尔撒就要到来/为解决此世的难题"。

舍胡为何如此关心马赫迪和"革新者"的问题？《真理之剑》之前认为，舍胡自认为被真主选中来领导西苏丹伊斯兰教，真主之手已经触摸过他，对此他深信不疑。关于"革新者"的理论给他的思想与信仰提供了显而易见的诠释，不过舍胡关心这个问题当然还有其他的原因。所有这些思

想的背后是他对即将到来的变革的预见。本书已经论述过,世纪之末总是伊斯兰思想的激荡时期,因此舍胡自然认为现在是推翻旧秩序、建立新秩序的最佳时刻。革新者的理论成为发动理论攻击的合适选择,为革命提供了基本原理。不过事情远非如此。舍胡认为圣战并非变革的结束,相反,只是一系列可怕的变革的开始。他清楚地表明过,他期待着马赫迪揭开混乱时代的序幕。他无疑认为世界的发展已经脱离了正轨,他在豪萨的改革只不过是权宜之计。人类已经走到了不可救药的地步,只有将希望寄托在最终的太平盛世,他已预见一系列变革正以前所未有的速度向他奔来。直到临死之时,他的这种预见都未改变。因此承担起他的神圣责任,就是为马赫迪的到来做准备。

"罪者"(Sinners)的地位与"非信仰者"的本质

舍胡关心的第二个重要问题是"罪者"的地位与"非信仰者"的本质问题,这也是数百年前困扰马吉里的问题。对此,马吉里留下了下面的观点:

> "吉卜拉"(Qibla,即穆斯林)可否为异教徒呢?不能因"罪"而将"吉卜拉"开除出伊斯兰教……你所提到的关于 Sonni Ali 的情况表明,如果事情果真如你所说的那样,他无疑是个"非信仰者"。

在马吉里看来,公开攻击伊斯兰教的罪行不足以将其定为"非信仰者",只有此人的罪行明确无误地含有"非信仰者"的行为,而非仅仅不遵守伊斯兰教法的行为,像臭名昭著的桑海国王 Sonni Ali 这样的人,就可确定为"非信仰者"。事实上,由于缺少对不遵守伊斯兰教法和"非信仰者"的行为的具体定义,马吉里的决断就成为一个客观的标准。其实际的效果将是,可以将任何一位穆斯林确定为"非信仰者",使其成为圣战目标——这对希望发动革命的人来说乃是一个信手拈来的便利工具。即使在圣战发动之前,围绕这个问题的争论越来越多,当地的神学家也显然各执一词。舍胡在《兄弟之灯》(*Lamp of the Brethren*)中写道:

> 关于第三派,他们将不遵守教法者定为非穆斯林。他们认为不遵守教法者因为犯下了道德罪过,如身边的女人不戴面纱、不实行男女隔离、剥夺孤儿的权利、娶超过四名妻子等,都可以定为"非信仰

者"。这些人的观点是错误的，即使这些不法行为遭学者的公议所禁止，也不能因此将他们定为"非信仰者"，因为正统派的公议认为穆斯林不能因为不遵守教法而被革出教籍。

舍胡所反对的"第三派"，由他的导师吉卜利勒·本·乌玛尔长老领导。他在其他地方曾经谈道：

> 在我们苏丹诸国中，至于"第三派"以不遵守教法为理由将穆斯林革出教籍，这是该派从诸长老、博学的教法学家、睿智、聪明、学者的楷模、详证细考的吉卜利勒·本·乌玛尔那里学来的理论。

舍胡对导师非常尊敬，不过他对导师神学方法的批评却直言不讳："有时他这样说，有时他又退回去那样说……"吉卜利勒·本·乌玛尔是一位权威人物，他曾两次去麦加朝觐，到过埃及，必定也曾跟当时知名的神学家学习过。他的观点显然在豪萨的学者中就不遵教法者与"非信仰者"之间的区别问题激起了争论。不难理解在当时伊斯兰教与万物有灵论仍不断斗争的情况下，这一争论会在社会中产生极大的反响。

舍胡在《兄弟之灯》中对他自己的立场给予了一个简短的说明：

> 前面我已证明，任何人否认伊斯兰教中的信条，嘲笑伊斯兰教，或者将伊斯兰的因素与"非信仰者"的因素相混合，即使此人也履行伊斯兰功课，仍是一位不折不扣的"非信仰者"。这是穆斯林与异教徒的区别。但是，对于将伊斯兰因素与具有改革意味的"非信仰者"和"罪行"的因素混合在一起的人，根据正统伊斯兰教的公议理论，他们并非异教徒；但是只有反对真主和先知的"罪行"……

在《兄弟之灯》的导言（Ta'lim al-ikhwan）中，舍胡相当理性地说：

> 我的兄弟啊，我认为（在真主的帮助下），根据伊斯兰社会的公议，穆斯林个人不能因"罪"而被称为"非信仰者"。确定一个人为"非信仰者"是一个传统问题，其根源于伊斯兰的天启法律：公议中

没有智力自由发挥的余地，也无任何可以类比的余地。实际上，确定其他人为"非信仰者"的行为本身也沾染了"非信仰者"的思想，这种行为总体上对穆斯林社会有害。同样，一旦经典或传统中明确地规定了涉案人的忠诚有问题，或者穆斯林的公议已决定其为"非信仰者"的行为，这种情况下却未能确定这些人为"非信仰者"，这本身也是一种"非信仰者"行为。再者，在穆斯林中有一种共同观点，即言论和行为也会构成"非信仰者"的行为——不是出于言论和行为本身，而是出于言论与行为的伴随物——下面将要对此作阐明，如果高贵的真主希望的话。

这是舍胡所喜欢的中世纪神学家的语言风格。争论的关键在于，正统观点完全拒绝任何个人基于理性和类比的解释，坚持依靠天启和知名学者的权威。不过他继续说，学者可以在法律的解释上有不同看法。这正是争论的原因。

舍胡并非只与吉卜利勒·本·乌玛尔长老一派有分歧，根据舍胡本人的描述，还有另外更为极端的一派，"全然否认在苏丹诸国有'非信仰'现象（的存在）"。他讲得很清楚，他认为这一观点也被误解了。正如在第七章所说，整个"非信仰"问题对富拉尼改革者所处的局势而言至关重要，这不仅仅是因为"非信仰"问题在个人拯救中的重要作用，还因为它关涉圣战正当性。反叛者是否可被认定为叛教者，或不遵教法的穆斯林？这个问题让舍胡甚为困扰，也成为何为"非信仰"这个大问题的一个特例。

宗教无知、无能与腐败

在舍胡所面临的许多问题中，有一种问题在他看来是非常零散的关于宗教的争论，不是整体的问题，如是否接受四大正统伊玛目——马立克·本·艾奈斯、沙斐仪、阿布·哈奈斐、伊本·罕伯勒——的学说，而是某些具体的争论。在《兄弟之灯》中，他经常引用马吉里对伪学者和腐败学者的批评：

（Sonni Ali）为肮脏的目的而豢养了一批学者，一旦他想做些自私自利的事情，就召集学者们咨询："这难道不合法吗？"他们答："完全合法，你可以做，"他们同意了 Sonni Ali 的自私目标。

再如，

> 他们有一个特点：他们不懂阿拉伯语；他们只了解一些城镇中阿拉伯人的一些简单用语，且不能正确使用，还夹杂着大量的非阿拉伯语成分，所以他们不能理解学者们的用意，……

他在后期的著作《兄弟之星》（Najm al-ikhwan）中，批评这些人的无知，及其对宗教的争论：

> 'Abd al-Wahhab al-Sha'rani 说……"真主已与我们定约，禁止我们中的无知者开启争论之门。"

这的确是一个问题，且并非仅是理论上的争论。阿卜杜拉·本·穆罕默德的行为证实了这一点，这是他脱离是非、去麦加朝觐的原因之一。他对这类人非常反感：

> ……不负责任且贪婪，无知而不学习，沉溺于对信仰的自我解说。

"混合"伊斯兰教似乎是这种争吵和不愿接受正统信仰的天然原因。从舍胡的作品的某些段落中可以推断出争论的本质：如，在《兄弟之星》中，他讨论击鼓是否合法的问题。击鼓是非洲的古老传统，很难消亡。舍胡引用大量证据，如从'Abd al-'Aziz 的某些作品的引述：

> 在婚姻仪式上击鼓是一种传统，因此击鼓是允许的。如果击鼓非法，就不会允许在婚礼上应用。并且因在婚礼上击鼓合法，意味着在其他的仪式上也合法……

他自己的观点是：除为军事目的外，根据马立克教法，击鼓是非法的。他还引用了其他有同样观点的教法学者的意见。他不厌其烦地搜集依据加以论证，说明"混合"伊斯兰教的捍卫者也绝非沉默不语，他们也善于运用权威观点来捍卫他们甚为得意的妥协，以致舍胡不得不极力反驳。

为何这种不学无术者及其肆无忌惮的观点能让舍胡如此不胜其烦呢？部分答案前文已经给出：它威胁正统宗教所依赖的宗教阐释上的微妙平衡。不过还有另外更直接的原因。腐败的毛拉是"混合"伊斯兰教的合作者与传播者，改革者对他们厌恶至极，后来有位作者匿名批评他们："乡村的毛拉们，他们小背包里除蟑螂外别无他物。"正是他们给迷信的农民和放纵的宫廷人员提供便捷之道，使他们享受伊斯兰教好处的同时，却不必牺牲古老而熟悉的方式。这些人为混合主义诡辩，对"逊奈"的消弭视而不见。并且他们威胁真正的文化精英的主导地位，这些真正的学者都是经过对伊斯兰学识艰苦修习，胜任对经典的解释。这些真正的文化精英是改革集团的中流砥柱和联合力量。因此，舍胡并非仅仅为自己的神学主张而辩护，他也旨在摧毁敌人的信誉及力量。

18—19世纪之交，豪萨地区穆斯林知识界在观点上有分歧，神学主张上有争论，这是一幅很有意思的图景。这种争论表明，伊斯兰教事实上已经在知识界站稳脚跟，不过总体上，这里的伊斯兰教仍是"混合"伊斯兰教；学者们因其对"混合"伊斯兰教的态度不同而分为两派。一派是吉卜利勒·本·乌玛尔长老为代表的主张打破传统旧习的理论，另一派则是捍卫既成事实的妥协派。后者几乎理所当然地是那些因个人利益而居于黑贝宫廷的学者——这些人可能是 Yandoto 学者等等，他们仍保持对原有主人的忠诚。通过舍胡对争论的记述，以及阿卜杜拉·本·穆罕默德诸多关于理论方面个人阐释的评论，可以大致看清这些人的治学方法争论的重点：政治主张。在这种背景下，舍胡及其同道以改革者的面目出现；不过中间派则既反对吉卜利勒的极端主张，也不同意妥协派的息事宁人。舍胡的个人观点逐渐接近于吉卜利勒，但是他的主张并无狂热的成分，也无超越正统伊斯兰教的地方。

改革运动与瓦哈比思想的关系

前面的讨论与思考，自然引出从当代伊斯兰意识形态发展——本书前面所描述的瓦哈比运动——的视角来考察豪萨改革者的神学理论。豪萨改革运动与瓦哈比运动是有联系的。对瓦哈比主义的简单描述，有助于回述舍胡时代发生在伊斯兰世界的争论。

公元13世纪，伊斯兰教早期的简朴在文学、制度、教义等方面的巨大累积下已荡然无存。在神学理论及社会治理方面，伊斯兰社会变得越来越复杂，同时也越来越懒散，缺乏思想与精神。不过，其间仍不乏某些思想家及改革家持续不断地回溯先知及早期哈里发时代,将当时的社会看作他们期望回归的理想社会。1747—1812 年,第一个瓦哈比政权在阿拉伯半岛兴起,以阿卜杜·瓦哈布的理论为立国的思想基础。瓦哈布是一位激烈的原教旨主义者和好战者,他的追随者成功地打败垂死的土耳其政权对半岛的控制,建立新国家,试图实现瓦哈布的理想。这些人极端严酷,凡是不符合《古兰经》与先知穆罕默德实践的,他们就将其摧毁殆尽。因此,许多曾经广泛传播并被神学家和普通百姓接受的风俗与观点,如对圣人和圣墓的崇拜,都被断然禁止。因为他们的帝国接近每年朝觐的中心麦加,他们的观点也因此迅速地传遍整个伊斯兰世界。

豪萨的改革者当然并非瓦哈比,这可以从他们的若干宗教主张中清晰地看出来。如,瓦哈比谴责圣人崇拜,否认圣人有显示奇迹的能力,舍胡则坚持认为相信圣人显示奇迹的能力是一种义务。下面是选自他的著作《揭露恶魔的改革》(*Exposing of the Satanic Innovations*)中的一段话:

> 改革的一个例子是否认圣人的奇迹,根据学者们的一致意见,这种改革应该禁止。

同时,在他们固有的思想中,根本不支持瓦哈比派的原教旨主义。不过这并非意味着知识界完全没有瓦哈比思想。吉卜利勒·本·乌玛尔长老在两次到阿拉伯半岛朝觐期间,必定深知瓦哈比的思想,及其对这种思想的反对意见。因为他是一位苏非,当然不可能全盘接受瓦哈比主义。但是人类在对思想的反映方面不可能绝对始终如一,且他对"'罪'等同于'非信仰'"观点的执著坚守当然也与瓦哈比主义类似。因此,在未全部接受瓦哈比主义的情况下,他可能接受了其中的这一方面,并在豪萨的支持者中广泛宣传。不过他并未让所有人都接受他的观点,更多的温和派和富拉尼正统改革派最终取胜。也有可能更早的伊斯兰激进主义派别哈瓦利吉派,仍在苏丹地区生存,这也有助于像吉卜利勒·本·乌玛尔这种突破传统态度的形成。不过,对于哈瓦利吉派——不管怎么说,该派的思想与瓦哈比派有许多相同之处——在 18 世纪末至 19 世纪初在豪萨地区的存在,仍缺乏证据。

至于舍胡本人对这一问题的看法,资料相当丰富。他对瓦哈比激进思想的印象没有吉卜利勒长老那样深——虽说他后来更倾向于吉卜利勒——

不过他更关心如何捍卫苏非主义的信条。他认识到类似"禁止圣墓崇拜"这种破坏性信条对苏非主义所带来的威胁,他也明白,没有圣墓崇拜就没有苏非教团,圣墓崇拜是教团汲取力量的源泉。他也许经常性地对打破传统的思想和伊斯兰激进主义做些妥协,不过他常驻于心的必定仍是对苏非主义的坚守,苏非主义是左右他所思所言的关键。

舍胡是位学者,他的知识建立在旧世界的基础之上。他是一位热情而正统的马立克教法学派神学家。作为一位知识分子,他担心一旦知识界拒绝权威,进而产生怀疑,会产生破坏作用。尽管他成长为一位活跃的改革家,与同时代的其他改革者相比,他的思想与学说仍属温和。他兴趣广泛,涉及伊斯兰理论的广阔领域,但是对他本人及他所处的伊斯兰社会而言,最为重要的有三方面:(一)关于马赫迪及正确理解马赫迪显现的迹象问题;(二)关于"混合"伊斯兰教背景下"信"与"非信"的本质这个棘手问题,以及与此相关的"圣战"正当性问题;(三)伪学者问题,以及他本人希望规范苏丹地区意识形态与理论领域的混乱状态问题。在他的生命即将终结时,甚至在圣战胜利后,这些问题仍在困扰着他。

九 国家的奠基人与立法者

在伊斯兰教中,法律是神圣而非世俗的制度。伊斯兰教法律涵盖生活的方方面面,从宗教到责任,从个人地位到政府与行政,都是教法所规范的领域。因此,舍胡的许多著作都与法律制度的理论相关。下文将讨论他的理想及其实现方式。

榜 样

在理解舍胡及其同代人的制度理念及态度之前,有必要了解一下作为他们理论来源的历史背景。麦地那的早期伊斯兰社会由先知穆罕默德管理,他依据《古兰经》中的天启,对穆斯林社会的管理呈现出某种实用性。因此,政府实施简洁而直接的管理,向社区中的长者咨询意见,在这个范围内(先知及其同伴)实行民主。但是制度的权威仍最终源于《古兰经》的天启,并且必须与宗教责任严格一致。

伊斯兰历法 11 年/公历 632 年,先知去世后,他的四位伙伴,阿布·伯克尔、欧麦尔、奥斯曼、阿里,相继被推选为哈里发,成为他的继承人。通常而言,他们维持了穆罕默德时代自上而下的管理体制。阿拉伯语称他们为"al-Rashidun",即"被正确地指导",也就是西方历史学者所称的"大哈里发"。

接下来两个阿拉伯王朝相继出现,先是倭马亚王朝,继而约于公元750年,被认为受波斯文明影响的阿拔斯王朝取代倭马亚王朝。倭马亚王朝很快取消"大哈里发"们的家长式选举制度,引入王朝继承制。阿拔斯人则更进一步,模仿被阿拉伯人征服的波斯萨珊帝国,建立了法院与政府。这是与伊斯兰制度理论格格不入的。

辩护者声称,在伊斯兰教的最初两个世纪中,整个伊斯兰帝国由一个中央权威统治,即哈里发。哈里发先是驻在阿拉伯半岛的麦地那,然后是叙利亚大马士革的倭马亚王朝,最后是在现今伊拉克巴格达的阿拔斯王朝。他们坚持认为这与先知所建立的实践是一致的,因此也是伊斯兰政府的正确形式。尽管也有例外,不过他们的观点总体上是真实的。但是,在阿拔斯王朝期间,及其最终于1258年在蒙古入侵者摧毁之前,伊斯兰帝国分裂为许多独立的国家或酋长国,单一的中央哈里发国家越来越名不符实。教法学家们不得不面对现实,试图用伊斯兰教法的理论解释社会现实,他们进一步作理论上的阐发,声称只要彼此之间在空间距离上是分离的,就可以同时有多个哈里发或伊玛目(伊玛目与哈里发在制度层面上是同义词)。他们还进一步阐发出一种补充理论:如果伊斯兰社会太大而难以由单一的统治者控制,哈里发的代理人可以代理权力进行统治。大多数穆斯林接受了这种妥协理论,但是激进主义者,包括近来的瓦哈比主义者,不同意这种理论。他们尤其反对官僚等级制度,因为在《古兰经》及先知的实践中都没有先例。但是有一点双方都能接受:所有伊斯兰社会都应该有一个领袖。

改革者的制度理论及其实践

正是最后一点而不是其他理论,对舍胡来说最为重要。豪萨的伊斯兰社会,处在断断续续的独裁者治理之下,处于分裂状态,既无中央哈里发,也无伊斯兰教法权威。这正是舍胡及其追随者不满与期望改革的一个主要原因。

但是,舍胡及其联合者与其他伊斯兰改革者一样,也指出当前伊斯兰社会中的许多不一致之处。他们像瓦哈比们一样,也追溯到四大哈里发时代简朴的理想社会:

……我认为……关心这个问题的人应该认真阅读阿布·伯克尔、

欧麦尔、奥斯曼、阿里、哈桑、欧麦尔·本·阿布杜·阿齐兹'Umar b. 'bd al-'Aziz 的传记,阅读传记有助于模仿他们及他们的生活,我们的确已将他们写在《希吉拉的信仰者之书》(Book of the Explanation of the Hijra for the Worshippers)中[原文如此]……想念他们的人,就看这些书吧。

不过他们与瓦哈比不同,在这里他们只是表达一下感想而已。他们的实际主张,即最终希望能够实现的,根据他们更具体的描述,并不是早期伊斯兰教的简单家长式制度。阿拔斯王朝及以后的教法学家们,试图将伊斯兰中世纪的全部实践和制度合法化。如,他们接受了上面所说的多个伊玛目的理论。他们不仅在著作中表示他们接受了多个伊玛目的理论,还建立索科托哈里发国,取代其他对伊斯兰教权威表示忠诚的制度形式,虽然这种忠诚的表示只是名义上的——如,有些对麦加的谢里夫或大波尔特(Sublime Porte)表示臣服的姿态应该是不适当的。但是他们的确这样做了。他们基于下面的理论:

> ……同时有多个伊玛目不合法……根据学者们的共同意见,除非彼此相距遥远……本案中,多个伊玛目同时存在是合法的,这是为了保障人民的权力,及其法律不被忽视。

因此,无须怀疑他们所宣称的完全独立地位。

"学者们的一致意见(公议)"(阿拉伯语称"ijma'")一句对理解他们的制度设想及其来源非常重要。"学者们的一致意见"经常出现在他们的作品中,作为理论的、法律的和制度观点的权威或前提。它本质上是一种折中的理论,为了抵消完全依靠《古兰经》和逊奈权威所产生的限制作用而引入伊斯兰教。其理论含义是,一旦为某个理论、制度或法律的问题找到答案,且被几代学者广泛接受,那么这种解决办法将成为法律,对整个伊斯兰社会有制约作用。正是对"公议"的应用,改革者能够将阿拔斯王朝的管理制度和以后的法学家的案例应用到自己的实践中。也正是他们对"公议"的依赖,表明他们并非真正的伊斯兰激进主义者。瓦哈比派作为18—19世纪激进主义的旗手,极力批驳"公议",认为它是一项罪恶的改革,在《古兰经》和圣训中都无根据。

如前所述，舍胡不寻求利用权威代理——这是后来其他法学家的法律设计——规定自己的位置：无疑他认为豪萨"距离太远"，根本不需要这样做。但是他当然将权威代理作为他建立豪萨帝国的理论基础。与此有关的引文①思路有些混乱，充满阿拉伯文法律作品中常见的啰嗦重复。引文太长不宜全部引用，下面是他的理论要点：伊斯兰社会有义务避免非信者的风俗与实践，完成这项义务的方法是任命一位最高"信士的长官"，其任务是"在不可能万事亲力亲为的情况下，任命某人代他治理城市"。他进一步解释："信士的长官"的管辖区域应分为若干省份，应任命各省长官"负责全局事务……或具体事务"。由此，苏丹或埃米尔将承担省级的各种管理责任，他们最终对最高长官负责，最高长官就是理所当然的哈里发。关于法律问题，最高长官必须任命一位"卡迪"（宗教法官）"留守身边，负责监督下属法官的判决。"接着他指出维齐尔（阿拉伯语叫wazir；豪萨语叫waziri，大约相当于国务总理，和伊斯兰内政首脑）一职的重要性——"维齐尔"在家长制时期并不存在，它是阿拔斯王朝的发明——他认为"值得信仰的'维齐尔'可以唤醒睡觉的官员，使失明的官员重见光明，使失忆的官员恢复记忆。"他继续说，"对政府和民众而言，最大的不幸在于没有诚实的'维齐尔'。"他解释道："政府的第二号人物是法官……"；三号人物是"警察总长，为弱者伸张正义"；四号人物是税务官，"履行义务，不欺压百姓……"应该注意的是，在伊斯兰教的法律体系中，有强烈的司法与行政分离的传统，舍胡及其同事都精心地强调实施司法与行政分离的重要性。

这就是关于政府的理论。那么怎么实施呢？改革者的行政管理有两个方面：一是富拉尼帝国的核心地区：戈贝尔、赞法拉、凯贝，直接由索科托或关杜管理；二是中心地区与埃米尔国的关系，埃米尔国由舍胡的同道者或军事将领管理，忠于索科托。

首先是核心地区。最高长官是哈里发或伊玛目，第一任最高长官理论上应该是舍胡本人。事实上在圣战之后，他很少直接参与政府管理。索科托第一位直接进行行政管理的人是穆罕默德·贝洛，紧密帮助他的是他的维齐尔吉达多·丹·拉马。在圣战期间，阿卜杜拉·本·穆罕默德曾是舍胡的维齐尔，尽管当时这个职位仍在发展当中。后来，舍胡去世后，贝洛

---

① *KF*, M. Hiskett, *BSOAS*, XXIII, 3, 1960, p. 570f.

成为哈里发，他放弃该职位给吉达多。由此，这位"值得信任的维齐尔"，有责任"唤醒熟睡中的首长"，只好在索科托的高级官员身边找个位置了。

舍胡在西法瓦（Sifawa）时任命阿布伯克尔·拉丹（Abubakar Ladan）为大法官，其职责是"监督哈里发的每位教法官（法官或地方法官）的断案"，即作为上诉法院，监督整个帝国行政管理的公正性；他还任命一位警察总长"保障不发生恃强凌弱"的现象；还任命一位总税务官和度量衡监察官（阿拉伯语叫 muhtasib），这个职位并未在《歧异之书》中提及，但在《希吉拉必要性之解释》中提到过。舍胡还任命了其他官员：多位军事长官（Amir al-jaish），其中一位是阿里尤·杰多（Aliyu Jedo）；数位礼拜官员，他们虽为宗教官员，但也负责某些行政责任，如保管宗教税和国家的战利品，换句话说，他们就是财政官员。

这些都是中央官员。在地区层次上，舍胡也任命"哈吉姆斯"（hakimis，总督，豪萨语，源自阿拉伯语"哈吉姆"hakim，总督），负责索科托直接管理区域内的地区、城镇和乡村。管理地方官员，包括税务官，使他颇费心思，这些人正是他后来经常提到的反专制、反贪污的对象。

据目前所知，这就是舍胡时代索科托的省级管理。这种管理体制背后的理论，如果不能称其为激进主义制度，那么至少当时有相当浓重的经济管理特色，不过后来的哈里发们，增加了官员的数量。

其次是舍胡时代，索科托与其他埃米尔国也确立了关系，不过根据不同埃米尔的地位和该地区置于富拉尼人统治下的情形不同，这种关系也不一样。例如，关杜，位于哈里发国核心地区的西部，负责监管某些西部埃米尔国。这些小国首先应对关杜忠诚，通过关杜接受索科托的管理。关杜的第一位富拉尼人埃米尔是阿卜杜拉·本·穆罕默德，他与舍胡的个人关系非常密切。舍胡去世之时，以及在他与穆罕默德·贝洛的矛盾化解之后，尽管最终权力在哈里发之手，关杜的地位也几乎与索科托旗鼓相当。

其他埃米尔国由军事将领统治，这些将领曾与此前的黑贝统治者斗争。帝国立国之初，他们拥有阿拉伯称号"纳伊布"（na'ib，复数形式为nuwwab），意为上校或代理人，拥有改革者的制度体系中的相应权力，实际上就是前文所述的代理权。因此，对埃米尔权力的界定更不具体，这也许反映出早期索科托的完美主义日益流逝，帝国只有采取更为实际的暂时妥协政策。

埃米尔国对索科托的依赖程度不一，从具有相当程度的行动自由——如卡诺——到接受相当密切的监督——如扎里亚——的情况都存在。然而，在任何情况下，最高权力都掌握在哈里发手中，并且经常使用这一权力。

埃米尔对哈里发的责任包括：征兵；在哈里发需要时派兵驰援；向索科托每年纳贡，年贡来自本国税收和战利品——实际上就是捕奴行动的获利。每个埃米尔国贡品的数量也有所不同，如，扎里亚位于南部异教徒地区的边界，可以自由捕奴，所付年贡就比卡诺多，因为卡诺邻近博尔诺，缺乏同样可获巨额利润的捕奴区。埃米尔还需负责保护帝国的统一，镇压反叛者，警惕邻近黑贝国家的进攻，还需支持正统宗教，确保本国境内宗教事务的正常运作。他们还有义务向邻近的或国内的非穆斯林地区发动圣战，这是伊斯兰教规定的法定权力，战争中的捕奴获利也是他们经济收入的重要来源。

哈里发对埃米尔国行使其权力的工具是维齐尔，维齐尔的职责是代表哈里发的利益与各埃米尔国保持联系，处理相关事务，诸如继承、仲裁埃米尔国之间的争端等。在任命新埃米尔时，维齐尔也要在场，以显示哈里发在任命过程中的权威。维齐尔的这种功能，作为中央与地方埃米尔国之间的联系人，或者作为哈里发的使者，可能比他在索科托内部各省的管理职能还更重要。维齐尔的这种作用起始于舍胡时代。首位富拉尼埃米尔苏莱曼奴（Sulaimanu）统治卡诺时（1807—1819），舍胡派吉达多·丹·拉马作为他的代表亲临卡诺。当时吉达多并不是维齐尔，但是当他任穆罕默德·贝洛的维齐尔时，他继续履行这一职责，并逐渐演变为维齐尔职责的一部分，直到最后一位索科托的维齐尔穆罕默德·布哈里（Muhammad Buhari）时，也在履行这一职责。

穆罕默德·贝洛后来又在维齐尔办公室安排了一位补充性的职位——考发（k'ofa），这是一个豪萨词，意为"门"。该职位的功能是，常驻宫廷，每位考发负责联系某个埃米尔国，使哈里发随时知晓该埃米尔国的事务，并为发展与该埃米尔国的关系提供建议。考发还专门负责源自其所联系的埃米尔国的税收及其管理。所有来自埃米尔的代表都需经由考发上报，考发犹如埃米尔国安排在"宫廷的朋友"。这一制度，可能是以前黑贝制度的复活，也许在维齐尔再也无力处理索科托与各埃米尔国之间日益复杂的关系时，才被迫引入这一制度。起初该制度运行良好，但在19世纪末，哈里发国显现出一种尴尬的情形。如，有时维齐尔试图解决卡诺久拖不决的内战，有时他又在仲裁逃跑的奴隶问题，而哈里发却不断遭受来自埃米尔国之间关于土地授权和边界纷争的批评。不管这一制度有效与否，它显然是对政治现实的进一步妥协，这种妥协使我们更不可能将富拉尼改革者看作伊斯兰激进主义者了。

另一个与严格的正统宗教相背离的现象是对本地非伊斯兰名称的使用，这种现象甚至在舍胡时代就已经初露端倪。舍胡曾专门禁止过使用当地的非伊斯兰头衔，因此在舍胡的有生之年，索科托一直坚持使用规范的阿拉伯头衔。但是其他地区的埃米尔则发现本地名称非常流行，他们也难抵诱惑。普通百姓则一直使用古老的黑贝名称来称呼新来的伊斯兰官员。如，博尔诺头衔"嘎拉迪玛"（Galadima）和古戈贝尔宫廷头衔"奇罗马"（Chiroma）都保留下来并被广泛使用。不久警察局局长的阿拉伯头衔"瓦利·舒尔塔"（Wali al-shurta）就消失了，更具不吉利意味的豪萨词语"狱卒的长官"（Yari）日益流行。军事长官也不再使用 Amir al-jaish，豪萨名称 Sarkin yak'i 取而代之，等等。的确，口头传说也证实，卡诺的埃米尔要求舍胡允许在他的埃米尔国内使用本土非伊斯兰名称，舍胡不情愿地同意了。舍胡去世后，这种趋势速度加快，甚至索科托也在某些情况下使用豪萨名称。但是这并无多大实际意义，这只是在面对流行而熟悉的旧形式时，正统怀旧情绪必然退却的一种反映。对改革者而言，在西非的萨瓦纳建立规范的伊斯兰伊玛目国家只能是一个近似的目标，不可能百分之百实现，不可能在这里再造出 7 世纪阿拉伯半岛的生活方式和社会环境，甚至对全身心投入其中的理想主义者舍胡及其弟子而言也不可能。

至于税收，则与已建立的规范模式类似，但妥协与诡辩不可避免。一是扎卡特税，舍胡规定，应该根据规范的伊斯兰实践收税——一般而言，即扎卡特，或者伊斯兰宗教税，一种根据收入自愿缴纳，但现实中是每位穆斯林都有义务的强制税赋。二是土地税（kharaj），所有占有土地的穆斯林和农民都有缴纳义务。最后是人头税（jizya），规范的哈里发国中非穆斯林应该缴纳的税赋。这些就是主要的税赋，当然还有其他一些沙里亚规定的税种，如遗产税等。

在索科托帝国所发生的变化，除了名称有所改变，其他方面的变化很少。例如，以前的黑贝政权的"简嘎里"（jangali）税，即从富拉尼人身上榨取的一种养牛税，虽然舍胡尤其反对这种税，但在索科托及其他地方都保留下来，只不过对非穆斯林而言则改称为人头税（jizya），对穆斯林而言则委婉地称为宗教税。阿拉伯语"喀拉季"（kharaj，土地税）则变为豪萨语的"哈拉季"（haraji）。以前黑贝政权的土地税（kud'in k'asa）仍在继续征收，只不过与沙里亚规定的"喀拉季"有些不同，其征税额度要根据官方的需要或其贪婪程度而定。尽管舍胡对不计其数的其他传统税赋大加挞伐，但也都保留下来。就此而论，探究一下舍胡的理想在多大程度上得以实现，是有用处的——结果则无关紧要——但是，讨论这个问题对理解它是否使富拉尼哈里发国更为伊斯兰化或更少伊斯兰化，则没有帮助。伊斯兰教法律与其他法律体系一样，有许多迂回进路，许多保留的传统将会——或者已经——根据伊斯兰教法的"乌尔夫"原则（'urf）加以确认。所谓"乌尔夫"原则，是指统治者在处理案件时会参考伊斯兰教之前的习惯法和实践。

现在可以总结一下：随着时间的推移，政治现实越来越具有侵入性，行政管理在细节上脱离了舍胡所制定的模式，特别是在诸如头衔、税赋、考法的引入等方面。但是伊斯兰教的本质特征并未遭受严重威胁，即伊玛目国家的权力最终掌握在中央，中央根据沙里亚掌握立法权与司法权，虽然有时其权力的行使并非完美无缺。即使在最后关头，伊玛目国家与黑贝国家的宗派主义和松散的制度相比，其伊斯兰教特征仍清晰地保留下来。

帝国政府的另一个方面亦需要考虑，即作为穆斯林知识阶层的毛拉们在其中的作用。舍胡不断地坚持这一阶层在建立与维持索科托乃至整个帝国各省的合法性与公共道德中的作用。他的观点在《希吉拉必要性的解释》一书中有所表达，他强调"上层阶级"，即统治阶层，应该与学者们维持良好的关系，并接受他们观点的指导：

> 因此上层阶级需要与学者们联合，与他们维持友好关系，学习他们的著作及观点，读他们的文集和传记。统治者应该了解人们的需要，解决他们的纠纷，管理好他们的事务。所有这些工作都需要杰出的学问、敏锐的洞察和广博的知识。如果官员没有准备好这些必要的知识，怎么能够做好工作呢？

接下来，他又说道，哈里发有责任让所有下属官员尊重学者：

> 哈里发必须尊重各部落的酋长与贵族，并命令他们善待学者，即那些通晓法律，虔诚而生活简朴的人……

这些原则一直都是索科托立国的指导原则，穆罕默德·贝洛在其父去世后任哈里发，他在名为《政治之源》（*Roots of Politics*）的著作中说：

> 良好政府的第三条原则是，伊玛目、埃米尔或者总督应该总是对宗教学者充满期待，应该倾听他们的建议，两代人后，舍胡的孙子萨伊杜·丹·贝洛（Sa'idu dan Bello）仍坚守着学者在伊斯兰社会中所起的规定性作用：
> 让我们关注通向宗教的学者之路，
> 让我们不要迷失，让我们居于人们之中，
> 让我们停留在社区内，所有人都给我们忠告，
> 所以注定要得到真主回赐的人将获拯救，要远离非信者。

正如 R. A. Adeleyet Murray Last 所指出的那样，哈里发对帝国各部分的权威最终是道德性的。这种道德权威既建立在各省埃米尔对沙里亚的尊重之上，而哈里发则是沙里亚的体现，也建立在他们整个伊斯兰统治集团身份的集体感情之上。如果不是这种集体感情在自发地维系着帝国的统一，那么哈里发是否能靠武力维持帝国的统一是值得怀疑的。学者在维持帝国的统一方面至关重要，正是学者们阐释沙里亚，不断地强调各省统治者有忠于哈里发的责任。正是学者们的宗教权威——他们像中世纪的基督教士一样，通过对宗教知识的垄断，拥有谴责和拯救的权力——能够从人们那里获得支持，或者至少获得人们对伊斯兰政府统治的认可。学者们的道德劝诫有助于抵消各省统治者贬斥沙里亚的倾向，有助于维持封建帝国的内在凝聚力。只要索科托统治集团能够得到学者们的支持，他们的作品就是中央权威最有力的发言人。同样，各省或各区的埃米尔或总督也发现，当地毛拉们的支持对维护其权威至关重要。因此，作为圣战运动和索科托帝国建立的结果，学者们永远是更广阔社会中的精英阶层，远比黑贝国家时代的作用更为重要；黑贝时代，学者们作为知识分子没有机会直接在政治领域行使权力。

国家的道德基础

如果舍胡及其联合者不是激进主义者，他们理所当然的是严格的政治

道德家（political moralist）。他们关于政府的观念建立在坚定的道德原则之上。第一条原则就是将神启的沙里亚置于绝对的首要地位，以反对罪恶且不能满足人类需要的人为法律。

> 非信者政府的目标的确只是满足他们的私欲，因为他们就像野兽一样……为了实现私欲，他们可以随意杀害任何人，可以亵渎任何人的尊严，或者侵吞他们的财产，这种做法按沙里亚的规定都是错误的。

下文摘自舍胡的弟弟阿卜杜拉·本·穆罕默德的一本名著《法学家之光》（Light of the Jurists）。这段话更清楚地表达了"建立在人为法律基础之上的政府全然不可接受"的观念：

> 赞美真主，真主乃唯一的智者和统治者，只有真主有裁判的权力，真主为人类立法，确保人类免受暴政和腐败的侵害，真主用伊斯兰教法律使人们不受萨珊王（波斯祆教的皇帝，早期穆斯林的斗争对象）法律的束缚，真主用传统的权威使人们免受理性主义的困扰。

这段引文，及其他许多类似的段落，都说明富拉尼改革者们认为，如果穆斯林生活在"萨珊王法律"——这里指非洲当地酋长们残酷的非成文法——的治理之下，从道德上和法律上都是不可接受的。在他们看来，唯一可以接受的合法性就是根据神圣的沙里亚建立的政府。

这种政治道德的必然结果就是相当程度的权威主义。一旦确立了道德的神圣性，所有穆斯林都有责任遵守这种道德，除例外的情况外，无权偏离神圣的道德。舍胡在他的许多著作中清楚地表明了这种权威主义（伊斯兰教广泛接受了它），下文从他的富尔贝语诗歌 Tabbat hakinka 的节选，即是一例：

> 继续遵从你的统治者，时刻留意他们的言论。
> 这是你的义务，为了使自己得到拯救，而非因为他们的品性。
> 不管他慷慨还是吝啬，都是遵从他们。
> 他在这里表达的态度乃是其本人及其继承者政府观念的基础。

另一条基本的道德原则是：既然统治者受神权的保护，那么，以虔诚的行为、为其臣民的利益，而非本人的利益进行统治就成为统治者的责任。良心与责任要求他建立起严格的、大公无私的政体，本书已给出许多例子说明舍胡的节俭，及其对财富与卖弄行为的痛恨。他对官场的奢侈浪费也同样憎恨，他批评"黑贝"官员的自我享受时说：

> 政府豪华的生活方式之一……是生活在装修精美的宫殿里，不管宗教允许与否，这些宫殿都铺上松软的地毯……另一生活习惯是，当他们表示欢迎时他们会向头上扬土，正如 al-Kibrit al-ahmar 一书的作者所说，这是一种罪恶的风俗，"因为这是一种过度的表现"。

舍胡的论文及诗作中，有许多类似的段落都清楚地表明，他将自己简朴自律的生活方式，看作伊斯兰统治者正确的行为方式。

对舍胡政治道德哲学根源的讨论会引出另一个问题：他真是一位社会改革家吗？乍一看，似乎有合理的证据证明他是一位社会改革家。他在《歧见之书》（Book of the Difference）和《心灵之光》（Nur al-albab）中，详细地说明了他对提高妇女教育的支持，似乎是在表明他对社会不公的愤慨和对建设美好社会的关注。不过，将现代观念强加给生活在另一个时代和文化背景下的人是不对的，他对人类存在、人类的结构和目标等方面的理解，必定与我们的理解相距甚远。例如，18 世纪末 19 世纪初，这些穆斯林改革者的宇宙观仍停留在美好而对称的，S. S. Lewis 称之为"中世纪模式"的球体结构状态，这种宇宙观，在世俗的人世间区域与梦幻式的天上区域的空间认识上存在鲜明的分野，与此同时也形成今世暂时的污浊生活与来世永恒的纯洁生活两种截然不同的认识。这种观念总是在改革者们的作品中有所反映。在他们的心目中，世俗世界就如"一位丑陋的女巫，小小的屁股包裹在染了色的长袍中"，用化妆品掩盖自己丑陋的脸，施展伎俩引诱男人上钩；或者如"一座海市蜃楼，它的富有只是疯狂幻想的结果"；或者高烧病人空想；或者"粪堆上的垃圾，上面扔满被狗撕扯的死尸！"但是，在此世的粪堆之上，是无限高贵而卓越的宇宙，穿过"由屏风和光之河"构成的七层天，再穿过天堂中的花园，就可得到难以言说的永恒真主的恩泽。他们相信，先知穆罕默德曾由天使吉卜利勒引导，经历这种升天的神奇旅程，伊斯兰宗教文学中反复庆祝这一事件。对当时西非的穆斯林而言，这一旅程是最为深刻而意义非凡的不朽例证，见证了此世的短暂与空虚。难道穆罕默德当时不是可以得到一千年的世俗生命的允诺吗？并且被他轻蔑地拒绝了吗？因为他急切地希望用短暂的污蚀换取纯洁的永恒之乐。正如 J. Huizinga 在他的杰出著作《中世纪的衰落》（*The Waning of the Middle Ages*）中所指出的，对持有这种存在观的人而言，"对社会进行有计划而持续不断的改革与改善的思想不可能存在。一般而言，可以主观上认为制度或好或坏，不过制度按真主的意愿而设，它们本质上是好的，只有人类的罪恶败坏或滥用了制度，因此需要的治疗方法就是个人的心灵。"对于这种最为感性的观察，我们也许还可以加上一条：就富拉尼改革者而言，还需要实施真主的沙里亚，不是取悦人类，而是遵守真主；不是改革此世，而是赢得天堂永恒的赐予。

当然，即便根据现代人类所广泛接受的标准，舍胡的许多行为也有助于创造一个更美好的社会，但是正是行为背后的思想，而不是行为的结果揭示了这个人物：在像他那样的信仰背景下，整个社会改革的观念及其结果，似乎都不现实。

十　尾声

1815 年，舍胡最后一次迁居，他离开西法瓦，到 Sabon Gari 郊区居住，这里刚好位于新完工的索科托城墙之外。在穆罕默德·贝洛的请求下，他正式临幸索科托新城。他在新居继续写作，按时向人们宣教。第二年，他的家日渐成为前来聆听他教诲的人的聚集之处，不过并不成功。第三年，也就是伊斯兰历 1232 年 6 月/公历 1817 年 4 月 20 日，舍胡去世。他被葬于索科托其妻 Hawwa 的院落中。他的陵墓很快成为索科托地区的朝觐之处，后来逐渐成为整个尼日利亚穆斯林的朝觐之处。

"封圣"与奇迹传统

不清楚舍胡本人是否相信自己具有显示奇迹的能力，在他生命的后期，他曾说过一些神秘的话，表示他也许能显示奇迹。但是他的证词显得模糊而犹豫，似乎他自己也不能确定。其弟阿卜杜拉·本·穆罕默德，其子穆罕默德·贝洛都有关于他宣教和运动历程的长篇记述，他们显然相信舍胡由真主启发，但在奇迹的问题上则相当保留。阿卜杜拉尽管偶尔看起来像是说舍胡有显示奇迹的能力，实际上他从来没有明确说过。贝洛也是如此。然而，奇迹传统迅速发展，后来，在索科托第一位维齐尔吉达多·

丹·拉马的作品中,对舍胡的这种能力给予权威性的认定,舍胡的遗腹子马拉姆·伊萨（Malam Isa）也是如此。在邻近北非、撒哈拉、埃及的穆斯林地区,人们对有关奇迹的显示已经相当熟悉。例如,有人说过舍胡曾与"精尼"有过对话；还有人说他有腾云驾雾的能力,能在瞬间穿越遥远的距离。至少有人曾经看见他从死人身上升起。这种故事很快成为豪萨居民民间传说的一部分,并在以后的散文和诗歌中反复讲述,代代相传。不过奇迹传统的重要性不仅仅限于民间故事,因为对继承舍胡改革运动衣钵的人而言,深感有两种需要。第一种需要就是,作为苏非教团,奇迹传统是其身份延续所必需的。

甚至舍胡在世时,这里的苏非教团已开始将其自视为卡迪里苏非教团的一个明确分支,更不用说他们将舍胡称为这个分支教团的建立者了。他去世时,这一鲜明特征已建立起来,但是正如所有的苏非教团一样,必须有三种事项在奠基人去世后保留下来:（1）神秘祈祷词（wird）,由真主启示给奠基者,并成为整个教团的神圣遗产。舍胡在世时留下了神秘祈祷词。（2）圣地,舍胡去世后遂有圣地。（3）奇迹传统,很久以前就有先例,苏非教团的建立者必须是圣人（wali）,圣人有显示奇迹的天赋。尽管第一代人在这个问题上保持沉默,但整个教团为本社区的生存与延续考虑,在发展这个最后的苏非教团本质特征方面,步伐并不算慢。

可能是因为舍胡给豪萨居民的宗教生活留下的巨大遗产,苏非教团的确生机勃勃地生存下来。并且,正如我们将要看到的,苏非教团在政治生活和制度建设方面都产生了影响。

形成奇迹传统的第二个因素,与第一个因素紧密相关。第二个因素就是,在舍胡去世后,塑造舍胡生活方式的"模仿穆罕默德"行为必须要继续下去。在舍胡追随者的心目中,他一生中发生的事情与先知的生活高度一致,这是舍胡被真主选择的证明。现在,他去世后开始的封圣过程要将所有怀疑神秘主义的闲言碎语彻底排除掉。有奇迹证明,真主选择穆罕默德为先知,且通过奇迹证明真主将他置于所有圣人和先知之上,类似的奇迹也发生在舍胡身上。在神意的不断过问下,才带来穆斯林的胜利,或者将穆斯林从失败中拯救出来,由此可以证明此前的圣战是公正的。因此,富拉尼政权的合法性也得以证明。从这个角度来看,奇迹传统也给索科托政权提供了继承而来的神圣性,意味着它有秉承神意统治豪萨人民的权利。在以后的150多年中,富拉尼统治者成功地利用了这一权利,可见其作用之大。

改革者成就的大小

现在讨论另一个问题：富拉尼改革者完成他们所设定的政治与社会目标（任务）了吗？要回答这个问题，必须设定某些用于评价的参考坐标。该坐标只能是他们为自己设定的那个坐标。显然舍胡认为，一个正统而统一的伊斯兰社会，比在黑贝统治下宗教上模糊不定且腐败的社会，更会让真主喜悦。前一章已说过，对黑贝王国的政治与行政制度的取代与舍胡作品中的神学理想高度一致——也就是说，事实上建立了他认为必要的职位或部门，尽管这些职位和部门也许并不一定能发挥他所期望的作用。因此，改革运动导致了真正的变革，最直接的结果就是中央集权的伊斯兰伊玛目国家取代了各自独立的黑贝政府，对此无须怀疑。在改革者看来，这就是他们已经实现的目标。

有些人有不同意见，他们认为，不管改革者带来何种变革，他们的制度很快又恢复到"黑贝"标准：原有的腐败污浊重新出现，并得到容忍。某些埃米尔继续使用黑贝称呼，这都是例证。当然，这些争论在一定程度上是对的。但是，这次改革是失败还是部分地成功？这个问题并非只是玩文字游戏。实施伊斯兰沙里亚是一种理想。人们试图实现理想时，总可能哭喊失败。更为实用的途径是测算实际发生的变化，并思考这种变化与改革者们设定的目标之间的差距。

我已经讨论过"黑贝"政权的本质。不管后来的富拉尼统治者时期，他们的政权倒退了多少，但是，弗里德里克·卢加德爵士建立豪萨英国殖民政权时所取代的那个政权显然已经不是原来的黑贝政权了。所以，改革者们所带来的变化在一百年后仍然存在，当然此时索科托的权力已经严重削弱，但是它只是有所动摇而未垮掉。卢加德的间接统治所保留的是富拉尼帝国的政治架构，而非黑贝政权结构。这种架构也许并非哈里发个人的政治权力，但它毕竟经历了殖民时期，为独立的尼日利亚北部地区提供了政权基础。通常尼日利亚北部是指1960年左右建立起来的政治实体。军政府最近引入的改革，削减了埃米尔的权力，在原有各省的基础上增加了六个州，也只是改变了这种架构，并未完全清除它。如果没有革命推动的话，富拉尼征服建立起来的政治格局，似乎不可能在未来的数年中从尼日利亚北部的政治舞台上完全消失。因此，富拉尼改革者建立的政治制度与开创的疆界，至今在尼日利亚北部非常重要：这一事实似乎与富拉尼人失败的观点相矛盾。

　　法律领域也类似：建立富拉尼帝国的一个结果是，在索科托和所有舍胡追随者的埃米尔国建立沙里亚法庭体制。当然这些法庭的运作并非总是理想的，不过英国人承认它是一套现成的制度，在其间接统治中保留下来，这一事实表明这套在20世纪初期之前发展的制度在当时社会中的重要性。黑贝时代的记录，以及名义上接受伊斯兰教却从未受富拉尼帝国统治地区的记录，通过二者比较的结果表明，这种法庭是改革者的创新。如果伊斯兰法庭的确在黑贝社会存在，那它从来都不是这里广泛建立的制度，当然这并不是说黑贝国家没有法律。问题是它们的法律是习惯法和非成文法，所有证据都表明黑贝国家的法律不是沙里亚。1959年，作为沙里亚法庭与现代需要协调的结果，尼日利亚北部引入了新刑法，但是，尽管伊斯兰制度做了重大修订，它的本质仍保留下来，并有可能在未来的若干年仍为本地区的法律。当前的局势再一次根源于改革运动的目标，并构成永久的成就。

　　如果富拉尼政权想退回到黑贝社会——他们的确这样做了——那么改革者成就大小的一个重要指标就是看社会如何反映。如果公共舆论漠然地接受这种倒退，则有充分理由认为改革者们失败了。但是如果遭到人们的强烈反对，则必须将其看作改革者成功的佐证。前一章讨论的伊斯兰政治道德理想，虽然不是黑贝社会的特征，却理所当然地是改革时期穆斯林知识界移植的观念，成为反对倒退的重要表达方式，有时是反对从穆斯林奠基者理想倒退的真正制裁力量，这些都是证明。豪萨诗歌中充满了政治批判，批判者用第一代改革者常用的方言诗歌来表达，不过现在这种批判的目标不是黑贝政权，而是富拉尼时代后期官员的腐败与政府的无能。一个突出的例子是诗人 Muhammadu Na Birnin Gwari，他活跃于1850年前后。他终生反对 Nagwamatse 王朝的统治，这是一个脱离索科托政权的南方王朝，它不加区别地将异教徒和穆斯林变为奴隶，将19世纪后半期的豪萨南部陷入恐慌。在豪萨人的记忆中，Muhammadu Na Birnin Gwari 是农民反抗非正义的穆斯林独裁统治的旗手：

　　　　不要因此世的成就而自豪，
　　　　不要追求财富，
　　　　要礼貌行事，向大学者们学习，

> 不要蔑视此世的人，
> 即森林里的人和散居在村子里的人们。
> ……
> 不要像朝臣那样抢夺财产，
> 他们骑马飞奔，
> 以武力抢夺农民，
> 除了满脸汗水之外什么也不给他们留下。

另一位诗人，伊玛目 Muhammadu Daura（活跃在 1900 年前后）对当时的富拉尼政府说：

> 要知道，独裁将会给复活日带来黑暗，
> 真主的使者穆罕默德，
> 将公正像地毯一样铺满东方和西方，
> 南方和北方，铺满伊斯兰社会的任何角落。
> 你的卫士、妃嫔们，
> 和官廷中的仕女们又怎么样？来吧，来听谁能使你受益。
> 还有骑兵们和步枪手，
> 还有步兵？来倾听能让你受益的话吧，
> 还有你的马夫和持盾牌者，所有的人都来吧，
> 还有你的持扇者？不要违背穆罕默德。
> 还有你，王廷的人员，不要再在城里游荡，
> 不要再骑马闯进别人家里，
> 没收人民的财产，
> 这都是伊斯兰社会中违法的事情。

改革运动的一个结果是，将知识阶层永远地放置在精英位置，并授予他们极大的权威。像 Muhammadu Na Birnin Gwari 和 Daura 的伊玛目这类人物——就是这个精英阶层的杰出人物，普通人有时将他们看作圣人——成为改革传统的守卫者。他们圣洁的名声使官方也不敢轻易批评他们，他们对社会舆论的影响极大，对于将合法性建立在与舍胡的历史联系上的官方，也不敢轻易小视他们的批评。这种情况一直延续到现在。当然，北方

人民会议（NPC）政权的成立也有一帮宗教学者为其服务，同时更为虔诚的学者则批评该政权的世俗化与滥用职权。的确，作者就经常听到各年龄段严肃的穆斯林表达的观点：1966年1月军政权推翻北方人民会议政府是真主的裁决。这些虔诚派穆斯林的存在，他们将自己看作伊斯兰社会与政治统一保卫者的观念，以及人们乐意听从他们的意愿，这些都是改革运动的结果，也是改革运动的明显成就。

　　改革运动的智力（知识）影响

　　如果说改革者们在行政与法律领域的成功并不彻底的话，那么他们在知识与文化领域的影响则较为彻底。圣战运动前，伊斯兰教知识的传播催生了一个规模不大的学者阶层，他们精通阿拉伯语。但是伊斯兰教知识对缺少文化、说豪萨语的主体人口似乎影响不大，只限于给民间传说和巫术涂上一层伊斯兰色彩，真正理解伊斯兰思想的人非常少。改革运动的结果之一，是产生了用方言写作的诗歌。起初这些诗歌出现在戈贝尔和赞法拉，以手抄本的形式传播，或者在公共场所朗诵。方言诗歌与本地早期的阿拉伯文学不同，它的朗诵易于为说豪萨语的人所理解。索科托哈里发国建立后，方言诗歌作为圣战后伊斯兰文化扩张的一部分，传播更为迅速，在豪萨地区形成许多中心，先是以手稿形式传播，最近则越来越多地以印刷品的形式出现。在尼日利亚北部每个城镇和乡村，虔诚的乞丐每天吟咏这些诗歌。这些诗歌在知识方面重要性相当大，首先，它创造了方言文学，特别是在豪萨地区，现在有大量书面方言诗歌出现；而就目前所了解的情况，此前只有阿拉伯语诗歌有书面形式。其次，它意味着保存在阿拉伯文作品中的大量伊斯兰教知识，现在可以让更多说豪萨语的人学习了，因为方言诗歌从中世纪的伊斯兰末世学、历史学和纯文学作品及其他阿拉伯著作中，汲取思想、意象和内容。例如，由于阿拉伯文作品中有许多占星学方面的内容，因此占星学也成为豪萨诗歌中最为流行的一个主题。结果，新的计时观念和宇宙观与之前原有的计时方法并存，或者将其取代。算命术、祈雨术、《古兰经》魔法术及其他巫术也不再只以口头形式传播，所有能读懂用修改后的阿拉伯字母书写的豪萨语的人，都能掌握这些知识。再次，豪萨诗人也接受了伊斯兰教的诗歌编年体，用于记录本地王朝的历史或世界史。对豪萨人而言，世界的地平线及整个世界的丰富多彩展现在他们面前。口头历史可以根据当前的社会和政治需要加以修正，有文字记载的历史则相对稳定，可作为社会行为的重要准绳，因此对豪萨人来说，口头历史取代书面历史是一巨大进步。最后，不但改革者们在整个帝国引入沙里亚成文法，他们还将其译成方言，让更多的普通人学习沙里亚知识。这有助于促进法律的统一，有助于人们知晓自己的权利。总之，既有长处也有缺点的方言文学，是改革者们的遗产。它有助于将豪萨社会，即从伊斯兰教只是少数精通阿拉伯语的学者的私产的豪萨社会，转变为几乎人人都可以更深入地学习伊斯兰教的社会。伊斯兰文化的影响甚至渗入某些像 Maguzawa 这样成功地拒绝全面皈依伊斯兰教的异教集团。这一过程不是突然间发生的，它经历数代人的日积月累，殖民时期创造的和平环境推动了这一进程。但是最终的结果，即豪萨社会明显的本质特征，则起源于改革者们实现他们目标的努力。

伊斯兰教与非洲思想在生命与死亡观念上的冲突

改革运动对文化影响的另一个方面是，将关于生命、死亡、后世的新观念引入非洲的豪萨社会。非洲有众多的宗教崇拜与信仰体系，但总体而言，非洲人对生命与死亡的观念是循环式的，死亡并非彻底的分离，肉眼看不到的灵魂仍在人们及居所周围。通常他们相信人的灵魂会以新生儿的形式复归，Gerald Moore 引用一首传统的约鲁巴诗歌，直接表达这种观念：

> 如果父亲生了孩子——
> 不管要等多久，
> 孩子也会生出父亲。
> 如果母亲生了孩子，
> 她的孩子仍会再将她生出。

在伊斯兰教之前的豪萨，类似的信仰存在于 bori 崇拜中，当然伊斯兰教并未完全消灭掉 bori 崇拜。Tremearne 写道：

> 来世显然是今世的复制品，因为同一个家庭仍生活在一起，住在同一座房子中，灵魂也有像凡人一样的烦恼……动物也来到这个家庭，人和动物都要第二次死亡。灵魂可以从一个身体迁居到另一个人身，特别是可以在同一个家庭中迁居……

并且，许多非洲崇拜的特点是，它们都缺少神圣惩罚和奖励的强烈观念。死亡并非永恒福佑或诅咒的前奏。相反却经常是死者管理用于约束生者的法令。

无疑豪萨人的信仰原来也符合非洲信仰的这种总模式，改革者们的作品也清楚地表明，在圣战之前普通居民仍广泛信仰这种崇拜。方言诗歌，如果不是全部至少也是大部分，是改革者们的作品，这些作品将一系列复杂的域外信仰，而且当然是源自中东而不是非洲的信仰，可能首先是巴比伦，然后是犹太教—基督教的，最后是伊斯兰教的信仰体系移植到豪萨地区。这些信仰与前文所描述的非洲本土信仰完全不同，它们首先坚信，死亡是与今世彻底的分离：

> 除非极少的时候，你将永远不会再听到他的名字，
> 你将再也不会在今世看到他的面庞，
> 他已经破碎，完全化为土壤，什么也听不到。

接着他们宣称，死者在地狱必须面临审问，由两个可怕的天使 Munkar 和 Nakir 来执行：

> Nakir 和 Munkar 拿着棍棒和鞭子，
> 他们会前来审问你。
> 如果你曾经做善事，你将会得到富裕的生活，
> 如果你曾做过坏事，你会遭受折磨。

并且，他们会经历复活和末日审判的恐怖：

> 折磨、地狱、复活、火狱，
> 除非我们……

最后，他们必将承受无尽的痛苦：

> 那里有七千零七十口井，每口井都燃烧着红色的火焰，
> 他们被带到炽热的坟墓里，有些人还戴着脚镣，

......
他们又渴又饿,没有水,他们只得在肮脏的水中淘米,
他以泪洗面,泪流干了,接着眼中流出的是黑血,
他们汗流浃背。

或者永远在天园中享乐:

他们将与天园中的美女一起生活,
真主会让他们的皮肤白皙洁净,俊美异常,真主会给他们带来天园的年轻美女,
他们微笑时更美丽,
他们比太阳和月亮还要美,
他们面前都是佳美的食物和装饰,
大床、地毯及许多装饰品,堆放在一起,
他们穿上无比美丽的长袍,
他们穿上许多美丽的长袍,彼此不会遮盖美丽的颜色,
我发誓,如果这些天堂美女降临到人间,
世间万物将会枯萎(因为她们的美丽)。

没有必要强调这两种观念之间的区别,重要的是在改革之前,只有极少数懂阿拉伯语的穆斯林知识分子接受了这种思想,可能少数没有文化的新穆斯林也接受了这种思想;尽管他们仍或多或少地生活在半心半意的众多万物有灵论者之间。圣战之后,由于舍胡的个人领导魅力,整个豪萨地区都接受了这种观念。现在这种观念是大多数豪萨人的信仰,当然这不是说域外信仰对本土信仰彻底的胜利。相反,bori 崇拜——豪萨人的灵魂崇拜——仍与伊斯兰教一起发展。Bori 药品与伊斯兰药品和西方药品共同竞争;仍有人经常求助于 bori 巫术;当然与人类世界并存的神灵观念仍是人们的生活的重要组成部分。然而,与西非其他地区相比,豪萨人接受伊斯兰教的生命与死亡观念的程度相当深,很少有人会怀疑,从这方面来看,现在的豪萨人主要是穆斯林了。

苏非主义的持续性作用

改革运动还有另一个遗产,即苏非忠诚在社会的政治生活中有重要作

用，特别是卡迪里教团和提加尼教团。当然卡迪里教团在圣战之前就已在豪萨存在，但它与舍胡的名字及其历史的联系如此紧密，以至于必定认为教团的发展与传播是受舍胡生活经历及其去世后圣人化的过程所推动。提加尼教团直到舍胡将要去世时才来到豪萨，但正如下面所说，其成员也力争将教团的特征与圣战联系起来。因此，两个教团似乎都从进行改革运动的豪萨穆斯林及改革运动所产生的意识形态的一般特征那里汲取力量。现在两教团都在尼日利亚北部广泛分布，在居民区的宗教活动场所及城市和乡村的街道边，经常可以看到教团成员的集体活动。许多伊斯兰高级宗教学校——makarantun ilmi——都属于这两个教团之一。一些尼日利亚北部的居民认为，舍胡在去世之前，加入了提加尼教团。这是不可能的事情。不过，舍胡广受尊敬，以致他去世百年后，提加尼教团的长老宣称他及他的某些同事为教团的"库特布"（支柱）。如，提加尼教团在扎里亚的著名的长老 Aliyu dan Sidi，本书第一章曾提到过他与英国传教士 Walter Miller 发生冲突，在 Walter Miller 的坚持下，Aliyu dan Sidi 被废黜。Aliyu dan Sidi 曾总结性地为阿赫默德·提加尼（Ahamad al-Tijani）写了一首颂诗：

> 真主啊，为了你隐蔽在"艾列弗，俩目，米目"（alif, lam, mim）中的秘密，
> 为了你在"塔哈"中的秘密，为了提加尼，
> 我拜访最伟大的人之一，弗迪奥的儿子舍胡，
> 以及提加尼的助手之一，穆罕默杜·突库尔（Muhammadu Tukur）。

正如本章前面所说，苏非忠诚在尼日利亚北部人民的政治生活中起重要作用。卡迪里教团与索科托联系紧密。在其他地区，自称有权做索科托领袖的人，出于宗教信念、伊斯兰保守思想或个人动机等因素，支持卡迪里教团。但是在卡诺和扎里亚，提加尼教团非常强大，两地的统治者都接受了提加尼教团为国家信仰，这反映出两国对索科托封建君主权位的不满。同样，提加尼教团也吸引了一部分豪萨人，这些人将提加尼更为自由的态度视为反对富拉尼精英主义的方式。不过，对舍胡的崇拜持续不断，不拒绝他作为这一精英集团的奠基人地位，现在提加尼教团的成员，通常

像 Aliyu dan Sidi 一样，也承认舍胡为自己的保护人。

　　古老的卡迪里教团仍然强大。舍胡作为能显示奇迹的圣人，以及他与卡迪里教团的创立者阿布德·卡迪尔·吉拉尼的神秘联系，都继续给富拉尼统治集团提供合法性。如索科托诗人 Abubakar Atiku，也是统治者的后裔，在 1900 年前后最为活跃，他的一首诗列举了索科托统治者的名单，强调这一家谱所赋予的神圣权利：

> 舍胡是信仰的革新者，
> 真主给了他苏丹国，他应尽职尽责地为之工作，
> ……
> 在他的祝福下，我们获得了主权，
> 这里有革新者舍胡的家谱，
> 他生而得到他的家谱，
> 他和阿布德·卡迪尔·吉拉尼，
> 都是圣裔（谢里夫），掌握着清晰的家谱注释，
>
> 有不同意见的人，让他读一读这个家谱吧，
> 只有读了家谱，才不会有怀疑。

　　即使现在，同样的说服者也仍然有效。舍胡的后裔、去世不久的 Ahamadu Bello 爵士是尼日利亚北部地区的前总理，他任北方人民会议的领导人。一位支持北方人民会议的当代诗人写出下面的诗歌为其做宣传，诗人首先指出 Ahamadu Bello 爵士与圣人舍胡家族上的联系：

> Ahamadu Bello 酋长，赞美真主，
> 是不睡觉的圣人奥斯曼的后裔，
> 身居高位的 Ahamadu Bello 爵士是光明，
> 是去除伪善之黑暗的哈吉。

　　接下来，他将神秘的家谱通过卡迪里教团的成员，与阿布德·卡迪尔·吉拉尼联系起来：

> 我们祈求显赫的真主，真理之王，
> 北方人民会议为了西迪·阿布德·卡迪尔·吉拉尼，
> 而执掌尼日利亚，
> 你的统治会持续到马赫迪的降临。

当然，在1966年军事政变之前，绝大多数卡迪里教团的追随者仍然承认，将舍胡后裔与卡迪里教团创立者联系起来的家谱本身就说明，舍胡的后裔天然地拥有政治权威。可见，索科托早期的教法学家的工作的确非常认真。

伊斯兰保守主义的遗产

正如前面所述，毛拉是改革者授予权力的精英集团。他们不但是伊斯兰背景下起进步作用的改革运动的捍卫者，还是正统宗教的保卫者，因此，当伊斯兰教正统派与变化中的世界之间出现冲突时，他们就会以保守派的身份行动。殖民时期，由于新商品的引入，新思想的输入，社会面临新的生活方式，他们的保守性质更加明显。如，殖民政权引入的新式世俗教育难以与传统的伊斯兰教教育目的与理念达成一致。由于毛拉们拥有自己的文化教育体制，相比西非的异教徒或没有文字的社会急切地接受世俗教育的情形而言，他们对世俗教育的反应更加迟钝。并且，在年轻的豪萨穆斯林、富拉尼穆斯林与欧洲人和沿海的非洲基督徒接触之后，通常虔诚的穆斯林强烈地反对双方的交流。下面的诗歌大约写于1930年，它是早期拒绝对既有的生活方式作任何改变的一个例子：

> 今天无信仰的传统已经形成，还有改革，
> 这对我们来说都没有用处，
> 这事绝不是个轻松话题，
> 哦，人们啊，现在我要警告你们，
> 留意这事的人，就会快乐，
> 不管他们的衣服是什么材料，只要你穿了它，你就明白我的意思。
> 如果你礼拜一千次，你将无罪——
> 同样的情况也适用于马灯罩的制作者——
> 你的短裤，还有紧身长裤，

不管谁穿上它们，就没有信仰了。
……
不管谁穿上有纽扣的西服，他已经叛教了，
他已没有宗教，只有骄傲，
他的状态就是银元制作者的状态，
我们无力模仿他们。不应该穿带纽扣的衬衫，
不管谁穿上它们，他就没有信仰了。
……

卡其布和睡衣，不管有多好看，
只要穿上它，或者穿上它礼拜的人，就已犯了大罪，
有三件东西我们不能用，
避开他们，不要争论，
因为使用它们就是不对，你已见过他们，
毛巾、靛青漂白粉和胭脂粉，不管谁用了它们，
当然末日审判时火狱就是他的居所。

接着作者继续谴责不虔诚的改革行为，诸如，使用拐杖、手电筒、学习英语！无疑这是极端的观点，但是对变革持根深蒂固敌视态度是毛拉阶层的特点。正是改革者使毛拉们成为公共道德的监护人。当然现在豪萨伊斯兰社会也有一些重要而有远见的进步因素，但是传统的毛拉们仍对公共舆论具有相当大的影响力，他们在尼日利亚北部社会当中的权力，其影响不论是好还是坏，都是改革运动的结果。

近代尼日利亚历史上的伊斯兰教

伊斯兰身份倾向也产生其他重要结果，这主要表现在近代政治和社会事件中。英国占领尼日利亚北部诸省，此后这一地区才被称为尼日利亚北部，当时，它主要与北部和东部的伊斯兰地区发生文化与商业关系。当然豪萨也与西部沿海地区有重要的贸易往来，但这些商业联系只是与沿海地区的传统贸易通道。

英国人到来后，建设了连接沿海与内地的铁路，几乎一夜之间改变了这种局势。在新殖民经济的主宰下，北部诸省的经济几乎全部依赖于沿海的贸易。但是文化忠诚的改变却并不容易，整个殖民统治期间，年轻的穆

斯林持续不断地涌向著名的伊斯兰教育中心——埃及的艾兹哈尔、苏丹共和国的 Ma'had al-'Ilm、突尼斯的 Zaituna Mosque 及其他伊斯兰世界著名的学术中心。这种联系，有时会给殖民当局带来政治上的麻烦，也使泛伊斯兰主义保持着生命力，并相应地成为后来尼日利亚北部的政治特点。伊斯兰文化忠诚从圣战运动和改革者们的思想中寻求灵感和启发，在20世纪50年代生机勃勃的伊斯兰复兴运动中得到表达。因此，当西非的民族主义整体上倾向于非洲统一，寻找像克瓦米·恩克鲁玛（Kwame Nkrumah）这样的人物时，尼日利亚北部在意识到当地非穆斯林少数派的期望的同时，却被苏丹共和国、沙特阿拉伯、巴基斯坦、北非正在形成中的诸国，甚至埃及等国激起无限热情。在这种情况下，一位奇怪的人物出现在西非独立的政治舞台上。传统的穆斯林领袖对民族主义者和尼日利亚非穆斯林泛非主义者——特别是拉各斯和以前东部地区的人——三心二意的承诺，造成了巨大的挫折。这一局势，虽然被现在的态度和殖民时代的经历复杂化了，但它仍植根于由改革运动所导致的热情高涨的伊斯兰意识之中。

北部伊斯兰意识情感的另一个影响是，它改变了尼日利亚的政治色彩。

除了奴隶和为伊斯兰国家纳贡的被统治者外，改革者故意将非穆斯林排除在他们的社会之外。从这个意义上说，改革者的社会是个封闭的社会。舍胡写道："必须特别指出，异教徒和穆斯林应该分开管理"，他在这里只是重复《古兰经》的律令而已。三十年后，舍胡的孙子 Sa'idu dan Bello 写道："让我们感谢真主，我们政权的主、独一者和国王，他对无信仰者毫不仁慈"，他继续说道，"没有'伊斯兰'知识的人，只是树丛中的一只动物，他不希望生活在人类中间"。后来，用于赞美酋长的诗歌，也充满了对豪萨穆斯林周围地区异教徒的民族的或宗教的敌意：

> 即使你远走埃及，
> 你也不会找到像 Masaba 这样的酋长，
> 没有像他这样的人，
> 他是经常到处焚烧异教徒村庄的人，
> 没有像 Muhammadu Abubakar Masaba 这样的人。

但是，英国人从非洲西海岸带来大量非洲基督徒到尼日利亚北部，因为豪萨穆斯林历史上与非洲基督徒并无接触，他们通常认为所有的新来者都是"异教徒"（arna），这个词与阿拉伯语单词"卡非尔"（kafir）一样，表达的是极度的憎恶之情。这些非洲基督徒在殖民当局中任职，服务于殖民政府，总是享受着特权，对此豪萨穆斯林当然很难接受。这导致了严重的民族和社会紧张，并最终反映在尼日利亚北部的政治中，也不可避免地以伊斯兰团结和仇外的情绪表达出来。1950年前后，一位当代政治宣传家仍写道：

啊！Abdullahi 酋长，帮帮我们吧，
你有 Sanusi Chiroma（Sanusi 是人名，Chiroma 是官职——译者）传播知识，
为了我们的国家仍永远是君主政权，
保护你的整个社区吧，
卡诺城、Fage 和 Tudun Wada，
村庄、篱笆和涂泥的小草屋，
不要让异教徒进来，
播撒共和主义的毒药。

另一位宣传者写道：

基督徒正埋伏着，准备袭击我们，
所以我们可能会倒在没有人烟的灌木中。
……
因为我们没有远见，所以他们欺骗我们，
他们正蒙蔽我们的眼睛，
苍蝇在我们的食物上乱爬，
如果我们想保持食物的卫生，他们就会驳斥我们说，
是贪婪欺骗了你们，你们这些傻瓜！

另一位宣传者在说到非穆斯林入侵者时，语气则更加强烈："北部就像一棵基尼格木树/想到树下享受阴凉地的人发现犯了错误。"

起初，这种具有潜在暴力的局势主要——虽然不是全部——由殖民当局遏制住了，但是一旦尼日利亚北部独立，社会的稳定就留给它自己应付了。尽管宪法制定者不断努力，并在中央政府引入民主制度，但各省的基础政治框架仍停留在富拉尼帝国时代，因此通常只要大众的态度就足以造成动乱（尽管许多开明而虔诚的穆斯林官员当然真诚地从事世俗的、民主的工作）。这种结构不足以抑制紧张局势。结果，1966年9月至10月间，不断扩展的国内动荡和死亡事件，在北部的中心城市达到可怕地步。

在这种情况下，容易夸大伊斯兰排外情绪在造成这种动乱局势中的作用。正如前面所引的诗歌所说，这种排外情绪的确存在，它在关键时刻点燃了穆斯林的激情，但是还有其他许多因素导致局势的混乱，排外情绪只是一种表达而已。其中最主要的是北方人担心受到技术上比自己更先进的外来族群的主宰——1966年的军事政变就是表达这种担心的一个例子。当然，政治诗歌所表达的伊斯兰排外情绪是针对所有民族的非穆斯林政治反对派的，而1966年的暴力事件的直接目标则是伊博人。

1967年7月爆发的尼日利亚内战，主要是豪萨、富拉尼穆斯林与东南部伊博人基督徒之间的战争。这种解释受支持比夫拉（Biafra）地区的宣传者和国际力量的青睐。当然在战争状态下，这种强大的宣传力量自然会充分利用所有可能的宣传价值，但是这种宣传却是一种过度的简单化。

这明显与下面的事实不符：联邦军队司令本人是一个基督徒，他领导的军队绝大部分也是基督徒，如约鲁巴人基督徒。但是错误不仅仅限于这一点。内战爆发时，穆斯林与非穆斯林之间长期的宗教分野已经被克服，或者被许多更为直接的紧急原因所淹没。首先是地区内部的经济竞争，特别是对新生的石油工业控制的欲望，这可以解释伊斯兰教的北部与主要是基督徒的约鲁巴人联合对抗东部的伊博人基督徒的原因。其次，主要政党内部或政党之间的斗争，导致了与宗教因素无关的联合和斗争。还有军事上的混乱——显然这是从刚刚独立的非洲其他地方传染过来的——以及军官内部首次政变所导致的生存竞争。在所有这些因素的背后，是殖民政府撤离后所留下的政治结构的不足与不平衡。这种局势不但根本没有加重穆斯林与非穆斯林之间传统的裂痕，反而超越了这种分歧，甚至在某种程度上修复了它，因为在这种局势下形成了一种新模式。在这种模式下，与自己的利益和生存息息相关的更为紧迫的问题使原有的宗教分歧无关紧要了。

显然，舍胡·奥斯曼·丹·弗迪奥的改革运动，在许多方面促进了豪萨社会的统一，同时也使伊斯兰教的北部更难以接受殖民时期迁移而来的大量非穆斯林人口；由此导致的政治和社会紧张，也常常表现为宗教对抗，或者表现为北部的泛伊斯兰主义与南部的泛非主义之间的冲突。但是，改革运动无须为内战负特别的责任，伊斯兰教也无须为内战负总体责任，二者为内战所负的责任都不能超过导致这场复杂悲剧性事件的其他众多因素。

附录六 "黑人伊斯兰教"
—— 殖民时期法国学者的西非伊斯兰教研究

法国西非殖民政府对西非伊斯兰教的态度，从开始的恐惧对抗，到有限合作，直至最后发展为与苏非教团结成政治、经济利益的共同体。这种政策转变的背后，是法国政府对西非伊斯兰教看法的转变，而政府看法的转变又缘自法国相关学者对撒哈拉以南非洲伊斯兰教的调查和研究结论。

法属西非成立之初，出于殖民管理的需要，殖民政府根据它在阿尔及利亚的殖民经历中所获得的对非洲伊斯兰教的初步认识，来管理西非的伊斯兰教。殖民官员逐渐发现，阿尔及亚利模式使他们日益陷入困境，整日生活在伊斯兰教恐惧阴影的笼罩之下。将治理北非的经验用于西非，显然"水土不服"。殖民官员发现唯一的破解之法，就是加强对西非伊斯兰教的调查研究，以客观的研究结论指导殖民管理。为此，殖民政府开始将研究构想付诸实施。首先建立相关体制，成立调查研究机构。1906年，达卡尔的殖民地总督要求各地的副总督必须定期或不定期地以政府公报的形式汇报当地的伊斯兰教情况。1913年，殖民政府内部成立了"穆斯林事务服务局"（Serive des affaires musulmanes），其重要任务之一就是收集伊斯兰教相关情报，进行分析研究。巴黎政府内部也增设了"穆斯林事务部际委员会"，以"决定穆斯林政策，寻求各部之间有关穆斯林问题的共同解决办法"。[1]其次，组织大量对伊斯兰教的调查。总督要求各级殖民官员负责在本管辖区域内的调查研究，另外政府还组织专项调查，如组织对冈比亚地区伊斯兰教的调查。为确保资料真实有效，这次调查由殖民官员监督，调查员全部由当地穆斯林充任。再次，殖民政府重用一批学者型官员，或有意任命相关学者为殖民地高官。在殖民政府内部，不论是达卡尔的总督府，还有各殖民地的副总督府，都有伊斯兰研究学者被委以重任。多位学者型官员就是在这种环境下成长起来并推出其相关研究成果的。这些学者中最具代表性的有弗朗索瓦·克洛塞（François Clozel）、莫里斯·德拉夫斯、保罗·马帝（Paul Marty）等人。

---

[1] Christopher Harrison, *France and Islam in west Africa*, 1860–1960, Cambridge University Press, 1988, p.95.

一 早期的西非伊斯兰教研究

路易斯·宾格（Louis Gustave Binger，1856-1936），法国探险家和非洲伊斯兰教研究专家，曾任法国殖民地部非洲局局长（1902—1906）。他根据自己在非洲探险和执政中的观察，留下三本有关西非穆斯林和伊斯兰教的著作。第一本是他的游记《从尼日尔河到几内亚湾：在康国和莫西国的旅行》[1]。第二本书讨论西非伊斯兰教的奴隶制度，作者认为伊斯兰教的奴隶制度与欧洲奴隶制度差异巨大，非洲奴隶的地位比巴黎的失业者还高。第三本书名为《伊斯兰教之祸》[2]，书名有点吓人，但此书内容却是建议法国政府在西非宗教问题上应该持中立立场，避免深入介入伊斯兰教事务；随着铁路的延伸和世俗学校的扩展，非洲伊斯兰教最终会衰退。宾格以典型的世俗化观点分析他所看到的伊斯兰教。

科波拉尼对伊斯兰教的研究。作为在阿尔及利亚的殖民官员，法属西非将科波拉尼作为人才引进，希望他能够凭借在阿尔及利亚与伊斯兰教交往的经验，和平解决法国人与摩尔人和图阿雷格人的冲突，控制这一地区。他为此专门调研，写出一份关于该地区伊斯兰教的调研报告。从报告内容看，科波拉尼虽然认为苏非教团可以形成"国中之国"，但总体上他对伊斯兰教持乐观态度，认为西非穆斯林对外来者非常友好，不同意殖民政府对伊斯兰教的怀疑态度。在他其他的调研报告中，他仍坚持这一观点。1902—1903 年，在巴黎短暂停留期间，他与其他人合办了一个学术杂志《撒哈拉以南法国穆斯林评论》（*Revue Franco-Musulmane et Saharienne*）。该杂志共出版 13 期，促进了西非伊斯兰教的研究。1905 年 5 月，科波拉尼在调查途中被穆斯林袭击身亡。在大部分殖民官员看来，科波拉尼的突然被杀，等于科波拉尼以自己的生命证明他的"西非伊斯兰教不反抗法国殖民主义"的结论是错误的。

罗伯特·阿诺德对伊斯兰教的研究。罗伯特·阿诺德起初任科波拉尼的"伊斯兰教研究"助手，同时也是他的学生。阿诺德 1873 年生于阿尔及利亚，懂阿拉伯语，1898 年在阿尔及利亚殖民政府里任副署长。同年底被

---

[1] Louis Gustave Binger, *Du Niger au golfe de Guinée par le pays de Kong et le Mossi*, Hachette et cie, 1892.

[2] Louis Gustave Binger, *Le Péril de l'islam*, Paris, Comité de l'Afrique française, 1906.

调往西非任科波拉尼的研究助手。1906 年,他出版《穆斯林政策简述》①。该书以对塞内加尔河北岸的摩尔人调查为基础,提出处理伊斯兰教相关问题的政策建议;该书讨论了伊斯兰教的历史和教义,认为苏非主义属于正统伊斯兰教,殖民政府在对待重要的苏非长老时应该"格外谨慎";阿诺德对西非的两大苏非教团作了严格的区分:卡迪里教团心胸开阔,乐善好施,提加尼教团则心胸狭隘,崇尚暴力。他最终提出两点建议,对后来法属西非政策影响深远:一是殖民政府应该关注西非伊斯兰教的特殊性,它与北非伊斯兰教有巨大的差异;二是殖民政府应该利用苏非教团为自己服务,而不是以镇压、限制为主。阿诺德写有大量调查报告,此外还发表过研究论文,如《法属西非的伊斯兰教与穆斯林政治》(*L'Islam et la politique musulmane française en Afrique occidentale*)等。阿诺德对西非伊斯兰教的认识,要比他的前辈深刻、现实得多。他的研究前承学者们对阿尔及利亚伊斯兰教的共识,后启"黑人伊斯兰教"的学术观点。

威廉·庞帝(William Ponty)。此人在镇压萨摩里的伊斯兰圣战运动②中开始得到重用,后来先是任上塞内加尔和尼日尔殖民地的副总督,后于1908—1915 年升任法属西非总督。他在任期间致力于西非的经济与教育发展,对伊斯兰教也颇有研究。不过他并无研究成果出版,他对伊斯兰教的调查和研究主要保存在其大量政府公报、私人信函和调查笔记中。这些资料现大都存放在法国及西非相关国家的档案馆中。庞帝在非洲殖民地有长期的生活经历,他对西非社会有深刻的理解,其中包括伊斯兰教。他认为,奴隶制度是认识西非近代伊斯兰教的钥匙,18—19 世纪的伊斯兰圣战运动利用大量的奴隶劳动才得以成功(奴隶占当时社会总人口的三分之二)。③他认为苏非教团的力量来自马拉布特与部落酋长的联盟,西非伊斯兰教是《古兰经》思想与当地本土信仰的"混合"宗教:"我们的穆斯林并未全部接受《古兰经》,他们总是希望保留自己祖先的风俗。"④庞帝任总督期间,正是"伊斯兰恐惧"大行其道之时,他总体上对西非伊斯

---

① Arnaud, Robert, *Précis de politique musulmane*. 1906.

② 19 世纪西非一次伊斯兰教宗教武装运动,由萨摩里领导。被法国镇压。

③ Christopher Harrison, *France and Islam in west Africa*, 1860–1960, Cambridge University Press, 1988, p. 50.

④ Archives naitonales de la république du Sénégal (ANS), 15 G 103, Gov. -Gen. AOF to Lt. -Gov. *Haut Sénégal et Niger*, Aug. 1911.

兰教持否定态度。在他之前，殖民者普遍认为，不管伊斯兰教有这样那样的缺点，它总体上仍是西非社会的一种积极因素，他却认为在伊斯兰教"伪善的面孔下，掩盖的却是特权集团的自私，以及对公平、自由等现代文明的阻碍的最后企图"。①这与科波拉尼对伊斯兰教的看法相距甚远。

二 殖民时代西非伊斯兰教研究的高峰：弗朗索瓦·克洛塞、莫里斯·德拉夫斯、保罗·马帝

1. 弗朗索瓦·克洛塞

克洛塞，1860年出生于法国阿尔代什省，1881—1882年在阿尔及利亚服兵役，随后在阿尔及利亚工作。1892年开始，克洛塞先后到中部非洲、阿达马瓦（Adamawa）和乍得等地探险、考察。1896—1906年在象牙海岸任殖民官员，1901年起任象牙海岸殖民地的副总督。

1901年，克洛塞以副总督的身份向下级官员发布手令，要求在各自的辖区进行详尽的人类学调查。1902年，克洛塞将调查结果进行汇总和分析，以《象牙海岸的风俗》②为名出版。从这部书看，克洛塞对伊斯兰教的认识与理解仍以正面为主，但同时，他"发现"了原本无人知晓的、发育良好、体系完整的西非本土信仰——万物有灵论。这一"发现"一度使他失去对伊斯兰教研究的热情。

1908年，克洛塞任上塞内加尔和尼日尔殖民地的副总督。在此期间，他发现，迪尤拉穆斯林商人除高效地传播伊斯兰教外，对法国摧毁他们作为经济基础的奴隶制度怀恨在心，时刻要报复法国人。他同威廉·庞帝一样也发现，西非伊斯兰教其实是"混合"的宗教。他还发现西非伊斯兰教与奴隶制度存在共生关系：奴隶制度盛行的非农业区是伊斯兰教最为繁荣的地区。

1911年，克洛塞又一次利用他的行政权力，要求其下属对本辖区内的伊斯兰教进行调查，并汇报调查结果。最有意思的是，在他这次发布给地方殖民官员的命令中，克洛塞部分地回答了现代人非常不解的一个问题：为什么在以天主教信仰为主的法国殖民主义统治下的西非，伊斯兰教会发展得如此迅速？克洛塞认为，法国人破坏了西非本土信仰的部落社会

---

① Archives naitonales de la république du Sénégal（ANS），19 G 1, Gov.-Gen. AOF circular, 26 December 1911.

② François-Joseph Clozel, *Les Coutumes indigènes de la Côte d'Ivoire*. A. Challamel，1902.

结构，致使非洲人的偶像崇拜衰落或消失，为伊斯兰教清除了障碍。他说："偶像崇拜者构成的社会，其酋长被驱逐了。这样的社会无力清除穆斯林的影响，无法对抗马拉布特和迪尤拉穆斯林的宣教活动。马拉布特们和迪尤拉人以我们的辅助者自居，用甜言蜜语式的劝诫，逐渐赢得了如同穆斯林以武力传播宗教一样的效果。"①这种观点后来被著名伊斯兰教研究专家斯宾塞·崔明翰所继承。②他还进一步发现，殖民政府对伊斯兰教采取限制政策，反而进一步促进了穆斯林的团结，使其宣教效果大增。他认为在外界的压力下，"不但各民族穆斯林之间的竞争会消失，而且穆斯林最终会形成一个超越民族分歧的共同身份。宗教理想会将过去彼此分离的集团凝聚起来。因此可以说，一方面我们见证了偶像崇拜社会的解体，另一方面也见证了穆斯林从法国征服运动所导致的社会转型中所得到的好处：穆斯林的团结"。③面对伊斯兰教咄咄逼人的态势，克洛塞建议以恢复非洲传统宗教，而不是大力传播天主教和基督教，作为扼制伊斯兰教的手段。他说："以统一且具有高度自觉意识的偶像崇拜信仰对抗入侵的伊斯兰教，这是我们殖民地本土政策的关键。"④因此，殖民政府的当务之急是要阻止西非万物有灵论社会的解体，他建议以当地的习惯法取代伊斯兰教法，作为殖民政府管理社会的法律："你会意识到我们的非穆斯林居民是多么依赖他们祖先的传统。仔细研究之后，就会知道这些传统是多么具有逻辑性，多么公正，多么令人肃然起敬……这些风俗传统是万物有灵论的基石。我们应该以这些传统为中心，将面临崩溃的西非社会中已被打散的传统元素统合起来"，⑤用以对抗伊斯兰教。即使以现在的观点来看，克洛塞对西非宗教兴衰原因的分析，以本土宗教为外来宗教的天然防火墙作为抵御伊斯兰教快速扩张势头的建议，是非常正确和深刻的。

克洛塞对西非伊斯兰教的研究，基于他宗教人类学的偏好，特别注重不同民族所承载的伊斯兰教之间的特质与区别，他的许多文章都在试图探索这

---

① Archives naitonales de la république du Sénégal (ANS), 15 G 103, "Circuaire au sujet de la politique musulmane dans le Hart-Sénégal et Niger", 12 August 1911.

② J. Spencer Trimingham, *Islam in West Africa*. Oxford Press, 1959, pp. 29-30.

③ Archives naitonales de la république du Sénégal (ANS), 15 G 103, "Circuaire au sujet de la politique musulmane dans le Hart-Sénégal et Niger", 12 August 1911.

④ Ibid..

⑤ Ibid..

种区别。例如他认为，苏丹地区的沃洛夫人生性自傲，信仰虔诚，对殖民政府构成潜在威胁；索宁克人和富尔贝人虽然有信仰狂热，却易于收买；至于桑海人和摩尔人的宗教狂热，法国人的世俗教育就可解决；对宗教信仰淡漠却好战的图阿雷格人，可考虑把他们招进法国军队，为殖民政府所用。

克洛塞继承了前辈学者关于西非伊斯兰教具有西非本土特性的观点，并将这种特性具体化到西非主要的穆斯林族群。他的研究具有鲜明的民族学和人类学特色，将宗教学、民族学与人类学研究结合起来，终于使它的学术研究获得重大突破：西非本土宗教才是伊斯兰教最强劲的对手，而非基督教和天主教。

2. 莫里斯·德拉夫斯

德拉夫斯，1870年生于法国中部。曾经进过修道院，学过医学。他反对非洲奴隶制度，年轻时立志要到塞内加尔做教师，为此苦学阿拉伯语。1890—1891年在撒哈拉沙漠中志愿从事废除奴隶制度的工作。1892年开始学习豪萨语。1894年他通过宾格的关系，到象牙海岸殖民政府中任职。正是在这里，德拉夫斯与克洛塞一起开始民族学和宗教学的研究。德拉夫斯不但是法国反奴隶制委员会的成员，而且成长为当时著名的民族学家。

1908年，德拉夫斯返回巴黎，在"殖民地学校"[①] 任"非洲语言和文化"课程教员。任教期间，他发表了三篇论述非洲伊斯兰教的文章。从这些文章中可以看出他对宗教持中立立场。他认为，伊斯兰教对"黑非洲"的影响要比天主教和基督教更好，黑非洲欧洲化不是个好选择。穆斯林对法国殖民政府的威胁并不比本土的万物有灵论者更高，因为二者都对法国的殖民统治持同样冷漠的态度。他同样也谈论到"混合"伊斯兰教问题。西非的伊斯兰教是正统伊斯兰教与本土宗教的混合体，西非苏非教团的组织性和力量都远不及马格里布。

1912年，德拉夫斯出版了三卷本的《上塞内加尔和尼日尔》，[②]这是一本记录上塞内加尔和尼日尔地区的国家、居民、语言、历史和文明的民族人类学著作，其中辟有专章研究伊斯兰教。关于西非宗教，此书的主要观点如下：（一）德拉夫斯承接法国社会学家埃米利·杜尔凯姆（Emile Durkheim, 1858-1917）的观点，认为如果从中立的角度看，西非的本土

---

① 法国政府在巴黎设置的以培养殖民地官员为主的学校。

② Delafosse, M., *Haut-Sénégal et Niger*. 3 vols., Paris, 1912.

文明，包括宗教，与欧洲文明、美国文明一样，也是一种文明形态，只是其历史、形态、作用机制不同，但本土文明对于西非居民的作用与基督教之于欧洲人和美国人是类似的。（二）万物有灵论信仰与西非地方社会制度相结合而构成的西非文明所产生的社会力量与世界观，是西非伊斯兰信仰和体制所缺乏的。因为西非根本不存在纯正的伊斯兰教。西非居民虽然信仰伊斯兰教，但不可能全部接受伊斯兰教法，不可能以安拉信仰彻底取代万物有灵论。（三）在西非，既没有理由支持伊斯兰教，也没有理由限制伊斯兰教。虽然伊斯兰教在一定程度上终结了西非万物有灵论信仰，但不能因此就认为它的社会或政治影响大于万物有灵论。（四）对于西非居民选择伊斯兰教或基督教，都不要进行干涉。如果西非居民不断完善他们的本土信仰，信仰自己的本土宗教，这可能对他们自身、对殖民政府都是最好的解决办法。

对于法国官方来说，德拉夫斯的观点过于学术气和理想化，当然不会采纳。但是，这种颇具启蒙意识、人文关怀和文化情怀的思想，却经受住了历史的考验，已成为当代学术界的共识，现代文明国家处理宗教事务的模版。

3. 保罗·马帝

保罗·马帝（1882—1938），生于阿尔及尔郊区，19岁开始学习阿拉伯语，不久即在突尼斯的法国殖民政府中任职。直到1911年，他都在北非殖民政府中任翻译、顾问等职务。1912—1921年，任西非达卡尔殖民地副总督的穆斯林事务顾问，直到升任高级军事翻译，并被授予荣誉军团的爵士。此后，他又回到北非。1922—1925年任非斯穆斯林学院院长。1926年转到拉巴特，在本地事务部任职，1930年升任该部部长。1935年到突尼斯军队的最高统帅部任职。1938年在突尼斯军事医院逝世。马帝出身卑微却履历辉煌，他后世留名却是源于在达卡尔的人生经历。在西非期间，作为志趣相投之人，他与庞帝、德拉夫斯等人都有交往，并结下深厚友谊。

马帝著述丰富，主要涉及北非和西非伊斯兰教研究。关于西非伊斯兰教研究的著作，主要如下：《阿赫玛杜·邦巴的穆里德教团》[1]；《毛里塔尼亚和塞内加尔的伊斯兰教》[2]；《特拉扎酋长国》[3]；四卷本的《伊斯兰

---

[1] Paul Marty, *Les Mourides d'Amadou Bamba*. Paris, 1913.

[2] Paul Marty, *L'Islam en Mauretanie et au Sénégal*. Paris, 1916.

[3] Paul Marty, *L'Emirat des Trarzas*. Paris, 1918.

教和苏丹部落研究》①;《几内亚的伊斯兰教:富塔贾隆》;②《摩尔人的伊斯兰教研究:布拉克纳》,③《科特迪瓦伊斯兰教研究》;④《达荷美伊斯兰教研究:上达荷美,下达荷美》;⑤《摩尔人伊斯兰教研究》⑥;《塞内加尔研究》⑦;《上毛里塔尼亚部落》⑧;《尼日尔河湾的图阿雷格人》。⑨此外他还有大量的通信,以及他起草的研究报告、文件等,都涉及西非伊斯兰教的研究,或表达他的学术观点。

马帝认为西非伊斯兰教是以苏非主义为体现形式的伊斯兰教,"与其说表面上是信仰安拉的宗教,不如说是马拉布特主义"。⑩因此完全可以说,西非伊斯兰教是正统伊斯兰教与西非本土宗教的"私生子"。

马帝坚决反对在西非成立殖民政府主导下的马德拉萨,培养穆斯林精英,纯化伊斯兰教这一做法。事实上,在这种思想主导下于20世纪初建立的马德拉萨,到1930年代已经宣布失败。马帝认为,阿尔及利亚的伊斯兰教育模式不适合西非伊斯兰教,西非穆斯林中真正会阿拉伯语,理解伊斯兰教教义的人很少,即使所谓的毛拉、马拉布特,大部分也都不学无术,能认识全部阿拉伯语字母者已经算"有知识的人",他们只是以伊斯兰教和阿拉伯语为幌子招揽学生。以本土传统信仰为核心的这些人很难真正接受伊斯兰教和阿拉伯语教育。企图以现代文明"教化"他们更是收效甚微,不是正确选择。因此殖民政府最好让当地穆斯林保持"完美的

---

① Paul Marty, *Études sur l'Islam et les tribus du Soudan*, 1918.

② Paul Marty, *L'Islam en Guinée: Fouta-Diallon*, E. Leroux, Paris, 1921.

③ Paul Marty, *Études sur l'Islam et les tribus maures: les Brakna*, E. Leroux, Paris, 1921.

④ Paul Marty, *Études sur l'Islam en Côte d'Ivoire*, E. Leroux. Paris, 1922.

⑤ Paul Marty, *Études sur l'Islam au Dahomey : le bas Dahomey, le haut Dahomey*, E. Leroux, Paris, 1926.

⑥ Paul Marty, *Études sur l'Islam maure: Cheikh Sidïa. Les Fadelia. Les Ida ou Ali*, E. Leroux, Paris, 1916.

⑦ Paul Marty, *Études sénégalaises* (1785-1826), Société de l'histoire des colonies françaises, E. Leroux, Paris.

⑧ Paul Marty, *Les tribus de la Haute Mauritanie*, Comité de l'Afrique française, Paris, 1915.

⑨ Paul Marty, *Les touaregs de la Boucle du Niger* (en collab. avec le général Mangeot), in *Bulletin du Comité d'études historiques et scientifiques de l'Afrique occidentale française*, n° 1, 2 et 3, 1918, pp. 88-213.

⑩ Archives naitonales de la république du Sénégal (ANS), 19, G 1, Gov.-Gen. AOF circular, 15 January 1913.

无知状态",这样既不至于费力干涉西非伊斯兰教,也有利于殖民统治。

对西非伊斯兰教的治理,他建议殖民政府应该放弃武力思维,采用更易于被穆斯林接受的统治方式。例如,在毛里塔尼亚的问题即是如此。1909 年法国人以武力占领毛里塔尼亚后,根本无力控制局势。以苏非长老玛·艾敏（Ma el-Ainin）及其子希巴（el-Hiba）为首的部落拒绝接受法国的统治,甚至还向摩洛哥提出主权要求。摆在殖民政府面前有两条路：武力再征服和谈判妥协。在马帝的力主下,法国人以支持殖民政府的、颇有影响力的希巴的叔叔萨阿德·布（Saad Bu）作为调停人,并在适当让步的前提下,妥善解决了毛里塔尼亚的危机。

马帝对西非的苏非教团有精深的调查与研究,特别是在穆里德教团的研究中有自己独到的见解。19—20 世纪之交,穆里德教团迅速在塞内加尔兴起和发展,通过分析,殖民政府认为教团会威胁自己的政治与经济利益。宗教教团随时可能转化为力量巨大的反法机构,同法国人争夺花生种植的经济利益。殖民政府两次流放教团长老阿赫默杜·邦巴（1895—1902；1903—1907）,反而增加了邦巴的神圣性,助长了教团的发展。面对这个如日中天的教团,殖民政府一时不知所措。1913 年,马帝写出一份关于穆里德教团的调查报告。①该报告查清了穆里德教团的成长过程、宗教思想、仪式,分析教团内部各主要人物性格与气质,指出穆里德教团与其他苏非教团的区别,即它是深受西非沃洛夫人宗教和风俗影响的宗教组织。穆里德教团的基本成员为非洲奴隶,生性平和、沉稳,他们选择阿赫玛杜·邦巴作为精神导师,是传统习俗与苏非主义共同作用的结果。这样的教团没有宗教极端主义倾向,也不会接受北非的泛伊斯兰主义的影响。综上所述,尽管穆里德教团发展迅速,它并不会给殖民政府带来威胁,法国人应该尝试与它共处和合作。马帝的这篇颇具说服力的报告仿佛送给茫然不知所措的殖民政府一盏指路的明灯,不再把穆里德教团看作威胁,而是逐渐利用穆里德教团为殖民政权服务。马帝的这本报告,推动了殖民政府在处理塞内加尔伊斯兰教事务中从对抗向合作的根本转变,这种转变是法属西非宗教政府中的一种具有标志性的转向。此后,共处与合作的策略逐渐推广到整个法属西非范围内可以合作的伊斯兰教。事实证明这是一条非常实用的策略。

---

① 后来该报告以《阿赫玛杜·邦巴的穆里德教团》为名公开出版。

在研究穆里德教团的基础上，马帝结合他对西非各地伊斯兰教的研究，以及其他学者对撒哈拉以南非洲伊斯兰教的研究，提出"黑人伊斯兰教"（Islam noir）的观点。"黑人伊斯兰教"学说以撒哈拉以南非洲伊斯兰教特殊论为基础，构建非洲黑人地区伊斯兰教的宗教社会学理论体系。该理论以西非伊斯兰教研究为基础，然后扩展、应用到整个非洲黑人伊斯兰教，从撒哈拉以南非洲伊斯兰教的本土化、明显的苏非主义特征等角度理解非洲伊斯兰教。"黑人伊斯兰教"理论以服务于殖民治理为最终目标。该理论认为，相对于北非伊斯兰教的极端、疯狂、好战等特点，本土化了的撒哈拉以南非洲伊斯兰教则更为温顺，易于管理。

马帝还强烈建议加强对伊斯兰教的"科学"研究，以现代科学手段分析、研究，才能真正理解和掌握西非伊斯兰教，服务于殖民政府。在他的呼吁下，法属西非成立了以他为首的"穆斯林事务服务局"，负责关于伊斯兰教信息的收集与整理、阿拉伯文件翻译、当代伊斯兰教研究等工作。就此而言，马帝可谓言行一致，身体力行，他本人在伊斯兰教方面的研究成果，卷帙浩繁，洋洋大观，代表了当时非洲伊斯兰教研究的最高水平，且给后人留下了宝贵的研究资料。

三 结论

克洛塞、德拉夫斯和马帝基本上是同一时代的人，他们的学术经历非常相似，对西非伊斯兰教的认识与理解呈现出层层递进的关系。他们的学术观点虽稍有差异，但他们有一个共同的看法，即在广泛的调查研究基础之上形成的"西非伊斯兰教特殊论"，在此基础上总结、归纳出"黑人伊斯兰教"的概念。[①]从克洛塞到德拉夫斯，已开始提出非洲伊斯兰教深受地方文化的影响的主张。他们还认为，基于西非众多文化各异的民族，伊斯兰教也呈现为不同类型。他们的观点受到殖民地高官，如庞帝的认同。

---

① "黑人伊斯兰教"，是殖民时代法国学者提出的一个概念，法语叫"Islam noir"，"noir"在法语中是"黑色"的意思。他们提出这一概念来概括撒哈拉以南黑人地区的伊斯兰教，用以区别"阿拉伯伊斯兰教"。"Islam noir"在英语中用"African Islam"来表示，而不用"Black Islam"，因为在英语中"Black Islam"有种族歧视的意味。在汉语中非洲包括北非和埃及，如果用"非洲伊斯兰教"来表示"撒哈拉以南的伊斯兰教"，不是太妥当。汉语中"黑人"没有歧视的含义，因此我将"Islam noir"翻译为"黑人伊斯兰教"，而不是英语中的"非洲伊斯兰教"。当然，这里的"黑人伊斯兰教"仅就非洲大陆而言，不包括世界其他地区黑人的伊斯兰教。

马帝则以穆里德教团为具体事例，详细论证"黑人伊斯兰教"，结束了法国殖民政府对非洲伊斯兰教怀疑与不确定的时代。他们的研究代表了当时西非宗教研究的最高水平。

从宾格、庞帝，到克洛塞、德拉夫斯、马帝，他们既是学者，更是官员，学者型的官员。他们的研究首先是为殖民政府服务的，因此他们的研究以对策性研究为主。作为官员，他们可以动用行政手段搞大规模调查，收集资料，这在当时条件恶劣的非洲，不失为一种行之有效的途径。作为学者，他们的学术研究为后人收集了素材，积累了资料，开拓了道路。即使现在看来，他们的许多学术观点仍是真知灼见，经受住了历史的检验。他们又比纯粹的殖民官员多一份人文情怀，这也是他们其中有人提出的政策建议经常不被采纳，并愤而辞职的缘故。无论如何，他们打开了以科学的态度和方法研究非洲伊斯兰教的先河，其学术贡献，值得后人景仰。他们之所以现在还被屡屡提起，主要不是作为政府官员，而是作为学者。

19—20世纪之交，法国学者对西非伊斯兰教的研究，建立在扎实的田野调查基础之上，他们所涉及的研究领域，包括伊斯兰教苏非主义与苏非教团、伊斯兰教的本土化、穆斯林民族与非穆斯林民族、西非伊斯兰教奴隶制度等方面，进而在"混合"伊斯兰教理论的基础上得出"黑人伊斯兰教"的结论，不但有效地指导了法国殖民统治，而且对后来乃至当前的西非伊斯兰教研究都有深刻影响。法国殖民学者的研究代表了学术界对西非伊斯兰教研究的第一次高峰，即使当代学者仍难以突破他们的研究领域和研究成果。

德拉夫斯以西非万物有灵论制约伊斯兰教的建议，即使在当代世界仍有现实意义。殖民统治初期，法国殖民政府并不希望伊斯兰教在西非继续发展，不断对伊斯兰教采取多种的遏制手段。事与愿违，伊斯兰教则以更快的速度传播。困惑之余，以德拉夫斯为代表的殖民学者突然发现，原来殖民政府事实上在帮助伊斯兰教。法国人藐视西非本土万物有灵论信仰，行政措施事实上也在摧毁万物有灵论信仰，这不但为外来宗教的传播提供了信仰的空间，而且破坏了非洲社会抵抗伊斯兰教的天然免疫力。殖民统治末期，由于殖民政府已与伊斯兰教结成了利益共同体，并未采纳德拉夫斯等人的建议，但是他们"以本土宗教抵御外来宗教"，从而保护地方传统文化的观点，在当前以强势宗教文化为底色的全球化浪潮席卷弱势文化的时代，仍值得人们深思。

参考文献

一 中文文献

艾周昌、郑家馨主编：《非洲通史》，近代卷，华东师范大学出版社1995年版。

艾周昌主编：《非洲黑人文明》，中国社会科学出版社1999年版。

A. A. 马兹鲁伊主编：《非洲通史》，第八卷，中国对外翻译出版公司、联合国教科文组织2003年版。

A. 阿杜·博亨主编：《非洲通史》，第七卷，中国对外翻译出版公司、联合国教科文组织1991年版。

[摩洛哥]白图泰口述，朱甾笔录，李光斌译，《异境奇观——伊本·白图泰游记》（全译本），海洋出版社2008年版。

B. A. 奥戈特主编：《非洲通史》，第五卷，中国对外翻译出版公司、联合国教科文组织2001年版。

德·亚·奥耳迭罗格：《十五至十九世纪的西苏丹》，上海新闻出版系统五七干校翻译组译，上海人民出版社1973年版。

D. T. 尼昂主编：《非洲通史》，第四卷，中国对外翻译出版公司、联合国教科文组织1992年版。

[法]F. 富威尔-艾玛尔：《金犀牛：中世纪非洲史》，刘成富、梁潇月、陈茗钰译，中国社会科学出版社2019年版。

何芳川、宁骚主编：《非洲通史》，古代卷，华东师范大学出版社1995年版。

金宜久：《伊斯兰教词典》，上海辞书出版社1997年版。

J. F. 阿德·阿贾伊主编：《非洲通史》，第六卷，中国对外翻译出版公司、联合国教科文组织 1998 年版。

［法］凯瑟琳·科克里-维德罗维什：《非洲简史》，金海波译，民主与建设出版社 2018 年版。

李安山：《古代非洲王国》，北京大学出版社 2011 年版。

陆庭恩、彭坤元主编：《非洲通史》，现代卷，华东师范大学出版社 1995 年版。

［英］M. 福蒂斯、E. E. 埃文思-普里查德编：《非洲的政治制度》，刘真译，商务印书馆 2016 年版。

M. 埃尔·法西主编：《非洲通史》，第三卷，中国对外翻译出版公司、联合国教科文组织 1993 年版。

［英］帕林德：《非洲传统宗教》，商务印书馆 1999 年版。

邱永辉：《印度教概论》，社会科学文献出版社 2012 年版。

舒运国、刘伟才：《20 世纪非洲经济史》，浙江人民出版社 2013 年版。

王战、张瑾、刘天乔主编：《非洲经济和社会文化制度研究》，武汉大学出版社 2018 年版。

吴云贵、周燮藩：《现代伊斯兰教思潮与运动》，社会科学文献出版社 2007 年版。

杨光主编：《西亚非洲经济问题研究文选》，社会科学文献出版社 2016 年版。

杨健著、魏道儒主编：《世界佛教通史：亚洲之外的佛教》，中国社会科学出版社 2015 年版。

郑家馨：《南非通史》，上海社会科学院出版社 2018 年版。

周海金：《非洲宗教的传统形态与现代变迁研究》，中国社会科学出版社 2017 年版。

二　英文文献

Beverly B. Mack and Jean Boyd, *One Woman's Jihad: Nana Asma'u, Scholar and Scribe*, Indiana University Press, 2000.

Christopher, Harrison, *France and Islam in West Africa*, 1860 – 1960, Cambridge [England]; New York: Cambridge University Press, 1988.

Hiskett, Mervyn, *the Sword of Truth: the Life and Times of the Shehu*

Usuman dan Fodio, Oxford University Press, 1973.

Hiskett, Mervyn, *The Development of Islam in West Africa*, Longman Group Limited, London, 1984.

Ibraheem Sulaiman, *the African Caliphate: the Life, Work and Teachings of Shaykh Usman Dan Fodio*. The Diwan Press Ltd, 2009.

Ibraheem Sulaiman, *Revolution in History: The Jihad of Usman Dan Fodio*. Mansell, 1986.

Ibraheem Sulaiman, *The Islamic State and the Challenge of History: Ideals, Policies, and Operation of the Sokoto Caliphate*, Mansell Pub. , 1987.

Jean Boyd, *The Caliph's Sister: Nana Asma'u, 1793 – 1865, Teacher, Poet and Islamic Leader*, Routledge, 1989.

John Glover, *Sufism and Jihad in Modern Senegal: the Murid Oder*. University of Rochester Press, 2007.

John L. Esposito, *The Oxford Eencyclopedia of the Modern Islamic World*, Volume 1-4, Oxford University.

John O. Hunwick, ed., *Arabic Literature of Africa. Vo. IV The Writings of Western Sudanic Africa*. E. J. Brill, 2003.

John Ralph Willis, ed. , *Slaves and Slavery in Muslim Africa, Vol. 1, Islam and the Ideology of Enslavement*, Frank Cass, 1985.

John Ralph Willis, ed. , *Slaves and Slavery in Muslim Africa, Vol. 2, The Servile Estate*, Frank Cass, 1985.

John Spencer Trimingham, *The influence of Islam upon Africa*, London, Longman, 1980.

J. Abum Nasr, *The Tijaniyya, A Sufi Order in the Modern World*, Oxford University Press, London, 1965.

J. Spencer Trimingham, *The Sufi Orders in Islam*, Oxford: Clarendon Press, 1971.

Levtzion, Nehemia & Pouwels, Randall L. , *The History of Islam in Africa*, Ohio University Press, 2000.

Louis Brenner, *West African Sufi*, University of California Press, 1984.

Mervyn Hiskett, *The sword of truth: the life and times of the Shehu Usuman dan Fodio*, Oxford University Press, 1973.

Muhammad S. Umar, *Islam and Colonialism: Intellectual Responses of Muslims of Northern Nigeria to British Colonial Rule*. Brill · Leiden, Boston.

Paul Schrijver, *Bibliography on Islam in contemporary Sub-Saharan Africa*, African Studies Centre, Leiden, 2006.

Prepared by a number of leading orientalists, *The Encyclopaedia Of Islam*, New Edition, Volume I-XII, Leiden and Brill, 1997.

P. M. Holt, Ann K. S. Lambton and Bernard Lewis, ed., *The Cambridge History of Islam (Vo. 2A): The Indian sub-continent, South-East Asia, Africa and the Muslim West*. Cambridge University Press, 1970.

Trimingham, J. Spencer, *A History of Islam in West Africa*, Oxford Universty Press, 1962.

Trimingham, J. Spencer, *Islam in West Africa*, Oxford University Press, 1959.

Usman Muhammad Bugaje, *The Tradition Of Tajdid In Western Bilad Al-Sudan: A Study Of The Genesis, Development And Patterns Of Islamic Revivalism In TheRegion* 900-1900 AD., A Dissertation of The University Of Khartoum, Sudan, 1991.

William F. S. Miles, *Political Islam in West Africa*, Lynne Rienner Publishers, Inc. 2007.